英検® 過去問題集

2024年度

Gakken

2級

別冊試験問題

2023年度・第1回　2級　解答用紙

解答欄

問題番号	1	2	3	4
(1)	①	②	③	④
(2)	①	②	③	④
(3)	①	②	③	④
(4)	①	②	③	④
(5)	①	②	③	④
(6)	①	②	③	④
(7)	①	②	③	④
(8)	①	②	③	④
(9)	①	②	③	④
(10)	①	②	③	④
(11)	①	②	③	④
(12)	①	②	③	④
(13)	①	②	③	④
(14)	①	②	③	④
(15)	①	②	③	④
(16)	①	②	③	④
(17)	①	②	③	④
(18)	①	②	③	④
(19)	①	②	③	④
(20)	①	②	③	④

(欄外：1)

解答欄

問題番号	1	2	3	4
(21)	①	②	③	④
(22)	①	②	③	④
(23)	①	②	③	④
(24)	①	②	③	④
(25)	①	②	③	④
(26)	①	②	③	④

(欄外：2)

解答欄

問題番号	1	2	3	4
(27)	①	②	③	④
(28)	①	②	③	④
(29)	①	②	③	④
(30)	①	②	③	④
(31)	①	②	③	④
(32)	①	②	③	④
(33)	①	②	③	④
(34)	①	②	③	④
(35)	①	②	③	④
(36)	①	②	③	④
(37)	①	②	③	④
(38)	①	②	③	④

(欄外：3)

※ 大問4の解答欄は
　 この裏にあります。

リスニング解答欄

問題番号	1	2	3	4
No.1	①	②	③	④
No.2	①	②	③	④
No.3	①	②	③	④
No.4	①	②	③	④
No.5	①	②	③	④
No.6	①	②	③	④
No.7	①	②	③	④
No.8	①	②	③	④
No.9	①	②	③	④
No.10	①	②	③	④
No.11	①	②	③	④
No.12	①	②	③	④
No.13	①	②	③	④
No.14	①	②	③	④
No.15	①	②	③	④
No.16	①	②	③	④
No.17	①	②	③	④
No.18	①	②	③	④
No.19	①	②	③	④
No.20	①	②	③	④
No.21	①	②	③	④
No.22	①	②	③	④
No.23	①	②	③	④
No.24	①	②	③	④
No.25	①	②	③	④
No.26	①	②	③	④
No.27	①	②	③	④
No.28	①	②	③	④
No.29	①	②	③	④
No.30	①	②	③	④

第1部：No.1～No.15
第2部：No.16～No.30

4 ライティング解答欄

5

10

15

2023年度・第2回 　2級　解答用紙

解答欄

問題番号		1 2 3 4
1	(1)	① ② ③ ④
	(2)	① ② ③ ④
	(3)	① ② ③ ④
	(4)	① ② ③ ④
	(5)	① ② ③ ④
	(6)	① ② ③ ④
	(7)	① ② ③ ④
	(8)	① ② ③ ④
	(9)	① ② ③ ④
	(10)	① ② ③ ④
	(11)	① ② ③ ④
	(12)	① ② ③ ④
	(13)	① ② ③ ④
	(14)	① ② ③ ④
	(15)	① ② ③ ④
	(16)	① ② ③ ④
	(17)	① ② ③ ④
	(18)	① ② ③ ④
	(19)	① ② ③ ④
	(20)	① ② ③ ④

解答欄

問題番号		1 2 3 4
2	(21)	① ② ③ ④
	(22)	① ② ③ ④
	(23)	① ② ③ ④
	(24)	① ② ③ ④
	(25)	① ② ③ ④
	(26)	① ② ③ ④

解答欄

問題番号		1 2 3 4
3	(27)	① ② ③ ④
	(28)	① ② ③ ④
	(29)	① ② ③ ④
	(30)	① ② ③ ④
	(31)	① ② ③ ④
	(32)	① ② ③ ④
	(33)	① ② ③ ④
	(34)	① ② ③ ④
	(35)	① ② ③ ④
	(36)	① ② ③ ④
	(37)	① ② ③ ④
	(38)	① ② ③ ④

※ 大問4の解答欄はこの裏にあります。

リスニング解答欄

問題番号		1 2 3 4
第1部	No.1	① ② ③ ④
	No.2	① ② ③ ④
	No.3	① ② ③ ④
	No.4	① ② ③ ④
	No.5	① ② ③ ④
	No.6	① ② ③ ④
	No.7	① ② ③ ④
	No.8	① ② ③ ④
	No.9	① ② ③ ④
	No.10	① ② ③ ④
	No.11	① ② ③ ④
	No.12	① ② ③ ④
	No.13	① ② ③ ④
	No.14	① ② ③ ④
	No.15	① ② ③ ④
第2部	No.16	① ② ③ ④
	No.17	① ② ③ ④
	No.18	① ② ③ ④
	No.19	① ② ③ ④
	No.20	① ② ③ ④
	No.21	① ② ③ ④
	No.22	① ② ③ ④
	No.23	① ② ③ ④
	No.24	① ② ③ ④
	No.25	① ② ③ ④
	No.26	① ② ③ ④
	No.27	① ② ③ ④
	No.28	① ② ③ ④
	No.29	① ② ③ ④
	No.30	① ② ③ ④

● 記入上の注意 (記述形式)

・指示事項を守り，文字ははっきりとわかりやすく書いてください。

・太枠に囲まれた部分のみが採点の対象です。

4　ライティング解答欄

5

10

15

解答欄

問題番号	1 2 3 4
(1)	① ② ③ ④
(2)	① ② ③ ④
(3)	① ② ③ ④
(4)	① ② ③ ④
(5)	① ② ③ ④
(6)	① ② ③ ④
(7)	① ② ③ ④
(8)	① ② ③ ④
(9)	① ② ③ ④
(10)	① ② ③ ④
(11)	① ② ③ ④
(12)	① ② ③ ④
(13)	① ② ③ ④
(14)	① ② ③ ④
(15)	① ② ③ ④
(16)	① ② ③ ④
(17)	① ② ③ ④
(18)	① ② ③ ④
(19)	① ② ③ ④
(20)	① ② ③ ④

（1）

解答欄

問題番号	1 2 3 4
(21)	① ② ③ ④
(22)	① ② ③ ④
(23)	① ② ③ ④
(24)	① ② ③ ④
(25)	① ② ③ ④
(26)	① ② ③ ④

（2）

解答欄

問題番号	1 2 3 4
(27)	① ② ③ ④
(28)	① ② ③ ④
(29)	① ② ③ ④
(30)	① ② ③ ④
(31)	① ② ③ ④
(32)	① ② ③ ④
(33)	① ② ③ ④
(34)	① ② ③ ④
(35)	① ② ③ ④
(36)	① ② ③ ④
(37)	① ② ③ ④
(38)	① ② ③ ④

（3）

※ 大問４の解答欄は
　 この裏にあります。

リスニング解答欄

問題番号	1 2 3 4
No.1	① ② ③ ④
No.2	① ② ③ ④
No.3	① ② ③ ④
No.4	① ② ③ ④
No.5	① ② ③ ④
No.6	① ② ③ ④
No.7	① ② ③ ④
No.8	① ② ③ ④
No.9	① ② ③ ④
No.10	① ② ③ ④
No.11	① ② ③ ④
No.12	① ② ③ ④
No.13	① ② ③ ④
No.14	① ② ③ ④
No.15	① ② ③ ④
No.16	① ② ③ ④
No.17	① ② ③ ④
No.18	① ② ③ ④
No.19	① ② ③ ④
No.20	① ② ③ ④
No.21	① ② ③ ④
No.22	① ② ③ ④
No.23	① ② ③ ④
No.24	① ② ③ ④
No.25	① ② ③ ④
No.26	① ② ③ ④
No.27	① ② ③ ④
No.28	① ② ③ ④
No.29	① ② ③ ④
No.30	① ② ③ ④

第１部（No.1〜No.15）
第２部（No.16〜No.30）

4 ライティング解答欄

5

10

15

2022年度・第2回　2級　解答用紙

解答欄

問題番号	1	2	3	4
(1)	①	②	③	④
(2)	①	②	③	④
(3)	①	②	③	④
(4)	①	②	③	④
(5)	①	②	③	④
(6)	①	②	③	④
(7)	①	②	③	④
(8)	①	②	③	④
(9)	①	②	③	④
(10)	①	②	③	④
(11)	①	②	③	④
(12)	①	②	③	④
(13)	①	②	③	④
(14)	①	②	③	④
(15)	①	②	③	④
(16)	①	②	③	④
(17)	①	②	③	④
(18)	①	②	③	④
(19)	①	②	③	④
(20)	①	②	③	④

（大問 1）

解答欄

問題番号	1	2	3	4
(21)	①	②	③	④
(22)	①	②	③	④
(23)	①	②	③	④
(24)	①	②	③	④
(25)	①	②	③	④
(26)	①	②	③	④

（大問 2）

解答欄

問題番号	1	2	3	4
(27)	①	②	③	④
(28)	①	②	③	④
(29)	①	②	③	④
(30)	①	②	③	④
(31)	①	②	③	④
(32)	①	②	③	④
(33)	①	②	③	④
(34)	①	②	③	④
(35)	①	②	③	④
(36)	①	②	③	④
(37)	①	②	③	④
(38)	①	②	③	④

（大問 3）

※ 大問4の解答欄は
　この裏にあります。

リスニング解答欄

問題番号	1	2	3	4
No.1	①	②	③	④
No.2	①	②	③	④
No.3	①	②	③	④
No.4	①	②	③	④
No.5	①	②	③	④
No.6	①	②	③	④
No.7	①	②	③	④
No.8	①	②	③	④
No.9	①	②	③	④
No.10	①	②	③	④
No.11	①	②	③	④
No.12	①	②	③	④
No.13	①	②	③	④
No.14	①	②	③	④
No.15	①	②	③	④
No.16	①	②	③	④
No.17	①	②	③	④
No.18	①	②	③	④
No.19	①	②	③	④
No.20	①	②	③	④
No.21	①	②	③	④
No.22	①	②	③	④
No.23	①	②	③	④
No.24	①	②	③	④
No.25	①	②	③	④
No.26	①	②	③	④
No.27	①	②	③	④
No.28	①	②	③	④
No.29	①	②	③	④
No.30	①	②	③	④

第1部：No.1〜No.15
第2部：No.16〜No.30

4 ライティング解答欄

5

10

15

2022年度・第3回　　2級　解答用紙

解 答 欄

問題番号	1 2 3 4
(1)	① ② ③ ④
(2)	① ② ③ ④
(3)	① ② ③ ④
(4)	① ② ③ ④
(5)	① ② ③ ④
(6)	① ② ③ ④
(7)	① ② ③ ④
(8)	① ② ③ ④
(9)	① ② ③ ④
(10)	① ② ③ ④
(11)	① ② ③ ④
(12)	① ② ③ ④
(13)	① ② ③ ④
(14)	① ② ③ ④
(15)	① ② ③ ④
(16)	① ② ③ ④
(17)	① ② ③ ④
(18)	① ② ③ ④
(19)	① ② ③ ④
(20)	① ② ③ ④

（左欄全体の番号：1）

解 答 欄

問題番号	1 2 3 4
(21)	① ② ③ ④
(22)	① ② ③ ④
(23)	① ② ③ ④
(24)	① ② ③ ④
(25)	① ② ③ ④
(26)	① ② ③ ④

（番号：2）

解 答 欄

問題番号	1 2 3 4
(27)	① ② ③ ④
(28)	① ② ③ ④
(29)	① ② ③ ④
(30)	① ② ③ ④
(31)	① ② ③ ④
(32)	① ② ③ ④
(33)	① ② ③ ④
(34)	① ② ③ ④
(35)	① ② ③ ④
(36)	① ② ③ ④
(37)	① ② ③ ④
(38)	① ② ③ ④

（番号：3）

※ 大問4の解答欄はこの裏にあります。

リスニング解答欄

問題番号	1 2 3 4
No.1	① ② ③ ④
No.2	① ② ③ ④
No.3	① ② ③ ④
No.4	① ② ③ ④
No.5	① ② ③ ④
No.6	① ② ③ ④
No.7	① ② ③ ④
No.8	① ② ③ ④
No.9	① ② ③ ④
No.10	① ② ③ ④
No.11	① ② ③ ④
No.12	① ② ③ ④
No.13	① ② ③ ④
No.14	① ② ③ ④
No.15	① ② ③ ④

（第1部）

問題番号	1 2 3 4
No.16	① ② ③ ④
No.17	① ② ③ ④
No.18	① ② ③ ④
No.19	① ② ③ ④
No.20	① ② ③ ④
No.21	① ② ③ ④
No.22	① ② ③ ④
No.23	① ② ③ ④
No.24	① ② ③ ④
No.25	① ② ③ ④
No.26	① ② ③ ④
No.27	① ② ③ ④
No.28	① ② ③ ④
No.29	① ② ③ ④
No.30	① ② ③ ④

（第2部）

4 ライティング解答欄

5

10

15

合格力チェックテスト　２級　解答用紙

注意事項
① 解答にはＨＢの黒鉛筆（シャープペンシルも可）を使用し，解答を訂正する場合には消しゴムで完全に消してください。
② 解答用紙は絶対に汚したり折り曲げたり，所定以外のところへの記入はしないでください。

解答欄

問題番号	1 2 3 4
(1)	① ② ③ ④
(2)	① ② ③ ④
(3)	① ② ③ ④
(4)	① ② ③ ④
(5)	① ② ③ ④
(6)	① ② ③ ④
(7)	① ② ③ ④
(8)	① ② ③ ④
(9)	① ② ③ ④
(10)	① ② ③ ④
(11)	① ② ③ ④
(12)	① ② ③ ④
(13)	① ② ③ ④
(14)	① ② ③ ④
(15)	① ② ③ ④
(16)	① ② ③ ④
(17)	① ② ③ ④

（大問 1）

解答欄

問題番号	1 2 3 4
(18)	① ② ③ ④
(19)	① ② ③ ④
(20)	① ② ③ ④
(21)	① ② ③ ④
(22)	① ② ③ ④
(23)	① ② ③ ④

（大問 2）

解答欄

問題番号	1 2 3 4
(24)	① ② ③ ④
(25)	① ② ③ ④
(26)	① ② ③ ④
(27)	① ② ③ ④
(28)	① ② ③ ④
(29)	① ② ③ ④
(30)	① ② ③ ④
(31)	① ② ③ ④

（大問 3）

※ 大問４の解答欄はこの裏にあります。

リスニング解答欄

問題番号	1 2 3 4
No.1	① ② ③ ④
No.2	① ② ③ ④
No.3	① ② ③ ④
No.4	① ② ③ ④
No.5	① ② ③ ④
No.6	① ② ③ ④
No.7	① ② ③ ④
No.8	① ② ③ ④
No.9	① ② ③ ④
No.10	① ② ③ ④
No.11	① ② ③ ④
No.12	① ② ③ ④
No.13	① ② ③ ④
No.14	① ② ③ ④
No.15	① ② ③ ④
No.16	① ② ③ ④
No.17	① ② ③ ④
No.18	① ② ③ ④
No.19	① ② ③ ④
No.20	① ② ③ ④
No.21	① ② ③ ④
No.22	① ② ③ ④
No.23	① ② ③ ④
No.24	① ② ③ ④
No.25	① ② ③ ④
No.26	① ② ③ ④
No.27	① ② ③ ④
No.28	① ② ③ ④
No.29	① ② ③ ④
No.30	① ② ③ ④

（第1部：No.1〜No.15／第2部：No.16〜No.30）

4 ライティング解答欄

[A]

_____

_____

_____

_____

_____ 5

_____

_____

_____

_____

_____ 10

_____

_____

_____

[B]

_____

_____

_____

_____

_____ 5

_____

_____

※ 裏の問題の正答数を記入し，本冊 P. 222 の合格力診断チャートに書き入れてみましょう。

Reading			Listening		
大問 1	大問 2	大問 3	第 1 部	第 2 部 ①	第 2 部 ②
				No. 18, 19, 23, 29	No. 16, 17, 20, 21, 22, 24, 25, 26, 27, 28, 30
/ 17	/ 6	/ 8	/ 15	/ 4	/ 11

英検®
過去問題集
2024年度
別冊

2級

Gakken

この本の特長と使い方

この本は，「英検®（実用英語技能検定）」の過去問と，自分の弱点をチェックできる「合格力チェックテスト」を集めた参考書です。Reading（読む），Writing（書く），Listening（聞く），Speaking（話す）の４技能が問われる英検。この本をどう使えば英検合格に近づけるかを紹介します！

英検攻略ガイド&過去問対策&合格力チェックテストで弱点をなくせ！

解く前に知っておきたい！
英検攻略ガイド

問題別の攻略方法を学ぶことができます。過去問を解く前に，各問題の特徴，解き方のポイントを理解しましょう！
※特に記載のないものは，オリジナル問題を使用しています。

実際に出題された問題を問いて実力アップ！
過去問題5回分

過去5回分の試験問題を解いてみましょう。実戦練習を積むことで合格にぐんと近づきます！

弱点を知って実力アップ！
合格力チェックテスト1回分

過去問を分析して作成した，オリジナルの「合格力チェックテスト」付き！合格力診断チャートを使って自分の苦手分野を知り，本番に備えましょう！

合格力診断チャートはこう使う！

過去問をただ解くだけでは，自分がどれくらいできたかわかりにくい…。そこで！この本では，最後の合格力チェックテストを解くことで，自分の実力と弱点がわかるようになっています。

1 合格力チェック
テストを解く

▶ **2** 答え合わせを
する

▶ **3** 合格力診断チャート
に書きこむ

● 合格力診断チャートで実力をチェック！

マークシートに記入した正答数を本冊 P.222 の合格力診断チャートに記入し線で結びます。合格ラインに到達できなかった分野については，「分野別弱点克服の方法」を見よう！

[例]

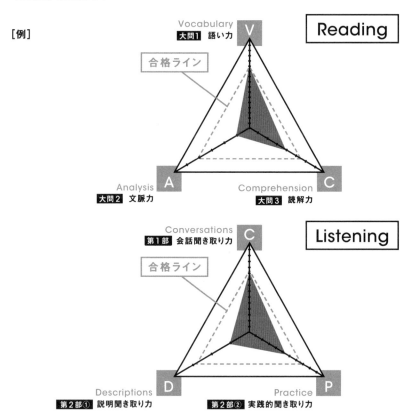

リスニング音声の利用方法

本書では，リスニング問題用の音声を2つの方法で聞くことができます。

スマートフォン用　リスニングアプリ

スマホやタブレット端末から音声再生アプリ「my-oto-mo（マイオトモ）」をダウンロードすると，テスト1回分のリスニング音声をまとめて聞いたり，1つの問題を繰り返し聞いたりして学習できます。

① 右の二次元コードをスマホなどで読み取るか，下記のURLにアクセスしてアプリをダウンロードしてください。

https://gakken-ep.jp/extra/myotomo/

② アプリを立ち上げて『2024年度 英検2級過去問題集』を選択します。

③ パスワードが要求されます。下記のパスワードを入力すると，端末に音声がダウンロードされます。

パスワード：ibf6MKNn

※ iPhoneからのご利用にはApple ID，Androidからのご利用にはGoogleアカウントが必要です。
※ アプリケーションは無料ですが，通信料は別途発生します。
※ その他の注意事項はダウンロードサイトをご参照ください。

パソコン用　MP3ダウンロード

パソコンから下記のURLにアクセスし，ユーザー名とパスワードを入力すると，MP3形式の音声ファイルをダウンロードすることができます。

https://gakken-ep.jp/extra/eikenkako/2024/

ユーザー名：eikenkako2024／パスワード：ibf6MKNn

※ ダウンロードできるのは，圧縮されたMP3形式の音声ファイルです。再生するには，ファイルを解凍するソフトと，iTunesやWindows Media Playerなどの再生ソフトが必要です。

アプリとMP3のダウンロード期限は，2025年7月末日を予定しております。お客様のネット環境および携帯端末によりアプリを利用できない場合や，お客様のパソコン環境により音声をダウンロード・再生できない場合，当社は責任を負いかねます。ご理解，ご了承いただきますよう，お願いいたします。

もくじ

受験パーフェクトガイド

英検は文部科学省後援の検定試験で，入試や就職でも評価の対象となることがあります。ここでは，従来型の英検2級を受験する人のために，申し込み方法や試験の流れなどをくわしく紹介します。

2級の試験はこう行われる！

◉ 一次試験は筆記とリスニング

2級の試験は筆記試験85分，リスニングテスト約25分の合計約110分です。筆記試験が終わると，2分ほどの準備時間のあと，すぐにリスニングテストが行われます。リスニングテストの解答時間は，1問につき約10秒与えられます。

筆記試験の大問1，2，3とリスニングテストは，すべてマークシート方式（詳細はP.8）です。筆記試験の大問4（英作文問題）は記述式で行われます。

◉ 自宅の近くの会場で受けられる

英検は，全国の多くの都市で実施されています。申し込み方法にもよりますが，だいたいは自宅の近くの会場で受けられます。

◉ 一次試験は年3回行われる

2級の一次試験は，6月（第1回）・10月（第2回）・1月（第3回）の年3回行われます。申し込み受付の締め切りは，試験日のおよそ1か月前です。

二次試験（面接試験）は一次試験の約1か月後に実施され，一次試験に合格した人だけが受験できます。

コンピュータで受験する英検S-CBTの詳細は，英検ウェブサイトをご覧ください。

◎ 団 体 受 験 と 個 人 受 験 が あ る

英検の申し込み方法は，学校や塾の先生を通じてまとめて申し込んでもらう団体受験と，自分で書店などに行って手続きする個人受験の２通りがあります。中学生・高校生の場合は，団体申し込みをして，公開会場で受験することが多いです。

◎ ま ず 先 生 に 聞 い て み よ う

中学生・高校生の場合は，自分の通っている教室や学校を通じて団体申し込みをする場合が多いので，まずは英検担当の先生に聞いてみましょう。

団体本会場（公開会場）申し込みの場合は，先生から願書（申し込み用紙）を入手します。必要事項を記入した願書と検定料は，先生を通じて送ってもらいます。試験日程や試験会場なども英検担当の先生の指示に従いましょう。

※ 自分の通う教室や学校などで受験する２〜５級の「団体準会場受験」の場合，申し込みの際の願書は不要です。

◎ 個 人 で 申 し 込 む 場 合 は ネ ッ ト ・ コ ン ビ ニ ・ 書 店 で

個人で受験する場合は，次のいずれかの方法で申し込みます。

▶ インターネット

英検のウェブサイト（https://www.eiken.or.jp/eiken/）から申し込む。

▶ コンビニエンスストア

ローソン，ミニストップ，セブン-イレブン，ファミリーマートの店内の情報端末機から直接申し込む（くわしくは英検のウェブサイトをご覧ください）。

▶ 書店

英検特約店（受付期間中に英検のポスターを掲示しています）に検定料を払い込み，「書店払込証書」と「願書」を英検協会へ郵送する。

申し込みなどに関するお問い合わせは，英検を実施している
公益財団法人 日本英語検定協会まで。
- 英検ウェブサイト 　　　　　　https://www.eiken.or.jp/eiken/
- 英検サービスセンター 　　　☎03-3266-8311

※英検ウェブサイトでは，試験に関する情報・入試活用校などを公開しています。

解答はマークシート方式と記述式！

筆記試験の大問1，2，3とリスニングテストはマークシート方式です。4つある選択肢から1つを選び，解答用マークシートの該当番号の部分をぬりつぶします。

・ HBの黒鉛筆またはシャープペンシル以外は使わないようにしましょう。
・ 機械で読み取れるように，はっきりとぬりつぶしましょう。
・ まちがえてマークしてしまったときは，消しゴムできれいに消しましょう。

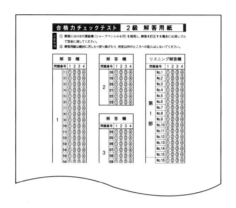

筆記試験の大問4（英作文問題）は記述式です。解答用紙の指定された枠内に解答を記します。

・ はっきりとわかりやすい字を書くようにしましょう。
・ 解答欄の枠外に書かれたものは採点の対象になりませんので気をつけましょう。

● 英検CSEスコアのしくみ

英検の成績は「英検CSEスコア」で示されます。これにより国際規格CEFRに対応したユニバーサルなスコア尺度で, 英語力を測定することができます。一次試験では, Reading（読む）, Writing（書く）, Listening（聞く）の3技能ごとにスコアが算出され, 総合得点が合格基準スコアを上回れば合格です。また, 二次試験では Speaking（話す）のスコアが算出されます。

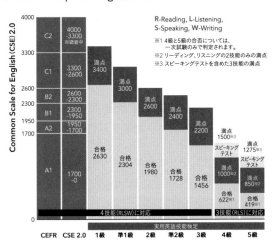

出典：「公益財団法人 日本英語検定協会ウェブサイト」より

● 「英検バンド」って何？

「英検バンド」とは, 合格ラインから自分がどのくらいの位置にいるかを示す指標のこと。英検CSEスコアと合否をもとに判定するもので, 各級の合格スコアを起点としてスコアを25点ごとに区切り, 「＋1」や「－1」といった数値で表されます。これにより, 合格ラインまでの距離がわかります。

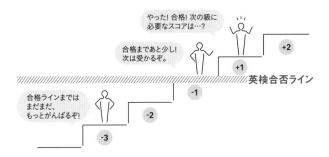

出典：「公益財団法人 日本英語検定協会ウェブサイト」より

当日の準備と流れを確認しよう！

初めて英検を受けるという人の中には，試験がどんなふうに行われるのか不安に思っている人もいるかと思います。このページでは，試験当日の流れを順番に紹介します。

◎ 当日の流れ

1　教室へ移動
自分の受験する教室を確認し，着席します。
受験番号によって教室がちがうので，よく確認すること。
席に着いたら，受験票を机の上に出しておきましょう。
また，携帯電話の電源は切っておくこと。

2　受付
教室で一次受験票兼本人確認票と身分証明書（個人受験の場合）を見せます。

3　冊子の配布
問題冊子と解答用紙が配られます。
受験者心得の放送に従って，解答用紙に必要事項を記入しましょう。

4　試験開始
試験監督の合図で筆記試験開始！

一次試験　持ち物チェックリスト

試験当日に重要な受験書類を忘れてしまっては，せっかくの努力が水の泡です。そんな事態を避けるためにも，下の持ち物をチェックし，試験本番に備えましょう！

- ☐ 受験票兼本人確認票　　☐ 身分証明書
- ☐ HB の黒鉛筆やシャープペンシル　　☐ 消しゴム　　☐ 上履き

※筆記用具は念のため，何本か用意しておくと安心です。

英検®
過去問題集
2024年度

2級

解く前に知っておきたい！

問題別
英検®
攻略ガイド

大問 1 ▶ 短文の語句空所補充問題

概要

1～2文程度の短文または1往復の会話文を読んで,4つの選択肢から空所に入る適切な語句を選ぶ問題。全部で17問(2023年度までは20問)。空所に入る**単語を選ぶ問題が10問,**熟語に関する問題が7問程度出題される。

　単語問題は**動詞と名詞が各4問ずつ,形容詞と副詞が各1問ずつ**出題されることが多い。

　熟語問題は,**〈動詞＋前置詞[副詞]〉の句動詞が最も多く出題**され,前置詞句や副詞句,〈be動詞＋形容詞＋前置詞〉なども出題される。

例題

(1) It is important to read the labels on your clothes so that you do not (　1　) them by accident in the washing machine.

　　1　separate　　2　spread　　3　shrink　　4　soak

(2) Last week, a valuable dog was taken from its doghouse. Police have (　　) members of the public to help them in their search.

2 — 1　turned away　　2　laid off　　3　stood by　　4　called on

> 💡 わからない選択肢があっても焦らない

1 ▶ 前後の流れに注意して,空所に入る選択肢を選ぶ

　語句や節のかたまりごとに意味をとらえながら,**空所の前後の流れに注意**しよう。正解だと思う選択肢に見当をつけたら空所に入れて,文章や会話の意味が通るかどうか確かめよう。

例題に注目!

(1)では,文の前半に「衣服のラベルを読むことは重要だ」とあり,so that you do not「あなたが～しないように」のあとに空所を含む部分が続くので,何をしないようにラベルを読むのかを考える。後半は「それら(＝衣服)を誤って洗濯機の中で～しないように」となっているので,ラベルを読まないとどうなってしまうかを考えながら選択肢をチェックする。3のshrink「～を縮ませる」を選ぶと「衣服を縮ませないようにラベルを読むことは大切だ」となって空所前の部分とうまくつながり,自然な文になる。

2 わからない選択肢があっても焦らない

選択肢にわからない単語や熟語があっても焦らないこと。**明らかに間違いの選択肢を消去していくと,正解率をアップさせやすくなる。熟語問題の場合は,動詞や前置詞から意味を推測**することができる場合もある。

例題に注目! (2)では,1文目が「高価なイヌが連れ去られた」,2文目が「警察は捜索を助けることを一般の人たちに〜」という内容なので,「捜索への協力を求める,要する」といった意味の熟語が空所に入ると考えられる。away(離れて)やoff(外れて)は意味的にかけ離れているため,1と2は除外できそうだ。4 の call(〜を呼ぶ)は「協力を呼びかける」という意味を作れそうなので,これが正解と推測ができる。実際,call on A to は「〜することをAに呼びかける」という意味を表すので,4の called on を空所に入れると「先週,高価なイヌがイヌ小屋から連れ去られた。警察は一般の人たちに捜索への協力を呼びかけている」という自然な文ができる。

● 覚えておきたい熟語

over(〜を越えて)を使った熟語
- ▶ take over 〜「〜を引き継ぐ」　　▶ get over 〜「〜から立ち直る」

into(〜に変えて,〜にぶつかって)を使った熟語
- ▶ talk A into 〜ing「Aを説得して〜させる」　　▶ turn A into B「AをBに変える」
- ▶ break into 〜「〜に押し入る」　　▶ run into 〜「〜に偶然会う」

out(内から外に,完全に)を使った熟語
- ▶ stand out「目立つ」　　▶ pick out 〜「〜を選ぶ」
- ▶ work out「うまくいく」　　▶ wear out 〜「〜を使い古す」

up(起きて,姿を見せて)を使った熟語
- ▶ stay up「起きている」　　▶ show up「現れる」

例題の訳

(1) 洗濯機の中で誤って衣服を縮ませないように,服についたラベルを読むのは大切なことだ。

　1 〜を分ける　　　　　　　　　2 〜を広げる
　3 〜を縮ませる　　　　　　　　4 〜をぐっしょり濡らす

(2) 先週,高価なイヌがイヌ小屋から連れ去られた。警察は一般の人たちに捜索への協力を呼びかけている。

　1 〜を拒否した　　　　　　　　2 〜を解雇した
　3 〜を支持した　　　　　　　　4 〜に呼びかけた,〜を求めた

大問 2 ▶ 長文の語句空所補充問題

概要

　長文を読んで,空所に入る適切な語句を4つの選択肢から選ぶ問題。長文は2本あり,どちらも**3段落からなる長文で,空所が3つずつ**含まれる。長文の長さはどちらも260語程度。

　設問はたいてい,**長文の文脈に合う適切な語句(2～6語程度の動詞句や名詞句など)を選ばせるものが2問,適切な接続表現を選ばせるものが1問**出題される。長文のテーマは歴史,科学,動植物,環境問題,外国の文化や習慣などを扱ったものが多い。

例題

Rainbows

1

2

💡 1段落ずつ読む

　Rainbows are one of the most beautiful parts of nature. Unfortunately, not only are their appearances brief, but they occur only rarely. (18), there is a sense of magic and excitement when we look up and see one. There are two factors necessary for a rainbow to form; light and water.

　We say that light moves at "the speed of light" when it is in air or space. However, when it passes through something like water or glass (called mediums) there can be changes to this speed. Now, the light that comes

4 from the sun is called white light even though (19) all the seven colors visible to the human eye. Each color has its own special feature, known as wavelength. The greatest wavelength is red and the smallest is violet. It is the wavelength that determines what colors will appear when light passes through a medium.

💡 接続表現に注意

3 (18) 1 From now on   2 For instance
　　　3 In other words   4 As a result

💡 1段落読み終えたら選択肢に目を通す

　(19) 1 it is more popular than
　　　2 it is actually made up of
　　　3 we are fond of
　　　4 we are familiar with

1 > タイトルと段落の冒頭からトピックを把握

タイトルは**文章全体のトピック**を知るヒントになる。段落は,トピック・センテンス（主題）→サポーティング・センテンス（支持文）→コンクルーディング・センテンス（結論文）の順で構成されていることが多い。つまり,**各段落の第1文はその段落の主題を示した文になっている**ことが多いので,概要をおさえることができる。

例題に注目! 例題のタイトルは "Rainbows" なので,虹がテーマだと考えられる。
第1段落第1文にはRainbows are one of the most beautiful parts of nature. とあるので,「虹」についての説明が続くと予測できる。

2 > 段落ごとに読み,空所の前後の流れをつかむ

大問2では,段落ごとに空所が1つずつあり,各段落の内容をつかめば1問ずつ解けるようになっている。1段落ずつ読み,**空所前後の流れをつかんでから1問ずつ選択肢を検討する**,というように解いていくと効率がよい。

例題に注目! (18)では,まずは空所の前後を確認すると,Rainbows are one of the most beautiful parts of nature. Unfortunately, not only are their appearances brief, but they occur only rarely. (18), there is a sense of magic and excitement when we look up and see one. とある。
簡単にまとめると,次のような流れになっている。

第1文：虹は,自然の最も美しい部分の1つだ。
第2文：残念ながら,現れる時間が短く,現われること自体がまれ。
第3文：( ),虹が見えると,不思議な感覚と興奮を覚える。

第1文で虹がトピックであることを示し,第2文では,虹の珍しさについて述べている。第3文の冒頭に空所があり,虹が見えると不思議な感覚と興奮を覚えると述べている。このように空所前後の流れを頭に入れてから選択肢を眺めることで,問題が解きやすくなる。

3 > 空所前後の関係を考え,選択肢を検討する

段落を1つ読んだら,選択肢を検討しよう。**接続表現を選ぶ問題は,空所を含む文とその前後がどのような関係になっているのかに注目して**,自然な流れになる選択肢を選ぶ。

(18)の選択肢には接続表現が並んでいるので，空所を含む第3文「虹が見えると不思議な感覚と興奮を覚える」が，第2文「虹はめったに見られない」とどのような関係になっているかを考える。「不思議な感覚と興奮を覚えるのは，虹がめったに見られないから」と考えると，第2文と第3文は原因と結果の関係になっていると判断できる。よって，4のAs a result「結果として」を入れると，

> 第2文：残念ながら，現れる時間が短く，現われること自体がまれ。
> 第3文：その結果，虹が見えると，不思議な感覚と興奮を覚える。

という自然な流れになる。したがって正解は4だとわかる。ほかの選択肢では前後がうまくつながらないので不適切。

4 > 接 続 表 現 に 注 意 し て 読 む

長文中の**接続表現に注意**することで，話の流れをつかみやすくなる。特に空所の前後に接続表現が含まれる場合は，文と文の関係を正しく読み解くことが正解を選ぶ大きなヒントになる。

例題に注目!
(19)では，空所の前にeven though「～ではあるが，～にもかかわらず」という逆接の接続表現があることに注目。文の前半の「太陽からの光は白光と呼ばれる」という内容と反対の内容が空所に入ると考えられる。2のit is actually made up of「実は～でできている」を入れると，「白光」と「7色」で反対の内容になり，自然な流れになる。したがって，正解は2。ほかの選択肢では逆接にならないので不適切。

● 覚えておきたい接続表現

逆接・譲歩
- but「しかし」
- however「しかしながら」
- although「～ではあるが」

対照
- on the contrary「対照的に」
- on the other hand「一方」

結論・結果
- as a result [consequently]「その結果」
- therefore「したがって」
- at last [finally]「ついに」
- in the end「結局」

例示
- for example [instance]「例えば」

追加
- moreover [furthermore]「さらに」
- in addition「加えて」

類 似
▸ similarly「同様に」

原因・理由
▸ because「〜だから」　　　　　▸ so「なので」

要 約
▸ in other words [in short]「つまり」

そのほか
▸ what is worse「さらに悪いことに」
▸ unfortunately「不運なことに, 残念ながら」
▸ in spite of 〜「〜にもかかわらず」　▸ in particular「特に」
▸ naturally「当然ながら」　　　　▸ rather「むしろ」

例 題 の 訳

虹

　虹は, 自然の最も美しい部分の1つだ。残念ながら, 現われている時間が短いだけでなく, 現われること自体がまれである。その結果, 空を見上げたときに虹が見えると, 私たちは不思議な感覚と興奮を覚えるのである。虹ができるには, 光と水という2つの要素が必要である。

　大気中や宇宙空間にあるとき, 光は「光速で」移動するとされている。しかし, 光が水やガラスのようなもの(媒体と呼ばれる)の中を通り抜けるとき, この速度に変化が生じることがある。さて, 太陽からの光は白光と呼ばれるが, 実際はすべて人間の目に見える7色でできている。それぞれの色は波長として知られる独自の特徴を持っている。最も長い波長は赤色で, 最も短い波長は紫色である。光が媒体の中を通り抜けるとき, どの色が現れるかを決定するのが, 波長なのである。

(18) 1 今後
　　 2 例えば
　　 3 言い換えると
　　 4 その結果
(19) 1 〜よりもっと人気だ
　　 2 実は〜でできている
　　 3 私たちは〜が大好きだ
　　 4 私たちは〜をよく知っている

大問 3 長文の内容一致選択問題

A Eメールの内容一致選択問題

概要

Eメールを読んで, **その内容に関する質問の答えとして適切なもの**, または内容に一致する文を完成させるのに最も適切なものを, 4つの選択肢から選ぶ問題。

3段落からなる250語程度のEメールに設問が3問あり, 英文のテーマは, **商品に関する問い合わせ, 職への応募, 社内連絡など, ビジネス関係のもの**が多い。

質問文は,「〜の問題は何か」,「〜がしなければならないことは何か」,「〜が提案していることは何か」など, **Whatで始まるもの**が多い。文を完成させる問題は, **メールの目的や要望, メールの受信者がとるべき行動**などが問われる。

例題

From: Lynda Benson
To: Masahiro Suzuki
Date: December 21
Subject: The year ahead

Dear Mr. Suzuki,

Many thanks for your continued membership at the Green Park Country Club. As the Christmas and New Year holidays approach, I'd like to take this opportunity to personally inform you that I will be taking over as General Manager as of January 1st. As you know, our longest-serving employee Ron Delgado is retiring at the end of this month. It is my hope that I can give you the same quality of service as Ron did from now on.

(24) Why has Lynda Benson contacted Masahiro Suzuki?
　1 To send him Christmas and New Year's greetings.
　2 To introduce herself to him in her new job position.
　3 To recruit more members to the Green Park Country Club.
　4 To let him know directly that Ron Delgado is leaving.

💡 本文の言い換えになっている

1 ▷ メールのヘッダーと冒頭をチェック

　誰から誰に宛てたメールなのか, **両者の関係**を頭に入れてから読むと, メールの内容が把握しやすい。まずはメールのヘッダーにある**From「送信者」,To「宛先」,Date「日付」,Subject「件名」**を確認し, Dear ～「～様」に続く冒頭から**送受信者の関係やメールの目的**をおさえると, その後の流れがつかみやすくなる。

> **例題に注目!** 　まずはメールのヘッダーから, Lynda BensonからMasahiro Suzuki宛てのメールであることをチェック。メールの第1文 Many thanks for your continued membership at the Green Park Country Clubから, スズキさんはカントリークラブの会員であることが, 第2文のinform you that I will be taking over as General Managerから, ベンソンさんが総支配人の役職を引き継ぐことを知らせるメールであることがわかる。

2 ▷ 設問と選択肢を確認してから対応する段落を読む

　設問は各段落に対応しており, 1問ずつ出題されることが多い。まずは, **第1段落に対応する1問目の設問と選択肢を見て,何が問われているのかを頭に入れてから第1段落を読む**と, 解答の根拠となる部分を効率よく探すことができる。

> **例題に注目!** 　(24)は「リンダ・ベンソンがマサヒロ・スズキに連絡してきたのはなぜか?」という質問の答えを選ぶ問題で, 選択肢はすべてTo do「～するために」で始まっている。ベンソンさんがスズキさんにメールした理由や目的を探して第1段落を読む。

3 ▷ 言い換えに注意して正解を選ぶ

　正解の選択肢では, **本文の表現が言い換えられている**ことが多い。本文から正解の根拠と思われる文を見つけたら, そこで使われている語句がどのように言い換えられているかを見抜いて正解を選ぼう。

> **例題に注目!** 　メールの目的を探しながら第1段落を読むと, 第2文にI'd like to ... inform you that ～「～ということをお知らせさせていただきます」とメールの要件を伝える表現がある。要件の内容は, I will be taking over as General Manager「私が総支配人の役職を引き継ぐ」ということ。言い換え表現に注意して選択肢を見ていくと, 「あなたに総支配人の役職を引き継ぐことを知らせる」をintroduce herself to him in her new job position「新しい職位を知らせる」と言い換えた4が正解。

● メールの目的を伝える頻出表現

メールの要件を伝える表現
- ▶ I am writing to *do* 〜「〜するためにメールを書いています」
- ▶ I'd like to inform you that 〜「〜ということをお知らせさせていただきます」

お詫びをする表現
- ▶ I am sorry to say that 〜「申し訳ないのですが〜ということをお知らせします」
- ▶ We are really sorry about 〜「〜について，誠に申し訳ありません」

要求を伝える表現
- ▶ I would like you to *do* 〜「私はあなたに〜してほしいです」
- ▶ Please let me [us] know 〜「私［私たち］に〜をお知らせください」

例題の訳

送信者：リンダ・ベンソン
宛先：マサヒロ・スズキ
日付：12 月 21 日
件名：来年以降について

スズキ様

グリーンパーク・カントリークラブを会員として変わらぬご利用いただきまして，誠にありがとうございます。もうすぐクリスマスと新年の休日ですが，この機会に，1 月 1 日付で私が総支配人の役職を引き継ぐことを直接お知らせさせていただきたいと存じます。ご存じのように，長年勤務してまいりました社員のロン・デルガードが今月末をもって退職いたします。今後は私が，ロンが行ってきたのと同じクオリティのサービスをご提供できたらと願っております。

(24) リンダ・ベンソンがマサヒロ・スズキに連絡してきたのはなぜか？
1 彼女が彼にクリスマスと新年のあいさつをするため。
2 彼女自身が新しい職位に就任したことを彼に知らせるため。
3 グリーンパーク・カントリークラブにメンバーをもっと勧誘するため。
4 ロン・デルガードが退職することを彼に直接知らせるため。

B 説明文の内容一致選択問題

概要

　説明文を読んで，**その内容に関する質問の答えとして適切なもの**，または**内容に一致する文を完成させるのに最も適切なもの**を，4つの選択肢から選ぶ問題。長文は1本（2023年度までは2本）。

　4段落からなる360語程度の論説文について，5問出題される。英文テーマは，**歴史，科学，動植物，環境問題**などである。

　設問は各段落について1問ずつ出題されるが，5問目は，Which of the following statement is true?「次のうち本文の内容に一致するものはどれか？」という，**長文全体について問う質問**であることが多い。

　質問の答えを選ぶ設問では，Whatで始まる質問のほか，「〜の理由の1つは何か」「なぜ〜したか」など，**理由を問う設問**も多い。文を完成させる問題では，**起こった出来事や，ある人物がしたこと，その目的，理由**などが問われる。

例題

Sleepwalking

1

　It is said that up to 15% of people sleepwalk. Although most cases are among children between three and seven years old, it can occur in adults too.

3 Sleepwalking most often happens during a period of deep sleep, known as non-REM sleep. During this stage, the brain is at its quietest and least active. On the other hand, this is usually the point when our bodies move about slightly from side to side while we are sleeping. For sleepwalkers, the brain sends some kind of order to push the body into stronger physical actions resulting in sleepwalking.

2 (27) The majority of sleepwalking occurs
　　1　when we are entering a period of light sleep.
　　2　among people who move a lot each day.
　　3　during the first three to seven years of adulthood.
　　4　at the period of sleep when the brain is in a calm state.

　　　💡 時間の表現が並んでいる

1 タイトルと段落の冒頭からトピックを把握

タイトルは**文章全体のトピック**を知るヒントになる。段落は, トピック・センテンス（主題）→サポーティング・センテンス（支持文）→コンクルーディング・センテンス（結論文）の順で構成されていることが多い。つまり, **各段落の第1文はその段落の主題を示した文になっている**ことが多いので, 概要をおさえることができる。

> **例題に注目!** 例題のタイトルが"Sleepwalking"であることと, 第1文にIt is said that up to 15% of people sleepwalk.とあることから, sleepwalk「夢中遊行」の話だと予想できる。

2 設問と選択肢を確認してから対応する段落を読む

Eメール問題と同様に, **設問は各段落に対応して1問ずつ出題される**ことが多い。設問と選択肢を見て, 何が問われているのかを頭に入れてから対応する段落を読むと, 解答の根拠となる部分を効率よく探すことができる。

> **例題に注目!** (27)は「ほとんどの夢中遊行が起こるのは…」で始まる文を完成させる問題。選択肢にwhen, among, during, at the period of などの時や期間を表す語句が並んでいることに注目。夢中遊行がいつ起こるかを探しながら, 第1段落を読む。

3 指示代名詞が何を指すかを確認しながら読む

指示代名詞はたいてい**直前の文に出てくる名詞**を指していることが多い。解答の根拠となる部分を探すとき, thisやit, theyなどの指示代名詞が出てきたら, それが**何を指しているのか確認しながら読む**ことで, 正解が見つけやすくなる。

> **例題に注目!** 夢中遊行が起こる時を探して第1段落を読むと, 第3文にSleepwalking most often happens during a period of deep sleep とあるので,「深い睡眠状態の間」に起きるとわかる。続く第4文の During this stageは前文の「深い睡眠状態の間」を指しているので, それを具体的に説明したthe brain is at its quietest and least activeが夢中遊行時の特徴だとわかる。よって,「脳が最も安静な状態で活動も最小限」をthe brain is in a calm state「脳が安静な状態」と言い換えた4が正解。

夢中遊行

　15％もの人々が夢中遊行をすると言われている。ほとんどの事例が3歳から7歳の間の子どもだが，大人にも起こり得る。夢中遊行はたいていノンレム睡眠として知られる深い睡眠状態の間に起きる。この段階では，脳は最も安静な状態で活動も最小限である。一方，この時点は，通常私たちの体が眠っている間に多少寝返りを打つときである。夢中遊行をしている人は，体をもっと強く動かせという何らかの指令が脳から送られ，その結果として夢中遊行するのである。

(27) ほとんどの夢中遊行が起きるのは

　1　浅い眠りの期間に入ったときである。

　2　毎日たくさん体を動かす人々である。

　3　成人後3年から7年の間である。

　4　脳が安静な状態にある睡眠時である。

大問 4 ▶ 英作文問題

A ▶ 意見論述問題

　与えられた **TOPIC に対する自分の意見とその理由2つを80語～100語の英語で書く**問題。

　TOPIC のテーマは，**日常生活や社会問題**に関するものが多く，「～すべきだと言う人がいます」といった意見が紹介されたあとに，Do you think this is a good idea?「あなたはこのことがいい考えだと思いますか」や，Do you agree with this opinion?「あなたはこの意見に賛成しますか」，Do you think ... in the future?「あなたは将来…と思いますか」などの質問がされる。

　解答は内容，構成，語彙，文法の4つの観点で採点される。

※本書の情報は2023年7月時点のものです。

出典：「公益財団法人 日本英語検定協会 2015年7月15日付プレスリリース『実用英語技能検定「2級」ライティングの導入，4技能化のお知らせ』」より

- 以下の TOPIC について，あなたの意見とその理由を2つ書きなさい。
- POINTS は理由を書く際の参考となる観点を示したものです。ただし，これら以外の観点から 理由を書いてもかまいません。
- 語数の目安は 80語～100語です。

TOPIC
These days, some people buy things on the Internet. Do you think more people will do so in the future?

POINTS
- *Cost*
- *Safety*
- *Technology*

💡 理由を考えるヒントになる

I think more people will buy things on the Internet in the future. I have two reasons. First, I think it is convenient to buy things online. You don't need to go all the way to the store to make purchases. You can even shop at any hour of the day or night. Second, you can find many kinds of goods through online shopping. A much wider variety of products is sold on the Internet than in department stores. Therefore, I think online shopping will be more and more popular in the future.（93語）

攻略ポイント

1 書くべき内容を整理する

　TOPICに示された問いに対して自分の意見とその理由を2つ書くために、**まずは自分の立場を決める。**

　書く内容を整理するために、まずはTOPICの問いに対して賛成と反対の理由を思いつくかぎり、日本語で書き出そう。その中から英語で書けそうか、説得力があるか、客観的な理由になっているかどうかを検討しながら理由を2つ選び、賛成か反対か書きやすい立場を選ぶとよい。

賛成	反対
● 便利	● 試着できない
● ゆっくり選べる	● 配送料がかかる
● さまざまな種類	

　次に、選んだ2つの理由について、さらに詳しい説明や具体例、根拠を考える。

● 便利　→店に出かける必要がない

　　　　　→1日中いつでも買える

● さまざまな種類　→デパートより多くの種類の品が売られている

　これらのメモをヒントに、賛成の立場から便利さと種類の豊富さを理由に意見を英語でまとめていこう。

2 構成を整え,わかりやすく論理的な文章にまとめる

解答は以下の構成にしたがって書くとよい。

① **自分の意見** TOPICに示された問いの内容に賛成か反対かを示す。

▼

理由1 1つ目の理由を述べる。

▼

> 例)便利である

理由1の補足 理由を支える根拠や具体例を示す。

②

▼

> 例)店に出かける必要がなく,1日中いつでも買える

理由2 2つ目の理由を述べる。

> 例)さまざまな種類のものが見つかる

理由2の補足 理由を支える根拠や具体例を示す。

▼

> 例)デパートよりも多くの種類が売られている

③ **結論** 冒頭で述べた自分の意見を述べて全体を締めくくる。
※語数がオーバーしそうな場合は省略可。

❶ TOPICに対する自分の意見

解答の第1文目は,TOPICで示された問いに対して自分の立場を明示する。

● 覚えておきたい表現

▶ I think [do not think] (that) ... 「私は…と思います［思いません］」

▶ I agree [disagree] (that) ... 「私は…ということに賛成［反対］です」

解答例に注目! TOPICの問いに対して賛成の立場を取り,I think more people will buy things on the Internet in the future.と述べている。問いがDo you think ...? なので,I think ....で答えているが,語数がオーバーしそうなときは,Yes, I do.(反対ならNo, I don't.)と短く述べてもよい。

NG例:TOPIC に示された問いに答えていない

I think shopping is fun. First, ...

⇒問いは「将来もっと多くの人たちがインターネットで買い物をすると思うか」なので,「買い物は楽しいと思う」ではTOPICの問いの答えになっていない

I think more people will shop online, but some people will prefer to go shopping …

⇒「オンラインショッピングをする人は増える」という賛成意見と「でも買い物に行くほうを好む人もいる」という反対意見を述べており, 立場が不明瞭

❷ 2つの理由と補足説明

❶で示した自分の意見について, なぜそう思うのか, **理由を2つ書く**。理由に説得力を持たせるために, **それぞれの理由**について**具体例や根拠を必ず添える**ようにする。

ただ理由と補足説明を並べるのではなく, 文と文をつないで論理的な文章にするための**接続詞や副詞**を使うとよい。

● 覚えておきたい表現

順序や理由を述べる表現

▶ First(ly)「第一に」　▶ Second(ly)「第二に」　▶ Moreover「さらに」
▶ In addition「加えて」　▶ One reason is that …「1つの理由は…です」
▶ Another reason is that …「またもう1つの理由は〜です」

補足説明をする表現

▶ For example「例えば」　▶ This is because …「これは…だからです」
▶ This is why …「これは…である理由です」

解答例に注目! 1つ目の理由は First, 2つ目の理由は Second で始め, 理由が2つ明確に示されている。また, 2つの理由にそれぞれ補足説明が書かれている。

理由1：First, I think it is convenient to buy things online.
補足1：You don't need to go all the way to the store to make purchases. （根拠）
You can even shop at any hour of the day or night. （根拠）
理由2：Second, you can find many kinds of goods through online shopping.
補足2：A much wider variety of products is sold on the Internet than in department stores. （具体例）

NG例：補足説明がない

First, online shopping is convenient. Second, many goods are sold online. Thus, ….

⇒2つの理由が書かれているが, 具体例や根拠がないため, 説得力がない

NG例：文をつなぐ接続詞や副詞を使っていない

I think more people will buy things on the Internet.　It is convenient to buy things online.　You can shop anytime you like. Online shops sell many kinds of goods. ...

⇒第1文で自分の意見を述べているが, 第2文以降に接続詞などの論理展開をわかりやすくする表現がないため, どこまでが理由でどこからが補足説明なのかわかりにくい

❸ 結論

結論は❶とほぼ同じ内容になるので, 指定の語数をオーバーしてしまいそうな場合は省略してもよい。結論を書く場合, 第1文と全く同じ文にならないように表現を変えて繰り返しを避けるとよい。

● **覚えておきたい表現**

▶ Therefore「ゆえに」　▶ For these reasons ...「これらの理由から…」
▶ So「だから」　▶ That is why ...「そういうわけで…です」
▶ In conclusion「結論として」

解答例に注目!　第1文は「将来もっと多くの人たちがインターネットで買い物をすると思う」という賛成の立場を取っている。最終文（結論）では, 第1文の内容を「したがって, オンラインショッピングは将来もっと人気になる」と言い換えている。具体的には, 第1文の主語「もっと多くの人が…」を最終文では「…ますます人気になる」と言い換え, 第1文の述語「インターネットで物を買う」を最終文では「オンラインショッピングが…」と言い換えている。

第1文：I think more people will buy things on the Internet in the future.

最終文：Therefore, I think online shopping will be more and more popular in the future.

---

3 書いた文章を見直す

文章が書けたら必ず見直そう。以下のチェックポイントを参考にするとよい。

【内容】
□ 指定の語数におさまっているか
□ TOPICに示された問いに答えているか
□ 理由が2つ書かれ, それぞれに説得力のある補足説明がされているか

【語彙】

□ スペルミスがないか

□ 文脈に合った多様な語彙や適切な表現が使われているか

□ 英語以外の表現を使う場合, その言語を知らない人でも理解できるように説明を添えているか

　　例：*yukata*, Japanese clothes for summer ...

　　⇒英語以外の言葉のあとに「, (カンマ)」を入れ, 説明を加える。

【文法】

□ 三単現のsや時制など間違いやすいミスをしていないか

□ 同じような形の文を繰り返さず, 多様な文の形を用いているか

　NG例：I think more people do online shopping. First, online shopping is convenient. I think you can do shopping whenever you like. Second, online shopping is easy. I think you can ...

　　⇒I think ... が何度も繰り返されている

　　⇒online shoppingという語句が繰り返されている

□ 完全な文で書かれているか

　NG例：I think online shopping will be popular. Because it is convenient.

　　⇒becauseは接続詞で, 〈SV because S'V' ...〉という形で使うので, Because it is convenient. だけでは不完全な文となってしまう

例題の訳

最近, インターネットで買い物をする人たちがいます。あなたは, 将来もっと多くの人たちがそうすると思いますか?

ポイント　● 費用　● 安全性　● テクノロジー

［解答例］

私は将来もっと多くの人たちがインターネットで買い物をすると思います。理由は2つあります。第1に, インターネットでの買い物は便利だと思います。買い物をするために, わざわざ店まで出かける必要がありません。また, 1日中いつでも買い物をすることさえできます。第2に, オンラインショッピングを通じてさまざまな種類の商品を見つけることができます。インターネットにはデパートよりずっと多くの種類の製品が売られています。したがって, 私は, 将来オンラインショッピングはますます人気になると思います。

B▶ 要約問題

概要

　2024年度から新たに設けられる問題。**3段落で構成される英文**を読み，その内容を**45〜55語**で要約する。英文は**150語程度**で，あるトピックに対して，異なる立場から**メリット・デメリット**や**賛成・反対**が述べられる。

　解答は内容，構成，語彙，文法の4つの観点で採点される。

※本書の情報は2023年7月時点のものです。

例題

出典：「公益財団法人 日本英語検定協会 2023年7月6日付プレスリリース『2024年度（予定）より実用英語技能検定（英検）の問題形式 一部リニューアルのお知らせ』」より

- 以下の英文を読んで，その内容を<u>英語で要約</u>し，解答欄に記入しなさい。
- 語数の目安は45語〜55語です。
- <u>解答欄の外に書かれたものは採点されません。</u>
- 解答が英文の要約になっていないと判断された場合は，<u>0点と採点されることがあります。</u>英文をよく読んでから答えてください。

　When students go to college, some decide to live at home with their parents, and others decide to rent an apartment by themselves. There are other choices, too. These days, some of them choose to share a house with roommates.

　What are the reasons for this? Some students have a roommate who is good at math or science and can give advice about homework. Other students have a roommate from abroad and can learn about a foreign language through everyday conversations. Because of this, they have been able to improve their foreign language skills.

　On the other hand, some students have a roommate who stays up late at night and watches TV. This can be noisy and make it difficult for others to get enough sleep. Some students have a roommate who rarely helps with cleaning the house. As a result, they have to spend a lot of time cleaning the house by themselves.

> 💡 段落ごとに重要な部分を見抜く

[解答例]　　　　　　　　　　　　　　　　　　　　※Gakkenにて作成

Recently, some college students choose to share a house with roommates. By doing this, they can get help from their roommates, such as advice about homework or chances to improve their foreign language skills. However, some students have troublesome roommates who stay up late or seldom help clean the house.（50語）

1 すべての条件をおさえる

「英文を読んで, その内容を英語で要約」という指示に従い, まずは**英文を読んで各段落の内容を正確に把握する**。書くことが求められているのは要約文なので, **自分自身の意見を述べる必要はない**ということに注意しよう。また, 英文は3段落で構成されている。要約文の「語数の目安は45〜55語」なので, **第1段落を10語程度, 第2段落と第3段落をそれぞれ20語程度**でまとめるとよい。

2 各段落から重要な部分を見つける

たいてい, **第1段落ではトピック**が提示され, **第2段落ではメリットや賛成意見**, **第3段落ではデメリットや反対意見**が述べられる。各段落を読んで重要な部分を探し, 下線や印をつけてみよう。

例題に注目! 第1段落：トピックの提示

When students go to college, some decide to live at home with their parents, and others decide to rent an apartment by themselves. There are other choices, too. These days, some of them choose to share a house with roommates.

第1文ではトピックへの導入として, 「大学へ通うとき, 実家で親と暮らすことにする学生もいれば, 自分でアパートを借りることにする学生もいる」と述べられ, 第2文で「ほかの選択肢もある」と述べたあと, 第3文で**「最近では, ルームメイトとシェアハウスをすることを選ぶ学生もいる」**と述べている。第2段落以降でもシェアハウスが話題になっているので, **この第3文が要約文に盛り込むべきトピック**だと判断しよう。第1文の実家暮らしやアパート暮らしについては第2段落以降で触れられていないので, 要約文に書く必要はない。

例題に注目! 第2段落：トピックに関するメリット

What are the reasons for this? ①Some students have a roommate who is good at math or science and can give advice about homework. ②Other students have a roommate from abroad and can learn about a foreign language through everyday conversations. Because of this, they have been able to improve their foreign language skills.

第1文に「この理由は何だろうか」とあるので, 第2段落では**シェアハウスをする理由**が述べられるとわかる。第2文では**「数学や理科が得意で, 宿題の助言をして**

くれるルームメイト」というメリットが, 第3〜4文では「**外国出身のルームメイトが
いて,日常会話を通して外国語について学び,外国語能力を向上させることができ
る**」というメリットが具体的に述べられている。よって, **第2文と第3〜4文が要約
に盛り込むべき重要な部分**だと判断する。

例題に注目！　第3段落：トピックに関するデメリット

①On the other hand, some students have a roommate who stays up late
at night and watches TV. This can be noisy and make it difficult for others to
get enough sleep. ②Some students have a roommate who rarely helps with
cleaning the house. As a result, they have to spend a lot of time cleaning
the house by themselves.

　第1文にOn the other hand「一方」とあるので, ここからは前の段落とは反
対に**シェアハウスのデメリットや問題点**が述べられるとわかる。第1文では「**夜遅く
まで起きてテレビを見るルームメイト**」というデメリットが, 第2文ではその結果起こ
る問題点が補足されている。第3文では「**家の掃除をほとんど手伝わないルームメ
イト**」というデメリットが, 第4文ではその結果起こる問題点が補足されている。以
上の構成を踏まえて, シェアハウスのデメリットを具体的に述べている**第1文と第
3文が要約に盛り込むべき重要な部分**だと判断する。

3 構成を整えてから要約文をまとめる

要約文は以下の構成にしたがって書くとよい。

❶　**第1段落**　　第1段落で示されているトピックを簡潔に書く
　▼
　　　　　　　　| 「最近, シェアハウスをする大学生がいる」 |

❷　**第2段落**　　第2段落で述べられる意見のポイント2点をまとめる
　▼
　　　　　　　　| ルームメイトから①宿題の助言を得る, ②外国語を学ぶ |

❸　**第3段落**　　第3段落で述べられる別の意見のポイント2点をまとめる

　　　　　　　　| ルームメイトが①夜更かしをする, ②掃除をしない |

❶ 第1段落の要約

　第1段落で示されている**トピックを要約**する。第1段落第3文で大学生のルーム
シェアの話が出て, 続く第2〜3段落でもシェアハウスのルームメイトに関する内容
が述べられている。大学生のルームシェアがトピックだと判断できるので, それを

簡潔にまとめる。

本文 : These days, some of them choose to share a house with roommates.
　　　　　　↓ 言い換え　　　↓ 代名詞は具体的に

要約 : Recently, some college students choose to share a house with roommates. (11語)

このように, 可能なところは言い換えたり, 指示代名詞を具体的に示したり, 本文中の表現を利用しながらまとめるとよい。

NG例 : 英文からそのまま抜き出している

These days, some of them choose to share a house with roommates.

⇒本文をそのまま抜き出すと, them が何を指すかわからなくなる
⇒語彙力を示すためにも, 英文中の表現を言い換えながらまとめ直す

❷ 第2段落の要約

第2段落の意見を要約する。第1段落で紹介されたトピックに関する意見として, **メリットが2点**述べられていることが多いので, 両方を要約に含めるよう心がける。細かすぎる情報はカットしてもよい。

例 題 に 注 目 !

本文 : ①Some students have a roommate who is good at math or science and can give advice about homework.　②Other students have a roommate from abroad and ... able to improve their foreign language skills.

要約 : By doing this, they can get help from their roommates, such as ①advice
　　　　 接続表現　　　　　2つのメリットの共通部分をまとめる　　　　　　例示

about homework or ②chances to improve their foreign language skills.
　　1つ目のメリット　　　　　　　　　　2つ目のメリット　　　　　　(23語)

前文とうまくつながるように, **By doing this**「こうすることによって」という接続表現で始めている。そして, 「宿題の助言をしてくれる」, 「外国語能力を向上させる事ができる」という2つのメリットに共通することを**they can get help from their roommates**「ルームメイトから助けを得られる」と簡潔に言い換え, **例示**を表す **such as** に続けて, 各メリットを示している。

NG例：重要な部分を見落としている

Some roommates are good at math or science. Other roommates are from abroad.

⇒シェアハウスのメリットではなく，ルームメイトについて説明しているだけ

⇒「数学や理科が得意なルームメイトや外国出身のルームメイトがいるとどんな
　メリットがあるのか」を具体的に述べる必要がある

❸ 第3段落の要約

　第3段落の意見を要約する。第2段落と異なる立場の意見が述べられている場合，HoweverやOn the contrary，On the other hand などの**逆接の接続表現から始める**。第3段落では**デメリットが2点**述べられていることが多いので，両方を含める。

例題に注目！

本文：①On the other hand, some students have a roommate who stays up late at night ... ②Some students have a roommate who rarely helps with cleaning the house.

要約：However, some students have troublesome roommates who ①stay up
　　　　　接続表現　　　　　　　2つのデメリットの共通部分をまとめる　　　　　　1つ目の

late or ②seldom help clean the house. （16語）
デメリット　　　　2つ目のデメリット

　On the other hand を**逆接**を表す **However** に短く言い換え，stay up late は at nightを省略し，簡潔に示している。そして，「夜更かしをする」，「家の掃除を手伝わない」という2つのデメリットに共通することを**some students have troublesome roommates**「やっかいなルームメイトを持つ生徒もいる」と簡潔に言い換えてから，各デメリットを示している。2つ目のデメリットについては，rarelyは**seldom**に言い換え，helps with cleaningは**help clean**という〈help＋動詞の原形〉の形に変えている。

NG例：接続表現が適切でない

Some roommates can give advice about homework. Also, they rarely help clean the house.

⇒メリットを述べた文とデメリットを述べた文をつなぐには逆接を表す接続表現
　が適切だが，並列を表す接続表現Also「また」を使っている。

4 ▶ 書いた文章を見直す

文章が書けたら必ず見直す。以下のチェックポイントを参考に見直すとよい。

【内容】
□ 指定の語数におさまっているか
□ 各段落の重要な部分が含まれているか

【語彙】
□ スペルミスはないか
□ 同じ語句が何度も繰り返されていないか

【文法】
□ 三単現のsや時制など間違いやすいミスをしていないか
□ 動詞が主語と対応した適切な形になっているか
□ 同じような形の文を繰り返さず, 多様な文の形を用いているか

NG例：Some students share a house with roommates. Some students learn .... Some students stay ....

⇒Some students が繰り返されている
⇒代名詞を使う, 別の主語に変えるなどして繰り返しを避ける

例題の訳

　大学へ通うとき, 実家で親と暮らすことにする学生もいれば, 自分でアパートを借りることにする学生もいる。ほかの選択肢もある。最近では, ルームメイトとシェアハウスをすることを選ぶ学生もいる。

　この理由は何だろうか。数学や理科が得意で, 宿題の助言をしてくれるルームメイトがいる学生もいる。また, 外国出身のルームメイトがいて, 日常会話を通して外国語について学ぶことができる学生もいる。このため, 彼らは外国語能力を向上させることができている。

　一方, 夜遅くまで起きてテレビを見るルームメイトがいる生徒もいる。これはうるさい可能性があり, ほかの人が十分な睡眠をとることが難しくなる。家の掃除をほとんど手伝わないルームメイトを持つ学生もいる。その結果, 彼らは自分で家の掃除をするのに多くの時間を費やさなければならない。

[解答例]

最近, ルームメイトとシェアハウスをすることを選ぶ大学生がいる。こうすることによって, 彼らは, 宿題についての助言や外国語能力を向上させる機会といった助けをルームメイトから得ることができる。しかしながら, 夜遅くまで起きていたり, めったに家を掃除するのを手伝わなかったりするやっかいなルームメイトを持つ学生もいる。

第1部 ▶ 会話の内容一致選択問題

概 要

男女の2往復程度の会話と会話の内容についての**質問**を聞き，正しい答えを選ぶ問題が15問出題される。**選択肢のみ印刷**されており，各問のあとに約10秒の解答時間がある。

会話の場面は，**家，学校，店，公共施設など日常の場面**が多く，15問のうち2問程度は**電話での会話**が出題される。

会話をしている人物の関係は，**親子，友達同士，先生と生徒，初対面の人，店員と客**など。質問はWhatで始まる疑問文が多く，その次に多いのはHowを使ったもので，Why, When, Whereなどで始まる疑問文の場合もある。

例 題

（印刷された選択肢）

No.1 1 Arrive to her <u>classes</u> earlier.
2 Enjoy her <u>student</u> life more.
3 <u>Learn</u> how to manage her schedule.
4 Find the <u>report</u> she lost.

> 💡 選択肢から会話の場面を予想

（読まれる音声）

No.1

M: Clarissa, this is the fourth report you've turned in late.
W: I know. I am really sorry, Professor Jenkins. I just can't get organized.
M: That's a common problem in your first year. Come along to my schedule planning course. I hold it at the start of each term.
W: That is just what I've been looking for. I'll be there after winter break!

Question: What will the woman do after winter break?

1 放送前に選択肢をチェックする

放送が始まる前に選択肢に目を通しておくと, 選択肢に含まれている単語が聞き取りやすくなり, 会話の内容や質問が予測できることがある。ポイントとなりそうな語句に下線を引いておくのもよい。

例題に注目! classes, student, learn, reportなどの単語から, 学校での授業やレポートの話だと予測する。また, 代名詞がherやsheで, Arrive, Enjoy, Learn, Findなどの動詞が並んでいることから, 女性の行動が問われると予想できる。

2 会話の冒頭や場面特有の表現から状況をつかむ

会話の最初のやり取りから**男女の人間関係や, 会話が行われている場所・状況**がつかめることが多い。MomやDadと言っていれば**親子の会話**, Welcome to ～. Can I help you? と言っていれば**店や施設での会話**, というように把握することで, 会話の内容がつかみやすくなる。電話での会話は, 最初に店名や名前を名乗ることが多いので, 特に注意して聞こう。

例題に注目! 男性がClarissa, this is the fourth report you've turned in late.「君がレポート提出期限に遅れたのはこれが4度目だよ」と言い, 女性がI am really sorry, Professor Jenkins.「本当にすみません, ジェンキンズ教授」と言っていることから, 女子学生がレポートの提出が遅れたことを教授に謝っている状況だとわかる。

● 人間関係や場面・状況を表す頻出表現

呼びかけの表現
- ▶ Mom「お母さん」　▶ Dad「お父さん」
- ▶ Honey「あなた」　※夫婦や恋人同士で使う
- ▶ Excuse me.「すみません」　※初対面の人などに話しかけるときに使う

店やレストランなどで使われる表現
- ▶ Welcome to ～. How can [may] I help you?「～へようこそ。ご用は何ですか」
- ▶ Are you ready to order?「注文はお決まりですか」
- ▶ Can I have ～?「～をいただけますか」

- ▶ This is ～ speaking.「こちら（名前）です」
- ▶ Thank you for calling ～ Company.「～社にお電話ありがとうございます」
- ▶ Could I leave her a message?「彼女に伝言をお願いできますか」

3 > 質問の冒頭に集中する

質問はすべて疑問詞で始まる疑問文なので，**冒頭の疑問詞**をしっかり聞き取ること。質問の頻出パターンをおさえておこう。

例題に注目! What will the woman do ...? という質問なので，女性がこれからとるであろう行動が尋ねられている。Come along to my schedule planning course.「私のスケジュールの計画講座に来なさい」と言う教授に対し，女性はI'll be there after winter break!「冬休みのあとに出ます！」と答えている。「スケジュールの計画講座に出る」という会話の部分をLearn how to manage her schedule.「スケジュールの管理方法を学ぶ」と言い換えた3が正解。

● 質問の頻出パターン

過去の行動を尋ねる
- ▶ What did the man ...?「なぜ男性は…したのか」
- ▶ How did the woman ...?「女性はどのようにして…したのか」

未来の行動を尋ねる
- ▶ What will the woman ... first?「女性はまず何を…するか」
- ▶ What will the man probably do next?「男性はおそらく次に何をするか」
- ▶ What is the boy going to do this afternoon?

「男の子は午後に何をするつもりか」

会話全体からわかることを尋ねる
- ▶ What do we learn about the man?「男性についてわかることは何か」
- ▶ What is one thing we learn about the couple?

「夫婦についてわかることの1つは何か」
- ▶ What is one thing the woman says about ～?

「～について女性が言っていることの1つは何か」

M：クラリッサ，君がレポート提出期限に遅れたのはこれが4度目だよ。

W：わかっています。本当にすみません，ジェンキンズ教授。どうもいろんなことが整理できないんです。

M：1年生にはよくある問題だね。私のスケジュールの計画講座に来なさい。毎学期の始めに開いているから。

W：それこそ私が探していたものです。冬休みが終わったらその講座に出ます！

質問：女性は冬休みのあと，何をするか。

1　授業に早めに到着する。　　　2　学生生活をもっと楽しむ。

3　スケジュールの管理方法を学ぶ。　4　なくしたレポートを探す。

文の内容一致選択問題

概 要

70語程度のパッセージと, その内容についての**質問**を聞き, 正しい答えを選ぶ問題が15問出題される。**選択肢のみ印刷**されている。各問の解答時間は約10秒。

パッセージは大きく分けて3種類あり, 「**ある人物の日常について述べた文**」が8問程度, 「**動物の生態や外国の歴史・文化・食べ物といった事実の説明**」が4問程度, 「**アナウンスやラジオの放送**」が3問程度出題される。

質問は, WhatやWhy, Howで始まるものが多い。

例 題

(印刷された選択肢)

1

No.1　1　It is a hard <u>cheese</u>.
　　　 2　It is used to <u>feed</u> sheep.
　　　 3　It can only be <u>eaten</u> raw.
　　　 4　It comes in many colors.

選択肢から
テーマを予想

(読まれる音声)

No.1

2

Halloumi is a cheese made from sheep's and goat's milk. It is popular in Southern Europe and the Middle East but is eaten all over the world now. Halloumi is quite hard and white with a strong salty flavor. It can be served fresh, but most often it is fried or grilled and eaten with vegetables or meat.

3

Question: What is one thing we learn about halloumi?

1 > 放送前に選択肢をチェックする

放送が始まる前に選択肢に目を通しておくと, パッセージのテーマや質問がある程度予測できる。例えば, SheやHeなどの代名詞で始まっていれば**人物の話**だと予想できる。また, 選択肢にBy doingの形が並んでいればHow 〜?「どのようにして〜?」の質問がくると予想できるので, 聞き取るポイントが絞りやすくなる。

例題に注目! 選択肢がすべてItで始まっていることから, 人ではなく物に関する話であること, cheese, feed, eatenなどの語から食べ物の説明であることが予想できる。

2 > パッセージの冒頭から種類をつかむ

パッセージの冒頭から, 種類がわかることが多い。例えば, Dave などの人物名で始まっていれば**「ある人物の話」**, Attention, please.などの呼びかけで始まっていれば**「アナウンス」**だと判断でき, 状況をつかむことで内容をおさえやすくなる。

例題に注目! Halloumi という聞き慣れない単語から始まっているが, その直後で ... is a cheese made from sheep's and goat's milk「…はヒツジやヤギの乳から作るチーズだ」と言っていることから, チーズの説明であるとわかる。このように, 聞きとれない単語があっても必ず後から説明されるので, 混乱しないようにしよう。

● パッセージの種類ごとの頻出表現

ある人物の話
▶ A usually [often] do ... 「Aはいつも [しばしば] …する」
▶ A loves doing [to do] ... 「Aは…するのが大好きだ」

事実の説明
▶ A is an animal [a plant] that ... 「Aは…動物 [植物] です」
▶ In 〜, there is a place [drink] called A
　　　　　　　　　　　　「〜には, Aと呼ばれる場所 [飲み物] があります」

アナウンスやラジオの放送
▶ This is an announcement for 〜.「これは〜へのアナウンスです」
▶ Attention, passengers.「乗客の皆様に申し上げます」
▶ Thank you for visiting 〜.「〜にお越しいただきありがとうございます」
▶ You're listening to 〜.「お聞きになっているのは〜（番組名など）です」

3 ▷ 質問の冒頭に集中する

第1部と同様に, **質問の冒頭の疑問詞**を特に注意して聞く。パッセージの種類
ごとに, 質問の頻出パターンをおさえておこう。

例題に注目！ What is one thing we learn about halloumi?「ハルーミについ
てわかることは何か」という質問。第1文でHalloumi is a cheese「ハルーミはチーズだ」,
第3文でHalloumi is quite hard「ハルーミはかなり硬い」と言っているので, It is a hard
cheese.「それは硬いチーズである」と言い換えた1が正解。

● パッセージの種類ごとの質問の頻出パターン

ある人物の話
- ▶ What happened to A?「Aに何が起こったか」
- ▶ Why does A want to *do* 〜?「Aはなぜ〜したいのか」
- ▶ How did A solve her problem?「Aはどのようにして彼女の問題を解決したか」

事実の説明
- ▶ What is one thing we learn about 〜?「〜についてわかることの1つは何か」
- ▶ Why did people start *doing* 〜?「なぜ人々は〜し始めたのか」

アナウンス
- ▶ What is A asked to *do* 〜?「Aは何を〜するよう求められているか」
- ▶ Why is this announcement being made?
  「このアナウンスはなぜ行われているか」
- ▶ How can customers get 〜?「客はどのようにして〜を手に入れられるか」

例題の訳

ハルーミはヒツジやヤギの乳から作るチーズだ。南ヨーロッパや中東で一般的だが, 今では
世界中で食べられている。ハルーミはかなり硬く, 色は白くて塩味が強い。そのままで出され
ることもあるが, たいていは揚げるか焼くかして, 野菜や肉と一緒に食べる。

質問：ハルーミについてわかることは何か。

1　硬いチーズである。
2　ヒツジのえさに使われる。
3　生でしか食べられない。
4　いろいろな色をしている。

スピーキング

概要

　一次試験の合格者に対して行われる二次試験は，**面接委員との一対一の個人面接方式**。所要時間は7分程度。まず，**問題カードの音読をし，その後No. 1〜No. 4の質問に答える**という流れである。

二次試験の流れ

1　入室・あいさつ　　入室したら面接委員に "Hello." や "Good morning." などのあいさつをする。

2　着席・受験級確認　　着席のあと，氏名と受験級を確認され，簡単なあいさつ（How are you? など）が行われる。

3　問題カードの黙読　　受験級確認のあと，面接委員から，英文とイラストが印刷された「問題カード」を渡される。そのまま 20 秒間黙読する時間を与えられる。

4　問題カードの音読　　面接委員から指示を受けたら，「問題カード」のタイトルとパッセージを音読する。

5　質疑応答　　音読が終了すると，面接委員がNo.1〜4の質問をする。No.2 まではカードを見ながら答えることができ，No.2 の絵の説明の前にも考える時間が20秒与えられる。

6　退室　　質疑応答が終了したら，問題カードを返却して退出する。

> ### Foster Families for Pets
>
> Recently, many NPOs are doing different activities to help people. Some NPOs are trying to help abandoned animals. They shelter these animals until a new home is found for them. They also put ads on the Internet with pictures so that people will know what the animals are like. By doing so, they give new lives to the abandoned animals.

Your story should begin with this sentence: **One day Mr. and Mrs. Hori were looking at a picture on the Internet.**

［質問と回答例］

No. 1 According to the passage, how do some NPOs give new lives to abandoned animals?

By putting ads on the Internet with pictures so that people will know what the animals are like.

No. 2 Now, please look at the picture and describe the situation. You have 20 seconds to prepare. Your story should begin with the sentence on the card.

[1コマ目] One day Mr. and Mrs. Hori were looking at a picture on the Internet. Mr. Hori said "Why don't we go and look at this dog?" [2コマ目] That weekend, they went to see the dog. Mrs. Hori was thinking that she would build a dog house with her husband. [3コマ目] Two weeks later, they went to pick up the dog. Mrs. Hori was thinking that she would walk the dog with her husband.

No. 3 Some people say that it's better for elderly people to live in old people's homes than live in their own homes. What do you think about that?

Yes. As they get older, it becomes difficult to live alone. If they live in old people's homes, caregivers will take care of them with hospitality.

No. 4 Today, people are taking more and more health supplements. Do you think taking health supplements is good for you?

No. Some health supplements are expensive and not so effective. It is better to eat balanced food rather than taking health supplements.

攻略ポイント

1 ▷ 評価の観点をおさえる

二次試験は, 大きく分けて「**音読**」「**質疑応答**」「**アティチュード**」という3つの観点から評価される。

「音読」については, 正確に相手に伝わるように話すことが大切。そのためには, **意味のまとまりで文を区切り, 単語のアクセントや発音に注意し, 早口になりすぎないように話す**ようにしよう。

「質疑応答」については, きちんと相手の質問を理解し, **正しい文法・表現を使って答える**ようにしよう。質問が聞き取れなかった場合は, 焦らずにCould you repeat the question? などと言って繰り返してもらおう。ただし何度も聞き返すのは減点の対象になるので注意。

「アティチュード」については, 積極的にコミュニケーションを図ろうとする意欲や態度が評価される。**面接官と目線を合わせ, 相手に聞こえる適切な大きさの声で, はっきり話す**ようにしよう。もしうまく伝えられなくても, ジェスチャーなどで何とか伝えようとする姿勢が大切。

2 ▷ No.1: 質問と同じ表現を問題カードから探す

No.1 はカードの文章に関する質問に答える問題。質問は**How 〜?「どのようにして〜?」**や**Why 〜?「なぜ〜?」**といった質問が多い。以下のポイントに気をつけよう。

❶ 答えが書かれている部分を探す

How 〜?「どのようにして〜?」の質問なら, 文章の中にある **by doing so「そうすることによって」**やin this way「このようにして」より前の部分に答えが書かれている。Why 〜? と聞かれたら**so「だから」**より前の部分に答えが書かれていることが多い。

❷ 代名詞に注意

パッセージの中の答えとなる部分に代名詞がある場合は, そのまま答えてしまうと意味が伝わらない。**代名詞が指すものをさらに前文から探して置き換えること。**

❸ 答え方

How 〜? の質問に対しては, **By doing 〜**「〜することによってです」の形で答える。Why 〜? の質問に対しては**Because 〜**「なぜなら〜」で答える。

> **例題に注目!**
>
> *Foster Families for Pets*
>
> Recently, many NPOs are doing different activities to help people. Some NPOs are trying to help abandoned animals. They shelter these animals until a new home is found for them. They also put ads on the Internet with pictures so that people will know what the animals are like. By doing so, they give new lives to the abandoned animals.
>
> _{質問に出てくる表現}
>
> By doing soが指す内容はさらに前の部分にある

質問に含まれるsome NPOs give new lives to abandoned animalsが出てくる箇所を問題カードの英文から探すと, カードの最終文に**By doing so, they give new lives to the abandoned animals.**とあるので, By doing soが指す内容をさらにその前の部分から探す。By 〜ingの形で答えるので, put を動名詞の形にすることに注意。

3 ▷ No.2：時間や場所, 場面, 文字情報に注目

No.2は問題カードに掲載された3コマの絵について説明する問題。以下のポイントに気をつけよう。

❶ 時間や場所を示す表現に注意

1コマ目は与えられた文（One day ...）から始めるが, コマとコマの間の矢印の中にA few hours later「数時間後」, Later at home「後ほど家で」など, **時や場所を表す語句**がある。2〜3コマ目の説明はこの語句から始めよう。

❷ 2人の人物の行動や思考を伝える

夫婦や親子などたいてい2人の人物が出てくるので, それぞれが何をしている場面なのかを各コマで説明する。与えられた文ではMr. and Mrs. Hori were looking at ... と過去進行形が使われていることから, この3コマは過去の出来事について説明しているとわかるので, 各人物の行動は**過去形か過去進行形**で表す。

フキダシがついている場合はその中の英文やイラストの内容を必ず入れること。フキダシの中の英文を間接話法で表す際は, **時制や代名詞**にも注意。

Your story should begin with this sentence: **One day Mr. and Mrs. Hori were looking at a picture on the Internet.**

[1コマ目] One day Mr. and Mrs. Hori were looking at a picture on the Internet. Mr. Hori said "Why don't we go and look at this dog?" [2コマ目] That weekend, they went to see the dog. Mrs. Hori was thinking that she would build a dog house with her husband. [3コマ目] Two weeks later, they went to pick up the dog. Mrs. Hori was thinking that she would walk the dog with her husband.

1コマ目の吹き出し内の台詞は, 間接話法で表すこともできる。

直接話法：Mr. Hori said "Why don't we go and look at this dog?"

間接話法：Mr. Hori suggested to his wife that they go and look at the dog.

　吹き出し内の英文はWhy don't we 〜?「〜しない?」と**提案**している台詞なので, 間接話法では**suggested to his wife that 〜「〜ということを妻に提案した」**としている。また, weはthey, thisはtheというように, **代名詞も変化させる**必要がある。

4 ﾉ No.3〜4：理由や根拠も含めて意見を述べる

　No. 3〜4 は意見を述べる問題。No. 3はカードの文章のトピックに関連した質問だが, No. 4はカードの文章のトピックに関連したものではないこともある。基本的には Yes. か No. で自分の立場を表明し, そのあとに必ず根拠を述べる。**「立場の表明」→「理由」→「根拠や具体例」**という順序で述べるのが基本的な流れである。

　2級のNo. 3〜4では, 準2級で出題されていた学校や日常生活に関する話題に加え, **社会性のある話題**も登場する。過去には, ペット産業, 映画産業, 環境問

題, インターネット関連（オンラインでの買い物や個人情報掲載）, 公共交通に関するもの（車内のエアコン, 外国語の表示）などが出題された。過去問の質問や, ニュースでとりあげられているトピックについて, 賛成か反対かを考え, その理由などを英語で言えるように練習しておくとよいだろう。

例題の訳

ペットの里親

最近, 多くのNPOが人の役に立つさまざまな活動をしている。捨てられた動物を助けようとしているNPOもある。彼らは動物に新しい家が見つかるまで保護する。また, 人々が動物の様子を知ることができるように, インターネットに写真付きで広告を出す。そうすることで, 捨てられた動物たちに新しい生活を与えている。

No.1　一部のNPOはどのようにして捨てられた動物たちに新しい生活を与えているのですか。

　　　人々が動物の様子を知ることができるように, インターネットに写真付きで広告を出すことによってです。

No.2　では, 絵を見て状況を説明してください。準備時間は 20 秒です。カードにある文で始めてください。（絵の上の説明：話はこの文で始めなさい：ある日, ホリ夫妻はインターネットで写真を見ていました。）

　　　ある日, ホリ夫妻はインターネットで写真を見ていました。ホリさんは「この犬を見に行かない？」と言いました。その週末, 彼らは犬を見に行きました。ホリ夫人は夫と一緒に犬小屋を建てることを考えていました。2週間後, 彼らは犬を引き取りに行きました。ホリ夫人は夫と一緒に犬の散歩に行くことを考えていました。

No.3　高齢者にとって老人ホームで暮らすことのほうがよいと言う人もいます。あなたはそれについてどう思いますか？

　　　はい。年を取るにつれ, 一人暮らしをするのは難しくなります。彼らが老人ホームで暮らしていれば, 介護士たちが親切に世話してくれます。

No.4　今日, 人々はより多く健康サプリを服用するようになっています。健康サプリを服用するのはあなたにとっていいことだと思いますか？

　　　いいえ。健康サプリの中には高価であまり効果のないものもあります。健康サプリを服用するよりもむしろバランスのとれた食事を食べたほうがいいです。

英検 **2** 級

一次試験問題

試 験 時 間

筆記試験（85分）
リスニングテスト（約25分）

1

次の (1) から (20) までの (   ) に入れるのに最も適切なものを 1, 2, 3, 4 の中から一つ選び, その番号を解答用紙の所定欄にマークしなさい。

(1) **A**：Dave asked me to marry him.　Do you think I should say yes?

    B：You have to use your own (   ) to decide.　No one else can do it for you.

    1 income　　**2** convention　**3** judgment　**4** geography

(2) **A**：What did you think of my essay, Jill?

    B：Well, some of the explanations you gave are a bit (   ).　Maybe you should make those parts clearer.

    1 harmful　　**2** previous　　**3** certain　　**4** vague

(3) Colin had been getting bad grades in math for a long time, but he did not do anything about it.　Finally, he decided to (   ) the problem and ask his teacher for help.

    1 alter　　　**2** impress　　**3** honor　　**4** confront

(4) The St. Patrick's Day parade started on 10th Avenue and (   ) slowly to the center of town.

    1 illustrated　**2** reminded　**3** proceeded　**4** defended

(5) Before there were motor vehicles, people often used (   ) that were pulled by horses to make long journeys.

    1 carriages　**2** fantasies　**3** puzzles　　**4** luxuries

(**6**) Jane bought five silk handkerchiefs. Because she was going to give each one to a different friend, she asked the salesclerk to wrap them (   ).

　　1 legally　　**2** financially　**3** accidentally　**4** individually

(**7**) In the first lecture, Professor Smith (   ) how important it was to take good notes. He mentioned it three or four times.

　　1 engaged　**2** divided　　**3** buried　　**4** stressed

(**8**) Yesterday, there was a small fire at a house on the street where Ben lives. Firefighters (   ) water onto the fire and soon put it out.

　　1 sprayed　**2** demanded　**3** awarded　　**4** punished

(**9**) In the game *Invasion!*, each player tries to take over other countries and build an (   ).

　　1 urgency　**2** offspring　**3** empire　　**4** impulse

(**10**) In science class, Ms. Dixon lit a candle and asked her students to look at the (   ). She told them that the hottest part was where it was blue.

　　1 triumph　**2** religion　**3** flame　　**4** luggage

(**11**) Margaret's parents finally bought her a piano after she promised to practice every day, but she quit playing after just two months. They were very (   ) her.

　　1 capable of　　　　　**2** inspired by
　　3 attracted to　　　　 **4** disappointed in

(**12**) **A** : I'm sorry that I came home late. Did you have dinner without me?

　　B : Yes. We were very hungry, but I (   ) some food for you. I'll heat it up now.

　　1 cut down　**2** hung up　**3** took after　**4** set aside

(13) Due to construction work on Bayside Street, the electricity to the houses on the street had to be (　　　) for two hours.

1 heard of　　**2** turned over　**3** shut off　　**4** ruled out

(14) Tau Electronics has confirmed that it will be (　　　) its new smartphone next month. The release has been delayed for several months due to technical issues.

1 bringing out　**2** falling for　**3** picking on　**4** giving off

(15) Water that falls as snow and rain in the Andes Mountains travels thousands of kilometers down the Amazon River and eventually (　　　) the Atlantic Ocean.

1 flows into　　**2** runs across　**3** hands over　**4** digs up

(16) Applicants for jobs at Swandon Foods must apply (　　　). They are not allowed to mail their application forms. Instead, they must take them to the store manager or his assistant.

1 at ease　　　**2** at length　　**3** in person　　**4** in detail

(17) The students in Jason's class take turns to look after things in the classroom. This week, Jason is (　　　) of checking that there is no trash on the floor at the end of each day.

1 for fear　　　**2** in charge　　**3** on behalf　　**4** by way

(18) Jenny is an excellent cook. Her soups and stews are as good as (　　　) that are served in a restaurant.

1 none　　　　**2** any　　　　**3** other　　　　**4** few

(19) **A** : Mom, can I go to the park to play with Jimmy later?
B : Yes, (　　　) you finish your homework first.

1 provide　　　**2** provided　　**3** to provide　**4** only provide

(20) Ms. Misawa is very rich and lives in a huge house. Her kitchen is four times (　　　) other people's kitchens.

1 large from　　　　　　　**2** size from
3 the large of　　　　　　　**4** the size of

次の英文 [A]，[B] を読み，その文意にそって (21) から (26) までの (　　　) に入れるのに最も適切なものを 1, 2, 3, 4 の中から一つ選び，その番号を解答用紙の所定欄にマークしなさい。

[A]　　　　Any Change?

Long ago, humans did not use money. Because they often could not produce everything that they needed, they traded some of their goods for goods made by others. Gradually, the goods that they exchanged were replaced by cash. For hundreds of years, metal coins and paper bills that can be exchanged for goods and services have been produced. Cash is convenient for many people because it is easy to carry. At the same time, though, it (　**21**　). Another disadvantage is that criminals have been able to produce fake coins and bills.

In the middle of the 20th century, plastic credit cards were introduced. They had security features to prevent them from being used by anyone except their owners. At first, their use was limited to wealthy people. Over time, however, they became (　**22**　). In the last few years, apps for smartphones that can be used in the same way as credit cards have also become popular. Because of this, some people are suggesting that we may soon see the end of cash.

Supporters of a "cashless" society — in which all payments are made electronically — argue that it would have several benefits. For example, people would not have to worry about keeping their wallets safe. However, some people are concerned that they might be unable to pay for the things they need because of a software error or a broken smartphone. Moreover, some people do not have bank accounts or credit cards, so their only option is to use coins and bills. (　**23**　), it seems as though societies will continue to use cash.

(21) 1 can be lost or stolen
2 is used for shopping online
3 can be recycled
4 is understood by almost everyone

(22) 1 thinner and lighter 2 more colorful and exciting
3 harder to use   4 more widely available

(23) 1 For now   2 Until then
3 With luck   4 By contrast

[B] The Tale of Mejk Swenekafew

Recently, many people have been talking about "fake news" — news reports that are untrue. However, such reports have been around for a long time. They are sometimes used in order to get more people to read newspapers, watch TV programs, or visit online news sites. People also use fake news to spread their political or religious beliefs. However, (24) publishing fake news. In 1903 in the city of Clarksburg, West Virginia, fake news was used to check if a newspaper was really writing its own articles.

In the city, there were two rival newspapers, the *Clarksburg Daily Telegram* and the *Clarksburg Daily News*. The *Daily Telegram*'s staff believed that the *Daily News*'s reporters were (25). The *Daily Telegram* decided to check whether this was happening. It published a fake news story about a man who had been shot after an argument about a dog. The man's name was Mejk Swenekafew. Soon afterward, exactly the same news appeared in the *Daily News*. However, the reporters at the *Daily News* had not noticed that the name "Swenekafew" was actually "we fake news" written backward. They were forced to admit that they had copied the *Daily Telegram*'s article.

These days, there is more pressure than ever on newspapers, news programs, and news websites to get more readers, viewers, and visitors. In order to do so, they need to report big news stories as quickly as possible. (26), they are constantly watching each other to make sure they have the latest stories. However, they need to be careful not to do the same thing that the *Clarksburg Daily News* did.

(24)　**1**　these are not the only reasons for
　　　2　there are rules to stop people from
　　　3　many popular websites have been
　　　4　some TV companies began by

(25)　**1**　attending an event　　　　　**2**　planning to quit
　　　3　being paid more　　　　　　**4**　stealing its stories

(26)　**1**　Despite this　　　　　　　　**2**　By chance
　　　3　As a result　　　　　　　　**4**　On the other hand

次の英文 [A], [B], [C] の内容に関して, (27) から (38) までの質問に対して最も適切なもの, または文を完成させるのに最も適切なものを 1, 2, 3, 4 の中から一つ選び, その番号を解答用紙の所定欄にマークしなさい。

[A]

From: Karen Taylor <taylor-k@speakezls.com>
To: Tracy Mitchell <tracym_0617@ugotmail.com>
Date: June 4
Subject: Speak-EZ Language School

Dear Ms. Mitchell,

Thank you very much for inquiring about Spanish lessons at Speak-EZ Language School. Speak-EZ Language School has been giving high-quality lessons for over 30 years, and our teachers have helped thousands of students achieve their goals. Whether you want to learn Spanish for business situations, to chat with friends, to pass exams, or just for the fun of learning, we can offer a suitable program for you.

You mentioned that because you studied Spanish in high school but had not used it for several years, you were not sure which lesson to take. Don't worry — we offer a free language skills test. You can take the test once you have decided to join Speak-EZ Language School. One of our instructors will use the results to help you pick the right program for your ability and your goals. You can also take a free 20-minute private lesson to get an idea of the methods that we use at Speak-EZ Language School.

We offer both private and group lessons. Group lessons can be a great way to make new friends. However, no more than eight people can join each group lesson, so spaces are limited. You can also try our Speak-EZ Chat Sessions. These are hosted by one of our instructors and give students of all levels a chance to chat freely. Speak-EZ Chat Sessions

are available every weekday evening.
I hope to hear from you soon!
Karen Taylor
Speak-EZ Language School

(27) What is one thing that Karen Taylor says about Speak-EZ Language School?

1 It gives lessons in over 30 different languages.

2 It is planning to hire a new Spanish teacher.

3 It has teachers from all over the world.

4 It offers various types of courses.

(28) Ms. Mitchell said that she

1 did not know which class to sign up for.

2 had never studied Spanish before.

3 wanted more information about teaching methods.

4 was at high school with one of the instructors.

(29) Speak-EZ Chat Sessions

1 take place on Monday through Friday every week.

2 have a limited number of spaces per session.

3 are only available to advanced students.

4 focus on using foreign languages to make friends.

[B]   An Extraordinary Machine

Most of the machines that people in developed nations use were invented during the last 200 years. They make tasks easier for people and give them more time for other tasks and for leisure. However, which of these machines has changed society the most? Even though people spend more time with their TVs, computers, and smartphones, some historians argue that the impact of these inventions has been small compared with that of washing machines.

Before washing machines, clothes and sheets were washed by hand. For most of history, this has involved carrying the laundry to a river or a lake, wetting it, and rubbing it with rocks, sand, or soap to remove the dirt. Then, the laundry had to be put in water again, and the extra water was usually removed to make drying easier. Even if people had water in their homes, the laundry would have to be rubbed against a special board or hit with pieces of wood to make it clean. It was hard work that took a long time.

The first washing machines were operated by hand, and they still required a lot of hard work. Discovering how to use electricity to power these machines was a challenge because the combination of water and electricity is very dangerous. However, during the first half of the 20th century, inventors created electric machines that were able to automatically do most of the steps involved in washing. Before long, these machines became common in homes in wealthier parts of the world.

Automatic washing machines gave people more time and energy for other activities than any other new technology did. They used some of this extra time and energy to study and teach their children. This, in turn, led to improvements in the quality of everyone's lives in the places where washing machines became common. Even today, many people in the world still wash their clothes by hand. This means that, over the next few decades, washing machines will probably continue to make a big difference to the lives of billions of humans.

(30) What do some historians say about the invention of washing machines?

1 It happened due to an important change in society.

2 It led to the development of TVs, computers, and smartphones.

3 It has had a major impact on the natural environment.

4 It has had a greater effect on society than other modern inventions.

(31) Cleaning clothes and sheets without washing machines was hard work because

1 the process of doing laundry involved several different stages.

2 the soap used to wash laundry had to be prepared by hand.

3 people had to travel long distances in order to dry their laundry.

4 people who did it had to wash many items to earn enough money.

(32) What was one challenge faced by people trying to invent electric washing machines?

1 Many people thought that they would not be as effective as washing laundry by hand.

2 The use of electricity was limited to a few homes in wealthier parts of the world.

3 They could not discover how to make a machine to do all the steps involved in washing.

4 Machines that involve both electricity and water can be very unsafe to work with.

(33) Washing machines have allowed people to

1 spend more time teaching themselves and their children.

2 use their energy for volunteer activities in their communities.

3 invent other machines to carry out tasks in the home.

4 live in parts of the world where there are many rivers and lakes.

[C]   Living the Dream

On average, people spend about one-third of their lives sleeping, and for about one-quarter of the time that they are asleep, they dream. Although scientists have learned a lot about the parts of people's brains that are involved in dreaming, they are still uncertain about the purpose of dreams. One reason for this is the variety of dreams that people have — they can be pleasant, scary, unusual, or very ordinary. On top of this, they often do not make sense and are mostly forgotten soon after waking up.

People have been trying to explain why we dream for thousands of years. Ancient people believed that dreams were messages from gods. More recently, it was suggested that dreams could tell us about hidden parts of our personalities. These days, most psychologists believe that one of the principal functions of dreaming is to review memories and strengthen them. This is important because to learn well, we must not only find new ideas and skills but also regularly recall them.

For a recent study, Erin Wamsley of Furman University in the United States invited 48 participants to spend the night at a special laboratory at the university. The participants were woken up several times during the night and asked to report what they had been dreaming about. The following morning, the participants tried to connect the content of their dreams with events in their lives. Wamsley found that over half the dreams could be connected to memories of experiences. This supports the idea that dreams play a role in learning.

However, Wamsley also found that about 25 percent of dreams were connected to specific future events in participants' lives, such as upcoming tests or trips. This, she believes, is evidence that another important function of dreaming is to give people a chance to prepare for these events. Moreover, Wamsley observed that these dreams were more common later in the night. One explanation that she offers is that our brains are aware of time even while we are sleeping. As we get closer to the start of a new day, our attention switches from reviewing past events to thinking about future ones.

(**34**) What is one reason that scientists are uncertain about why people dream?
    1 Several parts of people's brains are involved in dreaming.
    2 Dreams do not usually appear to have a clear meaning.
    3 People often do not want to describe their dreams honestly.
    4 Different people sometimes have exactly the same dream.

(**35**) Modern psychologists think that
    1 people discovered the reason that we have dreams thousands of years ago.
    2 people's brains are able to exercise and grow larger by having dreams.
    3 dreams allow people to hide parts of their personalities that they do not like.
    4 dreams give people an opportunity to make their memories stronger.

(**36**) What was one thing that participants in Erin Wamsley's study were asked to do?
    1 Discuss the content of their dreams with other participants in the study.
    2 Relate what happened in their dreams to what was happening in their lives.
    3 Try to wake themselves up as soon as they knew that they were dreaming.
    4 Compare their own dreams with a list of dreams that people commonly have.

(**37**) Wamsley suggests that dreams about future events
    1 happen because our brains know that we will wake up soon.
    2 occur more often after tests or other stressful events.
    3 are experienced just as often as dreams about the past.
    4 probably stay in our memories longer than other dreams.

(38) Which of the following statements is true?

1 People long ago believed that gods spoke to them through dreams.

2 People dream for more than half of the time that they are asleep.

3 Participants in Wamsley's study mostly had dreams about future events.

4 Participants in Wamsley's study were observed in their own homes.

ライティング

- 以下の **TOPIC** について，あなたの意見とその**理由を 2 つ**書きなさい。
- **POINTS** は理由を書く際の参考となる観点を示したものです。ただし，これら以外の観点から理由を書いてもかまいません。
- 語数の目安は 80 語〜100 語です。
- 解答は，解答用紙の B 面にあるライティング解答欄に書きなさい。**なお，解答欄の外に書かれたものは採点されません。**
- 解答が **TOPIC** に示された問いの答えになっていない場合や，**TOPIC** からずれていると判断された場合は，**0 点と採点されることがあります。TOPIC** の内容をよく読んでから答えてください。

TOPIC

Today, many buildings collect rainwater and then use it in various ways, such as giving water to plants. Do you think such buildings will become more common in the future?

POINTS

- *Cost*
- *Emergency*
- *Technology*

リスニングテスト

[2級リスニングテストについて]

1 このリスニングテストには，第1部と第2部があります。
◆英文はすべて一度しか読まれません。

> 第**1**部　対話を聞き，その質問に対して最も適切なものを
> 1，2，3，4の中から一つ選びなさい。

> 第**2**部　英文を聞き，その質問に対して最も適切なものを
> 1，2，3，4の中から一つ選びなさい。

2 No.30のあと，10秒すると試験終了の合図がありますので，
筆記用具を置いてください。

第**1**部

No.1
1　By riding on a bus.
2　By driving his car.
3　By taking a train.
4　By flying in a plane.

No.2
1　One for their bedroom.
2　One for three people.
3　One that can be used as a bed.
4　One like the one in their living room.

No.3
1　He is working during the holiday.
2　He will meet the woman's parents.
3　He will let the woman have his seat.
4　He is traveling to London.

No. 4
1 He is having trouble with his French lessons.
2 He needs to choose a topic for a project.
3 He is starting a new French class.
4 He cannot find a book in the library.

No. 5
1 Take pictures of the Johnsons' house.
2 Send a thankyou card to the Johnsons.
3 Play in a volleyball game.
4 Hold a barbecue party.

No. 6
1 He should choose a closer college.
2 He needs to look after himself.
3 He cannot buy a new pair of blue jeans.
4 He cannot go to Bobby's party.

No. 7
1 Ask a store clerk for help.
2 Go to a different shop.
3 Look for information online.
4 Keep using their old computer.

No. 8
1 She should not talk with their boss now.
2 She should not be upset with their boss.
3 She should try to calm down.
4 She should try to get a pay raise.

No. 9
1 She needs to hire a cook.
2 She already has enough waiters.
3 She is interested in hiring him.
4 She thinks he needs more experience.

No. 10
1 It is too far away.
2 The tables are dirty there.
3 There may be too many people there.
4 He brought sandwiches from home.

No. 11	1	He usually buys only roses.
	2	He knows a lot about flowers.
	3	He is buying some flowers for his mother.
	4	He has never given flowers to anyone before.

No. 12	1	He borrowed his friend's homework.
	2	He went to the library before school.
	3	He studied hard for several weeks.
	4	He asked his parents for help.

No. 13	1	He did not finish his homework.
	2	He could not find his cell phone.
	3	He left an assignment at school.
	4	He forgot his sister's phone number.

No. 14	1	She forgot she had to go to work.
	2	She forgot that it was Saturday.
	3	She did not give her presentation.
	4	She did not call Mr. Carter.

No. 15	1	She hurt herself while hiking in the rain.
	2	She wants to become a volunteer there.
	3	To make a reservation for a campsite.
	4	To find out about the hiking conditions.

第 **2** 部

Track 18~34

No. 16
1 He no longer works in sales.
2 He does not enjoy his job.
3 He will work at a new company.
4 He wants to get an assistant.

No. 17
1 They will invite a guest to talk.
2 They will read out a pamphlet.
3 They will show a short movie.
4 They will give out recycled paper.

No. 18
1 It wanted to send signals during a war.
2 Some people did not trust what was said.
3 Children could not understand the information.
4 The announcers kept listeners awake too long.

No. 19
1 She needs to save money to buy a ticket.
2 Her best friend's birthday is in July.
3 The weather may be bad next weekend.
4 There will be a special event at the park then.

No. 20
1 Stop the car's alarm from making a noise.
2 Park in a different place in the garage.
3 Pay extra for parking over the time limit.
4 Return to the car and turn its lights off.

No. 21
1 Receiving congratulations for his poem.
2 Winning some money in a contest.
3 Learning about wildlife at his local library.
4 Finding a book of poems about wildlife.

No. 22

1 He was attacked by some English ships.
2 He succeeded in traveling around the world.
3 He stole jewels from the Queen of England.
4 He returned with five ships after a journey.

No. 23

1 Her friend brought a person who she did not know.
2 John was not interested in the same things as her.
3 Yumi chose the food without asking Kate first.
4 The chairs at the restaurant were not comfortable.

No. 24

1 Come back to the studio next Wednesday.
2 Be quiet until some signs are shown.
3 Decide which questions to ask Pamela.
4 Record the show with their cell phones.

No. 25

1 It would give him more time to study.
2 It would be a boring way to make money.
3 It would be a good way to learn about children.
4 It would give him a chance to make new friends.

No. 26

1 They help some kinds of plants to grow.
2 They only drink the blood of other animals.
3 Their bodies can be used to make medicine.
4 Their bites are more painful than those of females.

No. 27

1 To confirm the location of the exits.
2 To give out notes to people in the audience.
3 To check that the equipment is working.
4 To fill out a form about their presentation.

No. 28

1 To prepare for a competition.
2 To advertise her new business.
3 To thank people for their help.
4 To get a college certificate.

No. 29

1 Because it helps them to breathe more easily.
2 Because they feel very relaxed.
3 They are trying to remember things.
4 They are trying to wake up to play.

No. 30

1 She has started enjoying a different kind of music.
2 She went to a big music concert two years ago.
3 She works in a studio where music is recorded.
4 She often listens to people talk about music.

1

次の (1) から (20) までの (　　　) に入れるのに最も適切なものを 1, 2, 3, 4 の
中から一つ選び, その番号を解答用紙の所定欄にマークしなさい。

(1) **A** : What do you think of your new high school, Paula?
B : It's great, Mr. Morgan. I like it better than my (　　　)
school.

1 neutral　　**2** exact　　**3** previous　　**4** appropriate

(2) Having a part-time job is good for Kaoru because she needs
extra money to spend, but one (　　　) is that she cannot
go out with her friends on weekends.

1 structure　　　　　　**2** baggage
3 disadvantage　　　　**4** lecture

(3) After a series of financial scandals, many people began to
demand that the government make rules to (　　　) banks
more strictly.

1 regulate　　**2** reproduce　**3** irritate　　**4** impress

(4) David felt the job interview had gone badly, so he thought
that the letter from the company would be a (　　　). He
was surprised to find he had actually got the job.

1 symptom　　**2** rejection　　**3** biography　**4** contribution

(5) When the police found the escaped criminal hiding in an old
warehouse, they approached him (　　　).

1 partially　　**2** temporarily **3** regionally　**4** cautiously

(6) Chris (   ) his invitation to the barbecue party to friends, neighbors, and relatives.   He wanted as many people as possible to come.

1 removed   **2** extended   **3** compared   **4** proved

(7) The rock band's (   ) only lasted a few months.   After radio stations stopped playing the band's songs, people soon forgot about it.

1 shade   **2** area   **3** fame   **4** origin

(8) Whenever Keith goes traveling, he (   ) his luggage very carefully.   He once had a bag stolen on a train, so he always keeps his things where he can see them.

1 guards   **2** carves   **3** divorces   **4** accelerates

(9) Louis has worked at the same company since he graduated from college.   This year, after four (   ) of working there, he is going to retire.

1 jails   **2** decades   **3** principles   **4** societies

(10) Kate took a walk by the sea yesterday.   Some of the rocks were wet and slippery, so she often had to (   ) herself to avoid falling into the water.

1 punish   **2** defeat   **3** filter   **4** steady

(11) Olivia worked for her father for eight years and eventually (   ) his business.   She ran the company very successfully and even opened a branch overseas.

1 wrote up   **2** took over   **3** kept off   **4** fell through

(12) *A* : Well, tomorrow our vacation (   ) an end, and we have to fly back home.

   B : I know.   I don't want to leave.   I wish we could stay here longer.

1 goes for   **2** brings up   **3** takes out   **4** comes to

(13) Gary has been having problems with his knees (   ) for several months. Yesterday, they were really painful. They are better today, but he has decided to see his doctor anyway.

1 on and off   **2** up and down

3 side by side   **4** one by one

(14) A storm caused the power to go off in Greenville yesterday. Residents had to (   ) electricity for two hours before the supply was restored.

1 drop by   **2** come across

3 go against   **4** do without

(15) *A* : Where's Gerald? He should have been here half an hour ago.

    B : That's (   ) him. I don't think he ever arrives on time.

1 typical of   **2** inferior to

3 grateful for   **4** patient with

(16) Ms. Williams said that her students could have one more week to finish their history assignments, but anyone who (   ) their work late would be in trouble.

1 brought down   **2** brought out

3 turned in   **4** turned on

(17) Because Angela's family was (   ), she did not have to worry about the cost of going to university.

1 close up   **2** next up   **3** far off   **4** well off

(18) Eisuke is the fastest runner at his school. He is sure (   ) the 100-meter race at the sports festival.

1 to win   **2** win   **3** will win   **4** won

(19) *A* : Brian, you (　　　) put so much salt on your food. Eating too much salt can be bad for you.

B : OK, Mom. I won't.

1　to not ought　　　　　2　not ought to

3　ought not to　　　　　4　to ought not

(20) Miranda screamed for joy (　　　) moment she heard that she had got into Budgeforth College.

1　the　　　　2　on　　　　3　at　　　　4　a

2

次の英文 [A], [B] を読み, その文意にそって (21) から (26) までの (　　　) に入れるのに最も適切なものを 1, 2, 3, 4 の中から一つ選び, その番号を解答用紙の所定欄にマークしなさい。

[A]　Doggerland

Since the 1930s, fishermen have occasionally found ancient objects made from stone or bone in their nets when fishing in the sea between Britain and northern Europe. Many of these objects were made around 9,000 years ago. Historians used to believe this area was underwater at that time, like it is now. There was also little evidence that ancient Europeans regularly traveled on the sea. (**21**), experts had difficulty explaining how these man-made objects had ended up at the bottom of the ocean.

The only possible explanation was that sea levels must have been much lower in the past. In fact, research shows that Britain did not become an island until about 8,000 years ago. Before that, people (**22**) the European continent. The huge piece of land that once connected Britain and the European continent has been given the name Doggerland. As the last ice age ended, sea levels rose. Britain was separated from the rest of Europe when most of Doggerland was covered by the sea. By about 7,000 years ago, sea levels had risen further and covered Doggerland completely.

Researchers want to learn more about the people who lived in

Doggerland. They have created 3D maps from data that has been collected by companies searching for oil at the bottom of the sea. The researchers are using these maps to choose sites where humans probably lived. At one of these sites, the researchers (**23**). As a result, they are hopeful that they will continue to make discoveries about the culture and lifestyles of the people of Doggerland.

(21) 1 What is more   2 Likewise
     3 Therefore   4 Equally

(22) 1 made objects on   2 rarely visited
     3 had heard stories about   4 could walk to it from

(23) 1 used a robot to look for oil   2 found an ancient stone tool
     3 built a small museum   4 noticed some recent changes

[B] The Science of False Starts

A shot is fired at the beginning of a running race to tell athletes to start moving. If one of the athletes moves before the shot is fired, it is known as a "false start," and the athlete is removed from the race. Interestingly, if an athlete moves before 0.1 seconds have passed after the shot is fired, this is also a false start. Athletics organizations argue that no human can (**24**). They say that such an athlete must have been guessing when the shot would be fired rather than waiting to hear it.

To learn more about false starts, scientists have carried out experiments on human response times. One experiment in the 1990s found that athletes responded to the sound of the shot after 0.12 seconds (**25**). Some were slightly quicker, while others were slightly slower. However, the athletes who took part in this experiment were amateurs. A more recent experiment showed that some professional athletes might be able to respond in just 0.08 seconds. Both studies, however, involved a small number of athletes.

Some people think that the false start rule is too strict. In some other sports and track-and-field events, athletes (**26**) if they break a rule. For example, in the long jump, if an athlete's foot goes over the line on their first attempt, the athlete still has two more opportunities to try. Some people suggest that instead of removing athletes who make false starts, their start position should be moved back a few meters, and this would make the races fair for everyone.

(**24**) 1 react so quickly   2 jump so high
         3 hear such sounds   4 lift such weights

(**25**) 1 so far   2 by then
         3 on average   4 in total

(**26**) 1 have extra chances   2 must pay money
         3 can watch a video replay   4 return their medals

次の英文 [A], [B], [C] の内容に関して, (27) から (38) までの質問に対して最も適切なもの, または文を完成させるのに最も適切なものを 1, 2, 3, 4 の中から一つ選び, その番号を解答用紙の所定欄にマークしなさい。

[A]

From: Melissa Simmons <simmonsm@wigbylibrary>
To: Library staff <staff@wigbylibrary>
Date: October 8
Subject: Story time

Dear Staff,

One of my goals as the director of Wigby Public Library is to make it a popular place for families. Reading is important for everyone, especially children. If parents and children read books together, they will share happy memories and build better relationships. Also, reading is a great way for parents to help with their children's education. Our library can play a surprisingly important role in making Wigby an even smarter and more caring town!

With this in mind, I have decided to start a weekly storytelling session for children and parents, and I need your help to make it fun. Of course, I want your suggestions for stories. I also need someone to make posters to advertise the sessions and someone to look for items that the person telling the story can use to make the stories more fun. Finally, I think we should take turns telling the stories.

Please let me know if there is something you would really like to do for these sessions. If you have any ideas that could help make them better, I would like to hear them, too. Also, if you have any ideas that will encourage more families to come to the library, please feel free to tell me about them. You can either send me an e-mail or come to my office to talk to me in person.

Best regards,

Melissa

Director, Wigby Public Library

(27) According to Melissa, one way that reading can help families is by

1 giving children a chance to explain their goals to their parents.

2 allowing parents and children to develop better connections.

3 improving parents' chances of getting well-paid jobs.

4 reducing the amount of time that children spend watching TV.

(28) What is one thing that Melissa asks library staff to do?

1 Let her know if they are friends with any writers.

2 Help her to move items to make space for an event.

3 Write a story about a group of young children.

4 Create notices that tell people about an activity.

(29) Why does Melissa invite staff members to her office?

1 To have a meeting to review the duties of staff members.

2 To tell her how to make the library more attractive to families.

3 She is too busy to be able to go and speak to them.

4 She wants to get to know each staff member much better.

[B]   Purple Straw Wheat

Wheat is an important crop in the United States, and its seeds are used for making bread, pasta, and other foods. It has been the country's main food grain since the 18th century. Wheat production in the United States, however, has faced challenges throughout its history. During the late 18th century, many types of wheat were attacked by diseases and insects that came from Europe. One type of wheat called purple straw wheat, though, was able to resist these dangers, and for a long time, it was the best choice for many farmers to plant.

Purple straw wheat seeds can be used to make whiskey or produce soft and delicious flour that is good for making cakes and bread. It has been grown since the 18th century, especially in the southern United States. What made purple straw wheat particularly important was its ability to survive winter weather. Unlike other types, purple straw wheat could be planted in late autumn and harvested in early spring. This meant that it avoided summer diseases and insects. As a result, purple straw wheat continued to be widely grown until the mid-20th century.

In the 1960s, scientists developed new types of wheat by mixing the genes of existing ones. These new types produced more seeds per plant and were better able to resist diseases. By using modern farming technology, chemicals that kill insects, and these new types of wheat, farmers could produce large quantities of wheat seeds more cheaply than before. Although flour from purple straw wheat is tastier and healthier, this type of wheat almost completely went out of use.

Some researchers wanted to bring back purple straw wheat. However, its seeds were not easy to obtain because there were only a few sources. The researchers finally managed to get a few grams of purple straw wheat seeds and planted them at Clemson University in South Carolina. They have been gradually increasing the amount of wheat that they can produce, although it is still not enough to make and sell flour. Many chefs, bakers, and whiskey makers are looking forward to being able to use purple straw wheat in their products.

(**30**) What happened in the late 18th century in the United States?

1 Farmers developed a type of wheat that produced better flour.

2 Diseases and insects that affected wheat plants arrived from overseas.

3 A lack of wheat meant that it had to be imported from Europe.

4 People started to use grains other than wheat to make bread.

(**31**) What was one reason that purple straw wheat was better than other types of wheat?

1 It could be grown during the coldest part of the year.

2 It could be used to make new kinds of foods and drinks.

3 It could survive the hot summers in the southern United States.

4 It could grow in fields that had low-quality soil.

(**32**) Why did people stop growing purple straw wheat in the 20th century?

1 It was not suitable for use with modern farming technology.

2 Scientists created types of wheat that gave greater numbers of seeds.

3 People wanted to buy flour that tasted better and was healthier.

4 Chemicals that kill insects destroyed many purple straw wheat plants.

(**33**) Researchers who have been growing purple straw wheat

1 could only get a small amount of purple straw wheat seeds.

2 tested it in several different locations in the United States.

3 offered flour made from the wheat to chefs, bakers, and whiskey makers.

4 were surprised at how quickly they were able to produce enough to sell.

[C]   Venice's Books

During the Middle Ages, the Italian city of Venice was famous for international trade. Not only was the city's location important, but also there were fewer laws controlling people's behavior than in other parts of Europe. This freedom attracted writers, artists, and craftspeople to the city. Following the invention of printing machines in the 15th century, these people combined their abilities to make Venice the center of the printing and bookmaking industry in Europe. This tradition of making high-quality books by hand survives in the city to this day.

Paolo Olbi is helping to keep this tradition alive. He makes use of techniques that have existed for centuries to produce beautiful books, diaries, and photo albums. The paper inside them is cut by hand, and their covers are made of hand-printed paper, leather, wood, and even a kind of Italian glass called Murano. When Olbi began learning his craft in 1962, there were about 20 bookstores in Venice that made handmade books. Now, though, Olbi's store is one of only three such places that remain.

One of Olbi's heroes is a man called Aldus Manutius. Manutius founded a printing company in 1494 that became one of the most famous printing companies in Venice. Until the late 15th century, books were large, heavy, and very expensive. They were mostly about religion and law. Manutius developed techniques to produce smaller, lighter, and cheaper books. Moreover, he printed novels and books about art and philosophy. These developments made books more popular and easier to buy for ordinary people.

Olbi has a picture of Manutius on the wall of his store. Like Manutius, he loves books and believes they should be beautiful. Over the years, Olbi has taught his skills to many people. In 2018, a former student invited Olbi to display his books at an exhibition of handmade objects. This gave Olbi a chance to get more people interested in traditional bookmaking. Olbi wants to expand his store into a cultural center where tourists can see how he makes books and young people can learn his techniques. By doing so, he hopes to prevent the tradition of bookmaking in Venice from being lost.

(34) What is one reason that writers, artists, and craftspeople were attracted to Venice?

    1 They could get part-time jobs in the bookmaking industry.

    2 They could sell their work at higher prices in the city.

    3 The city's location provided inspiration for their work.

    4 The city allowed people to live more freely than other places.

(35) Paolo Olbi is a bookmaker who

    1 uses traditional methods to make his products.

    2 owns about 20 bookstores in the city of Venice.

    3 has developed a new technique for printing on glass.

    4 tries to use recycled materials to produce books.

(36) Aldus Manutius helped to increase the popularity of books by

    1 opening schools in Venice where people could learn to read.

    2 printing more and more books about topics such as religion and law.

    3 writing a series of novels about artists and philosophers in Venice.

    4 finding ways to reduce the size, weight, and prices of books.

(37) What is one thing that Olbi would like to do?

    1 Find a picture of Manutius that was lost many years ago.

    2 Meet his former students to find out what they have been doing.

    3 Create a place where more people can learn about bookmaking.

    4 Write a book about the life and achievements of Manutius.

(**38**) Which of the following statements is true?

1 One of the most famous printing companies in Venice was established in 1494.

2 The number of stores in Venice making handmade books has increased since 1962.

3 Olbi holds an annual exhibition in Venice to display the work of his students.

4 Laws to stop international trade were introduced in Venice in the Middle Ages.

ライティング

- 以下の TOPIC について，あなたの意見とその**理由を2つ**書きなさい。
- **POINTS** は理由を書く際の参考となる観点を示したものです。ただし，これら以外の観点から理由を書いてもかまいません。
- 語数の目安は80語～100語です。
- 解答は，解答用紙のB面にあるライティング解答欄に書きなさい。**なお，解答欄の外に書かれたものは採点されません。**
- 解答が TOPIC に示された問いの答えになっていない場合や，TOPIC からずれていると判断された場合は，**0点と採点されることがあります。** TOPIC の内容をよく読んでから答えてください。

TOPIC

Today, some customers ask delivery companies to put packages by their doors instead of receiving them directly. Do you think this kind of service will become more common in the future?

POINTS

- *Convenience*
- *Damage*
- *Security*

リスニングテスト

[2級リスニングテストについて]

1 このリスニングテストには，第1部と第2部があります。
◆英文はすべて一度しか読まれません。

> 第 **1** 部 対話を聞き，その質問に対して最も適切なものを
> 1，2，3，4 の中から一つ選びなさい。

> 第 **2** 部 英文を聞き，その質問に対して最も適切なものを
> 1，2，3，4 の中から一つ選びなさい。

2 No. 30 のあと，10秒すると試験終了の合図がありますので，
筆記用具を置いてください。

第 **1** 部

No. 1
1 Look at a map of the university campus.
2 Walk with her to the corner.
3 Take a different route to the Science Center.
4 Ask the staff at the History Department building.

No. 2
1 Finding a job at the airport.
2 Becoming a firefighter.
3 Traveling to foreign countries.
4 Traveling safely.

No. 3
1 To do research for his presentation.
2 To help the girl get a better grade.
3 To use the computers there.
4 To participate in a study group.

No. 4
1 He does not have the right computer.
2 He does not know what a web camera is.
3 He might have trouble setting up a web camera.
4 He might need some help carrying equipment.

No. 5
1 Pick her up at the supermarket.
2 Get home as fast as he can.
3 Buy something from the supermarket.
4 Wait for a delivery at home.

No. 6
1 Show him how to get to Larry's Café.
2 Make him a tuna sandwich.
3 Get him some food.
4 Help him finish his work.

No. 7
1 Most of them did not turn out well.
2 He printed them out on Thursday.
3 He could not hand them in on time.
4 They were the first ones he took this year.

No. 8
1 Search for their gate.
2 Look in some stores.
3 Ask someone for directions.
4 Start boarding the plane.

No. 9
1 It is very expensive.
2 It has a very sweet taste.
3 It is only sold in restaurants in Spain.
4 It goes well with the restaurant's food.

No. 10
1 He took the bus.
2 He went on foot.
3 He called a taxi.
4 His wife drove him.

No. 11

1 She has been watering it too much.
2 She gave it the wrong plant food.
3 It is not getting enough sunlight.
4 It is being attacked by insects.

No. 12

1 Read a review.
2 Fix the elevator.
3 Talk to some artists.
4 See an art exhibition.

No. 13

1 He dislikes traveling.
2 He has just taken a trip.
3 He will go to Indonesia soon.
4 He took three days off work.

No. 14

1 Walking around the woman's house.
2 Watering the woman's garden.
3 Showing his garden to the woman.
4 Looking at a picture of the woman's house.

No. 15

1 Fill out a form in German.
2 Send a package to Germany.
3 Weigh her package later.
4 Leave for Germany within a week.

No. 16
1 Stuart gave her a beautiful card.
2 Stuart took her out to breakfast.
3 Stuart woke up by himself.
4 Stuart cooked breakfast for her.

No. 17
1 See notes for the class.
2 Buy their textbooks.
3 Discuss topics from class.
4 Send messages to classmates.

No. 18
1 She found a new pen pal.
2 She joined a club at school.
3 She started a part-time job.
4 She met her brother's friends.

No. 19
1 There will be a big storm.
2 Her father asked her to clean her room.
3 A friend will move to another city.
4 She has a lot of homework to do.

No. 20
1 His camera was stolen outside his school.
2 His computer fell down and broke.
3 His uncle bought him a new toy.
4 His teacher took away his smartphone.

No. 21
1 Helping his sister.
2 Buying a cat.
3 Looking for a new home.
4 Preparing breakfast.

No. 22	1 He was not born in the United States.
	2 He invented a new way to print books.
	3 He often wrote fiction with historical events.
	4 He did not like his country's president.

No. 23	1 Give her old car to her daughter.
	2 Use her car to deliver items.
	3 Help her son look for a sports car.
	4 Go for a drive in her new car.

No. 24	1 It was difficult for him to turn it around.
	2 It had nine windows on each side.
	3 It took him and his band six years to build.
	4 It had enough space inside for concerts.

No. 25	1 By showing a code on a screen.
	2 By answering 10 questions.
	3 By buying more than five items.
	4 By speaking to a member of staff.

No. 26	1 To make a video to show people how to cook.
	2 To stop eating so much roast beef.
	3 To think about becoming a professional chef.
	4 To use brown bread when she makes sandwiches.

No. 27	1 They saw an unusually big plant.
	2 They found a very rare animal.
	3 They heard some strange animal noises.
	4 They found the biggest mouse on Earth.

No. 28	1 To give people information about park rules.
	2 To let people know that the festival is over.
	3 To tell people about the festival's final show.
	4 To ask some performers to come to the stage.

No. 29

1 Their names were chosen to match their shapes.
2 Their shapes were created by a famous designer.
3 They were recently discovered by foreign hikers.
4 They are famous for the quality of the water in them.

No. 30

1 Show him how to draw animals.
2 Buy him a new comic book.
3 Take him to the zoo on his birthday.
4 Teach him to play a song.

2級 2022年度・第1回

1

次の (1) から (20) までの (　　　) に入れるのに最も適切なものを 1, 2, 3, 4 の中から一つ選び, その番号を解答用紙の所定欄にマークしなさい。

(1) Last week, Shelly went to see a horror movie.　It was about a strange (　　　) that was half shark and half man.

 1 creature   **2** mineral   **3** package   **4** instrument

(2) After high school, Ted joined the (　　　) so that he could serve his country.　He felt proud when he put on his army uniform for the first time.

 1 affair   **2** emergency **3** container   **4** military

(3) Reika's dream is to work for a famous French restaurant in Tokyo.　She is trying to (　　　) this by going to a cooking school.

 1 decrease   **2** unite   **3** overwhelm **4** accomplish

(4) Arthur was going to sell his café.　However, he (　　　) his decision because he started to get more customers after a new college opened nearby.

 1 abused   **2** secured   **3** reversed   **4** stimulated

(5) Frank did not have (　　　) time to write his report, so he asked his boss if he could have a few more days to finish it.

 1 possible   **2** delicate   **3** financial   **4** sufficient

(6) There was a fire at a restaurant in Brigston City yesterday. No one was hurt, but the building was ( ) damaged. The owners will have to build a new one.

1 mentally 2 intelligently
3 annually 4 severely

(7) Beth was invited to a wedding party last week. She did not want to go by herself, so she asked her friend Jeremy to ( ) her.

1 restrict 2 distribute 3 accompany 4 promote

(8) The SOL-5 rocket will leave Earth tomorrow. The astronauts' ( ) is to repair a weather satellite.

1 foundation 2 impression 3 definition 4 mission

(9) In chemistry class, the students added a small amount of acid to water. Then, they used this ( ) to carry out an experiment.

1 mixture 2 climate 3 entry 4 moment

(10) It was raining very hard in the morning, so the government had to wait to ( ) the rocket into space.

1 elect 2 impact 3 sweep 4 launch

(11) During history class, Aiden noticed that Risa did not have her notebook. He ( ) some paper from his notebook and gave it to her so that she could take notes.

1 tore off 2 relied on
3 answered back 4 broke out

(12) Derek ( ) winning his company's golf tournament. However, he played a bad shot on the last hole, and he ended up finishing second.

1 came close to 2 made fun of
3 took pride in 4 found fault with

(13) Mr. Griffith warned his students that they would get extra homework if they kept talking in class. He (　　　) with his threat because they would not be quiet.

    1 followed through   **2** went over

    3 got through   **4** turned over

(14) *A* : Guess who I just (　　　). Do you remember Gina from college?

    B : Oh, yes. I met her the other day, too. It seems she works in the same building as us.

    1 hoped for   **2** ran into

    3 looked over   **4** complied with

(15) Since changing jobs, Neil has been much more (　　　) his work-life balance. He is enjoying his new position, but he is also glad that he can spend more time with his family and friends.

    1 separate from   **2** content with

    3 based on   **4** equal to

(16) *A* : Mom, is it OK if I invite a couple of friends to the barbecue on Saturday?

    B : (　　　). There should be more than enough for everyone to eat and drink.

    1 In any case   **2** At any rate

    3 By all means   **4** On the whole

(17) Alison hates it when her baby brother goes into her room. He always (　　　) with her things, and she has to clean up afterward.

    1 makes an effort   **2** makes a mess

    3 takes a chance   **4** takes a rest

(18) After getting the first prize in the presentation competition, Kevin said in his speech that (   ) for his wife's help, he never would have won.

    1 with   **2** but   **3** along   **4** over

(19) Sean has an important meeting early tomorrow morning, so he (   ) better not stay up late tonight.

    1 may   **2** would   **3** had   **4** should

(20) *A* : Nicky, you're graduating from high school next year. It's time you (   ) thinking about which university you want to go to.

    B : You're right, Dad, but I still don't know what I want to be in the future.

    1 started   **2** will start   **3** starting   **4** to start

2

次の英文 [A], [B] を読み, その文意にそって (21) から (26) までの (   ) に入れるのに最も適切なものを 1, 2, 3, 4 の中から一つ選び, その番号を解答用紙の所定欄にマークしなさい。

[A]　　　　An Answer in a Teacup

As in many other countries, people in India are concerned about the problem of plastic waste. After all, the country produces 5.6 billion kilograms of it every year. The system for managing plastic waste needs improvement because a lot of plastic ends up as trash on land and in waterways such as the Ganges River. In response, the Indian government planned to introduce a ban on plastic items that could only be used once. (**21**), though, the government was forced to change its plans because of the condition of the economy and worries about an increase in unemployment.

Nevertheless, there is one kind of situation where the use of plastic has come to an end. All 7,000 railway stations in India have replaced plastic teacups with brown clay teacups called *kulhads*.

Long before plastic cups were used in India, people enjoyed drinking tea in these traditional cups. The minister for railways in India ordered railway stations to (**22**) *kulhads*. By doing so, he hopes the country will take an important step toward ending plastic waste.

There are several reasons why *kulhads* are better than plastic teacups. First, after they have been thrown away, they soon break down into substances that do not harm the environment. Second, the clay that *kulhads* are made from actually improves the flavor of the tea. Finally, using *kulhads* (**23**). Plastic cups are made with machines, but *kulhads* are made by hand. The Indian government estimates that hundreds of thousands of people will get extra work because of this change.

(**21**)　**1**　In the end　　　　　　　**2**　Moreover
　　　　3　For one thing　　　　　**4**　Overall

(**22**)　**1**　provide trash cans for　　**2**　use less plastic in
　　　　3　only sell tea in　　　　　**4**　charge more for

(**23**)　**1**　will create jobs　　　　　　　　**2**　costs less money
　　　　3　is better for people's health　**4**　is just the beginning

[B] # More than Just a Pretty Bird

Parrots are smart and sometimes very colorful birds. They are popular as pets and can often be seen in zoos. Unfortunately, about one-third of parrot species in the wild are in danger of dying out. Examples include hyacinth macaws and Lear's macaws. Each year, some of these birds are caught and sold illegally as pets. (**24**), many are dying because the forests where they live are being cleared to create farmland and to get wood. This has reduced the size of the areas in which they can build nests and collect food.

A study published in the journal *Diversity* revealed that hyacinth macaws and Lear's macaws play an important role in the forests. Researchers studying these parrots in Brazil and Bolivia found that they spread the seeds of 18 kinds of trees. They observed the birds taking fruits and nuts from trees and carrying them over long distances. The birds do this so that they can eat the fruits and nuts later. However, they (**25**). When this happens in areas cleared by humans, the seeds inside the fruits and nuts grow into trees, helping the forests to recover.

Today, conservation groups are working hard to protect hyacinth macaws and Lear's macaws. One difficulty is that these parrots (**26**). An important reason for this is that their eggs are often eaten by other birds. To prevent this, macaw eggs are sometimes removed from their nests by scientists and replaced with chicken eggs. The scientists keep the eggs safe. After the macaw chicks come out of their eggs, they are returned to their parents.

(**24**) 1 On the contrary   2 Under this
     3 What is worse   4 Like before

(**25**) 1 often go back for more   2 sometimes drop them
     3 also eat leaves and flowers   4 bring them to their nests

(**26**) 1 do not build nests   2 are not easy to catch
     3 have poor hearing   4 lose many babies

次の英文 [A]，[B]，[C] の内容に関して，(27) から (38) までの質問に対して最も適切なもの，または文を完成させるのに最も適切なものを 1，2，3，4 の中から一つ選び，その番号を解答用紙の所定欄にマークしなさい。

[A]

From: Noel Lander <noel@coffeeshopsupplies.com>
To: Gary Stein <thedaydreamcoffeeshop@goodmail.com>
Date: June 5
Subject: Your order

Dear Mr. Stein,

Thank you for placing an order by telephone with Jenna Marks of our sales department this morning. The order was for 500 medium-sized black paper cups with your café's name and logo printed on them. According to Jenna's notes on the order, you need these cups to be delivered to you by Saturday.

I am sorry to say that we do not have any medium-sized black coffee cups at this time. What is more, the machine that makes our coffee cups is currently not working. The part that is broken was sent for repair the other day, but it will not be returned to our factory until Friday. Because of this, I am writing to you to suggest some alternatives.

If you really need black cups, then we have them in small and large sizes. However, I guess that size is more important than color for you. We have medium-sized coffee cups in white, and we could print your logo on these instead. We also have medium-sized cups in brown. We are really sorry about this problem. Please let us know which of these options is best, and we'll send you an additional 50 cups for free. Our delivery company says we will need to send the order by Wednesday so that it arrives by Saturday. Please let me know your decision as soon as you can.

Sincerely,
Noel Lander

(27) This morning, Jenna Marks
1 wrote down the wrong name on Mr. Stein's order.
2 gave a customer the wrong delivery date.
3 contacted the sales department by telephone.
4 took an order for cups for Mr. Stein's café.

(28) According to Noel Lander, what is the problem with the order?
1 His company does not have the cups that Mr. Stein wants.
2 His company's machine cannot print Mr. Stein's logo.
3 The cups cannot be delivered to Mr. Stein until Friday.
4 The cups were lost by the delivery company the other day.

(29) What does Noel Lander suggest to Mr. Stein?
1 Ordering more than 50 cups next time.
2 Using cups that are white or brown.
3 Offering his customers free coffee.
4 Buying his cups from another company.

[B]　　　　　Tweed

Tweed is the name given to a type of thick cloth that was first developed by farmers in Scotland and Ireland. Long pieces of wool are dyed different colors and then put together to make a cloth with a pattern. The weather in Scotland and Ireland is often cold and wet, so this warm, waterproof material was very popular with the farmers as they worked in the fields.

Tweed did not become well known outside farming communities until the 19th century. At that time, wealthy English people were buying large areas of land in Scotland. These were known as estates, and they were used by their owners for hunting and fishing. Hunters became interested in tweed because it is mainly brown, green, or gray, so wild animals find it difficult to see people wearing clothes made of the material. The wealthy English owners began having patterns of tweed made for their estates. After Queen Victoria's husband, Prince Albert, had a unique pattern made for the people on a royal estate in Scotland, the cloth became famous throughout the United Kingdom.

Clothes made from tweed became standard items for wealthy people to wear in the countryside. Men would wear blue or black suits when doing business in towns and cities, and tweed suits when they went to relax on their estates. Ordinary people began to imitate them by wearing tweed for outdoor hobbies such as playing golf or cycling. The fashion for wearing tweed also spread to the United States and the rest of Europe, and tweed became even more popular in the 20th century when various famous fashion designers used it for their clothes.

Tweed remained fashionable for many years, though by the start of the 21st century, its popularity had dropped. However, tweed is now starting to become popular once more. One reason for this is that it does little harm to the environment. In addition to being made from natural wool, it is strong enough to last for a very long time, so people do not often need to buy new clothes. Indeed, some wealthy people in the United Kingdom still wear their grandparents' tweed suits.

(30) Tweed was popular with farmers in Scotland and Ireland because
1 it helped keep them warm and dry while they were outside.
2 it helped them to make some money in their free time.
3 it allowed them to use any extra wool they produced.
4 it allowed them to teach their culture to younger people.

(31) How did Prince Albert help to make tweed well-known?
1 He often went hunting on land owned by farmers in Scotland.
2 He bought an estate in Scotland where there was a tweed factory.
3 He was seen wearing it while traveling in Scotland.
4 He ordered a special tweed pattern for an estate in Scotland.

(32) Ordinary people wore tweed when they were
1 doing business in towns and cities.
2 visiting the United States and Europe.
3 trying to show that they were farmers.
4 enjoying leisure activities outside.

(33) What is one reason that tweed does little harm to the environment?
1 It does not release harmful smoke when it is burned.
2 It does not become dirty easily and needs little washing.
3 It is tough enough for people to wear it for many years.
4 It is made by hand in small factories run by families.

[C]   Clues from the Distant Past

Humans who lived before the development of farming left many stone objects behind. These objects are usually parts of tools or weapons, and they show us how these people obtained their food. However, less is known about other parts of their culture. The other source of information we have from this period is paintings on the walls inside caves. These are mostly hunting scenes, so while they show that early humans lived in groups, they do not show that early humans participated in other social activities, such as religious ceremonies.

The lack of evidence led many historians to believe that religions did not develop until humans started to build farms and live in villages. A recent discovery, though, suggests that religious beliefs may have existed before this time. The Shigir Idol is a tall wooden statue that has faces and symbols carved into it. Experts say that it is very likely that these symbols express religious beliefs about the gods they worshipped.

The Shigir Idol was actually found in Russia in 1890. For a long time, people did not know how old it was, but analysis of the wood in the last few years has revealed that it was made around 12,500 years ago — long before humans in the area began farming. The statue was made in several pieces so that it could be taken down and set up again in a different place as the humans who owned it moved around. Unfortunately, some pieces were lost during the early 20th century and only drawings of them remain.

At some point in history, the Shigir Idol fell into a kind of mud that kept it safe for thousands of years. The conditions in which it was found are very rare. Indeed, no other wooden statues of a similar age have been discovered. Judging from the quality of the Shigir Idol, early humans were skilled at making things from wood. However, few wooden items have survived. Despite this, the Shigir Idol has shown historians that early humans had more advanced cultures than people once thought and that they probably also had religions.

(**34**) What can be learned from the stone objects left behind by early humans?

    1 Whether or not they lived in caves.

    2 How they were able to get things to eat.

    3 Where their groups originally came from.

    4 Which kinds of animals they used to hunt.

(**35**) The Shigir Idol is a wooden statue that

    1 has the faces of famous historical leaders carved into it.

    2 may show that early humans believed in the existence of gods.

    3 is a symbol of the importance of farming to early humans.

    4 was probably at the center of one of the first human villages.

(**36**) What is one thing that has been recently discovered about the Shigir Idol?

    1 The humans who owned it made drawings that show how to set it up.

    2 Some of the pieces that make up the statue have never been found.

    3 The statue can be put together in a number of different ways.

    4 It was made by people who had not yet begun growing their own food.

(**37**) Why is the discovery of the Shigir Idol likely to be a unique event?

    1 Because the kind of mud in the area where it was found makes digging difficult.

    2 Because early humans often destroyed the religious statues made by other groups.

    3 Because few early people had the skills to make something like the Shigir Idol.

    4 Because wood survives for thousands of years only in very special conditions.

(**38**) Which of the following statements is true?

1 The Shigir Idol shows there was cultural exchange between groups of early humans.

2 Paintings in caves show early humans participating in religious ceremonies.

3 Historians have believed for a long time that humans have always had religions.

4 The age of the Shigir Idol was a mystery for many years after it was discovered.

ライティング

- 以下の **TOPIC** について，あなたの意見とその**理由を 2 つ**書きなさい。
- **POINTS** は理由を書く際の参考となる観点を示したものです。ただし，これら以外の観点から理由を書いてもかまいません。
- 語数の目安は 80 語～100 語です。
- 解答は，解答用紙の B 面にあるライティング解答欄に書きなさい。**なお，解答欄の外に書かれたものは採点されません。**
- 解答が **TOPIC** に示された問いの答えになっていない場合や，**TOPIC** からずれていると判断された場合は，**0点と採点されることがあります。TOPIC** の内容をよく読んでから答えてください。

TOPIC

Some people say that it is necessary for people to go to important historical sites in order to understand history better. Do you agree with this opinion?

POINTS

- *Experience*
- *Motivation*
- *Technology*

リスニングテスト

[2級リスニングテストについて]

1 このリスニングテストには，第1部と第2部があります。
◆英文はすべて一度しか読まれません。

| 第**1**部 | 対話を聞き，その質問に対して最も適切なものを
1，2，3，4 の中から一つ選びなさい。 |

| 第**2**部 | 英文を聞き，その質問に対して最も適切なものを
1，2，3，4 の中から一つ選びなさい。 |

2 No. 30 のあと，10秒すると試験終了の合図がありますので，
筆記用具を置いてください。

第**1**部

Track 90~105

No. 1
1 When the last train is.
2 How to get to City Station.
3 Whether he can change rooms.
4 What room his clients are in.

No. 2
1 Playing sports with friends.
2 Driving with his mother.
3 Riding his bicycle.
4 Talking to Cathy.

No. 3
1 She took her cat to a hospital.
2 She ran all the way to work this morning.
3 She got up early to clean her kitchen.
4 She had to look for her cat last night.

No. 4
1 He gave his old one to a friend in class.
2 He lost his old one at the aquarium.
3 He needed a bigger one for art class.
4 He wanted one with a different picture on it.

No. 5
1 By cleaning her room.
2 By buying more tissues.
3 By talking to the building manager.
4 By asking her friend for help.

No. 6
1 A chair that will match her desk.
2 A new desk for her room.
3 A wooden shelf for her books.
4 Metal furniture for her room.

No. 7
1 Delivering the mail.
2 Checking his mailbox.
3 Picking up his new license.
4 Getting a package.

No. 8
1 The time of the wedding has been changed.
2 The wedding plans are not finished yet.
3 The honeymoon was not enjoyable.
4 The honeymoon plans were made six weeks ago.

No. 9
1 She is taking a class.
2 She has started her own business.
3 She will call the woman.
4 She moved to a different street.

No. 10
1 She will be working late until next month.
2 She will not speak with Mr. Donaldson.
3 She has never made a presentation before.
4 She has almost finished writing a presentation.

No. 11	1	Wait for Lorie to call.
	2	Call Lorie again.
	3	Eat dinner at home.
	4	Go out with his parents.

No. 12	1	It is the last day of the exhibition.
	2	It is nearly closing time.
	3	Exhibition tickets will sell out soon.
	4	The museum shop is having a special sale.

No. 13	1	She must cook dinner that night.
	2	She has to take care of a baby.
	3	She is going out with her sister.
	4	She will be working late.

No. 14	1	Pay more attention in science class.
	2	See Ms. Wilson after school.
	3	Work harder in his math class.
	4	Try to find a new math tutor.

No. 15	1	Move to Germany.
	2	Eat lunch with the man.
	3	Find out where the man is going.
	4	Have lunch at a good restaurant.

第**2**部

Track 106~122

年度

第**1**回

No.16
1 She did not feel active anymore.
2 Her foot did not get better.
3 There were too many people there.
4 The instructor there was too strict.

No.17
1 He will hand in reports on Fridays.
2 He will stop working from home.
3 There will be less time to make reports.
4 The staff meeting will move to Wednesdays.

No.18
1 They wanted to feed it to animals.
2 They needed something sweet to eat.
3 They could not find enough sausages.
4 They did not want to waste animal parts.

No.19
1 He broke his smartphone.
2 He got lost at night.
3 He had no place to put up his tent.
4 He could not help his friend.

No.20
1 People from Panama named their country after them.
2 They can keep people's heads warm during winter.
3 Each one takes a long time and special skills to make.
4 There are many colors to choose from.

No. 21
1 By looking for another job.
2 By working less on weekends.
3 By buying less bread.
4 By talking to her manager.

No. 22
1 It would be easier to sell than a car.
2 It would need less space than a car.
3 His wife wanted one to keep in her car.
4 His daughter liked it more than a car.

No. 23
1 By coming to the store early.
2 By introducing a new member.
3 By using the new computers.
4 By buying some coffee.

No. 24
1 She got advice from a lawyer.
2 She was given a yoga mat by a friend.
3 She has been suffering from stress.
4 She plans to write an article about it.

No. 25
1 The soldiers thought zoot suits used too much material.
2 The military used zoot suits when flying in airplanes.
3 The young men did not want to work in suit stores.
4 The businessmen could no longer wear suits.

No. 26
1 There was an advertisement at her school.
2 A teacher told her about a course.
3 She wanted to experience high school life overseas.
4 Her classmates said it would be fun.

No. 27
1 They trade alcoholic drinks for it.
2 They cut open a part of a tree.
3 They buy it at stores in cities.
4 They mix coconut leaves with water.

No. 28
1 Join a party in the lobby.
2 Enjoy free food and drinks.
3 Present flowers to dancers.
4 Hear a 20-minute talk about ballet.

No. 29
1 She will paint the walls.
2 She will remove a cabinet.
3 She will move the fridge.
4 She will get a bigger oven.

No. 30
1 The station opened a new platform.
2 Entrance B2 is closed for repairs.
3 A bag has been found by a staff member.
4 The first floor is being cleaned.

1

次の (1) から (20) までの (   ) に入れるのに最も適切なものを 1, 2, 3, 4 の中から一つ選び, その番号を解答用紙の所定欄にマークしなさい。

(1) Considering that Keiko has only been studying English for six months, she gave a (   ) good English presentation at yesterday's contest. She got second prize.

    1 remarkably **2** nervously **3** suddenly **4** carefully

(2) *A* : How was your vacation, Dale?

    B : It was (   )! We had seven days of pure fun and relaxation.

    1 marvelous **2** industrial **3** humble **4** compact

(3) People around the world are afraid that the (   ) between the two countries will cause a war.

    1 patient **2** phrase **3** conflict **4** courage

(4) The baseball player Shuta Omura had to have (   ) on his right knee in 2019, but he made a full recovery and was ready to play again in 2020.

    1 recognition **2** innocence **3** surgery **4** inquiry

(5) The restaurant lost its good (   ) after several cases of food poisoning, and eventually it had to close.

    1 reputation **2** anticipation **3** observation **4** examination

(6) Sunlight is important for people to stay healthy. However, it is not good to (   ) skin to too much sunlight.

    1 protest **2** expose **3** conduct **4** represent

(**7**) After Kai broke his arm, it took about three months to (　　　) completely.　Now he can play tennis again without any problems.

　　1 fulfill　　　**2** cheat　　　**3** heal　　　**4** retire

(**8**) These days, many companies are offering their employees a lot of (　　　).　For example, staff members can sometimes work from home or choose what time to start and finish.

　　1 majority　**2** similarity　**3** quantity　**4** flexibility

(**9**) Kevin got stuck in a snowstorm while driving home.　The weather was so bad that he had to (　　　) his car and walk the rest of the way.

　　1 maintain　**2** abandon　**3** prevent　**4** supply

(**10**) Laura was unhappy about being (　　　) from the badminton tournament so early, but now she supports her friends during their matches.

　　1 committed　**2** defended　**3** eliminated　**4** imported

(**11**) Sarah has been told to (　　　) running until her foot is better.　Otherwise, she might make her injury worse.

　　1 read through　　　　　**2** refrain from
　　3 reflect on　　　　　　**4** refer to

(**12**) *A* : How did you like the movie?
　　B : (　　　), I enjoyed it.　Even though some of the actors weren't the best, the story was great and the music was beautiful.

　　1 On the move　　　　　**2** In respect
　　3 As a whole　　　　　　**4** By then

(**13**) *A* : What's wrong, Emily?
　　B : Jim made a (　　　) of me in front of my friends.　He said my shoes were ugly.

　　1 difference　**2** point　　**3** fool　　　**4** start

(14) Jason has asked his mother several times to stop (   ) his personal life. He is upset that she wants to try to control him even though he is an adult.

   1 counting on   **2** insisting on

   3 comparing with   **4** interfering with

(15) ***A*** : It's a shame that we had to (   ) the barbecue.

    B : Yes, but we can't hold a barbecue outside in the rain. We can hold it next week instead if the weather is better.

   1 call off   **2** pick on   **3** fall for   **4** bring out

(16) The thief must have gotten into the building (   ) of a ladder. The only way to get in was through a second-floor window.

   1 by means   **2** in charge   **3** at times   **4** for all

(17) Barney tried to teach his cat to follow some simple commands, but his efforts were (   ). Every time he told it to lie down, it just walked away.

   1 of late   **2** in vain   **3** for sure   **4** by chance

(18) (   ) lived in Tokyo for three years, Cassandra knew exactly how to get to Tokyo Skytree from her apartment.

   1 Having   **2** Had   **3** Have   **4** To have

(19) Somebody had broken one of the windows in Michelle's classroom. Michelle had not done it, but some of the other students looked at her (   ) she had.

   1 as to   **2** as if   **3** if only   **4** if not

(20) ***A*** : How long does it take to drive to your parents' house?

    B : There's no (   ) with traffic during the holidays. It could take thirty minutes, or it could take two hours.

   1 tell   **2** telling   **3** tells   **4** told

次の英文 [A], [B] を読み, その文意にそって (21) から (26) までの (　　　) に入れるのに最も適切なものを 1, 2, 3, 4 の中から一つ選び, その番号を解答用紙の所定欄にマークしなさい。

[A]　　　　　Trouble at Sea

Plastic is used in a wide variety of goods. In fact, it is estimated that about 400 million tons of plastic is produced around the world each year. Much of it is designed to be used only once and then thrown away. Most of this waste is buried in the ground in landfill sites. However, a large amount (**21**). According to the International Union for Conservation of Nature, more than 14 million tons of plastic waste goes into the ocean each year. Plastic is strong and takes a long time to break down. For this reason, the world's oceans are quickly filling up with it.

Plastic waste causes two major problems for wildlife living in and by the ocean. First, animals sometimes get trapped by larger pieces of plastic and die because they are unable to swim freely. The other problem, however, is caused by smaller pieces of plastic. Animals often (**22**). A recent study found that about two-thirds of fish species and 90 percent of all seabirds have accidentally eaten tiny pieces of plastic floating in the ocean.

In response, many environmental protection organizations are making efforts to get governments to do something about the plastic in the ocean. For instance, the Center for Biological Diversity has asked the U.S. government to make laws to control plastic pollution. Such groups are also trying to educate the public about the problem. (**23**), people continue to throw away plastic, and the amount of plastic in the ocean continues to increase.

(21) 1 completely disappears   2 ends up elsewhere
     3 is given to charities   4 could be used again

(22) 1 live in large family groups   2 have to make long journeys
     3 see these as food   4 leave the ocean

(23) 1 In spite of this   2 Therefore
     3 Likewise   4 In particular

[B]　　　　Performing Cats

Andrew Lloyd Webber is famous for writing musicals, and many of the songs he has written have become famous. Over the last 50 years, Webber has created a number of popular musicals, including *The Phantom of the Opera* and *Joseph and the Amazing Technicolor Dreamcoat*. The characters in these were taken from well-known stories that had been around for many years. One of Webber's most successful musicals is *Cats*. This features the song "Memory," the most popular one he has ever written. Like many of Webber's other musicals, though, the characters in *Cats* were (**24**).

As a child, one of Webber's favorite books was *Old Possum's Book of Practical Cats* by T. S. Eliot. This is a collection of poems that describe (**25**). For example, one of the characters likes to be the focus of everyone's attention. Another seems to be lazy during the daytime, but at night, she secretly works hard to stop mice and insects from causing trouble. Webber used the words of these poems for the songs in his musical, and he created a world in which these cats live together.

Webber began work on *Cats* in 1977, and it had its first performance in London in 1981. It was so popular that it was still being performed there 21 years later. (**26**), after its first performance on Broadway in New York City in 1982, it ran for 18 years there. *Cats* has become popular around the world. In fact, the show has been translated into 15 languages, performed in over 30 countries, and seen by more than 73 million people.

22 年度

第 2 回

(24)　1　not very important　　　2　not created by him
　　　 3　difficult to like　　　　　4　based on his friends

(25)　1　the history of cats as pets　　2　how to take care of cats
　　　 3　the personalities of some cats　4　how cats' bodies work

(26)　1　In any case　　　　　2　Unfortunately
　　　 3　By mistake　　　　　4　Similarly

次の英文 [A]，[B]，[C] の内容に関して，(27) から (38) までの質問に対して最も適切なもの，または文を完成させるのに最も適切なものを 1，2，3，4 の中から一つ選び，その番号を解答用紙の所定欄にマークしなさい。

[A]

From: Michael Green <mikeyg4000@friendlymail.com>
To: Television Depot Customer Service <service@televisiondepot.com>
Date: October 9
Subject: ZX950 LCD TV

Dear Customer Service Representative,
After reading several excellent reviews of the ZX950 LCD TV on the Internet, I purchased one from your Television Depot online store. When the item arrived, it appeared to be in perfect condition, and I was able to set it up successfully by following the TV's instruction manual. However, once I started using it, I noticed that there was a problem.
I was unable to adjust the volume of the TV with the remote control. I tried replacing the batteries in the remote control, but this did not fix the problem. I looked through the instruction manual, but I could not find a solution. Although I can adjust the volume with the buttons on the TV, I'm sure that you can understand how inconvenient it is to do it this way.
Would it be possible to obtain a replacement remote control, or do I need to return the TV, too? It would be good if I don't need to send it back because it will be difficult to put such a large TV back into its box. I hope you are able to solve this problem in the next few days. I would very much like to use my new TV to watch the European soccer tournament that begins next weekend. I look forward to receiving your reply.
Regards,
Michael Green

(27) What is one thing that Michael Green says about the TV that he bought?

1 It was sent to him without an instruction manual.

2 It has received some positive online reviews.

3 He got it from his local Television Depot store.

4 He chose it because it was in a recent sale.

(28) What problem does Michael Green say the TV has?

1 The sound level cannot be changed with the remote control.

2 The remote control uses up its batteries in just a few hours.

3 The buttons on the TV do not seem to be working.

4 The TV sometimes turns itself off unexpectedly.

(29) Michael Green hopes the customer service representative will

1 send someone to help him put the TV back into its box.

2 solve the problem in time for him to watch a sports event.

3 tell him about tournaments sponsored by Television Depot.

4 give him instructions to allow him to fix the problem himself.

[B]   The Empress's Favorite Clothes

The Asian country of Bangladesh is one of the largest exporters of clothes in the world. Low wages and modern techniques have allowed clothing factories in Bangladesh to produce cheap clothes. However, until the 19th century, the country produced a luxury cloth called Dhaka muslin. Many regard this cloth as the finest ever made, and it cost over 20 times more than the best silk. It was produced from cotton from a plant called *phuti karpas*. This kind of cotton can be made into very thin threads, which can be used to make incredibly soft and light cloth.

Dhaka muslin was difficult to make, but wealthy people were happy to pay the high prices demanded by the makers. The fame of this cloth spread to Europe, and the wife of Emperor Napoleon of France loved to wear dresses made from Dhaka muslin. When the area that includes Bangladesh became part of the British Empire, though, British traders put pressure on the makers of Dhaka muslin to produce more cloth at lower prices. Eventually, all the makers decided to either produce lower-quality types of cloth or quit.

In 2013, Saiful Islam, a Bangladeshi man living in London, was asked to organize an exhibition about Dhaka muslin. Islam was amazed by the high quality of this material. He wondered if it would be possible to produce Dhaka muslin again. Sadly, he could not find any *phuti karpas* plants in Bangladesh. However, using the DNA from some dried leaves of *phuti karpas* from a museum, he was able to find a species that was almost the same.

Islam harvested cotton from plants of this species, but the threads he made were too thin and broke easily. He had to mix the cotton with some from other plants. The threads made from this mixture, though, were still much thinner than normal. After a lot of hard work, Islam and his team produced some cloth that was almost as good as Dhaka muslin. He wants to keep improving the production technique. The government of Bangladesh is supporting him because it wants the country to be known as the producer of the finest cloth in the world.

(30) What is true of the cloth known as Dhaka muslin?

    1 Its thin threads are over 20 times stronger than those of silk.

    2 It stopped Bangladesh from becoming a major exporter of clothes.

    3 Modern techniques have allowed factories to produce it cheaply.

    4 Many people say it is the best kind that there has ever been.

(31) What happened as a result of the demands made by British traders?

    1 Various colors were introduced to appeal to European customers.

    2 The price of Dhaka muslin in Europe increased dramatically.

    3 Makers began to use British techniques to make better cloth.

    4 Production of high-quality Dhaka muslin stopped completely.

(32) Saiful Islam used the DNA from some *phuti karpas* leaves

    1 to find plants like the ones that were used to make Dhaka muslin.

    2 to check whether samples of Dhaka muslin were genuine or fake.

    3 to explain the evolution of Dhaka muslin at an exhibition.

    4 to create artificial Dhaka muslin in a laboratory in London.

(33) Why is the government of Bangladesh supporting Islam's efforts?

    1 It wants to make the country famous for producing high-quality cloth.

    2 It believes that his project will create new jobs for Bangladeshis.

    3 Because he will quit unless he gets additional financial support.

    4 Because he may discover a way to produce cheap clothes more easily.

[C]   Desert Delight

The Tohono O'odham people are Native Americans who come from the Sonoran Desert. In fact, the name of this tribe means "desert people" in their own language. The Sonoran Desert lies around the border between the United States and Mexico. Traditionally, the Tohono O'odham people lived in villages and grew crops such as beans, corn, and melons. They also ate some of the wild plants and animals that are found in the desert.

Although the Sonoran Desert is hot and dry, it has over 2,000 different species of plants. Hundreds of these plants are safe for people to eat. There are two reasons why the Sonoran Desert has so many species of plants. One is that it contains a variety of types of soil, and these support the growth of many kinds of plants. The other is that, although the desert is mostly dry, it rains a couple of times each year—once in the winter and once in the summer. This rain is enough for some kinds of plants to survive.

One desert plant, the saguaro cactus, is especially important to the people of the Tohono O'odham tribe. Saguaro cactuses can live for over 200 years and grow more than 15 meters tall. Once a year, around June, they produce red fruit. This fruit—the saguaro fruit—has long been a favorite food of the Tohono O'odham people. When the fruit is ready to eat, families work together to knock it down from the cactuses and collect it. The fruit is sweet and delicious when it is fresh, and it can also be turned into sauce or wine so that it can be stored for long periods.

The people of the Tohono O'odham tribe were very independent, and for a long time, they fought to keep their traditional way of life. However, in the early 20th century, the U.S. government forced them to change their lifestyle. It sent Tohono O'odham children to schools to make them learn English and forget their own culture. Many stopped following their traditional way of life. Recently, though, some Tohono O'odham people have begun bringing back their tribe's endangered traditions, including collecting and eating saguaro fruit.

(**34**) What is true about the Tohono O'odham people of North America?

1 They used to protect the border between Mexico and the United States.

2 They lived in small communities and kept farms in a dry area.

3 They ate wild plants and animals instead of growing their own food.

4 They were forced to leave their homes and live in the Sonoran Desert.

(**35**) What is one reason that over 2,000 different types of plants can survive in the Sonoran Desert?

1 The sunshine in the area means that some plants can actually grow better there.

2 The Sonoran Desert gets enough rain twice a year to allow the plants to grow.

3 There are few human beings or wild animals living in the region that eat them.

4 There is one kind of soil in the desert that almost any plant can grow in.

(**36**) The saguaro cactus

1 produces fruit that the local people have enjoyed for a long time.

2 was discovered by the Tohono O'odham people about 200 years ago.

3 has roots that grow 15 meters below the ground to reach water.

4 is best to eat with a special sauce made from traditional wine.

(37) Why did many Tohono O'odham people stop following their traditions?

1 The U.S. government wanted them to behave more like other U.S. citizens.

2 The U.S. government offered them opportunities to travel overseas to study.

3 They wanted their children to study English so that they could enter good schools.

4 They lost their independence after a war that took place in the early 20th century.

(38) Which of the following statements is true?

1 The method of collecting saguaro fruit is endangering the plants that it grows on.

2 The name of the Tohono O'odham tribe comes from its people's favorite food.

3 The soil in the Sonoran Desert is different in the winter and in the summer.

4 The Tohono O'odham people have a tradition of collecting fruit in family groups.

ライティング

- 以下の **TOPIC** について，あなたの意見とその**理由を 2 つ**書きなさい。
- **POINTS** は理由を書く際の参考となる観点を示したものです。ただし，これら以外の観点から理由を書いてもかまいません。
- 語数の目安は 80 語～100 語です。
- 解答は，解答用紙の B 面にあるライティング解答欄に書きなさい。**なお，解答欄の外に書かれたものは採点されません。**
- 解答が **TOPIC** に示された問いの答えになっていない場合や，**TOPIC** からずれていると判断された場合は，**0 点と採点されることがあります。TOPIC** の内容をよく読んでから答えてください。

TOPIC

Some people say that Japan should accept more people from other countries to work in Japan. Do you agree with this opinion?

POINTS

- *Aging society*
- *Culture*
- *Language*

リスニングテスト

Track 123

［2級リスニングテストについて］

1 このリスニングテストには，第1部と第2部があります。
◆英文はすべて一度しか読まれません。

> **第1部** 対話を聞き，その質問に対して最も適切なものを
> 1，2，3，4の中から一つ選びなさい。

> **第2部** 英文を聞き，その質問に対して最も適切なものを
> 1，2，3，4の中から一つ選びなさい。

2 No.30のあと，10秒すると試験終了の合図がありますので，
筆記用具を置いてください。

第1部

Track 124~139

No.1
1 She lost her map.
2 She is too tired to walk any farther.
3 She cannot find her friend's house.
4 She does not like her neighbors.

No.2
1 Red wine is her favorite.
2 Her friend does not like French wine.
3 She drank a lot of wine in France.
4 She does not want to spend too much money.

No.3
1 Call another restaurant.
2 Drive to the supermarket.
3 Make a sandwich for lunch.
4 Go to pick up some food.

No.4
1 She is sick in bed at home.
2 She gave Eddie her cold.
3 She will leave the hospital in a few days.
4 She got medicine from her doctor.

No.5
1 He will visit another friend.
2 He has to work on Saturday night.
3 He does not feel well.
4 He is not invited.

No.6
1 She takes music lessons.
2 She goes bowling with her friends.
3 She helps her cousin with homework.
4 She learns to ride horses.

No.7
1 A shirt with a bear on it.
2 A soft pillow.
3 A big teddy bear.
4 A bed for her son.

No.8
1 Changing its soil.
2 Putting it in a bigger pot.
3 Giving it more light.
4 Giving it less water.

No.9
1 Buy meat.
2 Call his friend.
3 Go to the party.
4 Come home early.

No.10
1 He will write to the publisher.
2 He will go to another store.
3 He will use the Internet.
4 He will look in his basement.

No. 11	1 She was frightened by a dog.
	2 She hurt her leg while running.
	3 She walked her dog for a long time.
	4 She does not go running often.

No. 12	1 He waits to be told what to do.
	2 He is a great history student.
	3 He wants to do the report alone.
	4 He can be a lazy person.

No. 13	1 Their championship parade was canceled.
	2 Their manager is changing teams.
	3 They have not been playing well.
	4 They do not have a nice stadium.

No. 14	1 Somewhere with few people.
	2 Somewhere near his home.
	3 To several cities in Europe.
	4 To a beach resort in Mexico.

No. 15	1 A baseball game is on TV tonight.
	2 The town will build a new town hall.
	3 He should go to the meeting with her.
	4 He should take the children to the park.

No.16
1 It is too big for her.
2 It uses too much gasoline.
3 She needs one that is easier to drive.
4 She wants one with more doors.

No.17
1 Some men wore them to look thin.
2 They could not be worn in England.
3 Women could not wear them in public.
4 Wearing them caused pain in people's backs.

No.18
1 Read comic books at a café.
2 Clean her kitchen.
3 Work part-time.
4 Relax at home.

No.19
1 It was easy to play at first.
2 It had horses that could fly.
3 She could play with her friend.
4 She could play it several times.

No.20
1 He had to give information about an accident.
2 He woke up too late to catch his train.
3 He had a problem with his bicycle.
4 He could not find his bicycle in the parking space.

No. 21	1 It was buried together with a prince.
	2 It had flower decorations from Siberia on it.
	3 It was made by a family in Persia.
	4 It had been in one family for many years.

No. 21
1 It was buried together with a prince.
2 It had flower decorations from Siberia on it.
3 It was made by a family in Persia.
4 It had been in one family for many years.

No. 22
1 To move some old things.
2 To clean her kitchen windows.
3 To show her how to use her computer.
4 To help her to do some cooking.

No. 23
1 He saw them being used at an office.
2 He saw an ad for them on the train.
3 He read about them in a magazine.
4 He heard about them from his boss.

No. 24
1 They were decorated with different colors.
2 They were made for different purposes.
3 They were sold at different events.
4 They were served with different meals.

No. 25
1 By the exit on the first floor.
2 By the stairs on the second floor.
3 Next to the computers on the third floor.
4 Next to the cameras on the fourth floor.

No. 26
1 By drinking a lot of donkey milk every day.
2 By washing their bodies with donkey milk.
3 By eating the meat of young donkeys.
4 By spending time looking after donkeys.

No. 27
1 Ask people about their favorite restaurants.
2 Search for a restaurant online.
3 Open a restaurant in her area.
4 Go and take a look at a restaurant.

No. 28
1 Staff will be hired to greet new members.
2 Members can get free protein bars.
3 New exercise machines are coming soon.
4 The fitness center will close in an hour.

No. 29
1 She came home later than she promised.
2 She had forgotten to feed her pet.
3 She had not cleaned the kitchen.
4 She had not done her homework.

No. 30
1 People who bring their pets to the store.
2 People who drive to the supermarket.
3 Customers with a lot of shopping bags.
4 Customers who live less than 5 kilometers away.

1

次の (1) から (20) までの (　　　) に入れるのに最も適切なものを1, 2, 3, 4の中から一つ選び, その番号を解答用紙の所定欄にマークしなさい。

(1) Jun taught his daughter an easy (　　　) of making ice cream at home with milk, cream, sugar, and maple syrup.

    1 cure   **2** register   **3** method   **4** slice

(2) Companies these days are making cameras that are (　　　) small. Some are even smaller than a shirt button.

    1 incredibly **2** partially **3** eagerly   **4** consequently

(3) There are very few houses in the north part of Silver City. It is an (　　　) area filled with factories and warehouses.

    1 emergency   **2** instant
    3 industrial   **4** environmental

(4) **A** : Do you think it's going to rain tomorrow, Tetsuya?

    B : I (　　　) it. The rainy season is over, and it's been sunny all week.

    1 doubt   **2** blame   **3** pardon   **4** affect

(5) **A** : Why has the office been so quiet recently?

    B : Since Amy and Ben had an argument, there has been a lot of (　　　) between them.

    1 tension   **2** survival   **3** privacy   **4** justice

(6) Julie's teacher asked her to (　　　) the new textbooks to all of the students. She had to place one on each desk in the classroom.

    1 respond   **2** negotiate   **3** collapse   **4** distribute

(7) **A** : Did your teacher (　　　) your idea for your science project?

    B : No. He says that I'm not allowed to do anything that involves dangerous chemicals. I'll have to think of something else.

    1 confine   **2** compare   **3** abandon   **4** approve

(8) **A** : Is that the document you were looking for earlier?

    B : Yes, it is. It was (　　　) under a pile of papers on my desk. I really need to be more organized.

    1 dyed   **2** peeled   **3** buried   **4** honored

(9) Many science-fiction authors have written about the (　　　) of traveling at the speed of light. With future developments in technology, this idea could become a reality.

    1 edition   **2** notion   **3** contact   **4** instinct

(10) When Hayley did some research into her (　　　), she discovered that one of her great-grandfathers used to work in a famous theater in London.

    1 angels   **2** ancestors   **3** employees   **4** enemies

(11) The big storm caused a lot of damage to many of the homes in the city. The cost to repair all the damage (　　　) over $70 million.

    1 amounted to   **2** aimed at

    3 calmed down   **4** checked with

(12) **A** : Tina, have you (   ) what you're going to wear for
Helen's wedding?

B : Yes. I've got quite a few nice dresses, but I'm going to
wear the pink one that I bought at the New Year's sale.

    1 called up   **2** picked out

    3 occurred to   **4** disposed of

(13) The current president of Baxter's Boxes is Mike Baxter. His
business was (   ) his father, Peter, who retired 15 years
ago.

    1 balanced on   **2** opposed to

    3 inherited from   **4** prohibited by

(14) Neil tries to keep his work (   ) his private life. He
does not like to mix them, so he never takes work home or
talks about his family with his colleagues.

    1 separate from   **2** familiar with

    3 anxious for   **4** equal to

(15) In the heavy rain, the ship's crew members were (   ) of
the weather. They had to wait for the storm to pass before
they could start the engines safely.

    1 at the mercy   **2** on the point

    3 in the hope   **4** off the record

(16) The British TV drama *Coronation Street* first went (   )
in 1960. It has remained popular ever since, and in 2020, its
10,000th episode was broadcast.

    1 in a bit   **2** for a change

    3 at the rate   **4** on the air

(17) **A** : Excuse me. I'm looking for an electric heater for my kitchen.

B : I recommend this one, ma'am. It's small, but it (　　　) plenty of heat. It should warm your kitchen in just a few minutes.

1 drops out　　2 runs out　　3 gives off　　4 keeps off

(18) **A** : I can't help (　　　) these peanuts. They're so delicious!

B : I know. Once you start, it's very, very difficult to stop.

1 eating　　2 to eat　　3 eat　　4 eaten

(19) **A** : What do you think of these cups in the shape of animals?

B : They're so cute! I need to get a present for my sister's birthday, and one of those cups would be the (　　　) thing.

1 ever　　2 much　　3 very　　4 so

(20) The members of the band Rockhammer were looking forward to playing with their new guitarist. However, she did not arrive (　　　) the concert was over.

1 unless　　2 whether　　3 until　　4 yet

2

次の英文 [A], [B] を読み, その文意にそって (21) から (26) までの (　　　) に入れるのに最も適切なものを 1, 2, 3, 4 の中から一つ選び, その番号を解答用紙の所定欄にマークしなさい。

[A]　　　**Johnny Appleseed**

The tale of Johnny Appleseed is an American legend. According to the story, Appleseed's dream was to grow enough apples for everybody to have plenty to eat. He traveled all across the United States, planting apple trees on the way. Much of this story is fiction. However, Johnny Appleseed (**21**). This was a man called John Chapman, who was born in the northeastern state of

Massachusetts in 1774.

At the time, many people in the eastern United States were moving west to find cheap land. Chapman saw this as a (**22**). He got free bags of apple seeds from producers of cider, an alcoholic drink made from apples. As he traveled around, he bought land and planted apple trees in places that would likely become towns. Later, he would return to these places to check his apple trees and sell them. Sometimes, he also sold his land to people who wanted to settle there.

Chapman became popular with the people that he visited on his travels. He would bring them news from far away and tell them stories from his interesting life. Also, it seems that he was a kind person. If someone paid for his apple trees with clothes, he would then give these clothes to people who needed them more than he did. He was happy to wear a jacket made from an old cloth bag, and he rarely wore shoes, even in winter. The story of Johnny Appleseed is mainly a legend. (**23**), though, it contains a few seeds of truth taken from Chapman's life.

(**21**) 1 has appeared in several movies
2 has been given a new image
3 was based on a real person
4 was created by an apple farm

(**22**) 1 reason to celebrate   2 normal reaction
3 serious mistake   4 chance to make money

(**23**) 1 In response   2 At least
3 On average   4 With luck

[B]   Sea Shanties

Life on large sailing ships was hard. Sailors could be away from their homes and families for months or even years. The food they had to eat was often dried and in bad condition. The work that the sailors had to do on a ship was usually boring and physically tiring. (24), the sea itself was a very dangerous place, especially during storms, and accidents were common. It is not surprising that sailors started to make and sing their own songs to stay cheerful.

These songs, called "sea shanties," come in two varieties. "Capstan shanties" were used for work that needed a regular pace without stopping, such as raising the ship's anchor. "Pulling shanties" were used when the sailors pulled ropes to raise the sails. They sang these shanties as they worked together for a few seconds, stopped to take a breath, and then started again. During these shanties, one of the sailors, known as the "shantyman," would sing out a line. The other sailors would all sing the next line together. This helped them to (25).

After the invention of steamships, sailors no longer had to work together in teams. The ships' engines did all the hard work. Even so, sea shanties have remained popular. One reason is that their words are often based on funny stories. There are groups all over the world who get together to sing these amusing songs. Some people even write new ones. Like the sea shanties of the past, new ones also (26).

(24) 1 After a while   2 In exchange
      3 To make matters worse   4 For this reason

(25) 1 keep a steady rhythm   2 learn how to build ships
      3 get to know one another 4 scare sharks away

(26) 1 have both men's and women's parts
      2 teach people how to sail
      3 usually contain a lot of humor
      4 rarely last more than a minute

次の英文 [A], [B], [C] の内容に関して, (27) から (38) までの質問に対して最も適切なもの, または文を完成させるのに最も適切なものを 1, 2, 3, 4 の中から一つ選び, その番号を解答用紙の所定欄にマークしなさい。

[A]

From: Gravelton Comic Show <info@graveltoncomicshow.com>
To: Alice Sullivan <alisulli321@friendlymail.com>
Date: January 22
Subject: Thank you for signing up

Dear Alice,

Thank you for signing up online for the eighth annual Gravelton Comic Show. This year's show will be held at the convention center in Gravelton on Saturday, February 18, and it will be our biggest ever. There will be thousands of comic books on sale, including rare items and comic books by local creators, as well as T-shirts, posters, and other goods from your favorite comic books. You'll also have the chance to meet and talk to some of the artists and writers who created them.

As usual, we'll be holding costume contests for visitors. One contest is for kids aged 12 or under, and the other is for everybody else. If you want to participate, please sign up at the reception desk by noon. Please note that your costume must have been made by you. People wearing costumes bought from a store will not be allowed to enter the contest. Be creative, and you might win a fantastic prize.

We ask all visitors to respect one another. Please do not touch other people's costumes or take photos of them without getting permission first. Also, please remember that eating and drinking are not allowed in the main hall of the convention center. In addition to the convention center's cafeteria, there will also be food trucks selling snacks and drinks in the square outside the center.

We look forward to seeing you at the show!
Gravelton Comic Show Staff

(27) At the Gravelton Comic Show, Alice will be able to
 1 purchase comic books made by people from the Gravelton area.
 2 watch movies based on her favorite comic books.
 3 take lessons in how to create her own comic books.
 4 display her paintings of famous comic book characters.

(28) What is one thing that participants in the costume contest need to do?
 1 Make their costumes themselves.
 2 Sign up before coming to the show.
 3 Pay an entry fee at the reception desk.
 4 Explain why they chose their costumes.

(29) Visitors to the Gravelton Comic Show must ask to be allowed to
 1 eat in the main hall of the convention center.
 2 use the parking lot in the square outside the center.
 3 take a picture of another visitor's costume.
 4 bring their own snacks and drinks to the show.

22
年
度

第
3
回

[B]   The King's Little Path

For thousands of years, the Guadalhorce river has flowed through the mountains of southern Spain. Over time, it has created an impressive narrow valley with high rock walls that are 300 meters above the river in some places. At the beginning of the 20th century, engineers decided that the fast-flowing river was a good place for a dam that could be used to generate electricity. A one-meter-wide concrete walkway was built high up on the walls of the valley for people to reach the dam from a nearby town.

To begin with, the walkway was only used by workers at the power plant and local people who wanted to get to the other side of the mountains. Soon, news of the walkway's amazing views spread, and it became popular with hikers. The engineers decided to improve the walkway to make it more attractive to tourists, and in 1921, it was officially opened by King Alfonso XIII of Spain. After the ceremony, the king walked the eight-kilometer route, and it became known as El Caminito del Rey, meaning "the king's little path."

Despite its popularity, the walkway was not well looked after. Holes appeared in places where the concrete had been damaged. Originally, there was a metal fence on one side of the walkway to stop people from falling, but this broke and fell to the bottom of the valley. El Caminito del Rey became famous as the most dangerous hiking path in the world, and people from many countries came for the excitement of walking along it. However, after four deaths in two years, the government decided to close the walkway in 2001.

Interest in El Caminito del Rey remained, and 2.2 million euros were spent on rebuilding the walkway with wood and steel. The new walkway was opened in 2015, and although it is safer than the old one, some people still find it frightening. Despite this, the dramatic scenery attracts many visitors. To keep El Caminito del Rey in good condition for as long as possible, hikers must now buy tickets to use it, and only 300,000 tickets are available each year.

(**30**) A walkway was built high up on the walls of the Guadalhorce river valley because

1 the river was too dangerous for boats to travel on.
2 a lower walkway had been destroyed by a sudden flood.
3 there were rocks in the valley that made it difficult to walk.
4 people needed it to get to a newly constructed dam.

(**31**) Why was the walkway called El Caminito del Rey?

1 Because the king of Spain walked along it after he opened it.
2 Because of the uniforms worn by the engineers who built it.
3 Because of the amazing views that could be seen from it.
4 Because local people wanted it to be attractive to tourists.

(**32**) A decision was made to close the walkway

1 following the discovery of holes in the concrete.
2 following accidents in which people died.
3 after a metal fence fell onto it.
4 after the cost of looking after it increased.

(**33**) What is one way in which the new walkway is being protected?

1 People have to wear special hiking boots when they use it.
2 A roof has been added to prevent damage caused by rain.
3 The surface of the walkway is made from a new material.
4 The number of people who can hike on it has been limited.

[C] The Evolution of Laughter

Laughter is not only a way to express our feeling that something is funny, but it is also something that is good for our health. In the short term, it can help to relax muscles and improve blood flow, and in the long term, it can make our bodies better at fighting diseases. Researchers have been investigating how laughter evolved in humans by looking for similar behavior in other animals. A study carried out at the University of California, Los Angeles, has revealed evidence of laughter-like behavior in over 60 species.

It has long been known that chimpanzees laugh, although the sound is a little different from human laughter. When most humans laugh, they only make a noise when they breathe out, but when chimpanzees laugh, they make a noise both when they breathe out and when they breathe in. Chimpanzees are closely related to humans, so it is not really surprising that they, gorillas, and orangutans laugh. However, as these animals do not have the complicated languages needed to tell jokes, the researchers were interested to find out what makes them laugh.

The researchers found that chimpanzees made these laughing noises when they were playing roughly with each other. They believe that laughter is a chimpanzee's way of letting others know that it is not really trying to harm them. Playing allows chimpanzees and other animals to develop fighting and hunting skills as well as to build stronger relationships with the other members of their groups.

By listening for the noises made by other animals during play behavior, the researchers were able to identify "laughter" in a wide range of animals. Dogs, for example, breathe loudly when they play, and dolphins make special clicking noises. In the case of rats, the laughter-like sounds they make when they are touched gently are too high for humans to hear. However, the sounds can be detected with special equipment. The researchers have concluded that laughter began to evolve as a signal to others that they can relax and have fun. Of course, humans laugh for a variety of reasons, so researchers still have much to learn about how this behavior evolved.

(**34**) How are researchers trying to find out about the development of laughter in humans?
　　1 By searching for behavior that seems like laughter in other species.
　　2 By analyzing the kinds of things that people think are funny.
　　3 By studying the reactions of human babies from the time they are born.
　　4 By investigating the muscles that are used when a person laughs.

(**35**) How is chimpanzees' laughter different from most humans' laughter?
　　1 Chimpanzees make the same noises as humans do when they are surprised.
　　2 Chimpanzees produce sounds by breathing through their noses.
　　3 Chimpanzees do not only make sounds when they breathe out.
　　4 Chimpanzees do not breathe as slowly as humans do when they laugh.

(**36**) Researchers think that chimpanzees use laughter to
　　1 indicate that their behavior is not serious.
　　2 welcome new members to their groups.
　　3 warm their muscles up before they go hunting.
　　4 avoid fighting by scaring other chimpanzees away.

(**37**) Special equipment needs to be used in order to
　　1 measure the signals in humans' brains when they laugh.
　　2 recognize the different noises made by dolphins.
　　3 observe the laughter-like noises of a kind of animal.
　　4 identify the exact reason that a human is laughing.

(**38**) Which of the following statements is true?
1 The goal of play in animals is to make other members of their groups laugh.
2 Experts still have things to learn about how human laughter developed.
3 One of the benefits of laughter is that it helps people develop strong muscles.
4 Researchers have found evidence that chimpanzees actually tell each other jokes.

ライティング

- 以下の **TOPIC** について，あなたの意見とその**理由を2つ**書きなさい。
- **POINTS** は理由を書く際の参考となる観点を示したものです。ただし，これら以外の観点から理由を書いてもかまいません。
- 語数の目安は 80 語〜100 語です。
- 解答は，解答用紙の B 面にあるライティング解答欄に書きなさい。**なお，解答欄の外に書かれたものは採点されません。**
- 解答が **TOPIC** に示された問いの答えになっていない場合や，**TOPIC** からずれていると判断された場合は，**0点と採点されることがあります。TOPIC** の内容をよく読んでから答えてください。

TOPIC

Some people say that Japan should use the Internet for people to vote in elections. Do you agree with this opinion?

POINTS

- *Convenience*
- *Cost*
- *Security*

リスニングテスト

[2級リスニングテストについて]

1 このリスニングテストには，第1部と第2部があります。
◆英文はすべて一度しか読まれません。

> **第1部** 対話を聞き，その質問に対して最も適切なものを
> 1，2，3，4の中から一つ選びなさい。

> **第2部** 英文を聞き，その質問に対して最も適切なものを
> 1，2，3，4の中から一つ選びなさい。

2 No.30のあと，10秒すると試験終了の合図がありますので，
筆記用具を置いてください。

第**1**部

Track 178〜193

No.1
1 His friend cannot meet him for lunch.
2 He cannot order what he wanted.
3 There is no more clam chowder.
4 The salmon pasta is not very good.

No.2
1 They often travel to Africa.
2 They were born in Kenya.
3 They enjoy looking at photographs.
4 They are no longer working.

No.3
1 To tell her about a new restaurant.
2 To ask about what to do on her birthday.
3 To suggest that she make a reservation.
4 To ask where she ate dinner.

No. 4	1 The café is famous for it.
	2 It is hot outside today.
	3 A friend recommended it.
	4 She is not very hungry.

No. 5	1 She is writing a book called *The Young Ones*.
	2 She took the wrong train yesterday.
	3 She thinks she lost his book.
	4 She bought him a train ticket.

No. 6	1 They had to wait for a long time.
	2 They started feeling very tired.
	3 They took the wrong exit.
	4 They could not go inside.

No. 7	1 To meet some classmates.
	2 To get leaves for an art project.
	3 To plant some trees.
	4 To take pictures for school.

No. 8	1 She needs some more information.
	2 She forgot to call the sales department.
	3 She does not know how to write it.
	4 She does not have time to do it.

No. 9	1 It was built recently.
	2 It will be closing.
	3 It is being repaired.
	4 It makes a lot of money.

No. 10	1 Spend more time at home.
	2 Quit the company.
	3 Move closer to his office.
	4 Find a new babysitter.

22
年
度

第
3
回

No. 11
1 Attend a play this evening.
2 Contact her son's school.
3 Design the man's costume.
4 Borrow a sewing machine.

No. 12
1 She was too busy to come to the phone.
2 She works for a different company now.
3 She was away from the office.
4 She was out to lunch.

No. 13
1 If she knows where Mars is.
2 If she knows a good book.
3 If she wants to travel to space.
4 If she can go to the library with him.

No. 14
1 News about a famous person.
2 An interview with a band.
3 A new rock band's music.
4 Advertisements for a music store.

No. 15
1 It may snow heavily.
2 It may be too late to plant her garden.
3 The man's garden party may be canceled.
4 Her plants may freeze.

No.16
1 Whether he will be able to visit famous buildings.
2 Working in another country.
3 His aunt's busy travel schedule.
4 How to spend time on a long flight.

No.17
1 They walked fast in special competitions.
2 They could not watch the Olympics.
3 Race walking made their children feel a lot of stress.
4 There were no sports clubs for them to join.

No.18
1 She bought him a video game about hiking.
2 She asked him about his favorite game.
3 She took him and his friends to a gym.
4 She created a game to play while hiking.

No.19
1 To stop his boss from complaining.
2 To make some extra money for himself.
3 To help them learn about managing their money.
4 To interest them in working at the bank.

No.20
1 Because men from Persia started traveling there.
2 Because sailors could buy it cheaply there.
3 Because young girls there needed healthy food.
4 Because people saw a cartoon character eat it.

22
年
度

第
3
回

No. 21
1 Choose a sport to play.
2 Take his entrance exams again.
3 Ask his teacher for a class schedule.
4 Help his mother with housework.

No. 22
1 Buy a pet at half price.
2 Meet a famous radio personality.
3 Help to feed the tigers.
4 Get cheaper admission.

No. 23
1 She practiced skating by herself.
2 She bought some new earrings.
3 She asked him about his hobbies.
4 She took ice-skating lessons for two weeks.

No. 24
1 Her room was too warm.
2 She heard noises outside.
3 The wind was blowing through a hole in her wall.
4 A light came in through her window.

No. 25
1 She told people how to get rid of things.
2 She helped people to sell their homes.
3 She fixed Internet problems for professionals.
4 She taught ways to build stronger houses.

No. 26
1 She does not know how to walk to school.
2 She cannot remember her father's advice.
3 She is not good at making new friends.
4 She may not be able to find her classroom.

No. 27

1 Brides and grooms gave each other pieces of cloth.
2 Brides had to make colorful hats for their grooms to wear.
3 Wedding dances there were famous all over the world.
4 Weddings cost more money than in other countries.

No. 28

1 Everyone will start boarding the plane.
2 The plane will take off.
3 Special foods will be on sale.
4 Passengers will enjoy a drink and a snack.

No. 29

1 She kept forgetting to take her medicine.
2 She had a problem with her eyes.
3 Her chair was the wrong size for her.
4 Her desk lamp was too bright.

No. 30

1 Surfboards for children will be sold.
2 There will be a surfing competition.
3 A dance party with loud music will start.
4 A truck will come to collect any trash.

英検 **2** 級

合格力
チェックテスト

[試験時間]筆記試験（85分）リスニングテスト（約25分）

解答用マークシートを使おう。

解答と解説　本冊P.187〜

 211〜244

2級 合格力チェックテスト

1

次の (1) から (17) までの (　　　) に入れるのに最も適切なものを 1, 2, 3, 4 の中から一つ選び、その番号を解答用紙の所定欄にマークしなさい。

(1) The Weekly Dale online newspaper is famous for publishing extreme views. This week, one of its articles received a record number of (　　　) from angry members of the public.

    1 praise   **2** complaints **3** claims   **4** appreciation

(2) Brian decided to paint his house during the summer vacation. Even after six weeks, he had made very little (　　　).

    1 project   **2** process   **3** profit   **4** progress

(3) **A** : Mark, congratulations on getting a new job. When do you start?

    B : (　　　) by the end of the fall. They have to do some background checks on me first.

    1 Faithfully   **2** Regularly   **3** Doubtfully **4** Hopefully

(4) **A** : Honey, I told you before ... the Chinese restaurant isn't as good as it used to be. We should have the party at the French bistro.

    B : Fine, I'm tired of (　　　) with you. Go ahead and make reservations at the French place.

    1 agreeing   **2** reminding **3** managing   **4** arguing

(5) A change has been introduced to cycling laws to increase the maximum fine that police can (　　　). Starting next year, anybody caught riding while using a smartphone will have to pay $280.

1 waive   **2** penalize   **3** impose   **4** sentence

(6) Thousands of elderly people have been taken to hospitals as the continent enters the eighth (   ) day of temperatures over 35°C.

    1 optimal   **2** consecutive

    3 interrupted   **4** scattered

(7) People began leaving the outdoor concert once it started raining. The rainstorm effectively (   ) the concert to end halfway through the set.

    1 raised   **2** caused   **3** formed   **4** described

(8) Katie decided to make a birthday cake for her best friend. She went to the supermarket to get all the (   ), but as soon as she began baking, her oven broke and she had to buy a cake instead.

    1 mixture   **2** ingredients

    3 parts   **4** material

(9) A passenger may not be allowed to board the aircraft unless he or she (   ) a baggage check to be carried out when asked.

    1 permits   **2** submits   **3** requires   **4** declines

(10) To cut down on the use of plastic (   ) which are harmful to the environment, some food companies are now selling products in edible packaging made from milk protein.

    1 barrels   **2** sacks   **3** containers   **4** envelopes

(11) What I saw when I first arrived at the disaster site robbed me of all words because it was way (   ) description.

    1 out of   **2** beyond   **3** above   **4** within

(**12**) The hotel has recently been modernized. It also has excellent business facilities and is conveniently located (   ) the capital.

    1 underneath   **2** in the heart of

    3 far from   **4** by way of

(**13**) **A** : Are these your children? They really look like you!

      B : Yes, many people tell me that.   We are alike in appearance, but in terms of character, they both take (   ) their mother.

    1 from   **2** up   **3** over   **4** after

(**14**) Benton's Bed Company is (   ) down after fifty years of trade.   The final day of business will be March 31st after which the store's five locations will be converted into convenience stores.

    1 falling   **2** coming   **3** closing   **4** building

(**15**) Keyport United's top goal scorer Enrique Gonzalez has (   ) contract renewal talks until the end of the season.   The star is unhappy with his salary and working conditions at Keyport.

    1 moved in   **2** set up   **3** put off   **4** worked out

(**16**) Joshua needs to free up space in his walk-in closet. His New Year's resolution is to (   ) all the clothes he hasn't worn over the past twelve months.

    1 make up for   **2** get rid of

    3 come down with   **4** give in to

(**17**) It is not uncommon for patients taking certain medications to experience side effects. When the skin (   ) in a red, itchy rash, it's a sign that the person has developed an allergic reaction to the drug.

    1 shows up   **2** puts on   **3** cuts down   **4** breaks out

次の英文 [A], [B] を読み, その文意にそって (18) から (23) までの (　　　) に入れるのに最も適切なものを 1, 2, 3, 4 の中から一つ選び, その番号を解答用紙の所定欄にマークしなさい。

[A]　　　　Speed Reading

Reading is one of the best ways for people to gather information, learn new skills, and enjoy themselves. However, there is a lot of information in the world, time is limited, and reading is (**18**). Is there a solution? Yes. Techniques to read faster and absorb what is being read are called speed reading.

In the 1950s teacher Evelyn Wood discovered that moving a hand over the words on a page helped to quickly follow multiple words on a page. This technique of using fingers or object such as a pen as a guide is called meta guiding. Another method is skimming or (**19**) large parts of a text to understand the general idea. It is good for picking up the important parts and the overall topic, but it is not good for a deep understanding of the text. A technique that has appeared with modern technology is RSVP (rapid serial visual presentation). RSVP involves single words appearing on screen at a preset speed.

The aim of speed reading is to shorten the time spent reading while increasing or at least maintaining comprehension. (**20**), speed reading is good for getting the idea. It is, however, questionable whether humans can retain much information at speeds higher than 400 to 500 words per minute. Some people have claimed that they can read thousands of words per minute but researchers say the limit for truly understanding a text is most likely around 500 words per minute.

(**18**)　**1**　often slow　　　　　　**2**　always easy
　　　　3　slower and carefully　**4**　aloud but quickly
(**19**)　**1**　focusing tightly on　　**2**　sweeping the hand across
　　　　3　quickly looking over　**4**　using computers to capture

(20)　**1**　So far　　　　　　　　**2**　Sadly

　　　3　Furthermore　　　　　**4**　Of course

[B]　Low Carb Diets

Many people want to lose weight. The most recommended way to lose weight and stay in shape is a combination of moderate exercise and a balanced diet. A balanced diet means eating a variety of foods in moderate portions. A typical healthy meal for losing weight most likely includes a lot of vegetables, some lean meat or fish, and a small portion of rice, bread, or pasta. However, for weight loss there may be a diet that is more effective. (**21**) cutting out most carbohydrates and is called a low-carbohydrates diet.

In the body, carbohydrates from foods such as bread, deep-fried food, rice, etc. are broken down into sugar to provide energy. This is not bad. However, the problem is that these carbohydrates or carbs are broken down very quickly. If a person is using a lot of energy through activity, this is not a problem. However, if a person is not very active, any unused energy is stored as fat. Avoiding these fast absorbing carbs and instead getting slow absorbing carbs from vegetables and beans means there is (**22**) that your body will store unused excess sugar as fat.

The low carb diet is simple. The basic rule is to avoid starchy, white colored foods including potatoes, rice, bread, pasta, milk, and sugar. Instead, eat a lot of vegetables along with fish, meat, and beans. Some people feel hungry at first, so (**23**) prepare healthy foods such as nuts or carrots to snack on when hungry. Another recommendation is to have one cheat day a week. On the cheat day, it is OK to eat and drink whatever one wants, including fried foods, cake, and sugary sodas.

(**21**)　**1**　It involves　　　　　**2**　It denies
　　　　3　It affords　　　　　**4**　This continues
(**22**)　**1**　more evidence　　　**2**　less chance
　　　　3　some controversy　　**4**　no possibility
(**23**)　**1**　others avoid to　　　**2**　determine carefully whether to
　　　　3　help their friends to　**4**　it is recommended to

3

次の英文 [A]，[B] の内容に関して，(24) から (31) までの質問に対して最も適切なもの，または文を完成させるのに最も適切なものを 1, 2, 3, 4 の中から一つ選び，その番号を解答用紙の所定欄にマークしなさい。

[A]

From: Donna Winters <dwinters@westwood.edu>
To: Mark Thomson <mt387@quickmail.com>
Date: February 6
Subject: Summer program for gifted students

Dear Mark,

Thank you for your e-mail inquiring whether your son Eli would be eligible to enroll in the summer continued study program for gifted students. Congratulations. After reviewing Eli's grades and speaking to his teachers, we believe he would be a good fit for the program. I would also like to answer your questions.

First, Eli would not have to bring his own computer. Thanks to generous donations, we will be providing each student with a laptop for the duration of the program. As for writing tools, notebooks, and other necessities, I've attached a list of things for Eli to bring. Also, please be sure to pack Eli a lunch, as there will be no cafeteria service.

As for courses, all students are required to take an English course, mathematics, science, and history. For science, he can choose biology, chemistry, or physics. And for history, he can choose between US and world history. Finally, Eli can choose two elective courses. Since Eli has told us that he is interested in computers, I would recommend a programming class. Also, he can see what other elective courses are available on our website. If you have any more questions, please don't hesitate to send me an e-mail.

Sincerely,

Donna Winters

Gifted Program Coordinator

(24) Why is Donna Winters writing to Mark?
1 His son needs to take more courses before joining the program.
2 The course has no opening for Eli.
3 She is concerned about Eli's performance in class.
4 She wants to inform him that Eli has been accepted.

(25) Donna Winters says that Eli
1 does not need to buy or have a computer.
2 is too young for the program.
3 should speak to his teachers first.
4 is not required to take a science course.

(26) What should Eli do to choose his other elective course?
1 Study every night for one hour before going to bed.
2 Talk to his classmates with similar interests.
3 Look at the list of choices on the Internet.
4 Send a follow-up e-mail with questions to Donna Winters.

[B]   For the Love of Tuna

Tuna is one of world's most popular seafood. It is most widely consumed from the can but is also eaten as fish steaks and raw as sashimi and sushi. The spread of sushi throughout the world has increased demand for tuna. However, this has led to a drastic decrease in all species of tuna, including the Pacific bluefin tuna. Scientists and environmentalists are calling for bluefin tuna to be designated as endangered and for restrictions on fishing before the fish are gone completely.

In recent years, the larger species of tuna, such as the Pacific bluefin, are in ever-increasing demand for their fatty meat, especially in Japan. This has led to overfishing and a decline of more than 96% in the original population of the bluefin. Large, mature bluefin are becoming so rare that even a single fish sometimes sells for over 1 million dollars. In fact, the world's most expensive tuna ever went for almost 2 million dollars in 2013 at Tokyo's Tsukiji fish market.

Originally, the Pacific bluefin tuna was in a better situation than other tuna species. As recently as in 2011, it was given a "least concern" rating and was not considered to be threatened or endangered. However, because it is a fish that travels long distances, it is difficult to accurately determine its number. The newest studies have determined that the bluefin is being overfished and is in extreme danger. Since 2014, it has been given Vulnerable (in great danger) status by the International Union for Conservation of Nature.

One of the issues is that it takes Pacific bluefin tuna 5 years to become adults. Many of the tuna are being caught before they have fully matured and have had a chance to reproduce. It would be sad to see the bluefin go extinct. Not only because it is a treasured food source for humans, but also because it is one of the most successful animals in the ocean and as a predator plays an important role in maintaining a healthy ecosystem. Recently, there have been calls for a moratorium, a temporary stop, on fishing for bluefin. Hopefully, this will happen before this magnificent creature disappears from the Earth.

(27) The increased popularity of sushi around the world has contributed to
  1 scientists enacting restrictions on catching tuna.
  2 an increase in the number of immature tuna fish.
  3 the overfishing of tuna species such as the bluefin.
  4 sushi restaurants limiting how much tuna they sell.

(28) What are scientists concerned about?
  1 The price of bluefin tuna going over 1 million dollars.
  2 Bluefin tuna completely disappearing from the ocean.
  3 The amount of chemicals in bluefin tuna reaching dangerous levels.
  4 People developing a taste for raw fish.

(29) The number of bluefin tuna is difficult to track because
  1 the young take a long time to mature into adults.
  2 the fishing boats do not disclose the numbers they catch.
  3 they travel long distances during their life cycle.
  4 they are found only in certain parts of the sea.

(30) What measure to protect bluefin tuna is being promoted?
  1 Changing its status from Vulnerable to Endangered.
  2 Not allowing fishing for a certain amount of time.
  3 Punishing fishermen with monetary fines.
  4 Raising the prices of bluefin tuna.

(31) Which of the following statements is true?
  1 Tuna fish are destroying their own ecosystem through hunting.
  2 Scientists have warned that the bluefin has been in danger for decades.
  3 Bluefin are escaping from the Pacific to other oceans.
  4 People are catching the tuna before they have a chance to become adults.

ライティング

4

[A]

- 以下の **TOPIC** について，あなたの意見とその**理由を 2 つ**書きなさい。
- **POINTS** は理由を書く際の参考となる観点を示したものです。ただし，これら以外の観点から理由を書いてもかまいません。
- 語数の目安は 80 語～100 語です。
- 解答は，解答用紙の B 面にあるライティング解答欄に書きなさい。**なお，解答欄の外に書かれたものは採点されません。**
- 解答が **TOPIC** に示された問いの答えになっていない場合や，**TOPIC** からずれていると判断された場合は，**0 点と採点されることがあります。TOPIC** の内容をよく読んでから答えてください。

TOPIC

Around the world, more fathers are involving themselves in childcare. Do you think this situation will increase in the future?

POINTS

- *Society*
- *Work*
- *Family*

[B]

- 以下の英文を読んで，その内容を**英語で要約し**，解答欄に記入しなさい。
- 語数の目安は45語〜55語です。
- **解答欄の外に書かれたものは採点されません。**
- 解答が英文の要約になっていないと判断された場合は，**0点と採点されることがあ
ります**。英文をよく読んでから答えてください。

For many adults, smartphones have become essential devices that they cannot live without. In recent years, the number of elementary school children who carry smartphones is increasing.

One reason more children are carrying smartphones is that they have become cheaper. Nowadays it is easier for families with more than one child to get a phone for each child. Another is that smartphones make communication convenient. Many children come home late due to afterschool or cram school activities. With smartphones, parents and children can easily exchange messages or call each other.

On the other hand, some parents and experts are concerned about young children carrying smartphones. It is because they allow children to access inappropriate videos and websites, where they might see offensive comments or shocking pictures. They worry also that children's spending so much time on smartphones might interfere with their studying, exercising, and doing other offline activities.

リスニングテスト

Track 211

[2級リスニングテストについて]

1 このリスニングテストには，第1部と第2部があります。
◆英文はすべて一度しか読まれません。

第**1**部 対話を聞き，その質問に対して最も適切なものを
1，2，3，4の中から一つ選びなさい。

第**2**部 英文を聞き，その質問に対して最も適切なものを
1，2，3，4の中から一つ選びなさい。

2 No. 30のあと，10秒すると試験終了の合図がありますので，
筆記用具を置いてください。

第**1**部

Track 212~227

No. 1
1 Buy some new sunglasses.
2 Apologize to their neighbors.
3 Get a new backpack.
4 Sew on a new zipper.

No. 2
1 She understands French well.
2 She wants to stop studying French.
3 She is taking a trip to Montreal.
4 She doesn't like the French teacher.

No. 3
1 She doesn't have a coupon.
2 She got the wrong pizza.
3 She made a mistake ordering.
4 She doesn't have enough money.

No. 4
1 She enjoys being with her grandchildren.
2 She has moved to a new apartment.
3 She'll be moving in with Grace soon.
4 She is coming to see Grace next week.

No. 5
1 He planted parsley earlier.
2 He wants to buy more herbs.
3 He thinks they should pick mint.
4 He doesn't want to plant basil.

No. 6
1 He has a meeting at home.
2 His car won't start.
3 His flight is delayed.
4 He came home to pack.

No. 7
1 Forget about going shopping.
2 Go to the other exit.
3 Meet her inside the café.
4 Stay where he is.

No. 8
1 Throw his drink in the trash can.
2 Finish his drink elsewhere.
3 Drink his drink quickly.
4 Put his drink in a plastic cup.

No. 9
1 They will need to change plans if it rains.
2 She doesn't like looking at stars.
3 She knows a good place to go to.
4 They went to the mountains last time.

No. 10
1 The tomatoes are all sold out.
2 It's better to arrive early.
3 He should go somewhere else.
4 This is where they came last month.

No. 11

1 Shop for a new phone.
2 Have a long phone chat.
3 Attend a business meeting.
4 Have a band rehearsal.

No. 12

1 The man should use the washing machine.
2 The man should stay relaxed.
3 The man should put some grease on it.
4 The man should call his wife.

No. 13

1 She suggested that the man try a different store.
2 She suggested that they have curry for dinner tonight.
3 She suggested that the man get a new pair of shoes.
4 She suggested that they have lunch at a restaurant.

No. 14

1 She bought them at a supermarket.
2 She won them in a contest.
3 She bought them online.
4 She got them from a friend.

No. 15

1 The children will enjoy it.
2 The man's brother is ill.
3 It will take place at their house.
4 They love to go swimming.

No. 16

1　He had a taxi coupon to use.
2　He wanted to be on time.
3　It was raining too heavily to walk.
4　He didn't know the route very well.

No. 17

1　They fit her badly.
2　They had scratches on them.
3　The screws were loose.
4　The lenses were wrong for her.

No. 18

1　He disliked Indian style farming.
2　He was born in rural India.
3　He believed in organic farming.
4　He invented some farming chemicals.

No. 19

1　The typical banana is not found there.
2　There are many types of bananas there.
3　Wild bananas are better than farmed ones.
4　All of the banana types there are very old.

No. 20

1　By naming the company's latest product.
2　By sending a postcard to the company.
3　By entering a contest on the website.
4　By collecting stickers from the snack packs.

No. 21

1　He might miss his flight from Osaka.
2　His Thai pronunciation is not good.
3　He has to stay in a Thai hospital.
4　He has to make a presentation in English.

No. 22

1 Access to the company restaurant.
2 Access to company computers.
3 Access to online content.
4 Access to meeting rooms.

No. 23

1 From individuals bringing in pets.
2 On plants sent from Florida.
3 In large pet store orders.
4 As a Puerto Rican cultural exchange project.

No. 24

1 It has added new flavors to the menu.
2 It has begun their summer schedule.
3 It has offered jobs to young people.
4 It has created jobs for seniors.

No. 25

1 She is nice to kids.
2 She often does tricks.
3 She loves her toys.
4 She dislikes hospitals.

No. 26

1 To have his own private gym.
2 To meet people's demand.
3 To help him run for mayor.
4 To gather young people together.

No. 27

1 Cook 80 lunches.
2 Prepare 50 dinners.
3 Advertise to customers online.
4 Shop for expensive ingredients.

No. 28

1 To help with a writing assignment.
2 To cheer up her mother who was feeling down.
3 To sketch them for an art project.
4 To find an online profile picture.

No. 29

1 A few.
2 Quite a few.
3 Just her.
4 None.

No. 30

1 Travel around Canada.
2 Teach English in Colombia.
3 Be a Spanish translator.
4 Become a Spanish teacher.

英検 **2** 級

二次試験問題

試験時間

面接（約7分）

Used Computers

These days, the number of shops selling used computers has been increasing. These computers seem attractive because they are much cheaper than new computers. However, there is the danger that used computers will not work properly. Some consumers are concerned about this danger, and as a result they avoid buying used computers. People should think carefully before they purchase used products.

Your story should begin with this sentence: **One day, Mr. and Mrs. Takeda were talking about going shopping.**

Questions (面接委員に質問される英文です。実際のカードには印刷されていません。)

No. 1　According to the passage, why do some consumers avoid buying used computers?

No. 2　Now, please look at the picture and describe the situation. You have 20 seconds to prepare. Your story should begin with the sentence on the card.

No. 3　Some people say that, because of computers, people spend too much time alone. What do you think about that?

No. 4　Today, many kinds of supplements, such as vitamins and minerals, are sold in stores. Do you think it is a good idea for people to take such supplements?

　　　Yes. → Why?　　No. → Why not?

二次試験問題

Track 74~78

カード **B**

[意味と解答例] P.227~

Disasters and Pets

Pets are usually regarded as important members of families. However, when natural disasters occur, it can be difficult to find places where people and pets can stay together. Some local governments provide these places, and in this way they allow people to look after their pets during emergencies. Such places are likely to become more and more common in the future.

Your story should begin with this sentence: **One day, Mr. and Mrs. Mori were on vacation near the beach.**

Questions （面接委員に質問される英文です。実際のカードには印刷されていません。）

No. 1 According to the passage, how do some local governments allow people to look after their pets during emergencies?

No. 2 Now, please look at the picture and describe the situation. You have 20 seconds to prepare. Your story should begin with the sentence on the card.

No. 3 Some people say that the number of pet cafés that allow people to play with animals will increase in the future. What do you think about that?

No. 4 Nowadays, many people share information about their daily lives online. Do you think people are careful enough about putting their personal information on the Internet?

Yes. → Why?　　No. → Why not?

Track 79~83

Better Communication

Today, Japanese people often have chances to do business with foreigners. For this reason, it is important that Japanese people understand differences in ways of thinking. Some companies let their employees learn about such differences, and in this way they help their employees avoid misunderstandings. In the future, more and more Japanese will probably work with foreigners as the world becomes more connected.

Your story should begin with this sentence: **One afternoon, Jun and his mother were watching a television program about France.**

Questions (面接委員に質問される英文です。実際のカードには印刷されていません。)

No. 1   According to the passage, how do some companies help their employees avoid misunderstandings?

No. 2   Now, please look at the picture and describe the situation. You have 20 seconds to prepare. Your story should begin with the sentence on the card.

No. 3   Some people say that more companies should allow their workers to have meetings online. What do you think about that?

No. 4   Today, many people use their smartphones in public places. Do you think people are careful enough about their manners when using smartphones?

Yes. → Why?   No. → Why not?

Helping Working Parents

It is not easy for parents who have small children to work full-time. As a result, the importance of places where parents can leave their children while working is increasing. Now, some companies offer such places, and in this way they help employees with small children work more easily. Companies like these will probably become more and more common in the future.

Your story should begin with this sentence: **One day, Koji and his mother were talking in their living room.**

Questions (面接委員に質問される英文です。実際のカードには印刷されていません。)

No. 1　According to the passage, how do some companies help employees with small children work more easily?

No. 2　Now, please look at the picture and describe the situation. You have 20 seconds to prepare. Your story should begin with the sentence on the card.

No. 3　Some people say that children today do not spend enough time playing with other children. What do you think about that?

No. 4　Today, most towns and cities have libraries. Do you think more people will use libraries in the future?
　　　Yes. → Why?　　No. → Why not?

Learning about Food

These days, many people are paying more attention to food safety. Because of this, food companies around Japan are trying to let customers know more about their products. Many of these companies use their websites to provide information about how food is produced. Customers check such information, and by doing so they learn more about the food products they purchase.

Your story should begin with this sentence: **One day, Miki was talking to her father in the kitchen.**

Questions (面接委員に質問される英文です。実際のカードには印刷されていません。)

No. 1 According to the passage, how do customers learn more about the food products they purchase?

No. 2 Now, please look at the picture and describe the situation. You have 20 seconds to prepare. Your story should begin with the sentence on the card.

No. 3 Some people say that people trust information on the Internet too easily. What do you think about that?

No. 4 Today, there are some Japanese restaurants in foreign countries. Do you think the number of these restaurants will increase in the future?

Yes. → Why?　　No. → Why not?

Protecting Important Sites

Nowadays, more places are being listed as World Heritage sites. However, many natural disasters are happening around the world. Some World Heritage sites have been seriously damaged by them, so they require a lot of work to repair. Communities need to work together to keep World Heritage sites in good condition. It is important to look after such sites for future generations.

Your story should begin with this sentence: **One day, Mr. and Mrs. Ito were talking about their trip.**

Questions （面接委員に質問される英文です。実際のカードには印刷されていません。）

No. 1 According to the passage, why do some World Heritage sites require a lot of work to repair?

No. 2 Now, please look at the picture and describe the situation. You have 20 seconds to prepare. Your story should begin with the sentence on the card.

No. 3 Some people say that we should control the number of tourists who visit beautiful places in nature. What do you think about that?

No. 4 Today, many schools give students time to do volunteer activities. Do you think schools should give time for students to do volunteer activities?

Yes. → Why?　　No. → Why not?

A Shortage of Doctors

Nowadays, some parts of Japan do not have enough doctors. It is said that many doctors prefer to work in cities, and this can cause problems for people living in rural areas. A shortage of doctors will prevent these people from receiving good medical treatment, so it is a serious issue. Many people say the government needs to do more about this situation.

Your story should begin with this sentence: **One day, Mr. and Mrs. Kato were talking about going to the beach.**

Questions (面接委員に質問される英文です。実際のカードには印刷されていません。)

No. 1   According to the passage, why is a shortage of doctors a serious issue?

No. 2   Now, please look at the picture and describe the situation. You have 20 seconds to prepare. Your story should begin with the sentence on the card.

No. 3   Some people say that young people today do not show enough respect to elderly people. What do you think about that?

No. 4   Today, some young people rent a house and live in it together. Do you think sharing a house with others is a good idea for young people?

Yes. → Why?   No. → Why not?

Promoting New Products

Today, some high-quality products are very expensive, so many people worry about whether they should buy them or not. Now, systems that allow people to rent a variety of products monthly are attracting attention. Some companies offer such systems, and by doing so they let people try items before buying them. With such systems, companies can promote their products more effectively.

22
年
度

第
2
回

Your story should begin with this sentence: **One evening, Mr. and Mrs. Kimura were talking about renting a car and going camping by a lake.**

Questions (面接委員に質問される英文です。実際のカードには印刷されていません。)

No. 1　According to the passage, how do some companies let people try items before buying them?

No. 2　Now, please look at the picture and describe the situation. You have 20 seconds to prepare. Your story should begin with the sentence on the card.

No. 3　Some people say that, because of electronic money, people will not carry cash in the future. What do you think about that?

No. 4　Some people put solar panels on their houses to produce electricity. Do you think the number of these people will increase in the future?
Yes. → Why?　　No. → Why not?

Fake News

Photographs are used by the media because they help people to understand news stories better. Nowadays, however, photographs that contain false information can easily be created with modern technology. Some people put such photographs on the Internet, and by doing so they try to make others believe untrue stories. People should be aware that technology can be used in good and bad ways.

Your story should begin with this sentence: **One day, Ken and Sakura were talking about their favorite sea animals.**

Questions （面接委員に質問される英文です。実際のカードには印刷されていません。）

No. 1　According to the passage, how do some people try to make others believe untrue stories?

No. 2　Now, please look at the picture and describe the situation. You have 20 seconds to prepare. Your story should begin with the sentence on the card.

No. 3　Some people say that, because of robots, many people will lose their jobs in the future. What do you think about that?

No. 4　These days, many families in Japan have pets. Do you think it is good for children to have pets?

　　　　Yes. → Why?　　　No. → Why not?

Animal Shelters

Nowadays, there are many animal shelters that care for abandoned pets. These animals are often scared of people. Now, training that helps pets get along with people is attracting attention. Some animal shelters offer such training, and in this way they make it easier for abandoned pets to find new owners. Animal shelters will probably continue to play an important role in society.

Your story should begin with this sentence: <u>One day, Mr. and Mrs. Sano were talking at a hotel in Thailand.</u>

22年度

第**3**回

Questions (面接委員に質問される英文です。実際のカードには印刷されていません。)

No. 1　According to the passage, how do some animal shelters make it easier for abandoned pets to find new owners?

No. 2　Now, please look at the picture and describe the situation.　You have 20 seconds to prepare.　Your story should begin with the sentence on the card.

No. 3　Some people say that animals should not be kept in zoos.　What do you think about that?

No. 4　Today, many people buy things with credit cards instead of cash.　Do you think this is a good idea?

　　　　Yes. → Why?　　No. → Why not?

MEMO

MEMO

英検2級 2024年度 試験日程

第1回検定	[受付期間]	3月15日〜5月8日
	[一次試験]	本会場 —— 6月2日（日）
		準会場 —— 5月24日（金）・25日（土）・26日（日） 5月31日（金）・6月1日（土）・2日（日）
	[二次試験]	本会場 —— 7月7日（日）・14日（日）
第2回検定	[受付期間]	7月1日〜9月9日
	[一次試験]	本会場 —— 10月6日（日）
		準会場 —— 9月27日（金）・28日（土）・29日（日） 10月4日（金）・5日（土）・6日（日）
	[二次試験]	本会場 —— 11月10日（日）・17日（日）
第3回検定	[受付期間]	11月1日〜12月16日
	[一次試験]	本会場 —— 2025年1月26日（日）
		準会場 —— 1月17日（金）・18日（土）・19日（日） 1月24日（金）・25日（土）・26日（日）
	[二次試験]	本会場 —— 3月2日（日）・9日（日）

● 学校などで団体準会場受験する人は，日程については担当の先生の指示に従ってください。
● 受付期間や試験日程は，下記ホームページ等で最新の情報を事前にご確認ください。

公益財団法人 日本英語検定協会	HP	https://www.eiken.or.jp/eiken/
	電話	03-3266-8311

2024年度 英検2級過去問題集

執筆協力	株式会社 シー・レップス
編集協力	株式会社 シー・レップス，岡悦子，渡辺泰葉
デザイン	小口翔平＋嵩あかり＋村上佑佳（tobufune）
音声制作	一般財団法人 英語教育協議会（ELEC）

解答と解説

英検®

年度
2024

2級

過去問題集

Gakken

CONTENTS

英検 2 級

2023年度・第1回　解答と解説

一次試験・筆記 [P.004 ～ P.020]

1　(1) 3　(2) 4　(3) 4　(4) 3　(5) 1　(6) 4　(7) 4　(8) 1
　　(9) 3　(10) 3　(11) 4　(12) 4　(13) 3　(14) 1　(15) 1　(16) 3
　　(17) 2　(18) 2　(19) 2　(20) 4

2A　(21) 1　(22) 4　(23) 1
2B　(24) 1　(25) 4　(26) 3

3A　(27) 4　(28) 1　(29) 1
3B　(30) 4　(31) 1　(32) 4　(33) 1
3C　(34) 2　(35) 4　(36) 2　(37) 1　(38) 1

4　P. 019 ～ P. 020 参照

一次試験・リスニング [P.021 ～ P.038]

第1部　[No. 1] 3　[No. 2] 2　[No. 3] 4　[No. 4] 1　[No. 5] 2
　　[No. 6] 2　[No. 7] 1　[No. 8] 1　[No. 9] 3　[No. 10] 3
　　[No. 11] 4　[No. 12] 3　[No. 13] 2　[No. 14] 1　[No. 15] 4

第2部　[No. 16] 1　[No. 17] 3　[No. 18] 1　[No. 19] 3　[No. 20] 1
　　[No. 21] 1　[No. 22] 2　[No. 23] 1　[No. 24] 2　[No. 25] 2
　　[No. 26] 1　[No. 27] 3　[No. 28] 4　[No. 29] 3　[No. 30] 1

2級

解答と解説

1

(1) A：デイヴに結婚してくれって言われたの。イエスって言うべき？

B：自分の**判断力**で決めるべきだよ。君の代わりにそれができる人は誰もいないんだ。

- -

☑ 選択肢はincome「収入」，convention「会議」，judgment「判断力」，geography「地理学」。物事を決めるときに必要なのは「判断力」なので，正解は **3**。

(2) A：僕のエッセイをどう思った，ジル？

B：ええと，あなたが書いた説明は少し**あいまい**ね。その部分をもっとはっきりさせたほうがいいんじゃないかしら。

- -

☑ 選択肢はharmful「有害な」，previous「前の」，certain「明白な」，vague「あいまいな」。Bのセリフの第2文に make those parts clearer とあるので，その反意語を選べばよい。clear の反対は vague なので，正解は **4**。

📖 WORDS&PHRASES

□ **explanation** — 説明 　□ **a bit** — 少し

(3) コリンはずっと数学の成績が悪かったが，それについて何もしてこなかった。ついに，彼は問題**に立ち向かう**ことを決め，先生に助けを求めた。

- -

☑ 選択肢はalter「〜を変える」，impress「〜を感動させる」，honor「〜を高く評価する」，confront「〜に立ち向かう」。コリンはずっと数学の成績が悪いのに何もしてこなかったが，第2文にFinally「ついに」とあるので，その問題に向き合うことに決めた，とすると文脈に合う。正解は **4**。

📖 WORDS&PHRASES

□ **grade** — 成績

(4) 聖パトリックデーのパレードは10番街から始まり，街の中心部へとゆっくり**進**んだ。

- -

☑ 選択肢はillustrated「説明した」，reminded「思い出させた」，proceeded「進んだ」，defended「守った」。空所のあとに「ゆっくり街の中心部へと」とあるので，「進んだ」とすると文脈に合う。正解は **3**。

(5) 自動車ができる前，人々は長距離旅行のために馬が引く**馬車**をよく使った。

- -

☑ 選択肢はcarriages「馬車」，fantasies「想像」，puzzles「パズル」，luxuries「高級

品」。空所のうしろにpulled by horses「馬に引かれる」とあるので，正解は**1**。

23年
度

第
1
回
筆
記

📖 WORDS&PHRASES
□ **motor vehicle** —— 自動車

---

(6) ジェーンは絹のハンカチを5枚買った。別々の友達に1枚ずつ上げるつもりなので，店員に**個別に**包んでくれるよう頼んだ。

- -

☑ 選択肢はすべて副詞でlegally「合法的に」，financially「財政上」，accidentally「うっかりと」，individually「個別に」。ハンカチを「1枚ずつ」のように，人や物について「個々に，別々に」という場合はindividuallyを用いる。正解は**4**。

📖 WORDS&PHRASES
□ **silk** —— 絹　　□ **salesclerk** —— 店員　　□ **wrap** —— ～を包む

---

(7) 最初の講義で，スミス教授はよいメモを取ることがいかに大事かを**強調した**。彼はそのことに3，4回言及した。

- -

☑ 選択肢はengaged「～を従事させた」，divided「～を分けた」，buried「～を埋めた」，stressed「～を強調した」。第2文に「そのことに3，4回言及した」とあるので，「強調した」と考えるのが自然。正解は**4**。

📖 WORDS&PHRASES
□ **take notes** —— メモを取る　　□ **mention** —— ～に言及する，述べる

---

(8) 昨日，ベンが住む通りにある家で小さな火事があった。消防士たちが火に水を**浴びせかけ**，まもなく鎮火した。

- -

☑ 選択肢はsprayed「～を浴びせた」，demanded「～を要求した」，awarded「～を授与した」，punished「～を罰した」。火を消すためには水をかけるので，正解は**1**。

📖 WORDS&PHRASES
□ **put ～ out** —— ～を消す

---

(9) 「インベージョン！（侵略！）」というゲームの中では，各プレイヤーはほかの国を奪って，**帝国**を築こうとする。

- -

☑ 選択肢はurgency「緊急性」，offspring「子孫」，empire「帝国」，impulse「衝動」。空所の直前にbuildがあることに注目する。選択肢の中で「築く」ことができるのはempireなので，正解は**3**。

📖 WORDS&PHRASES
□ **take over** —— ～を奪う

---

(10) 科学の授業でディクソン先生はろうそくに火をつけて，生徒たちに**炎**を見るように言った。一番熱い部分は，青いところだと教えた。

- -

☑ 選択肢はtriumph「勝利」，religion「宗教」，flame「炎」，luggage「荷物」。ろう

そくに火をつけると見えるのは「炎」。正解は **3**。

(11) マーガレットが毎日練習すると約束したのち，両親はようやく彼女にピアノを買ってあげたが，彼女はたった2か月で弾くのをやめてしまった。両親はとても彼女に **失望した**。

☑ 選択肢は capable of ～「～ができる」，inspired by ～「～に刺激される」，attracted to ～「～に魅力を感じる」，disappointed in ～「～に失望する」。ピアノを毎日練習すると約束したにもかかわらず，たった2か月で練習をやめてしまったマーガレットに両親は「失望した」とするのが適切。正解は **4**。

(12) A：帰るのが遅くなってごめんなさい。僕抜きで夕食は食べた？

B：ええ。私たちとてもおなかがすいていたから，でもあなたのために料理**を取っておい たわ**。今温めるわ。

☑ 選択肢はすべて句動詞で cut down ～「～を切り倒した」，hung up ～「（電話）を切った」，took after ～「～の後を追った」，set aside ～「～を取っておいた」。空所のあとの文に「それを温める」とあるので，「料理を取っておいた」とすると文脈に合う。正解は **4**。

(13) ベイサイドストリートの建設工事のため，道路沿いの家々の電気は2時間**止められ**なければならなかった。

☑ 選択肢はすべて句動詞で，直前の be とあわせて heard of「耳にされた」，turned over「回転された」，shut off「止められた」，ruled out「無視された」。建設工事のため近隣の家の電気は「止められた」とするのが適切。正解は **3**。

(14) タウ・エレクトロニクスは来月新しいスマートフォン**を発売する**と正式に発表した。技術的問題のために，発売は数か月遅れている。

☑ 選択肢はすべて句動詞の ing 形で，直前の will be とあわせて bringing out ～「～を発売する」，falling for ～「～にほれる」，picking on ～「～をいじめる」，giving off ～「～を発する」。第2文に release「発売」が遅れているとあるので，同じ意味を表す語が空所に入ると推測できる。bring out ～が「～を発売する」という意味なので，正解は **1**。

☐ **confirm** ── 〜（ということ）を確認する，正式に発表する　　☐ **release** ── 発売

(15) 雪や雨としてアンデス山脈に降る水は，アマゾン川を何千キロも旅して，最終的に大西洋に**流れ込む**。

📝　選択肢は flows into 〜「〜に流入する」，runs across 〜「〜に偶然出会う」，hands over 〜「〜を手渡す」，digs up 〜「〜を掘り起こす」。水が川を旅して最終的に海まで到達するので，「流れ込む」とするのが適切。正解は **1**。

☐ **eventually** ── 最終的に

(16) スワンドン・フーズの職への応募者は**本人が直接**応募しなければならない。願書を郵送することは許されない。そうする代わりに，応募者は店の支配人か店員のところに持っていかなくてはならない。

📝　選択肢は at ease「気楽に」，at length「詳細に」，in person「本人が直接」，in detail「詳しく」。第2文以降に「願書を郵送してはならない」，「願書を持っていかなくてはならない」とあるので，第1文の内容を「本人が直接」応募するべきとすると文脈に合う。正解は **3**。

☐ **applicant** ── 応募者　　☐ **apply** ── 応募する　　☐ **application form** ── 願書

(17) ジェイソンのクラスの生徒たちは教室の中のものの気配りを交代でする。今週，ジェイソンは一日の終わりに床にごみがないことをチェックすること**を担当して**いる。

📝　選択肢は for fear (of 〜)「〜を怖がって」，in charge (of 〜)「〜を担当して」，on behalf (of 〜)「〜の代わりに」，by way (of 〜)「〜経由で」。教室内の仕事を交代でする，と第1文にあるので，ジェイソンは床のごみのチェック「を担当している」とすると文脈に合う。正解は **2**。

☐ **take turns** ── 交代でする　　☐ **look after** 〜 ── 〜の世話をする　　☐ **trash** ── ごみ

(18) ジェニーは料理がとても上手だ。彼女のスープとシチューはレストランで出されるものと同じくらいおいしい。

📝　選択肢は none「何も」，any「どれでも」，other「ほかのもの」，few「少数」。as 〜 as any で「どれにも負けないほど〜だ」という意味を表す。正解は **2**。

☐ **excellent** ── 優れた

(19) A：ママ，あとでジミーと一緒に遊びに公園に行ってもいい？

B：ええ，先に宿題をすませる**なら**ね。

> ✅ 選択肢は provide のさまざまな形。過去分詞 provided の形で接続詞として，only if と同じように「～したら」という条件を表す。正解は **2**。

(20) ミサワさんはとてもお金持ちで巨大な家に住んでいる。彼女の台所はほかの人の台所の4倍**の大きさ**だ。

> ✅ 空所の前に four times があるので，〈～ times the ＋名詞 ＋ of〉の形の the size of が正しい。正解は **4**。名詞の large に「大きさ」という意味はないので 3 は不適。large を用いる場合は as large as もしくは larger than となる。

2

[A]

本文の意味　どんな変化が？（お釣りは？）

① 大昔，人間はお金を使わなかった。自分が必要な物すべてを自分で作れないことがよくあったので，自分の物と，ほかの人が作った物を交換した。次第に，交換していた品物は現金に取って代わられるようになった。何百年もの間，品物やサービスと交換できる硬貨と紙幣が作られてきた。現金は持ち運びやすいので，多くの人々にとって便利である。しかし同時に，現金は失くしたり盗まれたりすることもある。また別の不都合な点は，犯罪者が偽物の硬貨や紙幣を作れるということだ。

② 20世紀半ばにはプラスチックのクレジットカードが導入された。カードには所有者以外の誰かに使われるのを防ぐためにセキュリティ機能がついていた。当初，カードを使用するのは裕福な人々に限られた。しかし時がたつにつれて，より広く利用可能になった。ここ数年は，クレジットカードと同じように使えるスマートフォン用のアプリも一般的になった。このおかげで，近いうちに現金の終焉を見るかもしれないと示唆する人もいる。

③ "キャッシュレス"社会 ── そこではすべての支払いが電子技術を使って行われる ── を支持する人々は，それにはいくつかメリットがあると主張する。例えば，財布を安全に守ることを心配しなくてもよくなる。ところが，ソフトウェアのエラーやスマートフォンの故障のために必要なものへの支払いができなくなるかもしれないと心配する人もいる。さらに，銀行口座やクレジットカードを持っていない人もおり，そういう人々は硬貨や紙幣を使うしかない。当分，社会は現金を使い続けそうだ。

WORDS&PHRASES

□ **trade** ── ～を交換する，取引する　□ **gradually** ── 次第に
□ **metal coin** ── 硬貨，金属貨幣　□ **paper bill** ── 紙幣　□ **disadvantage** ── 不都合なこと
□ **criminal** ── 犯罪者　□ **fake** ── 偽の　□ **security feature** ── セキュリティ機能
□ **over time** ── 時がたつにつれて　□ **app** ── アプリ　□ **electronically** ── 電子技術を使って
□ **argue** ── ～だと主張する　□ **benefit** ── メリット，恩恵　□ **wallet** ── 財布

意味と解説

(21) 選択肢は「失くしたり盗まれたりすることがある」「オンラインショッピングに使われる」「再生利用ができる」「ほとんど誰にでも理解される」。空所の前にあるthoughに注目する。この副詞のあとは前の文と相反する内容が続く。第5文が「現金は持ち運びやすいので，多くの人々にとって便利である」という内容なので，反対に不便な点を挙げている「失くし

たり盗まれたりすることもある」が適切。正解は**1**。そのほかの選択肢についての言及は
ないので不適切。

(22) 選択肢は「より薄く軽く」「よりカラフルに面白く」「より使いにくく」「より広く使用可能に」。
空所を含む文のhoweverのあとには，前の文と相反する内容が続く。前の文には「当初，
カードを使用するのは裕福な人々に限られた」とあるので，反対に「より広く使用可能に
なった」とすれば，文脈に合う。正解は**4**。1と2は形状や見た目について，3は使いや
すさについて述べており，前後の内容には関係がないので不適切。

(23) 選択肢は「当分は」「それまでは」「運がよければ」「それに反して」。空所の前の第4文
では「銀行口座やクレジットカードを持っていない人もおり，そういう人々は硬貨や紙幣を使
うしかない」とあり，空所の文には「社会は現金を使い続けそうだ」とあるので，「当分は」
とすると話の流れが自然。正解は**1**。期限や可能性，比較の対象については述べてい
ないので，そのほかの選択肢は不適切。

[B]

本文の意味　Mejk Swenekafewの話

1 最近，多くの人が"フェイクニュース" —— 偽のニュースについて話してい
る。しかし，そんな報道はずっと昔からあった。より多くの人に，新聞を読ん
だり，テレビ番組を見たり，オンラインニュースサイトを訪れたりしてもらう
ために偽のニュース報道は時々使われる。政治的あるいは宗教的信念を広め
るためにフェイクニュースを使うこともある。しかし，フェイクニュースを発
表する理由はそれだけではない。1903年，ウェストバージニア州のクラーク
スバーグ市で，ある新聞が本当に独自の記事を書いているかを調べるために，
フェイクニュースが使われた。

2 市内には2つのライバル紙，クラークスバーグ・デイリー・テレグラムとク
ラークスバーグ・デイリー・ニュースがあった。デイリー・テレグラムのスタッ
フはデイリー・ニュースの記者たちが自分たちの記事を盗んでいると思って
いた。デイリー・テレグラムはそれが本当に起こっているのかどうかを調べる
ことにした。デイリー・テレグラムは犬についての口論のあと撃たれた男性に
ついてフェイクニュースの記事を発表した。男性の名前はMejk Swenekafew
だった。その後まもなく，まったく同じニュースがデイリー・ニュースに載っ
た。しかし，デイリー・ニュースの記者たちは，"Swenekafew"という名前が
実は"we fake news"（我々はニュースを捏造する）を後ろから書いたものだと
いうことに気づかなかった。彼らはデイリー・テレグラムの記事を丸写しした
ことを認めざるを得なかった。

3 最近，新聞やニュース番組，ニュースウェブサイトには，より多くの読者，
視聴者，訪問者を獲得しなくてはというプレッシャーがかつてないほど重くの
しかかっている。そのために，彼らはできるだけ速く大きなニュースを報道し

なければならない。その結果，自分たちが最新のニュースを手にしているのだと確認するために常にお互いに監視することになる。しかし，クラークスバーグ・デイリー・ニュースがしたのと同じことをしないように，彼らも気を付けなくてはならない。

WORDS&PHRASES

□ **be around** — そばにある　□ **religious belief** — 宗教的信念　□ **article** — 記事
□ **afterward** — その後　□ **backward** — 逆さに　□ **admit** — ～を認める
□ **constantly** — 絶えず，いつも

意味と解説

(24) 選択肢は「～する理由はそれだけではない」「人々が～するのを止めるにはルールがある」「多くの人気あるウェブサイトはこれまで～してきた」「いくつかのテレビ会社は～によって始まった」。空所を含む文がHoweverで始まっているので，前の文と相反する内容になる。空所の前まではフェイクニュースがどんな目的で使われるかを列挙しており，あとの文では1903年に違う目的でフェイクニュースが使われたと説明しているので，「理由はそれだけではない」を入れると自然につながる。正解は**1**。

(25) 選択肢は「イベントに出席している」「やめようと計画している」「もっと給料がいい」「自分たちの記事を盗んでいる」。第2段落最終文で「彼ら（デイリー・ニュースの記者たち）はデイリー・テレグラムの記事を丸写ししたことを認めざるを得なかった」と述べていることから，デイリー・テレグラムのスタッフはデイリー・ニュースの記者たちが「自分たちの記事を盗んでいる」と思っていたとすれば自然な流れになる。正解は**4**。

(26) 選択肢は「これにもかかわらず」「偶然」「その結果」「その一方で」。空所の前の部分は「読者や視聴者をより多く獲得するために，できるだけ速く大きなニュースを報道しなければならない」，空所のあとの文では「自分たちが最新のニュースを手にしているのだと確認するために常にお互いに監視することになる」と述べられている。これらは原因と結果の関係にあるので，「その結果」を入れれば文脈に合う。**3**が正解。

011

3

[A]

送信者：カレン・テイラー <taylor-k@speakezls.com>
宛先：トレイシー・ミッチェル <tracym_0617@ugotmail.com>
日付：6月4日
件名：スピークEZ語学学校

ミッチェルさま，

① スピークEZ語学学校のスペイン語授業について問い合わせいただき，ありがとうございます。スピークEZ語学学校は30年以上にわたって質の高い授業を行っており，当校の教師は何千人もの生徒たちが目標を達成するのを手助けしてきました。(27)ビジネスの場でのスペイン語を学びたい場合でも，友人とおしゃべりするためや試験に合格するため，あるいは単に学習の楽しみのためでも，当校はあなたにふさわしい講座を提供できます。

② (28)高校でスペイン語を勉強したけれど，数年間使っていないから，どのレッスンを受ければよいかわからないとのことでしたね。ご心配なく，当校は無料の語学スキルテストをご用意しています。スピークEZ語学学校への入学を決めたら，テストを受けられますよ。当校のインストラクターがその結果を利用して，あなたの能力と目標に合ったぴったりの講座を選ぶお手伝いをいたします。さらに，スピークEZ語学学校で使っているメソッドの概要をつかむために，20分の無料個人レッスンを受けられます。

③ 当校では個人レッスンとグループレッスンの両方を提供しています。グループレッスンは新しい友達を作るのにうってつけの方法になります。しかし，各グループレッスンに参加できるのは8名以下ですので，定員の空き状況は限られています。また，スピークEZチャットセッションを試してみることもできます。当校のインストラクターのひとりがホスト役を務め，あらゆるレベルの生徒に自由におしゃべりする機会を提供します。(29)スピークEZチャットセッションは毎平日の夕方に利用できます。
ご連絡をお待ちしています。

カレン・テイラー
スピークEZ語学学校

WORDS&PHRASES

□ **inquire** ── 尋ねる　　□ **chat with ～** ──（人）とおしゃべりをする　　□ **suitable** ── ふさわしい

□ **get an idea** ── 発想を得る，おおむね理解する　　□ **host** ── ～で主人役を務める

(27) カレン・テイラーがスピークEZ語学学校について言っていることは何か？

1 30種類以上の語学のレッスンを提供している。

2 新たにスペイン語の教師を雇う予定だ。

3 世界各国出身の教師がいる。

4 さまざまな種類の講座を提供している。

✓ 第1段落第3文に「ビジネスの場でのスペイン語を学びたい場合でも，友人とおしゃべりするためや試験に合格するため，あるいは単に学習の楽しみのためでも，当校はあなたにふさわしい講座を提供できます」とある。この内容を簡単に言い換えた4が正解。

(28) ミッチェルさんは…と言った。

1 どのクラスに申し込んだらいいかわからない

2 これまでスペイン語を勉強したことはない

3 教授法についてもっと情報がほしい

4 インストラクターの1人と同じ高校だった

✓ 第2段落第1文のYou mentioned thatから始まる文で「高校でスペイン語を勉強したけれど，数年間使っていないから，どのレッスンを受ければよいかわからない」とあることから，正解は1。同じ箇所から2は不適切。教授法やインストラクターについてはミッチェルさんからは言及がないので3や4も不適切。

(29) スピークEZチャットセッションは

1 毎週月曜日から金曜日まで行われる。

2 セッションごとに定員数が限られている。

3 上級の生徒だけが利用できる。

4 友達を作るために外国語を使うことに集中している。

✓ 第3段落最終文に「スピークEZチャットセッションは毎平日の夕方に利用できます」とあることから，1が正解。限られているのはグループレッスンの人数なので，2は不適切。また「あらゆるレベルの生徒に自由におしゃべりする機会を提供します」という内容に矛盾するので3は不適切。「友達を作るのにうってつけの方法」という内容はグループレッスンの話であり，チャットセッションに関してはそのような記述はないので，4も不適切。

[B]

1 先進国の人々が使う機械のほとんどは，過去200年の間に発明された。それらの機械は人々のために仕事を楽にし，別の仕事や余暇のためにより多くの時間を与えてくれる。しかし，そうした機械の中で社会を最も変えたものはどれだろう？ (30)人々はテレビやコンピューターやスマートフォンに多くの時間を費やしてはいるが，そうした発明の影響も洗濯機に比べれば小さいと主張する歴史学者がいる。

2 洗濯機以前は，衣類やシーツは手で洗われた。歴史のほとんどの時代において，(31)これには洗濯物を川や湖に運び，濡らし，汚れを取り除くために岩や砂，石鹸などでこすることが含まれた。そののち，洗濯物はもう一度水につけられ，乾きやすくするため余分な水はたいてい取り除かれた。たとえ家に水がある場合でも，洗濯物はきれいにするために専用の板にこすりつけたり，木切れで打ったりしなければならなかった。時間のかかる大変な仕事だった。

3 最初の洗濯機は手動式で，まだ多くの重労働を必要とした。(32)水と電気の組み合わせは非常に危険なので，これらの機械に動力を供給するために電気をどのように使うかを発見することが課題だった。しかし，20世紀の前半に，発明家たちは洗濯を含むほとんどの段階を自動でできる電気式の機械を作った。ほどなく，それらの機械は世界の富裕地域の家庭に普及した。

4 自動洗濯機は人々に，ほかの活動のための時間とエネルギーを，ほかのどんな新しいテクノロジーよりも多く与えた。(33)人々はこの増えた時間とエネルギーの一部を勉強や子どもの教育に使った。これが，今度は，洗濯機が普及した地域の人々の生活の質を向上させることにつながった。今日でさえ，世界の多くの人々はいまだに服を手で洗っている。つまり，洗濯機は，おそらく次の数十年間にも，何十億もの人間の生活に大きな変化をもたらし続けるのだろう。

📖 WORDS&PHRASES

□ **task** — 仕事	□ **leisure** — 余暇	□ **historian** — 歴史学者　□ **impact** — 影響
□ **argue** — ～だと主張する	□ **power** — ～に動力を供給する	□ **challenge** — 課題
□ **in turn** — 今度は，同様にして	□ **billion** — 10億	

意味と解説

(30) 歴史学者の中には，洗濯機の発明について何と言っているものがいるか？

    1　社会の重要な変革のせいで起こった。

    2　テレビ，コンピューター，スマートフォンの発展につながった。

    3　自然環境に大きな影響を与えた。

    4　ほかの近代的発明よりも大きな影響を社会に与えた。

✓　第1段落最終文に「人々はテレビやコンピューターやスマートフォンに多く

の時間を費やしてはいるが，そうした発明の影響も洗濯機に比べれば小さいと主張する歴史学者がいる」とあることから，正解は**4**。社会の変革についての記述はないので，**1**は不適切。洗濯機の発明からテレビ，コンピューター，スマートフォンが生まれたわけではないので，**2**も不適切。**3**についての言及はない。

(31) 洗濯機なしで衣類やシーツを洗うのは重労働だった，なぜなら
1　洗濯する過程には，いくつかの異なる段階が含まれていた。
2　洗濯物を洗うのに使う石鹸は手で用意しなければならなかった。
3　洗濯物を乾かすために人々は長い距離を移動しなければならなかった。
4　それをした人々は十分なお金を稼ぐために様々な物を洗わなければならなかった。

☑ 第2段落第2〜3文に，「これ（洗濯）には洗濯物を川や湖に運び，濡らし，汚れを取り除くために岩や砂，石鹸などでこすることが含まれた。そののち，洗濯物はもう一度水につけられ，乾きやすくするため余分な水はたいてい取り除かれた」と洗濯のさまざまな手順が説明されている。これを言い換えた**1**が正解。**2**，**3**，**4**のような記述はない。

(32) 電気洗濯機を発明しようとした人々が直面した課題は何か？
1　多くの人が洗濯物を手で洗うのと同じほどには効果的ではないと思っていた。
2　電気が使えたのは世界の富裕地域の数少ない家庭に限られていた。
3　洗濯に含まれるすべての過程を行う機械の作り方を見つけられなかった。
4　電気と水の両方を使う機械を作動させるのは非常に危険な可能性がある。

☑ 第3段落第2文に「水と電気の組み合わせは非常に危険なので，これらの機械に動力を供給するために電気をどのように使うかを発見することが課題だった」とあることから，**4**が正解。洗濯機の効果についての記述はないので**1**は不適切。電力自体の普及についての記述はなく，それが発明の課題であったわけでもないので**2**は不適切。**3**は「20世紀の前半に，発明家たちは洗濯を含むほとんどの段階を自動でできる電気式の機械を作った」という第3文の内容に矛盾するので不適切。

(33) 洗濯機のおかげで人々は
1　自分や子どもたちの教育により多くの時間を使える。
2　地域のボランティア活動にエネルギーを使える。
3　家事を行うほかの機械を発明できた。
4　世界の多くの川や湖がある地域で暮らせる。

☑ 第4段落第2文に「人々はこの増えた時間とエネルギーの一部を勉強や子どもの教育に使った」とあることから，**1**が正解。ボランティア活動や，ほかの機械についての記述はないので**2**，**3**は不適切。**4**は洗濯機があれば川や湖で

洗濯する必要がないので不適切。

[C]

本文の意味　夢を生きる

1　平均して，人は人生のおよそ3分の1を眠って過ごし，眠っている時間のおよそ4分の1の間，夢を見る。夢を見ることに関係する人間の脳の部分について科学者はすでに多くを学んだにもかかわらず，夢の目的についてはいまだに不確かである。このことの理由の1つは，人が見る夢の多様性——夢が楽しいものだったり，恐ろしかったり，異常だったり，あるいは非常に普通だったりすることにある。₍₃₄₎さらに，夢は意味をなさないことが多く，ほとんどが目覚めると間もなく忘れられてしまうせいだ。

2　数千年の間，人はなぜ夢を見るのかを解明しようとしてきた。₍₃₈₎古代の人々は，夢は神からのメッセージだと考えていた。さらに時代が進むと，夢は私たちに人格の隠れた部分について教えてくれると提唱された。₍₃₅₎最近では，夢を見ることの主要な機能の1つは記憶を復習し強化することだと，大部分の心理学者が考えている。これは大事なことだ，というのも，よく学ぶために人間は新しいアイデアや技術を見つけるだけでなく，定期的にそれを思い出さなければならないからだ。

3　最近のある研究のために，米国ファーマン大学のエリン・ワムズリーは48名の参加者を招いて，大学内の特別研究室で一夜を過ごさせた。参加者は夜の間に数回起こされて，何の夢を見ていたかを報告するよう求められた。₍₃₆₎翌朝，参加者たちは夢の内容を自らの生活の出来事と結び付けようとした。ワムズリーは，夢の半分以上は経験したことの記憶に結び付けられることを発見した。これは，夢は学習における役割を果たしているという考えの裏付けとなる。

4　しかし，ワムズリーは，夢の25%が今度のテストや旅行など，参加者の生活における具体的な将来の出来事に関係していることも発見した。これは，夢を見ることのもう1つの重要な機能が，そうした出来事に備える機会を与えるということの証拠だと彼女は考える。さらに，ワムズリーは，そうした夢は夜の遅い時間によりよく見られるということに気づいた。₍₃₇₎彼女が提示している説明は，人間の脳は眠っているときでも時間を意識しているというものだ。新しい1日の始まりに近づくにつれ，人間の関心は過去の出来事を振り返ることから，未来の出来事について考えることへと切り替わるのだ。

WORDS&PHRASES

□ **on average** ── 平均して，概して　　□ **one-third** ── 3分の1　　□ **one-quarter** ── 4分の1

□ **pleasant** ── 楽しい，心地よい　　□ **ordinary** ── 普通の

□ **on top of this** ── これに加え，さらに　　□ **make sense** ── 意味をなす，筋が通っている

□ **function** ── 機能　　□ **review** ── ～を復習する，振り返る　　□ **recall** ── ～を思い出す

□ **participant** ── 参加者　　□ **play a role** ── 役割を果たす，機能を果たす

```
□ specific —— 具体的な     □ upcoming —— 近づきつつある, もうすぐやってくる
□ evidence —— 証拠     □ moreover —— さらに, 加えて
```

意味と解説

(34) 人がなぜ夢を見るかについて, 科学者たちが確信が持てない理由の1つは何か?
1 人の脳のいくつかの部分が夢を見ることに関係している。
2 夢はふつう, はっきりした意味を持たないと思われる。
3 人は夢を正直に説明したがらないことが多い。
4 別々の人が時にまったく同じ夢を見ることがある。

☑ 第1段落最終文に「さらに, 夢は意味をなさないことが多く, ほとんどが目覚めると間もなく忘れられてしまうせいだ」とあることから, 2 が正解。

(35) 現代の心理学者たちの考えでは,
1 人は, 夢を見る理由を数千年前に発見していた。
2 人の脳は夢を見ることによって活動し, 大きくなることができる。
3 夢のおかげで, 人は自分の性格の嫌いなところを隠すことができる。
4 夢は, 記憶を強める機会を人に与える。

☑ 第2段落第4文に「最近では, 夢を見ることの主要な機能の1つは記憶を復習し強化することだと, 大部分の心理学者が考えている」とあることから, 4 が正解。

(36) エリン・ワムズリーの研究の参加者がするよう求められたことは何だったか?
1 研究のほかの参加者と自分たちの夢の内容を話し合う。
2 夢の中で起こったことを, 生活の中で起こっていたことと関連付ける。
3 夢を見ているとわかったらすぐに目を覚まそうとする。
4 人がふつう見る夢のリストと, 自分自身の夢を比べる。

☑ 第3段落第3文に「翌朝, 参加者たちは夢の内容を自らの生活の出来事と結び付けようとした」とある。この内容を言い換えた 2 が正解。

(37) ワムズリーは未来の出来事についての夢は…と示唆する。
1 まもなく目を覚ますということを脳が知っているせいで起こる
2 テストやそのほかの精神的に疲れる出来事のあとに, より頻繁に現れる
3 過去についての夢とちょうど同じくらいしばしば経験される。
4 おそらくほかの夢よりも長く人の記憶に残る。

☑ 第4段落第4～5文で「彼女が提示している説明は, 人間の脳は眠っているときでも時間を意識しているというものだ。新しい1日の始まりに近づくにつれ, 人間の関心は過去の出来事を振り返ることから, 未来の出来事について

考えることへと切り替わるのだ」とある。これを簡単に言い換えた **1** が正解。

(38) 次のどの文が正しいか？

1 昔の人々は，神が夢を通じて彼らに話しかけると信じていた。

2 人は睡眠時間の半分以上の時間，夢を見る。

3 ワムズリーの研究の参加者はほとんどが未来の出来事についての夢を見た。

4 ワムズリーの研究の参加者は彼らの自宅で観察された。

� 第2段落第2文に「古代の人々は，夢は神からのメッセージだと考えていた」とあるので，**1** が正解。第1段落第1文に「眠っている時間のおよそ4分の1の間，夢を見る」とあるので，**2** は誤り。第4段落第1文の「ワムズリーは，夢の25％が今度のテストや旅行など，参加者の生活における具体的な将来の出来事に関係していることも発見した」という記述からは参加者のほとんどが見たかどうかはわからないので，**3** は誤り。第3段落第1文に「48名の参加者を招いて，大学内の特別研究室で一夜を過ごさせた」とあるので，**4** は誤り。

4

問題の意味

トピック

今日，多くの建物が雨水を集め，そのあとその雨水を，植物の水やりなどさまざまなやり方で使っています。将来，そうした建物はもっと一般的になるとあなたは思いますか？

ポイント

・費用　　・緊急事態　　・テクノロジー

解答例1

I think such buildings will become more common in the future. First, it is good from the point of view of sustainability of the earth's resources. Because water shortages are likely to be more severe in the near future, we should try to conserve as many water resources as possible. Second, collecting rainwater also helps us to save money. We can use it for various purposes, such as flushing toilets, cleaning and watering plants. Moreover, it can be useful in times of fire. Therefore, I think such buildings will become more common in the future. (95語)

解答例1の意味

私は，そうした建物は将来もっと一般的になると思います。まず，地球の資源の持続可能性の観点からよいことです。近い将来水不足はもっと深刻になりそうなので，私たちはできるだけ水資源を守る努力をするべきです。次に，雨水を集めることでお金を節約することもできます。雨水は水洗トイレ，清掃や植物の水やりなど，さまざまな目的に使うことができます。さらに，火事の際にも役立つでしょう。だから，私は，そうした建物は将来もっと一般的になると思います。

✓　　初めに「そうした建物はもっと一般的になると思う」という自分の立場をはっきり述べ，次に理由を2つ挙げている。最後に結論として自分の立場を改めて述べて締めくくっている。

　　理由を述べる際にはFirst「まず」，Second「2つ目は」という表現を使って，わかりやすく整理している。説明を加えるときにはMoreover「さらに」のほかにも，besides「そのうえ」などを使うこともできる。「水資源を守ることにつながる」，「お金の節約になるだけでなく，火事の際にも役立つ」という理由のうち，2つ目の理由が与えられているPOINTS中のCostとEmergencyに関連している。

同意する場合，例えば「地域全体の雨水再利用に最新のテクノロジーを導入すれば，コスト削減，災害対策，地域社会の緑化計画にもつながるかもしれない (If we introduce the latest technology to recycle rainwater throughout the region, it might lead to cost savings, disaster control and local community greening projects.)」なども考えられる。

解 答 例 2

I don't think such buildings will become more common in the future. First, the use of collected rainwater is limited to a few purposes such as watering plants or flushing toilets. Such a system can only be cost-effective for large buildings with many toilets. Next, the amount of rainfall is likely to be different depending on the region and season. If too little rainwater collects, then a building with a rainwater collection system would be useless, especially if the water is intended for use in emergencies. Therefore, I don't think such buildings will become more common in the future.（99語）

解 答 例 2 の 意 味

私はそうした建物が将来もっと一般的になると思いません。第一に，集めた雨水の利用は，植物の水やりやトイレの洗浄など一部の用途に限られます。そのようなシステムは，トイレの数が多い大規模な建物でしか費用対効果が見込めません。次に，地域や季節によって降雨量が異なる可能性が高いです。もし雨水があまりに少なければ，雨水収集システムを備えた建物は，特にその水が非常時の使用を目的としている場合，役に立たないでしょう。したがって，私はそうした建物が将来もっと一般的になると思いません。

　「そうした建物はもっと一般的になると思わない」という立場を明確に述べ，次に2つの理由を挙げている。最後にもう一度結論を短くまとめている。

　1つめの理由を First「まず」，2つ目の理由を Next「次に」で始めて整理している。1つ目の理由として「雨水の使用用途が限られる」こと，2つ目の理由として「降雨量が地域や季節によって異なる可能性がある」ことを述べている。1つ目の理由はPOINTS の Technology に，2つ目は POINTS の Emergency に関連している。

　同意しない場合，「雨水を集めてリサイクルするシステムはさらなる開発を要し，今のところまだコストがかかりすぎで，効率が悪すぎるかもしれない (Rainwater collection and recycling systems require further development and might be too costly and inefficient at present.)」などとすることもできる。

リスニングテスト

第1部

No. 1

A：What's the best way to get to Silver City from here, Amanda? I'm going there this weekend.

B：Well, it's too far to drive your car, and the bus takes too long. You could fly there, but that's so expensive. I recommend an express train. They go there every morning.

A：In the morning? That would probably work well with my schedule.

B：Yeah, check the station's website for the departure time.

Question How will the man probably get to Silver City?

- -

A：ここからシルバーシティーに行く一番いい方法は何かな，アマンダ？　今週末そこに行くつもりなんだ。

B：そうね，車で行くには遠すぎるし，バスは時間がかかりすぎるわね。飛行機でも行けるけど，とても高いわ。急行列車で行くのをお勧めするわ。毎朝出ているのよ。

A：朝に？　それなら，僕のスケジュールとうまく合うな。

B：ええ，駅のウェブサイトで発車時刻を調べて。

❓ **男性はシルバーシティーにおそらくどうやって行くか？**

1　バスに乗って。

2　自分の車を運転して。

3　列車に乗って。

4　飛行機で飛んで。

- -

📋 男性（A）に目的地に行く一番いい方法を尋ねられた女性（B）は，I recommend an express train.「急行列車で行くのをお勧めするわ」と答えている。それに対して男性は「それなら，僕のスケジュールとうまく合うな」と言っていることから，正解は **3**。

No. 2

A：Welcome to Bayview Furniture. How may I help you?

B：My wife and I are looking for a new sofa for our living room.

A：OK. Would you like a large one or a small one? And do you want one that can pull out into a bed?

B：We want a large sofa that is big enough for three people to sit on comfortably. We don't need one that can change into a bed.

Question What kind of sofa do the man and his wife want?

- -

A：ベイビュー家具店にようこそ。何かお探しですか？

B：妻と私はリビングで使う新しいソファを探しているんです。

A：わかりました。大きいものがよろしいでしょうか，それとも小さいタイプでしょうか？ 伸ばしてベッドにできるものをお望みですか？

B：3人がゆったり座れるくらい大きいソファがほしいんです。ベッドに変えられるものは 必要ないです。

❓ **男性と妻はどんなソファを求めているか？**

1 寝室用のもの。

2 3人座れるもの。

3 ベッドとして使えるもの。

4 リビングルームにあるのと同じようなもの。

📝 男性（B）が店員の女性（A）の質問に答えて「3人がゆったり座れるくらい大きいソファ がほしいんです」と言っていることから，**2**が正解。

No. 3

🔊 A：Excuse me, ma'am, is this seat taken? There aren't any other seats available on the train tonight.

B：No, it's not. You're welcome to sit here. I noticed the train was very crowded, too. I guess a lot of people are traveling for the holiday weekend.

A：That's what I'm doing, actually. I'm going to visit my parents in London this weekend.

B：Really? I'm going there to see my family, too.

| Question | What is one thing we learn about the man?

A：すみません，この席は誰か使っていますか？ 今夜はこの列車でほかに空いている 席がないんです。

B：いいえ，使っていませんよ。どうぞお座りください。列車がとても混んでいるのに私 も気づきました。祭日と重なる週末なので，大勢の人が旅行しているんでしょうね。

A：実は私もそうなんですよ。今週末，ロンドンの両親を訪ねるところなんです。

B：本当ですか？ 私も家族に会いにそこに行くところなんです。

❓ **男性についてわかることは何か？**

1 祭日の間働いている。

2 女性の両親に会う。

3 女性に自分の席を譲る。

4 ロンドンに行くところだ。

📝 男性（A）は2度目の発言でI'm going to visit my parents in London this weekend. 「今週末，ロンドンの両親を訪ねるところなんです」と言っている。この内容に一致す る**4**が正解。

No. 4

A：Abby, good job on getting a perfect score on our French test. I wish I could get good grades in French class like you do.

B：Thanks, James. I just prepare by studying for a few hours each week.

A：Would you be my study partner? <u>I'm having trouble with the lessons we're doing now.</u>

B：Of course. Let's meet at the library after class and review them together.

> Question   Why does the boy ask the girl for help?

A：アビー，フランス語のテストで満点を取るなんて，よくやったね。君みたいにフランス語のクラスでいい成績が取れたらなあ。

B：ありがとう，ジェイムズ。私は毎週数時間ずつ勉強して準備してるだけよ。

A：僕の勉強仲間になってくれない？　<u>今受けている授業に手こずっているんだ。</u>

B：もちろん。授業のあと図書館で会って，一緒に復習しましょう。

❓ **少年はなぜ少女に助けを求めているか？**

1　フランス語の授業で手こずっている。

2　課題のテーマを選ぶ必要がある。

3　新しいフランス語のクラスを始めるところだ。

4　図書館で，ある本が見つけられない。

 少年 (A) は最初の発言でフランス語のクラスでいい成績が取りたいと言っている。さらに2度目の発言では勉強仲間になってくれないかと少女 (B) に頼み，その理由を I'm having trouble with the lessons we're doing now.「今受けている授業に手こずっているんだ」と説明している。したがって，正解は **1**。

No. 5

A：That was a really nice barbecue at the Johnsons' house yesterday, wasn't it?

B：Yeah, there was so much food, and the volleyball game was fun, too. We should thank them for inviting us.

A：I agree. <u>How about sending them a card?</u>

B：<u>Good idea.</u> And we could send them some of the pictures we took.

> Question   What is one thing the man and woman will do?

A：昨日のジョンソンさん宅でのバーベキューは本当に楽しかったわね。

B：うん，食べ物もたくさんあったし，バレーボールの試合も楽しかった。招待してもらったお礼をしたほうがいいね。

A：そうね。<u>カードを送るのはどう？</u>

B：<u>それはいいな。</u>撮った写真も何枚か送れるしね。

❓ **男性と女性がすることは何か？**

1　ジョンソンさん宅の写真を撮る。

2 ジョンソンさん一家にお礼状を送る。

3 バレーボールの試合をする。

4 バーベキューパーティを開く。

✅ 2人はジョンソンさん宅でのバーベキューについて話し合っている。お礼をしたほうがいい，と男性 (B) が言うと，女性 (A) が How about sending them a card?「カードを送るのはどう？」と提案し，男性も同意しているので，**2** が正解。

No.6 ▐▐▐▐▐▐▐▐▐▐▐▐▐▐▐▐▐▐▐▐▐▐▐▐▐▐▐▐▐▐▐▐▐▐

🔊 A : Mom, can you wash my blue jeans? I want to wear them to Bobby's party on Saturday.

B : Why don't you wash them yourself?

A : But I don't know how, Mom. Please!

B : You're going to college next year, Donnie, so <u>you need to learn to do things for yourself</u>. Come on, I'll show you how to use the washing machine.

Question　What does the woman tell her son?

A : ママ，僕のブルージーンズを洗ってくれる？　土曜日のボビーのパーティに着て行きたいんだ。

B : 自分で洗えば？

A : やり方がわからないんだもん，ママ。お願い！

B : 来年は大学に行くのよ，ドニー，だから自分のことは自分でできるようにならなくっちゃ。いらっしゃい，洗濯機の使い方を教えてあげる。

❓ **女性は息子に何を言っているか？**

1 より近い大学を選んだほうがよい。

2 **自分で自分の面倒を見る必要がある。**

3 新しいブルージーンズを買うことはできない。

4 ボビーのパーティに行ってはいけない。

✅ 息子 (A) にジーンズを洗ってほしいと頼まれた母親 (B) は「自分で洗えば？」と答え，さらに2度目の発言で you need to learn to do things for yourself.「自分のことは自分でできるようにならなくっちゃ」と言っている。これを言い換えた**2**が正解。

No.7 ▐▐▐▐▐▐▐▐▐▐▐▐▐▐▐▐▐▐▐▐▐▐▐▐▐▐▐▐▐▐▐▐▐▐

🔊 A : Honey, this store sells so many different kinds of computers.

B : I know. I wonder what the differences are between them. Maybe we should go to a smaller store. There are just too many to choose from.

A : Well, let's see if one of the store clerks can help us. Maybe they can give us some <u>information</u>.

B : <u>That's a good idea</u>. Look, here comes one now.

Question　What did the man and woman decide to do?

A：ねえ，この店にはずいぶんいろいろなコンピューターがあるよ。

B：ええ。それぞれどう違うのかな。もっと小さな店に行ったほうがいいんじゃないかしら。多すぎて選べないもの。

A：まあ，店員が助けてくれるかどうか聞いてみよう。情報を教えてくれるかもしれないから。

B：それがいいわ。ほら，1人来たわよ。

❓ **男性と女性はどうすることにしたか?**

1　店員に助けを求める。

2　違う店に行く。

3　ネットで情報を探す。

4　古いコンピューターを使い続ける。

☑　男女が店にコンピューターを買いに来ているが，機種が多すぎて選べず，困っている。女性 (B) が小さな店に行くことを提案すると，男性 (A) は let's see if one of the store clerks can help us「店員が助けてくれるかどうか聞いてみよう」と答え，女性も同意しているので，「店員に助けを求める」の **1** が正解。

No.8

A：Alex, have you seen the boss today?

B：Yeah, Mr. Bigley is in his office.　He's in a really bad mood.

A：Oh no.　I was going to ask him about getting a pay raise.

B：Hmm.　I don't think that would be a very good idea.　He's upset about losing the ABC Computer contract.　You should wait until he calms down a little.

Question　What advice does the man give the woman?

A：アレックス，今日は上司に会った?

B：うん，ビグリーさんはオフィスにいるよ。すごく機嫌が悪いぞ。

A：あらやだ。昇給を頼もうと思ってたのに。

B：うーむ。それはよくないかも。ABCコンピューター社の契約を失ったことでイライラしているんだ。少し落ち着くまで待ったほうがいいよ。

❓ **男性は女性にどんなアドバイスをしているか?**

1　今は上司と話さないほうがいい。

2　上司に腹を立てないほうがいい。

3　落ち着こうとしたほうがいい。

4　給料を上げてもらおうとしたほうがいい。

☑　女性 (A) は上司に昇給を頼もうと思っていたが，男性 (B) は最初の発言で上司はすごく機嫌が悪いと言い，2度目の発言で「少し落ち着くまで待ったほうがいいよ」とアドバイスしている。したがってこれを言い換えた **1** が正解。

No. 9

A：Hello. I saw the sign outside your restaurant, and I'm interested in working here.

B：Well, I'm the manager. We are looking for another waiter. Do you have any experience?

A：Yes, actually. My dad owns a restaurant, and I used to work there every summer. I've also been a cook at a hamburger chain.

B：Well, we want to hire someone with your experience. When could you start?

Question　What does the woman say to the man?

- -

A：どうも。レストランの外の貼り紙を見まして，こちらで働くことに興味があるんです。

B：そうですか，私が支配人です。もう1人ウェイターを探しているんです。ご経験はありますか？

A：ええ，あります。父がレストランを経営していて，毎年夏にそこで働いていました。それにハンバーガーチェーンでコックもやっていました。

B：そうですか，あなたのような経験のある方なら雇いたいですね。いつから始められますか？

❓ **女性は男性に何を言っているか？**

1　コックを雇う必要がある。

2　ウェイターはすでに十分足りている。

3　彼を雇いたいと思っている。

4　彼はもっと経験が必要だと思っている。

- -

📝　レストランの求人を見た男性（A）と支配人の女性（B）との会話。女性はウェイターを求めており，男性のレストランで働いた経験などを尋ねて，we want to hire someone with your experience「あなたのような経験のある方なら雇いたいですね」と言っている。したがって，この内容に一致する**3**が正解。

No. 10

A：John, are you going to eat lunch in the college cafeteria today?

B：I don't know. It's always so crowded. I went there yesterday, and I couldn't find a place to sit.

A：Well, the weather is really nice today. Do you want to buy some sandwiches and eat outside?

B：Sure. I know a park with some picnic tables that's not too far from here.

Question　Why doesn't the man want to eat in the cafeteria?

- -

A：ジョン，今日は大学のカフェテリアでランチを食べるつもり？

B：どうしようかなあ。いつもすごく混んでいるから。昨日行ったら座る場所がなかったよ。

A：ねえ，今日はとても天気がいいじゃない。サンドイッチを買って，外で食べない？

B：いいね。ここからそんなに遠くなくて，ピクニック用のテーブルがある公園を知っているよ。

❓ 男性はなぜカフェテリアで食べたくないのか？

1 遠すぎる。

2 テーブルが汚い。

3 人が多すぎるかもしれない。

4 家からサンドイッチを持ってきた。

☑ 女性（A）が「今日は大学のカフェテリアでランチを食べるつもり？」と尋ねると，男性（B）は I don't know.「どうしようかなあ」と答える。次に気が進まない理由を It's always so crowded. I went there yesterday, and I couldn't find a place to sit.「いつもすごく混んでいるから。昨日行ったら座る場所がなかったよ」と言っている。したがって，正解はこれを言い換えた **3**。

No.11

🔊 A：Welcome to Fran's Flowers. Can I help you?

B：I hope so. I'd like to get my girlfriend some flowers, but I don't know what kind to get. I've never bought flowers for anyone before. Her favorite color is red, though.

A：Well, why don't you get her some roses? They're red, and they're also really popular.

B：Great. I'll take 12 roses, then.

> Question What is one thing the man says?

A：フラン花店にようこそ。何かお探しですか？

B：お願いします。ガールフレンドに花を買いたいんですが，どんな花にすればいいかわからなくて。花なんて今まで誰にも買ったことがないので。でも彼女の好きな色は赤なんです。

A：それでは，バラになさってはいかがですか？　赤ですし，人気もすごくありますよ。

B：いいですね。それではバラを12本もらいます。

❓ 男性が言っていることは何か？

1 いつもバラだけを買う。

2 花についてはいろいろ知っている。

3 母のために花を買うところだ。

4 今まで誰にも花を贈ったことはない。

☑ 男性（B）は花屋に花を買いに来ている。ガールフレンドに花を買いたいが，何を買えばよいかわからないと言い，さらに I've never bought flowers for anyone before.「花なんて今まで誰にも買ったことがない」と言っているので，**4** が正解。

A：Honey, did you see Alex's score on his math test? He did really well.

B：He's been reviewing his notes every night for the last several weeks, and he has spent a lot of time practicing different problems.

A：Yes, he's been studying in the library after school instead of playing with friends.

B：I'm very proud of him. He has been trying really hard.

Question　What did Alex do to get a good score on his math test?

- -

A：あなた，数学のテストのアレックスの点数を見た？　とてもよくできたのよ。

B：ここ数週間，毎晩ノートを見て復習していたし，違う問題の練習にもかなり時間を費やしていたね。

A：ええ，放課後は友だちと遊ぶ代わりに図書館で勉強していたわね。

B：彼がとても誇らしいよ。すごく頑張ってきたからね。

❓ 数学のテストでいい点数を取るためにアレックスは何をしたか？

1　友人の宿題を借りた。

2　登校前に図書館に行った。

3　数週間，一生懸命勉強した。

4　両親に助けを求めた。

- -

☑ 両親が息子の成績について話し合っている。母親（A）がアレックスのテストの点数をほめると，父親（B）が He's been reviewing his notes every night for the last several weeks「ここ数週間，毎晩ノートを見て復習していた」と息子が頑張っていた様子を述べていることから，正解は **3**。

A：Amy, my cell phone is somewhere in the house, but the battery is dead, so I can't call it. Please help me find it!

B：Think about the last time you used it. Did you have it with you when you were doing your homework?

A：Yeah. I was using the calculator for my math assignment. Oh! Here it is—it was under my notebook the whole time. Thanks for your help!

B：No problem.

Question　What was the boy's problem?

- -

A：エイミー，僕の携帯電話が家の中のどこかにあるんだけど，電池が切れていて呼び出せないんだ。見つけるのを手伝ってくれよ！

B：最後に使ったときのことを思い出して。宿題をやっていたときには持っていた？

A：うん。数学の宿題で計算機を使ったよ。そうだ！　ほら，ずっとノートの下にあったんだ。助けてくれてありがとう！

B：どういたしまして。

❓ 少年の問題は何だったか?

1 宿題が終わっていなかった。

2 携帯電話が見つからなかった。

3 宿題を学校に置き忘れた。

4 妹の電話番号を忘れた。

📝 少年 (A) は最初の発言で, my cell phone is somewhere in the house, but the battery is dead, so I can't call it「僕の携帯電話が家の中のどこかにあるんだけど, 電池が切れていて呼び出せないんだ」と言い, これが彼の問題なので, **2** が正解。

No. 14

🔊 A：Hello.

B：Sarah, this is Keith Carter from work. Why aren't you at the office?

A：What do you mean, Mr. Carter? It's Saturday.

B：Don't you remember what I said at the meeting? I asked everyone to be here at 10 a.m. today. We need to finish preparing for the presentation on Monday.

A：Oh, you're right! I'm so sorry. I'll be there right away!

> Question What is the woman's problem?

A：もしもし。

B：サラ, 会社のキース・カーターだ。どうして会社にいないんだい?

A：どういう意味ですか, カーターさん? 今日は土曜日ですよ。

B：僕が会議で言ったことを忘れたの? 今日は全員午前10時に出社するように頼んだよ。月曜のプレゼンテーションの準備を終わらせる必要があるから。

A：ああ, そうでした! 本当にすみません。すぐそちらに行きます!

❓ 女性の問題は何か?

1 出社しなければいけないのを忘れていた。

2 土曜日だというのを忘れていた。

3 プレゼンテーションをしなかった。

4 カーターさんに電話しなかった。

📝 会社のカーターさん (B) から女性 (A) への電話で, 会社にいない理由を聞かれた女性は, どういう意味ですかと尋ねている。男性は2度目の発言で, I asked everyone to be here at 10 a.m. today.「今日は全員午前10時に出社するように頼んだよ」と言っている。女性は「ああ, そうでした! 本当にすみません」と応じていることから, **1** の「出社しなければいけないのを忘れていた」が正解。

No. 15

🔊 A：Hello. Angel Lake Ranger Station.

B：Hello. We're thinking of hiking around the lake today. How are the trail conditions?

A：Actually, ma'am, most of the trails and campsites around Angel Lake are closed today. We've had three days of heavy rain and many trails have become dangerous.

B：Oh, I see. Well, I'm glad I called first, then.

Question Why did the woman call the ranger station?

A：もしもし。エンジェル湖森林警備ステーションです。

B：もしもし。今日，湖のまわりをハイキングしようと思っているんですが。道の状態はどうでしょうか？

A：実は，エンジェル湖周辺のほとんどの道とキャンプ場は，本日閉鎖されています。大雨が3日続いたので，道の多くが危険な状態になっているんです。

B：ああ，わかりました。それなら，先に電話してよかったです。

❓ **女性はなぜ森林警備ステーションに電話したか？**

1 雨の中，ハイキングをしている間にけがをした。

2 そこのボランティアになりたい。

3 キャンプ場の予約をするため。

4 ハイキングの状況について知るため。

📝 女性（B）は最初の発言で，電話した理由を述べている。We're thinking of hiking around the lake today. How are the trail conditions?「今日，湖のまわりをハイキングしようと思っているんですが。道の状態はどうでしょうか？」したがって，正解はこれを言い換えた **4**。

第2部

No. 16

🔊 Pete has worked at the same company for three years. When he first started, he worked as a sales assistant. Now, he is in charge of hiring new employees. He works with new people every week. Sometimes, he misses working in sales, but he really enjoys helping new employees get used to the company.

Question What is true about Pete?

　ピートは同じ会社で3年間働いている。最初に仕事を始めたときは，営業アシスタントとして働いた。今，彼は新しい従業員の雇用を担当している。毎週新しい人々と一緒に仕事をする。時々，営業の仕事が懐かしくなるが，新しい従業員が会社に慣れる手助けをするのをとても楽しんでいる。

❓ **ピートについて正しいことは何か？**

1 もう営業では働いていない。

2 仕事を楽しんでいない。

3　新しい会社で働く予定だ。

4　アシスタントが欲しい。

✓　序盤から中盤にかけて，When he first started, he worked as a sales assistant. Now, he is in charge of hiring new employees.「最初に仕事を始めたときは，営業アシスタントとして働いた。今，彼は新しい従業員の雇用を担当している」と言っていることから，正解は**1**。

No.17

🔊　Jenna's class has been learning about recycling. Her teacher split the class into groups and asked each group to prepare a presentation. <u>The members of Jenna's group will make a short movie about how paper is recycled.</u> They visited a recycling company to find out more about the way that newspapers, pamphlets, and other paper products are recycled.

Question　What will Jenna's group do in their presentation?

ジェンナのクラスは再生利用について学んでいる。彼女の先生はクラスをグループに分けて，それぞれのグループにプレゼンテーションを準備するようにと言った。ジェンナのグループは紙がどのように再生利用されるかについて短い映画を制作することにした。彼女たちは新聞やパンフレットやそのほかの紙製品が再生される方法についてもっと調べるために，リサイクル会社を訪ねた。

❓ ジェンナのグループはプレゼンテーションのために何をするか。

1　話を聞くためにゲストを呼ぶ。

2　パンフレットを音読する。

3　短い映画を見せる。

4　再生された紙を配布する。

✓　中盤に The members of Jenna's group will make a short movie about how paper is recycled.「ジェンナのグループは紙がどのように再生利用されるかについて短い映画を制作することにした」と言っていることから，**3**が正解。

No.18

🔊　Radio waves are vital for communication. For example, televisions and smartphones use radio waves to send and receive information. In 1917, radio waves were extremely important to the government of the United States. <u>It wanted to use them to send important signals during World War I, so it stopped people from talking freely over radios.</u>

Question　Why did the U.S. government stop people from talking freely over radios?

電波はコミュニケーションに不可欠だ。たとえば，テレビとスマートフォンは情報の送

受信に電波を使う。1917 年，電波は米国政府にとって極めて重要だった。政府は第一次大戦中に重要な信号を送るために電波を使いたかったので，人々が無線で自由に話すことを禁じた。

❓ 米国政府はなぜ人々が無線で自由に話すことを禁じたか？

1 戦争中，信号を送りたかった。

2 言われることを信じない人々がいた。

3 子どもたちが情報を理解できなかった。

4 アナウンサーが聴取者をあまりにも長く起こしておいた。

☑ 一般人の無線の利用禁止の理由については，終盤で It wanted to use them to send important signals during World War I, so it stopped people from talking freely over radios.「政府は第一次大戦中に重要な信号を送るために電波を使いたかったので，人々が無線で自由に話すことを禁じた」と言っている。正解は **1**。

No. 19

🔊 Tara won four tickets to an amusement park. The amusement park has many exciting rides and shows, as well as places selling delicious things to eat and drink. She was not sure if she should go there next weekend or wait until her birthday in July. She found out that it might rain next weekend, so she has decided to ask her best friend to go with her in July.

Question　Why has Tara decided to go to the amusement park in July?

タラは遊園地のチケットを4枚当てた。遊園地にはたくさんの刺激的な乗り物やショーだけでなく，おいしい食べ物や飲み物を売っているところもある。来週末に行くか，7月の自分の誕生日まで待つか，彼女は決めかねている。来週末には雨が降るかもしれないとわかったので，7月に一緒に行ってくれるよう，親友に頼むことに決めた。

❓ タラはなぜ7月に遊園地に行くことに決めたのか？

1 チケットを買うためにお金を貯める必要がある。

2 親友の誕生日が7月である。

3 来週末は天気が悪いかもしれない。

4 そのとき遊園地で特別なイベントがある。

☑ 中盤でタラが遊園地に行く時期について迷っていると述べ，最終文で She found out that it might rain next weekend, so she has decided to ask her best friend to go with her in July.「来週末には雨が降るかもしれないとわかったので，7月に一緒に行ってくれるよう，親友に頼むことに決めた」と言っていることから，**3** が正解。

No. 20

🔊 This is an announcement for the owner of a red car with license plate number 4050. The car is parked on the first floor of the parking garage. The alarm started

sounding five minutes ago. Could the owner please return to the car and turn the
alarm off? If the alarm is not turned off soon, the vehicle will be removed.

Question What is the owner of the car asked to do?

ナンバープレート4050番の赤い車の所有者の方にお知らせいたします。お車は駐車
場の1階に駐車されています。5分前にアラームが鳴り始めました。所有者の方はお
車に戻ってアラームを止めていだだけますでしょうか。アラームがすぐに止まらない場合
は，お車を移動いたします。

? 車の所有者は何をするよう求められているか?

1 車のアラームが音を立てるのを止める。

2 駐車場の別の場所に駐車する。

3 制限時間を過ぎた駐車の追加料金を払う。

4 車のところに戻り，ライトを消す。

駐車場に車を停めた人へのアナウンス。序盤で車の色とナンバー，駐車位置，5分
前からアラームが鳴っていることを知らせ，中盤でCould the owner please return to
the car and turn the alarm off?「所有者の方はお車に戻ってアラームを止めていだ
だけますでしょうか」と依頼していることから，正解は**1**。

No. 21

Kai likes to write poems. Recently, he decided to enter a poetry contest at
his local library. There was a cash prize for the best poem. Kai wrote a poem
about the beauty of wildlife. His poem won, and Kai was invited to read it in
front of an audience at the library. When he had finished, everyone clapped. The
congratulations Kai received meant more to him than the prize money.

Question What was most important to Kai?

カイは詩を書くのが好きだ。最近，彼は地元の図書館の詩のコンテストに参加するこ
とを決めた。一番よい詩には賞金が出る。カイは野生生物の美しさについての詩を書い
た。彼の詩が優勝し，カイは招待されて図書館で聴衆の前で詩を読んだ。終わると，み
んなが拍手してくれた。受けた祝福は，カイにとって賞金よりも大きな意味を持った。

? カイにとって，最も大事だったことは何か?

1 自分の詩が祝福を受けること。

2 コンテストで賞金を獲得すること。

3 地元の図書館で野生生物について学ぶこと。

4 野生生物についての詩の本を見つけること。

最終文でThe congratulations Kai received meant more to him than the prize
money.「受けた祝福は，カイにとって賞金よりも大きな意味を持った」と言っているこ
とから，**1**が正解。

Sir Francis Drake was a famous pirate who lived in the 16th century. The Queen of England gave him permission to attack Spanish ships and take any treasure he could find. He was the first English captain to sail around the world. Although he set out on this journey with five ships, only one succeeded, but it was full of gold, silver, jewels, and spices.

Question What is one thing we learn about Sir Francis Drake?

フランシス・ドレイク卿は16世紀に生きた有名な海賊だ。イングランド女王は彼に，スペインの船を攻撃し，そして見つけた宝はすべて奪ってよいという許可を与えた。彼はイングランド人船長として初めて世界一周を航海した人だった。5隻の船でこの旅に乗り出したものの航海に成功したのは1隻のみだったが，それは金，銀，宝石，スパイスを満載していた。

? **フランシス・ドレイク卿についてわかることは何か？**

1 イングランドの船に攻撃された。

2 世界一周を旅することに成功した。

3 イングランド女王から宝石を盗んだ。

4 航海のあと，5隻の船と共に戻った。

中盤で He was the first English captain to sail around the world.「彼はイングランド人船長として初めて世界一周を航海した人だった」と言っていることから，これを言い換えた2が正解。

When Kate went to meet her friend Yumi at a restaurant, she was surprised because there was a man with Yumi who Kate did not know. His name was John. At first, Kate was unhappy because Yumi had not told her about John. However, after talking to him, she started to feel comfortable because they were interested in some of the same things.

Question Why was Kate unhappy at first?

ケイトはレストランで友人のユミに会ったとき，ユミが彼女の知らない男性と一緒だったので驚いた。彼の名前はジョンだった。ケイトは最初不満だった，というのもユミがジョンについて話してくれていなかったからだ。しかし，彼と話してからは，いくつか同じことに興味があるのがわかって，心地よく感じ始めた。

? **なぜケイトは最初不満だったか？**

1 友人が自分の知らない人を連れてきた。

2 ジョンは彼女と同じことに興味がなかった。

3 ユミが，ケイトに先に聞かずに料理を選んだ。

4 レストランの椅子の座り心地が悪かった。

☑ 中盤で，At first, Kate was unhappy because Yumi had not told her about John. 「ケイトは最初不満だった，というのもユミがジョンについて話してくれていなかったからだ」と言っていることから，正解はこれを言い換えた**1**。

No. 24

🔊 　Thanks to everyone in the audience for joining us at TV Best One today for the *Pamela Talk Show*. We will be recording this show, and it will be shown on TV next Wednesday. <u>We would like to remind you to turn off your cell phones and to be quiet until you see the signs asking you to laugh or clap.</u> Now, let's all enjoy the show!

Question　What does the woman ask the audience to do?

本日，TVベストワンの『パメラのトークショー』にご参加くださっている観覧者の皆様，ありがとうございます。この番組は録画して，来週水曜日にテレビで放映いたします。<u>携帯電話の電源を忘れずに切って，笑いや拍手をお願いするサインが出るまでお静かにお願いいたします。</u>さあ，皆さん，ショーをお楽しみください！

❓ 女性は観覧者に何をするよう頼んでいるか？

1　来週水曜日にスタジオにまた来ること。

2　サインが出るまで静かにすること。

3　パメラにどの質問をするかを決めること。

4　携帯電話で番組を録画すること。

☑ テレビのトークショーの収録前のアナウンス。終盤で We would like to remind you to turn off your cell phones and to be quiet until you see the signs asking you to laugh or clap. 「携帯電話の電源を忘れずに切って，笑いや拍手をお願いするサインが出るまでお静かにお願いいたします」と言っている。**2**が正解。

No. 25

🔊 　Leo is a science student at a local college. He recently started babysitting his nine-year-old nephew to make some extra cash. <u>He thought it would be boring, but he was wrong.</u> His nephew was curious about the things Leo was learning, and they started doing experiments together with things they found in the kitchen. They have become good friends.

Question　What did Leo expect babysitting to be like?

　レオは地元の大学で科学を学ぶ学生だ。最近，臨時収入を得るために9歳の甥のベビーシッターを始めた。退屈だろうと思っていたが，間違いだった。甥はレオが学んでいることに興味津々だったので，2人は台所で見つけたものを使って一緒に実験をし始めた。2人はいい友達になった。

❓ ベビーシッターはどんなものだとレオは思っていたか？

1 勉強する時間を与えてくれる。
2 お金を稼ぐには退屈な方法だ。
3 子どもについて学ぶにはよい方法だ。
4 新しい友達を作るチャンスを与えてくれる。

✓ レオのベビーシッターのアルバイト前後の感想。序盤で，He thought it would be boring, but he was wrong.「退屈だろうと思っていたが，間違いだった」と言っていることから，正解は**2**。

No. 26

🔈 Most people hate mosquitoes because mosquito bites can be painful and can even make people sick. However, it is female mosquitoes that bite people and drink their blood. Male mosquitoes drink nectar from flowers and other plants, and they help some types of plants to grow. As a result, male mosquitoes are good for the environment.

> Question What is one thing we learn about male mosquitoes?

蚊に刺されるとつらいし病気になることもあるので，大抵の人は蚊が嫌いだ。しかし，人を刺して血を吸うのはメスの蚊だけなのだ。オスの蚊は花蜜やほかの植物の樹液を吸うし，ある種の植物が育つのを助ける。結果的に，オスの蚊は環境によいのだ。

❓ **オスの蚊についてわかることは何か？**
1 ある種の植物が育つのを助ける。
2 ほかの動物の血しか吸わない。
3 体が薬を作るのに使われることがある。
4 メスに刺されるよりもっとつらい。

✓ 蚊のメスとオスについての説明。人を刺すのはメスだけだと言ったあと，中盤でMale mosquitoes drink nectar from flowers and other plants, and they help some types of plants to grow.「オスの蚊は花蜜やほかの植物の樹液を吸うし，ある種の植物が育つのを助ける」と言っていることから，**1**が正解。

No. 27

🔈 Good morning, everyone. We hope you have a great time at this year's conference. All speakers, please go to the rooms where you will be speaking at least 10 minutes early. When you get there, please first make sure that the projectors, microphones, and speakers can be used. If there are any problems, please call our technical support team.

> Question Why does the man ask speakers to arrive early?

おはようございます，皆さん。今年の会議をどうぞお楽しみください。発表者の皆さんは，予定時刻の少なくとも10分前には発表する予定の部屋に行ってください。部屋

に到着したら，まずプロジェクター，マイク，スピーカーが使えるかどうかを確認してください。問題があったら，技術サポートチームにご連絡ください。

❓ **男性はなぜ発表者に早めに到着するように頼んでいるか？**

1 出口の場所を確認するため。

2 聴衆にプリントを配るため。

3 機器が作動するのをチェックするため。

4 プレゼンテーションに関する書類に記入するため。

🔳 会議の前のアナウンス。まず部屋に行くタイミングについて説明し，次に When you get there, please first make sure that the projectors, microphones, and speakers can be used.「部屋に到着したら，まずプロジェクター，マイク，スピーカーが使えるかどうかを確認してください」と言っている。これを言い換えた **3** が正解。

No. 28

🔊 Petra is studying to become a hairdresser. She has to give 10 successful haircuts to get a certificate from the beauty college. She put an advertisement for free haircuts on a social networking site, and many people signed up right away. Petra cut their hair and asked them to complete a questionnaire about her skills. Everyone thought she was very good.

> Question Why did Petra give free haircuts?

ペトラは美容師になるために勉強している。美容学校の修了証書をもらうためには上出来なヘアカットを10点提出しなければならない。SNS に無料ヘアカットの広告を出したところ，すぐに大勢の人が申し込んできた。ペトラは彼らの髪をカットし，自分の技術についてのアンケートに記入してくれるよう頼んだ。皆，彼女はとてもうまいと思った。

❓ **ペトラはなぜ無料のヘアカットを行ったか？**

1 コンテストに備えるため

2 新しい仕事を宣伝するため。

3 人々に協力を感謝するため。

4 学校の修了証書をもらうため。

🔳 美容師になるべく修行中のペトラについての話題。無料ヘアカットの理由は序盤で She has to give 10 successful haircuts to get a certificate from the beauty college.「美容学校の修了証書をもらうためには上出来なヘアカットを10点提出しなければならない」と言っている。正解は **4**。

No. 29

🔊 When humans find something funny, they laugh. Interestingly, babies often laugh in their sleep. However, the laughter of a baby does not only show the baby is happy. Laughing while sleeping can also show that the baby is thinking about information and trying to remember it. This is important because babies need to process information to learn.

> Question   What is one reason babies laugh while they are sleeping?

人間は何か面白いことを見つけると笑う。面白いことに，赤ちゃんは眠っている間によく笑う。しかし，赤ちゃんの笑いは，赤ちゃんが幸せであると示しているだけではない。睡眠中の笑いは，赤ちゃんが情報について考え，覚えようとしていることも示している。赤ちゃんは学ぶために情報を処理する必要があるので，これは大事なことなのだ。

❓ **眠っている間に赤ちゃんが笑う理由の1つは何か？**

1　赤ちゃんがより楽に呼吸するのを助けるため。
2　赤ちゃんがとてもくつろいでいると感じているため。
3　赤ちゃんは物事を覚えようとしている。
4　赤ちゃんは遊ぶために起きようとしている。

✏️　中盤でLaughing while sleeping can also show that the baby is thinking about information and trying to remember it.「睡眠中の笑いは，赤ちゃんが情報について考え，覚えようとしていることも示している」と言っているので，**3**が正解。

No. 30

🔊　Zoe's favorite album is called *Shores of Paradiso*. It was recorded live at a big music festival last year. The music is peaceful, and it makes Zoe feel like she is in a dream. When she was younger, she did not like this kind of music, but she has recently started to enjoy it. She could listen to it all day long.

> Question   What is one thing we learn about Zoe?

ゾーイの好きなアルバムは『パラディソの岸辺』というものだ。昨年大きな音楽祭でライブ録音された。曲が静かなので，ゾーイは夢の中にいるような心地になる。若いときはこの種の音楽は好きではなかったが，最近はこういう曲を楽しみ始めた。一日中でも聞いていられるくらいだ。

❓ **ゾーイについてわかることは何か？**

1　違う種類の音楽を楽しみ始めた。
2　2年前大きな音楽祭に行った。
3　音楽が録音されるスタジオで働いている。
4　人々が音楽について話すのをよく聞く。

✏️　最初に，ゾーイは静かな音楽のアルバムが好きだと言っている。さらに中盤でWhen she was younger, she did not like this kind of music, but she has recently started to enjoy it.「若いときはこの種の音楽は好きではなかったが，最近はこういう曲を楽しめるようになっている」と言っていることから，正解は**1**。

英 検 2 級

2023年度・第2回 解答と解説

一次試験・筆記 [P.040 ～ P.055]

1
(1) 3 (2) 3 (3) 1 (4) 2 (5) 4 (6) 2 (7) 3 (8) 1
(9) 2 (10) 4 (11) 2 (12) 4 (13) 1 (14) 4 (15) 1 (16) 3
(17) 4 (18) 1 (19) 3 (20) 1

2A
(21) 3 (22) 4 (23) 2
2B
(24) 1 (25) 3 (26) 1

3A
(27) 2 (28) 4 (29) 2
3B
(30) 2 (31) 1 (32) 2 (33) 1
3C
(34) 4 (35) 1 (36) 4 (37) 3 (38) 1

4
P.054 ～ P.055 参照

一次試験・リスニング [P.056 ～ P.073]

第1部 [No. 1] 3 [No. 2] 4 [No. 3] 1 [No. 4] 3 [No. 5] 3
[No. 6] 3 [No. 7] 1 [No. 8] 2 [No. 9] 4 [No. 10] 2
[No. 11] 4 [No. 12] 4 [No. 13] 2 [No. 14] 1 [No. 15] 2

第2部 [No. 16] 4 [No. 17] 1 [No. 18] 2 [No. 19] 4 [No. 20] 2
[No. 21] 1 [No. 22] 3 [No. 23] 4 [No. 24] 1 [No. 25] 1
[No. 26] 4 [No. 27] 2 [No. 28] 3 [No. 29] 1 [No. 30] 4

1

(1) A：新しい高校はどうだい，ポーラ？
B：すばらしいです，モーガン先生。前の学校よりも好きです。

- -

☑ 選択肢は neutral「中立の」，exact「正確な」，previous「前の」，appropriate「適した」。新しい学校について感想を求められたポーラは「すばらしい」とほめているので，「前の学校よりも好き」とすれば文脈に合う。正解は **3**。

(2) 使える余分なお金が必要なので，アルバイトをするのはカオルにとっていいことだが，1つ不都合な点は，週末に友達と出かけられないことだ。

- -

☑ 選択肢は structure「構造，組織」，baggage「荷物」，disadvantage「不都合な点，デメリット」，lecture「講義」。前半でアルバイトのメリットを述べたので，逆接の but に続く後半ではデメリットを述べているはずである。選択肢の中でマイナスの意味を持つのは disadvantage なので，正解は **3**。

(3) 金融不祥事が続いたあと，もっと厳重に銀行を規制するルールを作るよう，多くの人々が政府に要求し始めた。

- -

☑ 選択肢は regulate「〜を規制する」，reproduce「〜を再生する」，irritate「〜を怒らせる，無効にする」，impress「〜を感動させる」。不祥事の結果，人々が要求するルールは「銀行を規制する」ものだと考えられる。正解は **1**。

■❚ WORDS&PHRASES
□ **financial scandal** —— 金融不祥事　　□ **strictly** —— 厳重に

(4) 就職面接がうまくいかなかったとデイヴィッドは感じたので，会社からの手紙は不合格だろうと思った。実は仕事を得ていたとわかって，彼は驚いた。

- -

☑ 選択肢は symptom「症状」，rejection「不合格」，biography「略歴」，contribution「貢献」。面接がうまくいかなかった結果として考えられるのは「不合格」なので，正解は **2**。

(5) 逃げた犯人が古い倉庫に隠れているのを見つけたとき，警察は慎重に彼に近づいた。

- -

☑ 選択肢は partially「部分的に」，temporarily「一時的に」，regionally「地域的に」，cautiously「慎重に」。警察は犯人を逃がさないように「慎重に」近づいたと考えられる。正解は **4**。

(6) クリスはバーベキューパーティに友人や隣人，親せきを招待した。できるだけ大勢の人に来てもらいたかったのだ。

> ✅ 選択肢は removed「〜を取り除いた」，extended「〜を広げた，伝えた」，compared「〜を比較した」，proved「〜を証明した」。extend an invitation で「招待する」という意味になる。正解は **2**。

(7) そのロックバンドの**名声**は数か月しか続かなかった。ラジオ局がそのバンドの歌をかけるのをやめたあと，人々はまもなくそのバンドのことを忘れた。

> ✅ 選択肢は shade「陰」，area「地域」，fame「名声」，origin「起源」。第2文の「人々はまもなくそのバンドのことを忘れた」という内容から，バンドの何が数か月しか続かなかったかを考える。正解は **3**。

(8) キースは旅に行くときはいつも，非常に注意深く荷物を**守る**。かつて列車内でかばんを盗まれたことがあるので，持ち物はいつも見えるところに置く。

> ✅ 選択肢は guard「〜を守る」，carve「〜を彫る」，divorce「〜と離婚する」，accelerate「〜を加速させる」の3人称単数形。第2文に「かばんを盗まれたことがあるので，荷物はいつも見えるところに置く」と述べられている。したがって，「旅に行くときはいつも非常に注意深く荷物を守る」とすると文脈に合う。正解は **1**。

(9) ルイスは大学を卒業して以来ずっと同じ会社で働いてきた。今年，**40年**そこで働いたあと，彼は退職する。

> ✅ 選択肢は jail「刑務所」，decade「10年」，principle「原則」，society「社会」の複数形。大学卒業以来同じ会社で働いてきたルイスが退職するのだから，「40年」働いたと考えられる。正解は **2**。

(10) ケイトは昨日，海のそばを散歩した。岩が濡れていて滑りやすかったので，彼女は海に落ちるのを避けるためにしばしば体を**安定させ**なければならなかった。

> ✅ 選択肢は punish「〜を罰する」，defeat「〜を負かす」，filter「〜をろ過する」，steady「〜を安定させる」。空所のあとに「海に落ちるのを避けるために」とあるので，steady を入れると steady oneself で「体を安定させる」の意味になり，

文脈に合う。正解は**4**。

📖 WORDS & PHRASES

□ **take a walk** ── 散歩する　　□ **slippery** ── 滑りやすい

(11) オリヴィアは父親のもとで8年間働き，ついに父の会社を引き継いだ。彼女は非常にうまく会社を経営し，海外支店を開きもした。

　📝　選択肢はすべて句動詞でwrote up ～「～を書き上げた」，took over ～「～を引き継いだ」，kept off ～「～から離れていた」，fell through「頓挫した」。空所の直後にhis businessとあり，第2文ではその会社をうまく経営したとあることから，「引き継いだ」とするのが適切。正解は**2**。

📖 WORDS & PHRASES

□ **eventually** ── ついに

(12) A：ねえ，明日には私たちの休暇も終わってしまうから，帰国しなければいけないわね。
B：そうだね。帰りたくないよ。もっと長くここにいられたらいいのに。

　📝　選択肢は句動詞でgo for ～「～を取りに行く」，bring up ～「～を育てる」，take out ～「～を持ち出す」，come to ～「(ある状態)になってしまう」の3人称単数形。空所を含む文の後半にwe have to fly back home「帰国しなければならない」とあるので，前半は「休暇が終わる」とすると自然な流れになる。come to an endで「終わる」という意味なので，正解は**4**。

📖 WORDS & PHRASES

□ **fly back home** ── (空路で)帰国する

(13) ゲイリーは数か月間，断続的に膝の調子が悪い。昨日，膝がひどく痛んだ。今日はましだが，とにかく医者に行くことにした。

　📝　選択肢はon and off「断続的に」，up and down「上へ下へと」，side by side「並んで」，one by one「1つずつ」。第2～3文に「昨日はひどく痛み，今日はましだ」とあるので，よくなったり悪くなったりしていると考えられる。この状態を表すのはon and offが適切なので，正解は**1**。

(14) グリーンビルでは昨日，嵐のために電力が止まった。住民は供給が復旧するまで2時間のあいだ，電気なしで過ごさなければならなかった。

　📝　選択肢はdrop by ～「～に立ち寄る」，come across ～「～に出くわす」，go against ～「～に逆らう」，do without ～「～なしですませる」。第1文に「電力が止まった」とあるので，住民は復旧まで2時間電気なしで過ごすしかなかったと考えられる。正解は**4**。

📖 WORDS & PHRASES

□ **go off** ── 止まる　　□ **supply** ── 供給　　□ **restore** ── ～を復旧する

(15) A：ジェラルドはどこ？　30分前にはここに来ているはずなんだけど。

B：彼にはよくあることだよ。これまで時間通りに来たことなんてないと思うよ。

> ✓ 選択肢は typical of 〜「〜に特有である」，inferior to 〜「〜より劣っている」，grateful for 〜「〜に感謝している」，patient with 〜「〜に我慢する」。Bは第2文で「これまで時間通りに来たことはないと思うよ」と言っているので，ジェラルドにとって遅刻は当たり前のことだと考えられる。したがって，正解は**1**。
>
> 📖 WORDS&PHRASES
> □ **ever** ── これまでに　　□ **on time** ── 時間通りに

(16) 歴史の宿題を終わらせるのにもう1週間かけてよいが，遅れて提出する生徒は困ることになるだろうとウィリアムズ先生は言った。

> ✓ 選択肢は brought down 〜「〜を低くした」，brought out 〜「〜を持ち出した」，turned in 〜「〜を提出した」，turned on 〜「〜をつけた」。困ることになるのは，期限を過ぎて宿題を提出する生徒だと考えられる。**3**が正解。
>
> 📖 WORDS&PHRASES
> □ **assignment** ── 宿題　　□ **be in trouble** ── 困る

(17) アンジェラの家族は裕福だったので，彼女は大学に行く費用については心配する必要がなかった。

> ✓ 選択肢は close up「近くで」，next up「次の番」，far off「遠い先のことで」，well off「裕福である」。大学進学費用を心配しなくていいのは家族が「裕福だから」と考えるのが自然。**4**が正解。

(18) エイスケは学校で一番足が速い。彼は体育祭の100メートル走できっと勝つに違いない。

> ✓ 選択肢は win「（試合など）で勝つ」のさまざまな形。be sure to *do* の形で「きっと〜する」という意味になるので，正解は**1**。

(19) A：ブライアン，食べ物にそんなにたくさん塩をかけないほうがいいわ。塩の取りすぎは体に悪いわよ。

B：わかったよ，ママ。かけないよ。

> ✓ ought to *do*「〜すべきである」の否定形は，ought not to *do*「〜すべきではない」という語順になる。**3**が正解。

(20) ミランダはバッジフォース大学に合格したと聞くやいなや，喜んで叫んだ。

> ✓ the moment は接続詞的に用いられ，後ろに節を続けて「〜するとすぐに，〜

するやいなや」という意味になる。正解は**1**。

□ **get into** 〜 —— 〜に受け入れられる

2

[A]

本文の意味　ドッガーランド

1　1930年代以来，漁師たちはブリテン島とヨーロッパ北部の間の海で漁をしている際に，石や骨で作られた古代の遺物が網にかかっているのを時折見つけてきた。それらの遺物の多くはおよそ9,000年前に作られたものだ。かつて歴史学者たちは，この地域が当時，今と同じように水面下にあったと考えていた。さらに，古代ヨーロッパ人が定期的に海上を旅していたという証拠はほとんどなかった。**それゆえ**，専門家はこれらの人工遺物がどのようにして海の底に行き着いたかを説明するのに苦労していた。

2　唯一可能性のある説明は，過去には海水面がずっと低かったに違いないというものだった。実際，ブリテン島は8,000年前まで島ではなかったということが研究でわかっている。それ以前は，人々は**ヨーロッパ大陸からそこへ歩いて行けた**。かつてブリテン島とヨーロッパ大陸をつないでいた巨大な土地の区画は，ドッガーランドという名前を与えられた。最後の氷河時代が終わると，海水面が上昇した。ドッガーランドの大部分は海に覆われ，ブリテン島はヨーロッパのほかの部分から切り離された。およそ7,000年前までには海水面はさらに上がり，ドッガーランドを完全に覆ってしまった。

3　研究者たちは，ドッガーランドに住んでいた人々についてもっと知りたいと考えている。彼らは海底の油田を探す会社が集めたデータから3Dマップを作成した。研究者たちは，人間がおそらく住んでいたであろう場所を選ぶために，マップを活用している。そうした場所の1つで，研究者たちは**古代の石の道具を見つけた**。その結果，研究者たちはドッガーランドの人々の文化と生活様式について発見し続けることを期待している。

□ **occasionally** —— 時々　　□ **historian** —— 歴史学者　　□ **evidence** —— 証拠

□ **man-made** —— 人工の　　□ **end up** —— 行き着く　　□ **possible** —— あり得る，可能性がある

□ **sea level** —— 海水面　　□ **site** —— 場所　　□ **hopeful** —— 期待を寄せている，望みを抱いている

意味と解説

(21) 選択肢は副詞や副詞句で「さらには」「同じように」「それゆえ」「同様に」。第1段落の空所の前までの内容は，1930年代以来，ブリテン島とヨーロッパ北部の間の海中で古代の遺物が見つかっていて，歴史学者はその地域が当時も海の下にあったと考えているが，古代ヨーロッパ人が定期的に海上を旅していた証拠がほとんどなかったというもの。空所を含む文は「専門家はこれらの人工遺物がどのようにして海の底に行き着いたかを説明するのに苦労していた」という内容で，証拠がない結果，説明に苦労していると考えられるので，結果を示すTherefore「それゆえ」を入れるとうまくつながる。正解は**3**。1は追加の情報を述べるときの慣用句なので不適切。2と4は類似を示す語なので不適切。

(22) 選択肢は「～で遺物を作った」「～をめったに訪れなかった」「～について話を聞いたことがあった」「～からそこに歩いて行けた」。第2段落は海水面が低かった時代を経て氷河時代が終わり，海水面が上昇してドッガーランドが海に沈んだことまでが述べられている。第2文では「ブリテン島は8,000年前まで島ではなかったということが研究でわかっている」とある。空所のうしろには「ヨーロッパ大陸」とあるので，人々は「ヨーロッパ大陸からブリテン島に歩いて行けた」とすると話の流れがつながる。正解は**4**。どこで遺物を作ったかについては記述がないので1は不適切。2の頻度についての記述もないので，不適切。話を聞いたかどうかは述べられていないので3も除外できる。

(23) 選択肢は「油田を探すのにロボットを使った」「古代の石の道具を見つけた」「小さな博物館を建てた」「最近の変化に気づいた」。第3段落は最近の研究について述べられている。第2～3文に，海底油田発掘業者のデータで3Dマップを作成し，人間が住んだと考えられる場所を特定しているとある。空所を含む文の直後では，「その結果，研究者たちはドッガーランドの人々の文化と生活様式について発見し続けることを期待している」と述べているので，人間が住んでいた証拠になる発見があったと考えられる。「古代の石の道具を見つけた」という証拠を入れると前後の流れが自然になるので，**2**が正解。油田の探し方に関する記述はないので1は不適切。博物館を建てたという記述はないので3も不適切。最近の変化についての記述もないので4も不適切。

[B]

本文の意味 フライングの科学

1 競走の始まりには，選手に動き出しを知らせるためにピストルが発射される。ピストルが発射される前に競技者の一人が動いたら，それは「フライング」として知られ，選手は競走から外される。面白いことに，発射して0.1秒が過ぎる前に選手が動いたら，これもフライングとなる。陸上競技連盟は，人間はそんなに速く反応することはできないと主張しているのだ。そうした選手は聞こえるのを待つというより，むしろピストルが発射されるであろうときを予想しているに違いないと彼らは言う。

2 フライングについてもっと知るため，科学者は人間の反応時間に関する実験を行った。1990年代のある実験では，選手たちは平均してピストル音の0.12秒後に反応していることがわかった。わずかに速い選手もいれば，わずかに遅い選手もいた。しかし，この実験に参加した選手たちはアマチュアだった。もっと最近の実験では，プロの中にはわずか0.08秒で反応することができる選手がいる可能性があることが明らかになった。ただし，どちらの研究もかかわった選手の数は少なかった。

3 フライングのルールが厳しすぎると考える人もいる。ほかのスポーツや陸上競技の種目の中には，選手がルールを破ったとしても追加のチャンスがあるものもある。例えば，走り幅跳びでは，最初の試技で足がラインを越えてしまっても，選手にはまだあと2回，挑戦するチャンスがある。フライングをする選手を失格にする代わりに，彼らのスタート位置を数メートル後ろに動かすべきだ，そうすれば競技が全員にとって公平になると提案する人もいる。

📖 WORDS&PHRASES

□ **false start** ── フライング　　□ **athlete** ── 競技者，運動選手

□ **interestingly** ── 面白いことに　　□ **argue** ── ～だと主張する　　□ **response** ── 反応

□ **slightly** ── わずかに，少し　　□ **take part in ～** ── ～に参加する

□ **amateur** ── アマチュア　　□ **track-and-field** ── 陸上競技の　　□ **long jump** ── 走り幅跳び

□ **attempt** ── 試技

意味と解説

(24) 選択肢は「そんなに速く反応する」「そんなに高く跳ぶ」「そんな音を聞く」「そんな重さを持ち上げる」。選択肢に含まれる「そんなに」という語は，空所の前の文の内容に関連していると考えられる。直前の第3文は「面白いことに，発射して0.1秒が過ぎる前に選手が動いたら，これもフライングとなる」と速すぎる反応時間について述べているので，空所を含む文は「陸上競技連盟は，人間はそんなに速く反応することはできないと主張している」とすると自然な流れになる。正解は**1**。

(25) 選択肢は「これまでのところ」「そのときまでに」「平均して」「合計で」。第2段落は人間の反応時間の実験について述べられている。空所のすぐあとの第3文に反応時間が「わずかに速い選手も，わずかに遅い選手もいた」とあるので，「平均して0.12秒だった」とするとうまくつながる。**3**が正解。

(26) 選択肢は「追加のチャンスがある」「お金を払わなくてはならない」「ビデオのリプレイを見ることができる」「メダルを返却する」。第3段落第1文で「フライングのルールが厳しすぎるという人もいる」と述べ，空所を含む第2文ではほかのスポーツの場合を紹介している。直後の第3文では具体例として，走り幅跳びでは，最初にルールを破ってもまだあと2回挑戦できると述べていることから，空所に「追加のチャンスがある」を入れると，第3文で追加のチャンスの例として走り幅跳びを挙げていることになる。**1**が正解。お金の話は記

述にないので，2は不適切。3のビデオのリプレイ，4のメダルについても記述はない。

3

[A]

本文の意味

送信者：メリッサ・シモンズ <simmonsm@wigbylibrary>
宛先：図書館スタッフ <staff@wigbylibrary>
日付：8月8日
件名：お話の時間

スタッフの皆さん，

１ ウィグビー公立図書館の館長としての私の目標の１つは，図書館を家族のための人気がある場所にすることです。読書は誰にとっても大切ですが，特に子どもたちには大切です。(27)もし親と子が一緒に本を読んだら，彼らは幸せな思い出を共有して，よりよい関係を築くでしょう。また，読書は親にとって子どもの教育を助ける素晴らしい方法です。私たちの図書館はウィグビーを今よりはるかに知的で，より思いやりのある街にするのに，驚くほど大切な役割を果たすことができます。

２ これを念頭に置いて，子どもたちと親のための週１回のお話し会を始めることにしました，そして，楽しいものにするために皆さんの助けが必要です。もちろん，お話の提案もいただきたいです。また，(28)この会を宣伝するポスターを作る人と，語り手がお話をより楽しくするために使える道具を探す人も必要です。最後に，私たちが交代でお話を語るのがいいと思います。

３ この会のためにぜひやりたいことがあったら，どうぞお知らせください。お話し会をよりよいものにするのに役立つアイデアがあれば，それも聞きたいです。さらに，(29)もっと多くの家族を図書館に来る気にさせるアイデアがあれば，それについても遠慮なく教えてください。Eメールを送っても，直接私のオフィスに話しに来てくださっても大丈夫です。

よろしくお願いします。

メリッサ

ウィグビー公立図書館館長

□ **goal** ── 目標　　□ **play a role** ── 役割を果たす　　□ **surprisingly** ── 驚くほどに

□ **caring** ── 思いやりのある　　□ **with ～ in mind** ── ～を念頭に置いて

□ **storytelling** ── 物語を話す　　□ **session** ── 集い，セッション

□ **take turns ～ing** ── 交代で～する　　□ **feel free to** *do* ── 遠慮なく～する

□ **in person** ── 直接

意味と解説

(27) メリッサによれば，読書が家族の助けになる1つの方法は…である。

1　親に目標を説明する機会を子どもたちに与えること

2　**親子がよりよい関係を築けるようにすること**

3　親が高給な職を得る機会を向上させること

4　子どもたちがテレビを見て過ごす時間を減らすこと

  ☑ 第1段落第3文に「もし親と子が一緒に本を読んだら，彼らは幸せな思い出を共有して，よりよい関係を築くでしょう」とあることから，正解は**2**。親の職については言及がないので，**3**は不適切。子どもたちの目標やテレビについても言及がないので**1**も**4**も不適切。

(28) メリッサが図書館のスタッフにするよう頼んでいることは何か。

1　作家と友達だったら知らせる。

2　イベント用のスペースを作るために物を動かすのを手伝う。

3　幼い子どもたちのグループについての物語を書く。

4　**ある活動について人々に知らせる掲示を作成する。**

  ☑ 第2段落では親子のためのお話し会を始めるための具体的な準備について述べられている。第3文に「この会を宣伝するポスターを作る人と，語り手がお話をより楽しくするために使える道具を探す人も必要です」とあることから，前半を言い換えた**4**が正解。

(29) メリッサはなぜスタッフを自分のオフィスに誘っているか。

1　スタッフの職務を再検討する会議を開くため。

2　**家族にとって図書館をより魅力的にする方法を彼女に教えるため。**

3　彼女は忙しすぎて彼らのところに行って話すことができない。

4　彼女が各スタッフをもっとよく知りたい。

  ☑ 第3段落では，お話し会をよくするためのアイデアなどを求めている。第3文に「もっと多くの家族を図書館に来る気にさせるアイデアがあれば，それについても遠慮なく教えてください」とある。この内容に一致するのは**2**。

［B］

本文の意味　パープルストロー小麦

1 小麦は米国では重要な穀物で，その種子はパンやパスタやそのほかの食べ物を作るのに使われる。小麦は18世紀から国の主要な穀物だ。しかし米国での小麦の生産は歴史を通じて課題に直面してきた。(30) 18世紀後期にはいろいろな品種の小麦がヨーロッパから来た病気や害虫に襲われた。だが，唯一，パープルストロー小麦と呼ばれる小麦だけはそうした危険に耐性があり，長い間，多くの農民にとっては植えるのに最良の選択だった。

2 パープルストロー小麦の種子はウィスキー製造や，ケーキやパン作りに適した柔らかくおいしい小麦粉を生産するのに使うことができる。特に米国南部で18世紀から栽培されてきた。(31) パープルストロー小麦を特に重要にしていたのは，冬の気候を生き延びる能力だった。ほかの品種と異なり，パープルストロー小麦は晩秋に植え，早春に収穫することができた。つまり，夏の病気や害虫を避けられた。その結果，パープルストロー小麦は20世紀半ばまで広く栽培され続けた。

3 (32) 1960年代には，科学者が現存する小麦の遺伝子を混合することによって，新しい品種の小麦を開発した。そうした新しい品種は一穂当たりの粒がより多く実り，病気への耐性も強かった。近代的な農業技術や害虫を殺す化学薬品，そしてこれらの新しい品種の小麦を使うことで，農民は大量の小麦の種子を以前より安く生産できた。パープルストロー小麦から作った小麦粉のほうが味がよく健康にもよいのだが，この品種の小麦はほとんど完全に使われなくなった。

4 パープルストロー小麦を復活させたいと思っている研究者もいた。しかし(33) 入手源がほんのわずかだったため，その種子は手に入りにくかった。研究者たちはどうにかようやくパープルストロー小麦の種子を数グラム手に入れ，サウスカロライナのクレムソン大学に植えた。まだ小麦粉を作って売るほど十分ではないものの，彼らは次第に生産できる小麦の量を増やしている。多くのシェフやパン職人，ウィスキー製造者が自分たちの製品にパープルストロー小麦を使えるようになるのを楽しみにしている。

📖 WORDS&PHRASES

□ **wheat** ── 小麦　　□ **seed** ── 種，種子　　□ **food grain** ── 穀類　　□ **challenge** ── 課題

□ **resist** ── 〜に抵抗する　　□ **survive** ── 〜を生き延びる　　□ **harvest** ── 〜を収穫する

□ **gene** ── 遺伝子　　□ **out of use** ── 使われていない　　□ **bring back 〜** ── 〜を復活させる

□ **gradually** ── 次第に

(30) 米国では18世紀後半に何が起こったか。

1　農民がよりよい小麦粉を作れる品種の小麦を開発した。

2　小麦を襲う病気と害虫が海外からやって来た。

3　小麦不足の結果，ヨーロッパから輸入しなくてはならなかった。

4　パンを作るのに，人々は小麦以外の穀物を使い始めた。

☑　第1段落第4文に「18世紀後半にはいろいろな品種の小麦がヨーロッパから来た病気や害虫に襲われた」とあることから，正解は**2**。そのほかの選択肢のような記述はない。

(31) パープルストロー小麦がほかの品種の小麦より優れていた理由は何か。

1　1年の最も寒い時期に栽培することができた。

2　新しい種類の飲食物の製造に使うことができた。

3　米国南部の暑い夏を生き延びることができた。

4　質の悪い土壌の畑でも成長することができた。

☑　第2段落第3文に「パープルストロー小麦を特に重要にしていたのは，冬の気候を生き延びる能力だった」とあることから，**1**が正解。2と4のような記述はない。第4文に「晩秋に植え，早春に収穫する」とあるので，3は不適切。

(32) 人々はなぜ20世紀にパープルストロー小麦を栽培するのをやめたのか。

1　近代的な農業技術とともに利用するのに適さなかった。

2　科学者たちが，より大量の種子をつける品種の小麦を作り出した。

3　人々が，よりおいしくて健康によい小麦粉を買いたがった。

4　害虫を殺す化学薬品が多くのパープルストロー小麦を台なしにした。

☑　第3段落第1〜2文に「1960年代には，科学者が現存する小麦の遺伝子を混合することによって，新しい品種の小麦を開発した。そうした新しい品種は一穂当たりの粒がより多く実り，病気への耐性も強かった」とあることから，**2**が正解。近代的な農業技術とともに利用するのに適さなかったかどうかは記述がないので1は不適切。第4文に「パープルストロー小麦から作った小麦粉のほうが味がよく健康にもよい」とあるので，3も不適切。4のような記述はない。

(33) パープルストロー小麦を栽培している研究者たちは

1　パープルストロー小麦の種子をほんの少量しか得られなかった。

2　米国内のいくつかの異なる場所でそれを検査した。

3　シェフやパン職人，ウィスキー製造者にその小麦から作った小麦粉を提供した。

4　売るのに十分なほどの量をとても早く生産できたのに驚いた。

　　第4段落第2～3文に「入手源がほんのわずかだったため，その種子は手に入りにくかった。研究者たちはどうにかようやくパープルストロー小麦の種子を数グラム手に入れ，サウスカロライナのクレムソン大学に植えた」とあることから，正解は1。

[C]

本文の意味　　ヴェニスの本

1 中世の間，イタリアの都市ヴェニスは国際交易で有名だった。(34)都市の位置が大事だっただけでなく，ヨーロッパのほかの地域より，人々の行動を規制する法律も少なかったのだ。この自由さが，作家や芸術家，職人たちを街に引きつけた。15世紀の印刷機の発明に続いて，こうした人々がそれぞれの能力を合わせてヴェニスをヨーロッパの印刷・製本産業の中心地にした。高品質な本を手造りするこの伝統は，今日までヴェニスの中で生き残っている。

2 (35)パオロ・オルビはこの伝統を存続させることに力を貸している。彼は美しい本や日記帳，写真アルバムを制作するために，数世紀存続してきた技術を利用している。それらの中の紙は手で切られ，表紙は手刷りの紙や革，木，さらにムラーノと呼ばれる種類のイタリアンガラスでも作られる。オルビが1962年に技術を学び始めたとき，ヴェニスには手作りの本を作る本屋がおよそ20軒あった。ところが今では，オルビの店は現存するわずか3軒のそうした場所の1つである。

3 オルビの英雄の1人は，アルドゥス・マヌティウスと呼ばれる男だ。(38)マヌティウスは1494年に印刷会社を設立し，それはヴェニスで最も有名な印刷会社の1つになった。15世紀後期まで，書物は大きく，重たく，非常に高価だった。ほとんどが宗教と法律に関するものだった。(36)マヌティウスはより小さく，軽く，安価な本を作る技術を開発した。さらに，彼は小説や芸術や哲学の本を出版した。そうした開発のおかげで本はより一般向けになり，普通の人々が買いやすいものになった。

4 オルビは店の壁にマヌティウスの写真を飾っている。マヌティウスのように彼は本を愛し，本は美しくあるべきだと信じている。長年にわたって，オルビは多くの人々に自分の技術を教えてきた。2018年，かつての生徒が，オルビの本をハンドメイド作品の展覧会に展示するよう彼に勧めた。これにより，オルビはより多くの人に伝統的な本作りに興味を持ってもらうチャンスを得た。(37)観光客が彼の本作りを見学したり，若い人々が彼の技術を学んだりできる自分の店を，オルビは文化センター内に展開したいと考えている。そうすることで，ヴェニスの本作りの伝統が失われるのを防ぎたいと願っているのだ。

□ **craftsperson** —— craftsperson（職人）の複数形　　□ **invention** —— 発明

□ **printing machine** —— 印刷機　　□ **combine** —— 〜を混ぜ合わせる，結びつける

□ **make use of 〜** —— 〜を利用する，活用する　　□ **technique** —— 技術　　□ **exist** —— 存在する

□ **found** —— 〜を設立する　　□ **religion** —— 宗教　　□ **philosophy** —— 哲学

□ **exhibition** —— 展示（会）　　□ **expand** —— 〜を拡大する，展開する

□ **prevent ... from 〜ing** —— …が〜するのを防ぐ

意味と解説

(34) 作家や芸術家，職人たちがヴェニスに引きつけられた理由は何か。

1　製本産業で非常勤の職を得ることができた。

2　その街では自分たちの作品をより高く売ることができた。

3　その街の位置が彼らの作品にインスピレーションを与えた。

4　その街ではほかの場所より自由に生きられた。

☑　第1段落第2〜3文に「都市の位置が大事だっただけでなく，ヨーロッパのほかの地域より，人々の行動を規制する法律も少なかったのだ。この自由さが，作家や芸術家，職人たちを街に引きつけた」とあることから，4が正解。

(35) パオロ・オルビは…書籍製造者だ。

1　製品を作るのに伝統的な方法を使う

2　ヴェニスの街の中に約20軒の書店を所有する

3　ガラスに印刷する新しい技術を開発した

4　本を作るのに再生素材を使おうと試みている

☑　第2段落第1〜2文に「パオロ・オルビはこの伝統を存続させることに力を貸している。彼は美しい本や日記帳，写真アルバムを制作するために，数世紀存続してきた技術を利用している」とあることから，正解は1。

(36) アルドゥス・マヌティウスは…によって本の人気を高めるのを助けた。

1　人々が読むことを学べる学校をヴェニスに開くこと

2　宗教や法律などの話題についての本をどんどん印刷すること

3　ヴェニスの芸術家や哲学者についての小説シリーズを書くこと

4　本の大きさや重さ，価格を減らす方法を見つけること

☑　第3段落第5〜6文に「マヌティウスはより小さく，軽く，安価な本を作る技術を開発した。さらに，彼は小説や芸術や哲学の本を出版した」とあることから，4が正解。

(37) オルビがしたいことの1つは何か。

1　何年も前に失われたマヌティウスの写真を見つける。

2　かつての生徒たちに会い，彼らが何をしてきたかを知る。

3　より多くの人々が本作りについて学べる場所を作る。

4　マヌティウスの人生と業績についての本を書く。

■　第4段落第6文に「観光客が彼の本作りを見学したり，若い人々が彼の技術を学んだりできる自分の店を，オルビは文化センター内に展開したいと考えている」とある。この内容を簡潔に言い換えた3が正解。

(38)　次のどの文が正しいか。

1　ヴェニスで最も有名な印刷会社の1つは1494年に創設された。

2　ヴェニスで本を手作りしている店の数は1962年以降増えた。

3　オルビは生徒の作品を展示するために毎年ヴェニスで展覧会を開いている。

4　ヴェニスでは中世に国際交易を禁止する法律が導入された。

■　第3段落第2文に「マヌティウスは1494年に印刷会社を設立し，それはヴェニスで最も有名な印刷会社の1つになった」とあることから，正解は1。2は第2段落第4〜5文の「オルビが1962年に技術を学び始めたとき，ヴェニスには手作りの本を作る本屋がおよそ20軒あった。ところが今では，オルビの店は現存するわずか3軒のそうした場所の1つである」に矛盾するので不適切。3の展覧会については第4段落で述べられているが，「オルビが開いている」という記述はないので不適切。4は第1段落第1文の「中世の間，イタリアの都市ヴェニスは国際交易で有名だった」に矛盾するので不適切。

ライティング　意味と解答例

4

問 題 の 意 味

トピック

今日，荷物を直接受け取る代わりに自分のドアのところに置くように宅配会社に頼む客がいます。あなたは，このようなサービスが将来もっと一般的になると思いますか？

ポイント

・便利さ　　・損傷　　・安全性

解 答 例 1

I think this kind of service will become more common in the future. First, it is convenient for customers who are busy and might not be able to stay home to wait for a delivery. Customers using such a service wouldn't have to worry about the time of delivery and could come and go freely. Second, such service would also be good for delivery companies by reducing the burden on delivery staff to re-deliver packages. Therefore, I think this kind of service will become more common in the future.（89語）

解 答 例 1 の 意 味

私は，このようなサービスが将来もっと一般的になると思います。第1に，それは忙しくて，家にいて配達を待っていることができないかもしれない客にとって便利です。そのようなサービスを使っている客は，配達時間を気にせずに自由に行き来できるでしょう。第2に，そのようなサービスは，荷物を再配達する配達員の負担を減らすことによって，配達会社にとっても好都合でしょう。それゆえ，私はこのようなサービスが将来もっと一般的になると思います。

✓　　初めに「このようなサービスが将来もっと一般的になると思う」という自分の立場をはっきり述べ，次に理由を2つ挙げている。最後に結論として自分の立場を改めて述べて締めくくっている。

理由を述べる際にはFirst「第1に」，Second「第2に」という表現を使って，わかりやすく整理している。その2つの理由として「宅配便の時間を気にして待つ必要がない」ということと「配達員の負担を減らす」ということを挙げている。最初の理由は与えられているPOINTS中のConvenienceに関連している。

同意する場合，例えば「置き配サービスは，客が病気でパジャマを着ていると

きや，家事で忙しいときに荷物を受け取りに玄関に出る必要がないので便利です（Package drop service is convenient because there is no need to go to the door to receive a delivery when sick and in one's pajamas or when busy with housework.）」なども考えられる。

解 答 例 2

I don't think this kind of service will become more common in the future. First, packages can be stolen or damaged when they are left by the door, or even blown away by a strong wind or soaked by rain. Next, neighbors and strangers will know that the resident is not at home when they see packages left outside, and if packages are left for long periods of time, the house might be targeted by thieves. Consequently, I don't think this kind of service will become more common in the future.（91語）

解 答 例 2 の 意 味

私は，このようなサービスが将来もっと一般的になるとは思いません。まず，荷物をドアのところに置いておくと盗まれたり，傷つけられたりする可能性があり，強風で飛ばされたり，雨で濡れてしまうことさえあるかもしれません。次に，隣人や他人が，荷物が外に置かれているのを見ると，その住人が留守だということがわかり，荷物が長時間ドアのところに置かれていると，その家は泥棒に狙われてしまうかもしれません。したがって，私は，このようなサービスが将来もっと一般的になるとは思いません。

✍ 　初めに「このようなサービスが将来もっと一般的になるとは思わない」という自分の立場をはっきり述べ，次に理由を2つ挙げている。最後に結論を述べて締めくくっている。

　理由を挙げる際には，1つ目の理由をFirst「まず」，2つ目の理由をNext「次に」で始めて整理している。理由として，「荷物を置き配した場合の盗難や損傷のリスク」と「置き配によって他人に留守がわかってしまうこと」が挙げられている。1つ目の理由はPOINTS中のDamageに，2つ目の理由はSecurityに関連している。

　同意しない場合，「オートロックのアパートに住んでいる人は，配達会社に荷物をドアのところに置いてもらうのが難しい。留守の場合に配達員が建物に入ることができないのです（It is difficult for people who live in buildings with auto-lock systems to have delivery companies leave packages by their doors. When they are not at home, the delivery person cannot get in the building.）」などとすることもできる。

リスニングテスト

No.1

A : Excuse me. Is this the way to the University Science Center?

B : Not really. I mean, you could go in this direction, but it will take longer. <u>You should go back about 50 meters and turn right at the corner.</u>

A : OK — and after I turn? Then where do I go?

B : Go past the History Department building, and then you'll see the Science Center on the left.

> Question　What does the woman suggest the man do?

- -

A : すみません。これは大学科学センターへの道ですか？

B : そうとも言えないです。つまり，この方向でも行けますが，長くかかります。<u>50メートルほど戻って，角で右に曲がったほうがいいです。</u>

A : わかりました，それで，曲がったあとは？　どこに行くんですか？

B : 史学科の建物を過ぎれば，科学センターが左側に見えますよ。

❓ 女性は男性にどうするよう勧めているか。

1　大学構内の地図を見る。

2　角まで彼女と一緒に歩く。

3　科学センターまでは違うルートを取る。

4　史学科の建物でスタッフに尋ねる。

- -

☑　女性（B）は最初の発言で，男性が示した道は最短ルートではない，と言い，You should go back about 50 meters and turn right at the corner.「50メートルほど戻って，角で右に曲がったほうがいい」と言っていることから，正解は **3**。

No.2

A : Ms. Gomez, a firefighter is going to give a talk to the students at our school tomorrow.

B : I heard that, too. He works at the airport. He'll talk about his work helping people there. <u>He'll also tell us what we should do to be safe when we travel.</u>

A : That sounds really interesting.

B : Yes, I think it will be.

> Question　What is one thing the firefighter will talk about at the school?

- -

A : ゴメスさん，明日，ある消防士が本校で生徒たちに話をしてくれます。

B : そのことは私も聞きました。彼は空港で働いています。そこの人々を助ける仕事について話してくれるんです。<u>旅行の際，安全を保つためにするべきことについても話を</u>

してくれますよ。

A：それはすごく面白そうです。

B：ええ，そう思います。

❓ **学校で消防士が話すことの1つは何か。**

1　空港で仕事を見つけること。

2　消防士になること。

3　外国を旅行すること。

4　安全に旅行すること。

📝　消防士の講演についての会話。女性 (B) は最初の発言で He'll talk about his work helping people there. He'll also tell us what we should do to be safe when we travel.「そこの人々を助ける仕事について話してくれるんです。旅行の際，安全を保つためにするべきことについても話をしてくれます」と言っていることから，正解は **4**。

No.3

🔊　A：John, I really liked the presentation you gave in class today.

B：Thanks. I spent a long time doing research on waterfalls. There was a lot of information to review.

A：Yes, I saw you studying in the library last week on three different days.

B：Yes, I found a lot of information there. I hope I'll get a good grade.

Question　Why was the boy going to the library last week?

A：ジョン，今日あなたが授業で発表したプレゼンテーション，とても気に入ったわ。

B：ありがとう。滝についてのリサーチに長い時間をかけたんだよ。見直すべき情報がたくさんあったから。

A：ええ，先週，図書館で3日間あなたが勉強しているのを見たわ。

B：うん，そこでたくさん情報を見つけたんだ。いい成績が取れるといいな。

❓ **少年はなぜ先週図書館に行っていたか。**

1　プレゼンテーション用の調べ物をするため。

2　少女がよい成績を取れるよう手助けをするため。

3　図書館のコンピューターを使うため。

4　勉強会に参加するため。

📝　少年 (B) は最初の発言で　I spent a long time doing research on waterfalls.「滝についてのリサーチに長い時間をかけたんだよ」と述べ，少女 (A) に図書館で見かけたと言われると，I found a lot of information there「そこでたくさん情報を見つけたんだ」と答えている。したがって，正解は **1**。

No. 4

🔊 A : Budget Bill's Computer Store.

B : Hello. I need some new equipment for the computer in my office. Can you tell me which is the best web camera to buy?

A : Well, I think that the NetFlash 5.0 is very good.

B : Is the camera easy to install? I'm not very good with computers.

A : Yes, it's very simple to set it up. I can show you how to do it if you come to the store.

> Question What is the customer worried about?

A : バジェットビル・コンピュータ店です。

B : もしもし。事務所のコンピュータ用の新しい機器が必要なんです。どのウェブカメラを買うのが一番いいか，教えてもらえませんか？

A : そうですね，ネットフラッシュ 5.0 はとてもいいと思います。

B : そのカメラはインストールしやすいですか？　コンピュータはあまり得意じゃないので。

A : ええ，設定するのはとても簡単ですよ。ご来店くだされば，やり方をお教えできます。

❓ **客は何を心配しているか。**

1　ちゃんとしたコンピュータを持っていない。

2　ウェブカメラが何か知らない。

3　ウェブカメラの設定に手こずるかもしれない。

4　機器を運ぶのに助けを必要とするかもしれない。

📝 男性（B）は2回目の発言で，Is the camera easy to install? I'm not very good with computers.「そのカメラはインストールしやすいですか？　コンピュータはあまり得意じゃないので」と言っていることから，**3**が正解。

No. 5

🔊 A : Hello.

B : Honey, could you stop by the supermarket on your way home from work? I need you to pick up something.

A : Sure, no problem. What do you want me to get?

B : Can you get a pack of tomatoes? I need them to make a pasta sauce for dinner, but I can't leave the apartment right now because I'm waiting for a delivery.

A : OK. If you think of anything else you need, just give me a call.

> Question What does the woman ask the man to do?

A : もしもし。

B : あなた，会社からの帰りにスーパーマーケットに寄ってくれない？　買ってきてほしいものがあるの。

A：いいよ。何を買ってきてほしいの？

B：トマトをひとパック，買ってきてくれる？ 夕食用にパスタソースを作るのに必要なんだけど，配達を待っているから今アパートを留守にできないのよ。

A：わかった。ほかに何か必要なものを思いついたら，電話して。

🔲 **女性は男性に何をするよう頼んでいるか。**

1 スーパーマーケットに彼女を迎えに行く。

2 できるだけ早く帰宅する。

3 スーパーマーケットであるものを買う。

4 自宅で配達を待つ。

📝 女性（A）は最初の発言で could you stop by the supermarket on your way home from work? I need you to pick up something.「会社からの帰りにスーパーマーケットに寄ってくれない？ 買ってきてほしいものがあるの」と言っていることから，正解は 3。

No. 6

🔊 A：Dave, are you free for lunch today? Some of us are going to Larry's Café.

B：Oh, that new place by City Hall? I'd like to go, Brenda, but I have lots of work to do.

A：Well, would you like me to bring you back something?

B：A tuna sandwich on wheat bread would be great. Thanks for asking.

Question │ What does the woman offer to do for the man?

A：デイヴ，今日のランチは暇？ 何人かでラリーズカフェに行くんだけど。

B：ああ，市役所の近くの新しい店？ 僕も行きたいな，ブレンダ，でもやらなきゃいけない仕事がいっぱいあるんだ。

A：じゃあ，何か買ってきましょうか？

B：小麦パンのツナサンドがいいな。聞いてくれてありがとう。

🔲 **女性は男性のために何をすることを申し出ているか。**

1 ラリーズカフェへの行き方を教える。

2 彼にツナサンドを作る。

3 彼に食べ物を買ってくる。

4 彼の仕事を終わらせるのを手伝う。

📝 女性（A）は2回目の発言で would you like me to bring you back something?「何か買ってきましょうか」と言っていることから，3 が正解。

No. 7

🔊 A：John, you said that you had to take some pictures on the weekend for your photography-class assignment. Did they turn out well?

B：Actually, almost all of them were too dark. I must have done something wrong.

A：Oh, that's too bad.

B：Yeah, but my class isn't until Thursday. I'm going to try to take some more before then.

<u>Question</u>　What does John say about the pictures he took?

- -

A：ジョン，週末に写真クラスの宿題で写真を撮らなきゃいけないって言っていたわね。うまくいった？

B：実は，ほとんど全部暗すぎたんだ。何かまずいことをやったにちがいないよ。

A：あら，それは残念ね。

B：そう，でも授業は木曜日までないんだ。それまでにもう少し撮ってみるつもりだよ。

❓ 撮った**写真**についてジョンは何を言っているか。

1　ほとんどがうまくいかなかった。

2　木曜日にプリントした。

3　期限までに提出できなかった。

4　今年初めて撮った写真だった。

- -

✓　女性（A）に写真のできを聞かれた男性（B）は最初の発言でActually, almost all of them were too dark.「実は，ほとんど全部暗すぎたんだ」と言っていることから，正解は**1**。

No. 8

🔊　A：I can't believe we can't find our gate. This airport is so confusing.

B：I know. I wish there were more signs. We'd better ask someone for help.

A：Wait, is that it by the escalator? Yes, it's Gate 62. Finally! <u>Now we have time to find some souvenirs.</u>

B：Yeah. <u>I think I'll look for some postcards.</u>

<u>Question</u>　What will the man and woman probably do next?

- -

A：ゲートが見つからないなんて信じられない。この空港はすごくわかりにくいわ。

B：たしかに。もっと表示があったらいいのに。誰かに助けてもらったほうがいいね。

A：待って，エスカレーターのそばのあれじゃない？　そうだ，62番ゲートよ。やっと！さあ，これでお土産を見つける時間ができたわ。

B：そうだね。僕は絵葉書を探そうかな。

❓ **男性と女性**はおそらく次に何をするか。

1　ゲートを探す。

2　何かの店に立ち寄る。

3　人に道を尋ねる。

4　飛行機に搭乗し始める。

🗹　女性（A）が2回目の発言でNow we have time to find some souvenirs.「さあ、こ
れでお土産を見つける時間ができたわ」と言っており，男性（B）もI think I'll look
for some postcards.「僕は絵葉書を探そうかな」と答えていることから，買い物をす
ると考えられる。**2**が正解。

No. 9

A：Here's your menu, sir. Would you like a drink while you decide?

B：Sure. I'd like a glass of red wine. Are there any wines that you recommend?

A：I recommend a wine called Vino Hill, because it's not too sweet, and <u>it tastes good with many of the dishes on our menu</u>. It's made in the southern part of Spain.

B：Great. I'll try that, then. I've always liked the taste of Spanish wines.

　Question　What does the woman say about the wine called Vino Hill?

A：こちらがメニューです。お決めになる間，お飲み物はいかがですか？

B：はい。赤ワインをグラスでお願いします。お勧めのワインはありますか？

A：ヴィノヒルというワインをお勧めします，甘すぎなくて，<u>当店のいろいろな料理に合</u>
います<u>ので</u>。スペイン南部で作られたものです。

B：いいね。ではそれにします。スペインのワインの味がずっと好きなんです。

❓　**ヴィノヒルというワインについて女性は何を言っているか**。

1　とても高価だ。

2　とても甘い味だ。

3　スペインにあるレストランでしか売っていない。

4　レストランの料理とよく合う。

🗹　女性（A）は2回目の発言でit tastes good with many of the dishes on our menu「当
店のいろいろな料理に合います」と言っていることから，正解は**4**。

No. 10

A：Honey, you're finally home. I was worried about you.

B：Sorry I'm so late. The train stopped at Jefferson Station because of an accident. <u>It was already too late to get the bus, and there weren't any taxis, so I walked.</u>

A：From Jefferson Station! That's so far. Why didn't you call me to pick you up?

B：I would have, but I forgot my phone at the office.

　Question　How did the man go home from Jefferson Station?

A：あなた，やっと帰ってきたわね。心配していたのよ。

B：遅くなってごめん。事故で電車がジェファーソン駅で止まったんだ。<u>バスに乗るには</u>
<u>もう遅すぎたし，タクシーもなかったから歩いてきた。</u>

A：ジェファーソン駅から！　すごく遠いじゃないの。なぜ迎えにきてって電話くれな

23
年
度

第
2
回

リ
ス
ニ
ン
グ

061

かったの？

B：そうしたかったけど，会社に携帯を忘れたんだよ。

❷ **男性はジェファーソン駅からどうやって帰宅したか。**

1　バスに乗った。

2　歩いた。

3　タクシーを呼んだ。

4　妻が車に乗せて行った。

📝　男性（B）は最初の発言で，事故で電車が途中で止まったことを説明したのち，It was already too late to get the bus, and there weren't any taxis, so I walked.「バスに乗るにはもう遅すぎたし，タクシーもなかったから歩いてきた」と言っていることから，**2**が正解。

No.11

🔊　A：Honey, this plant is dying. What do you think is wrong?

B：I'm not sure. It seems to be getting enough sunlight.

A：Yeah. And I think we're giving it enough water and plant food, too.

B：Wait. Look! There are small white insects eating the leaves. I bet they're the problem.

Question　Why does the woman think the plant is dying?

A：ねえ，この植物は枯れかけているよ。何が悪いんだと思う？

B：わからないわ。日光には十分当たっているように見えるけど。

A：そうだね。それに水や肥料も十分やっていると思う。

B：待って。見て！　小さな白い虫が葉っぱを食べているわ。きっとこれが問題ね。

❷ **女性はなぜ植物が枯れかけていると思ったか。**

1　水をやりすぎている。

2　間違った肥料をやった。

3　十分日光に当たっていない。

4　虫にやられている。

📝　女性（B）は2回目の発言でThere are small white insects eating the leaves. I bet they're the problem.「小さな白い虫が葉っぱを食べているわ。きっとこれが問題ね」と言っていることから，**4**が正解。

No.12

🔊　A：Excuse me. Could you tell me which floor the exhibition of Spanish artists is on? I just read a review about it in today's paper.

B：It's on the fourth floor. Just follow the signs. You can take the stairs or use the elevator.

A：It seems very crowded today. Perhaps many people read that review, too.

B：Well, maybe, but our special exhibitions are always very popular.

Question　What does the woman want to do?

A：すみません。スペインの画家の展覧会は何階でやっていますか？　今日の新聞でそれに関する論評を読んだんです。

B：4階でやっています。表示のとおりに進んでください。階段でもエレベーターでもいいです。

A：今日はとても混んでいるようですね。たぶん大勢の人がやはり論評を読んだんでしょうね。

B：そうですね，たぶん，でもうちの特別展はいつもすごい人気なんですよ。

❓ **女性は何をしたいか。**

1　論評を読む。

2　エレベーターを修理する。

3　画家に話しかける。

4　展覧会を見る。

📝　女性（A）は最初の発言でCould you tell me which floor the exhibition of Spanish artists is on?「スペインの画家の展覧会は何階でやっていますか」と尋ねている。したがって，4が正解。

No. 13

🔊　A：You look tired, Jeff. Are you feeling OK?

B：I just got back from my vacation in Africa. I haven't adjusted to the time difference yet.

A：Oh, I know the feeling. I was tired for three days after I came back from my trip to Indonesia.

B：Yeah. I love traveling, but sometimes it really makes you tired.

Question　What do we learn about the man?

A：疲れているみたいね，ジェフ。大丈夫なの？

B：アフリカでの休暇から戻ったところなんだ。まだ時差に慣れていないんだよ。

A：ああ，その感じわかるわ。私もインドネシア旅行から戻ったあと，3日間は疲れていたもの。

B：そうだね。旅行は大好きだけど，時々本当に疲れるね。

❓ **男性についてわかることは何か。**

1　旅行が嫌いだ。

2　旅行に行ってきたばかりだ。

3　もうじきインドネシアに行く。

4　3日間仕事を休んだ。

男性 (B) は最初の発言で I just got back from my vacation in Africa.「アフリカでの休暇から戻ったところなんだ」と言っていることから，正解はこれを言い換えた**2**。

No. 14

A：Let me show you around so you can feel more at home, Kentaro.

B：Thanks, Mrs. James. I was surprised by how big your garden is.

A：Really? Don't people have big gardens in Tokyo, too?

B：No, actually. Gardens are usually small, and many people have no garden at all.

Question What is the boy doing now?

A：もっとくつろげるように，案内するわ，ケンタロー。

B：ありがとうございます，ジェイムズさん。おたくの庭がとても大きいので驚きました。

A：本当？ 東京でも皆さん大きな庭を持っているんじゃないの？

B：いいえ，実際には。庭はたいてい狭くて，そもそも多くの人は庭なんて持っていません。

? 少年は今，何をしているか。

1 女性の家を歩き回っている。

2 女性の庭に水やりをしている。

3 自分の庭を女性に見せている。

4 女性の家の写真を見ている。

女性 (A) が最初に Let me show you around so you can feel more at home「もっとくつろげるように，案内するわ」と言っており，少年 (B) も I was surprised by how big your garden is.「おたくの庭がとても大きいので驚きました」と言っていることから，家の中を案内されて見て回っていると考えるのが自然。したがって，**1** が正解。

No. 15

A：How may I help you?

B：Hi. I'd like to send this package to Germany.

A：OK. Could you please fill out this form while I weigh the package?

B：Oh, and I'd like to send it by express mail. I want it to arrive there within a week.

Question What does the woman want to do?

A：いらっしゃいませ。

B：こんにちは。この荷物をドイツに送りたいんです。

A：わかりました。荷物の重さを量っている間にこの用紙に記入してもらえますか？

B：ああ，それから，速達で送りたいんです。1週間以内に先方に届いてほしいので。

? 女性は何をしたいか。

1 ドイツ語で用紙に記入する。

2 ドイツに荷物を送る。

3　荷物の重さをあとで量る。

4　1週間以内にドイツに出発する。

✍️　女性（B）は最初の発言で I'd like to send this package to Germany.「この荷物をドイツに送りたいんです」と言っていることから，正解は**2**。

第2部

No. 16

🔊 It was Mother's Day yesterday, but Stuart had forgotten to get his mom a card. So he decided to make breakfast for her instead. He woke up early to prepare a traditional English breakfast of bacon, sausages, fried eggs, mushrooms, and toast. Stuart's mom was very pleased when she saw what he had made for her. The sausages were a little burned, but she said that everything tasted delicious.

Question　Why was Stuart's mother pleased?

昨日は母の日だったが，スチュアートは母にカードを買うのを忘れた。そこでカードの代わりに母に朝食を作ることに決めた。ベーコン，ソーセージ，目玉焼き，マッシュルーム，トーストの伝統的なイギリス式朝食を準備するために早起きした。スチュアートの母は，彼が彼女のために作ってくれたものを見て，とても喜んだ。ソーセージは少し焦げたが，全部おいしいと母は言った。

❓ **スチュアートの母はなぜ喜んだのか。**

1　スチュアートが彼女にきれいなカードを贈ったので。

2　スチュアートが彼女を朝食に連れていったので。

3　スチュアートが自分で起きたので。

4　スチュアートが彼女に朝食を作ってくれたので。

✍️　中盤からスチュアートが母の日のカードの代わりに母に朝食を作ることにしたと説明し，終盤で Stuart's mom was very pleased when she saw what he had made for her.「スチュアートの母は，彼が彼女のために作ってくれたものを見て，とても喜んだ」と言っていることから，正解は**4**。

No. 17

🔊 Good afternoon, students. Welcome to Introduction to Psychology. I'm Professor Roberta Williams. I hope you've all bought your textbooks. Every week, we will discuss a new topic from the textbook. Notes for each class will be put on the class website, where you can look at them if you like. The website address is written on the blackboard.

Question　What does the professor say students can do online?

こんにちは，生徒諸君。心理学入門にようこそ。私はロベルタ・ウィリアムズ教授で

23年度 第2回 リスニング

す。皆さん教科書を買ってくださったと思います。毎週，教科書からの新しい話題について話し合います。毎回の授業の注釈は，見たいときに見られるように，クラスのウェブサイトに掲載されます。ウェブサイトのアドレスは黒板に書かれています。

❓ 生徒がオンラインでできることは何だと教授は言っているか。

1 授業の注釈を見る。

2 教科書を買う。

3 授業の話題について話し合う。

4 クラスメートにメッセージを送る。

✓ 大学の初回講座で教授が挨拶をしている場面。中盤でNotes for each class will be put on the class website「毎回の授業の注釈は，クラスのウェブサイトに掲載されます」と言っていることから，生徒はオンラインで授業の注釈を見ることができるとわかる。正解は**1**。

No. 18 ▐▬▬▬▬▬▬▬▬▬▬▬▬▬▬▬▬▬▬▬▬▬▬▬▬

🔊 Last year, Sylvia and her family moved to a new town. At first, Sylvia was lonely and often wrote messages to friends from her old high school. Her brother encouraged her to try to make new friends, so Sylvia decided to join her school's drama club. She made many new friends there. Now, even though she still misses her old friends, she enjoys life at her new school.

[Question] How did Sylvia make new friends?

　去年，シルヴィアと家族は新しい町へ引っ越した。最初，シルヴィアはひとりぼっちで，前の高校の友達によくメッセージを書いていた。兄が新しい友達を作ってみろと励ましてくれたので，シルヴィアは学校の演劇部に参加することにした。そこで大勢の新しい友達ができた。今は，昔の友達がいなくてまだ寂しいが，新しい学校での生活を楽しんでいる。

❓ シルヴィアはどうやって新しい友達を作ったか。

1 新しい文通友達を見つけた。

2 学校で部活に参加した。

3 アルバイトを始めた。

4 兄の友達に会った。

✓ シルヴィアは引っ越して転校したばかりだ。終盤で，Sylvia decided to join her school's drama club. She made many new friends there.「シルヴィアは学校の演劇部に参加することにした。そこで大勢の新しい友達ができた」と言っていることから，**2**が正解。

No. 19 ▐▬▬▬▬▬▬▬▬▬▬▬▬▬▬▬▬▬▬▬▬▬▬▬▬

🔊 Last weekend, there was a big storm in the city where Patricia lives, so she could not play outside with her friends. Next weekend will be a long weekend because Friday is a national holiday, and the weather will be sunny. However, Patricia has so much homework to do that she will not be able to meet her friends. As a result, she is not looking forward to the long weekend.

Question Why is Patricia not looking forward to the long weekend?

先週末，住んでいる街に大きな嵐が来たので，パトリシアは友達と外で遊べなかった。来週末は金曜日が祝日なので長い週末になるし，天気も晴れるだろう。しかし，パトリシアは宿題がたくさんあって友達には会えないだろう。その結果，彼女は長い週末を楽しみにしていない。

❓ **パトリシアはなぜ長い週末を楽しみにしていないのか。**

1　大きな嵐がくるので。

2　父に自分の部屋を掃除しろと言われたので。

3　友達が別の街に引っ越すので。

4　宿題がたくさんあるので。

☑ 最終文で「パトリシアは長い週末を楽しみにしていない」と言っており，直前で Patricia has so much homework to do that she will not be able to meet her friends 「パトリシアは宿題がたくさんあって友達には会えないだろう」とその理由を述べていることから，正解は**4**。

No. 20

🔈 Robert's uncle taught Robert how to make videos on his laptop computer. Robert uses the computer's camera. On Wednesday, he put the computer on a wall outside his school to make a video of himself. A strong wind blew the computer off the wall, and it fell to the ground and broke. Now, Robert has to use his smartphone to make videos until he can buy a new computer.

Question What happened to Robert on Wednesday?

ロバートのおじが，ロバートにノートパソコンで動画を作る方法を教えてくれた。ロバートはコンピュータのカメラを使う。水曜日に，自分の動画を作るために，ロバートは学校の外の塀にコンピュータを置いた。強風が吹いてコンピュータが塀から地面に落ちて壊れてしまった。今は，新しいコンピュータが買えるまで，動画を作るためにロバートはスマートフォンを使うしかない。

❓ **水曜日にロバートに何が起こったか。**

1　学校の外でカメラを盗まれた。

2　コンピュータが落ちて壊れた。

3　おじが新しいおもちゃを買ってくれた。

4　先生が彼のスマートフォンを取り上げた。

中盤で A strong wind blew the computer off the wall, and it fell to the ground and broke.「強風が吹いてコンピュータが塀から地面に落ちて壊れてしまった」と言っていることから，**2** が正解。

No. 21

🔊 Steven got a call from his sister this afternoon. She said that she had not seen her cat, Spotty, all day. Spotty usually comes into the kitchen for breakfast. Steven's sister asked Steven if he could help her to look for Spotty this evening after work. Steven said that he would be happy to do so.

Question How will Steven spend this evening?

スティーヴンは今日の午後，妹からの電話を受けた。妹は，猫のスポッティが，その日ずっと見当たらないと言った。スポッティはたいてい朝ご飯を食べにキッチンに入ってくる。スティーヴンの妹は，今晩仕事のあと，スポッティを探すのを手伝ってくれないかとスティーヴンに頼んだ。スティーヴンはよろこんで手伝うと答えた。

❓ **スティーヴンは今晩何をして過ごすか。**

1 妹を手伝う。
2 猫を買う。
3 新しい家を探す。
4 朝食を用意する。

✓ 中盤から終盤にかけて，Steven's sister asked Steven if he could help her to look for Spotty this evening after work. Steven said that he would be happy to do so.「スティーヴンの妹は，今晩仕事のあと，スポッティを探すのを手伝ってくれないかとスティーヴンに頼んだ。スティーヴンはよろこんで手伝うと答えた」と言っていることから，正解は**1**。

No. 22

🔊 In the 19th century, there was a writer from the United States known as Nathaniel Hawthorne. His short stories and novels were works of fiction, but he often included real historical events in them. He was also friends with U.S. President Franklin Pierce. Today, Hawthorne's books are read and enjoyed all over the world.

Question What is one thing we learn about Nathaniel Hawthorne?

19世紀に，ナサニエル・ホーソーンとして知られる米国出身の作家がいた。その短編や小説はフィクション作品だったが，ホーソーンはしばしば本当の歴史的出来事を作品の中に織り交ぜた。彼は，合衆国大統領フランクリン・ピアースの友人でもあった。今日，ホーソーンの本は世界中で読まれ，楽しまれている。

❓ **ナサニエル・ホーソーンについてわかることは何か。**

1 米国出身ではなかった。

2 本を印刷する新しい方法を発明した。

3 しばしば歴史的出来事を織り込んだ小説を書いた。

4 自国の大統領が嫌いだった。

📝 中盤で, His short stories and novels were works of fiction, but he often included real historical events in them.「その短編や小説はフィクション作品だったが, ホーソーンはしばしば本当の歴史的出来事を作品の中に織り交ぜた」と言っている。この内容に一致する **3** が正解。

No. 23

🔊 Yumi's son and daughter have grown up and left home. Yumi still has her old family car, but she no longer needs such a big one. She will exchange it for a smaller car that will be delivered to her in July. It is a red sports car, and Yumi plans to drive it to the beach on the day that it arrives. She is really looking forward to the trip.

 Question What is Yumi going to do in July?

ユミの息子と娘は成長して家を離れた。ユミはまだ古いファミリーカーを所有しているが, もうそれほど大きな車は必要としない。小さい車に替えることにしていて, それが7月に届く予定だ。赤いスポーツカーで, ユミはそれが届いた日に運転してビーチに行こうと計画している。その小旅行を彼女は本当に楽しみにしている。

❓ **ユミは7月に何をするか。**

1 古い車を娘にあげる。

2 品物を配達するために車を使う。

3 息子がスポーツカーを探すのを手伝う。

4 新しい車でドライブに出かける。

📝 ユミは車を買い替えるところで, 小型車が7月に届く。終盤に It is a red sports car, and Yumi plans to drive it to the beach on the day that it arrives.「赤いスポーツカーで, ユミはそれが届いた日に運転してビーチに行こうと計画している」と言っていることから, **4** が正解。

No. 24

🔊 Elvis Presley, who is widely known as the king of rock 'n' roll, bought a tour bus in 1976 for his band. The band was called The TCB Band, so Elvis named the bus TCB. Nine people could sleep comfortably inside it. The band's members used the bus to go to concerts around the United States. However, Elvis had difficulty turning the big bus around.

 Question What is one thing we learn about the bus that Elvis Presley bought?

ロックンロールのキングとして広く知られるエルヴィス・プレスリーは1976年, 自分

のバンドのためにツアーバスを購入した。バンドはザ・TCB バンドと呼ばれていたので，エルヴィスはバスを TCB と名付けた。バスの中では 9 人が快適に寝ることができた。バンドのメンバーはこのバスを使って，アメリカ中のコンサートに行った。しかし，エルヴィスは大型バスを方向転換させるのに苦労した。

❷ **エルヴィス・プレスリーが買ったバスについてわかることは何か。**

1　彼にとって，それを方向転換させるのは難しかった。

2　両側に 9 つの窓があった。

3　彼とバンドがそれを作るのに 6 年かかった。

4　内部にはコンサートができる十分なスペースがあった。

▨　エルヴィスがバンドのために購入したバスに関する説明。いろいろな情報の最後に However, Elvis had difficulty turning the big bus around.「しかし，エルヴィスは大型バスを方向転換させるのに苦労した」と言っていることから，この内容に一致する 1 が正解。

No. 25

🔊　Welcome to Price Shavers Supermarket.　We would like to remind customers about our special offer.　Simply show staff our store's discount code on the screen of your smartphone or tablet computer when you pay for your shopping.　You can get 10 percent off all items.　To receive the code, sign up on our store's website today.

　Question 　How can customers get a discount?

　プライス・シェイヴァーズ・スーパーマーケットにようこそ。お客様に特別売り出しについてお知らせします。当店の割引コードを表示したスマホかタブレットの画面を，お支払いの際にスタッフに見せてください。全品 10％引きになります。コードを受け取るには本日，当店のウェブサイトにご登録ください。

❷ **客はどうすれば割引を得られるか。**

1　画面上のコードを見せることで。

2　10 の質問に答えることで。

3　5 点以上買うことで。

4　スタッフに話すことで。

▨　割引を得られる方法は中盤で説明している。Simply show staff our store's discount code on the screen of your smartphone or tablet computer when you pay for your shopping.「当店の割引コードを表示したスマホかタブレットを，お支払いの際にスタッフに見せてください」と言っていることから，正解は 1。

No. 26

🔊　Victoria loves sandwiches.　Yesterday, she watched an online video by a professional chef.　He used roast beef and grilled vegetables to make a sandwich.

Victoria used the chef's recipe to make one, too. She showed a picture of her sandwich to a friend at work, and he was very impressed. Her friend recommended using brown bread instead of white bread. That way, Victoria could make healthier sandwiches.

Question　What advice did one of Victoria's friends at work give her?

ヴィクトリアはサンドイッチが大好きだ。昨日，彼女はプロのシェフによる動画をネットで見た。そのシェフはサンドイッチを作るのにローストビーフとグリルで焼いた野菜を使っていた。ヴィクトリアもシェフのレシピを使って，サンドイッチを作った。会社の友人にサンドイッチの写真を見せると，彼はとても感心した。友人は白いパンの代わりに黒パンを使うように勧めた。そうすることで，ヴィクトリアはより健康的なサンドイッチを作ることができるだろう。

❷ ヴィクトリアの会社の友人は，どんなアドバイスをしたか。
1　人に調理法を教える動画を作ること。
2　そんなにたくさんローストビーフを食べるのをやめること。
3　プロのシェフになるのを考えること。
4　サンドイッチを作るときに黒パンを使うこと。

　終盤で Her friend recommended using brown bread instead of white bread.「友人は白いパンの代わりに黒パンを使うように勧めた」と言っていることから，正解は4。

No. 27

Scientists in Southeast Asia found a small animal called a pygmy tarsier. The scientists were surprised because they believed that there were no pygmy tarsiers left. At first, the scientists thought it was a big mouse, but later, they confirmed that it was actually one of Indonesia's rarest wild animals.

Question　Why were scientists in Southeast Asia surprised?

東南アジアの科学者たちは，メガネザルと呼ばれる小さな動物を発見した。メガネザルは1匹も残っていないと思っていたので，科学者たちは驚いた。最初，科学者はそれを大きなネズミだと思ったが，のちになって，実はインドネシアの最も珍しい野生動物の一種であると確認した。

❷ 東南アジアの科学者たちはなぜ驚いたか。
1　異常に大きな植物を見た。
2　非常に珍しい動物を見つけた。
3　奇妙な動物の鳴き声を聞いた。
4　地球上で最大のネズミを見つけた。

　序盤で The scientists were surprised because they believed that there were no pygmy tarsiers left.「メガネザルは1匹も残っていないと思っていたので，科学者たちは驚いた」と言っていることから，2が正解。

We hope you are enjoying this year's town festival. The final show is about to begin, so please come to the stage at the north end of the park. Three flute players will perform some popular pieces of music. Please feel free to dance if you want to. We have also prepared some chairs for visitors who would prefer to sit down while they enjoy the performance.

Question Why is this announcement being made?

今年のタウンフェスティバルをお楽しみいただいていることと思います。最後のショーがそろそろ始まりますので，公園の北の端にあるステージにおいでください。3人のフルート奏者がポピュラーな曲を演奏します。踊りたくなったら，どうぞ気兼ねなく踊ってくださいね。演奏を楽しむ際，座りたい方のためにいすもご用意しています。

❓ なぜこのアナウンスが行われているか。

1 公園の規則についての情報を人々に知らせるため。
2 フェスティバルが終わりだと人々に知らせるため。
3 フェスティバルの最後のショーについて人々に知らせるため。
4 ステージに来るよう演奏者に頼むため。

 序盤で The final show is about to begin, so please come to the stage at the north end of the park.「最後のショーがそろそろ始まりますので，公園の北の端にあるステージにおいでください」と言っている。その後はショーの内容などを紹介していることから，3 が正解。

In the mountains of Bulgaria in Europe, there are some famous lakes known as the Seven Rila Lakes. Each lake has a name, and some of the names were chosen because of the shapes of the lakes. For example, one lake is sometimes called Eye Lake because its shape is similar to an eye. Every year, hikers from all over the world visit these mountains to see the Seven Rila Lakes.

Question What is one thing we learn about some of the Seven Rila Lakes in Bulgaria?

ヨーロッパのブルガリアの山中には，リラの七つの湖として知られる有名な湖がある。それぞれの湖には名前があり，湖の形のためにその名が選ばれた湖もある。例えば，ある湖は，形が目に似ているため，時にアイ・レイクと呼ばれる。毎年，世界中からのハイカーがリラの七つの湖を見るためにそれらの山々を訪れる。

❓ ブルガリアのリラの七つの湖のいくつかについてわかることは何か。

1 その名前は形に合わせて選ばれた。
2 その形は有名なデザイナーによって作られた。
3 最近，外国人ハイカーによって発見された。

4 　湖の水質で有名だ。

✓ 中盤で Each lake has a name, and some of the names were chosen because of the shapes of the lakes. 「それぞれの湖には名前があり，湖の形のためにその名が選ばれた湖もある」と言っていることから，この内容に一致する**1**が正解。

No. 30

🔊 Rachel's cousin will be five years old soon, and Rachel has been thinking about what to do for his birthday. He likes animals, but he already has many toy animals, and he has been to the zoo many times. <u>Rachel has decided to teach him how to play an easy song on the piano.</u> If he likes doing it, she will buy him a music book and give him lessons.

Question　What is Rachel going to do for her cousin?

　レイチェルのいとこがもうじき5歳になるので，彼の誕生日に何をしようかとレイチェルは考えている。その子は動物が好きだが，すでにおもちゃの動物はたくさん持っているし，動物園にも何度も行ったことがある。レイチェルはピアノで簡単な曲の弾き方を教えることにした。もし彼がその演奏を気に入ったら，楽譜集を買ってやり，レッスンをしてやるつもりだ。

❓ **レイチェルはいとこのために何をするか。**

1 　動物の描き方を教える。

2 　新しいマンガ本を買う。

3 　誕生日に動物園に連れていく。

4 　曲の弾き方を教える。

✓ 終盤で Rachel has decided to teach him how to play an easy song on the piano. 「レイチェルはピアノで簡単な曲の弾き方を教えることにした」と言っていることから，正解は**4**。

英検 2 級

一次試験・筆記 [P.076 ～ P.92]

1　(1) 1　(2) 4　(3) 4　(4) 3　(5) 4　(6) 4　(7) 3　(8) 4
　　(9) 1　(10) 4　(11) 1　(12) 1　(13) 1　(14) 2　(15) 2　(16) 3
　　(17) 2　(18) 2　(19) 3　(20) 1

2A　(21) 1　(22) 3　(23) 1
2B　(24) 3　(25) 2　(26) 4

3A　(27) 4　(28) 1　(29) 2
3B　(30) 1　(31) 4　(32) 4　(33) 3
3C　(34) 2　(35) 2　(36) 4　(37) 4　(38) 4

4　P. 091 ～ P. 092 参照

一次試験・リスニング [P.093 ～ P.111]

第1部　[No. 1] 1　[No. 2] 3　[No. 3] 4　[No. 4] 3　[No. 5] 3
　　　　[No. 6] 2　[No. 7] 4　[No. 8] 2　[No. 9] 1　[No. 10] 4
　　　　[No. 11] 2　[No. 12] 2　[No. 13] 2　[No. 14] 3　[No. 15] 4

第2部　[No. 16] 3　[No. 17] 1　[No. 18] 4　[No. 19] 2　[No. 20] 3
　　　　[No. 21] 4　[No. 22] 2　[No. 23] 2　[No. 24] 3　[No. 25] 1
　　　　[No. 26] 3　[No. 27] 2　[No. 28] 3　[No. 29] 2　[No. 30] 3

1

(1) 先週，シェリーはホラー映画を見に行った。それは半分サメで半分人間の奇妙な生き物の話だった。

☑ 選択肢は creature「生き物」，mineral「ミネラル」，package「小包」，instrument「楽器」。第2文の It は「ホラー映画」を指す。第2文後半の「半分サメで半分人間」は空所に入る語を説明しているので，空所には「生き物」を入れるのが適切。正解は **1**。

📖 WORDS&PHRASES
□ **horror** ── 恐怖の　　□ **shark** ── サメ

(2) 高校卒業後，テッドは国家に奉仕するため軍隊に入った。初めて軍服を着たとき，彼は誇らしく感じた。

☑ 選択肢は affair「事件」，emergency「緊急事態」，container「容器」，military「軍隊」。第2文に army uniform「軍服」という語句があることを念頭に置いた上で，join「〜に加入する」の目的語として適切なものを考えると，「軍隊」が適切。正解は **4**。

📖 WORDS&PHRASES
□ **serve** ── 〜に奉仕する　　□ **proud** ── 誇らしい

(3) レイカの夢は東京の有名なフレンチレストランで働くことだ。彼女は料理学校に通うことでこの夢を達成しようとしている。

☑ 選択肢は decrease「〜を減らす」，unite「〜を結びつける」，overwhelm「〜を圧倒する」，accomplish「〜を達成する」。空所後の this は「レイカの夢」を指す。料理学校に通うことで，レイカが自分の夢を「達成しようとしている」とするのが適切。正解は **4**。

(4) アーサーは自分のカフェを売却するつもりだった。しかしながら，近くに新しい大学が開校してから客が増え始めたので，彼はその決定を覆した。

☑ 選択肢は abused「〜を悪用した」，secured「〜を守った」，reversed「〜を反転した」，stimulated「〜を刺激した」。空所後の his decision は第1文の「自分のカフェを売却するつもり」という決定を指す。第2文後半に「大学が開校してから客が増え」とあることから，アーサーは「自分の決定を覆した」とすると

文意が通る。正解は**3**。

(5) フランクは報告書を書くのに**十分な**時間がなかったので，それを仕上げるために
あと数日もらえないかと上司に尋ねた。

> ☑ 選択肢は possible「可能な」，delicate「微妙な」，financial「財政上の」，
> sufficient「十分な」。上司にあと数日の猶予を求めた理由は「十分な」時間が
> なかったから，と考えられる。正解は**4**。

(6) 昨日，ブリッグストン市のレストランで火事があった。けが人はいなかったが，
建物は**ひどく**損傷した。オーナーは新しいものを建てなければならないだろう。

> ☑ 選択肢は mentally「精神的に」，intelligently「知的に」，annually「毎年」，
> severely「ひどく」。第3文のone は前文のbuilding を指す。火事でオーナーが
> 新しい建物を建てなければならないのは，建物が「ひどく」損傷を受けたか
> らと考えられる。正解は**4**。

22
年度

第
1
回
筆
記

> 📖 WORDS&PHRASES
> □ **fire** ── 火事　　□ **hurt** ── ～を傷つける　　□ **damage** ── ～に損傷を与える

(7) 先週，ベスは結婚披露宴に招待された。彼女は1人で行きたくなかったので，友
人のジェレミーに自分に**同行する**よう頼んだ。

> ☑ 選択肢は restrict「～を制限する」，distribute「～を分配する」，accompany「～
> に同行する，付き添う」，promote「～を促進する」。第2文でベスは「1人で行
> きたくなかった」とあることから，ジェレミーに「同行する」ことを頼んだと
> 判断できる。正解は**3**。

(8) SOL-5 ロケットは明日地球を出発する。宇宙飛行士たちの**任務**は気象衛星を修理
することだ。

> ☑ 選択肢は foundation「基礎」，impression「印象」，definition「定義」，mission「任
> 務」。空所後のto不定詞は名詞的用法で，「気象衛星を修理すること」という
> 意味。これは宇宙飛行士たちの「任務」と考えるのが最も適切。正解は**4**。

> 📖 WORDS&PHRASES
> □ **astronaut** ── 宇宙飛行士　　□ **weather satellite** ── 気象衛星

(9) 化学の授業で生徒たちは少量の酸を水に加えた。それから，彼らはこの**混合物**を
使って実験を行った。

> ☑ 選択肢は mixture「混合物」，climate「気候」，entry「参入」，moment「瞬間」。
> 第1文で「少量の酸を水に加えた」とあることから，空所には酸と水の「混合
> 物」を表すmixtureを入れるのが適切。**1**が正解。

📖 WORDS&PHRASES

□ **chemistry** — 化学　　□ **acid** — 酸　　□ **carry out ～** — ～を行う

(10) 朝，雨が非常に強く降っていたので，政府は宇宙へロケットを打ち上げるのを待たなくてはならなかった。

> ✅ 選択肢はelect「～を選ぶ」，impact「～に衝撃を与える」，sweep「～を掃く」，launch「～を打ち上げる」。大雨のために政府が待つ必要があったことは何かを考える。目的語にthe rocketとあることからも，launch「～を打ち上げる」が適切。正解は**4**。

(11) 歴史の授業中，エイデンはリサがノートを持っていないと気づいた。彼は自分のノートから紙を引きちぎって彼女に渡し，彼女がノートをとれるようにした。

> ✅ 選択肢はtore off ～「～を引きちぎった」，relied on ～「～に依存した」，answered back「返事を返した」，broke out「勃発した」。ノートを持っていないリサがノートをとれるようにエイデンがとった行動なので，ノートから紙を「引きちぎって」彼女に渡した，とするのが適切。正解は**1**。toreはtear「～を引き裂く」の過去形。

(12) デレクは会社のゴルフ大会でもう少しで優勝するところだった。しかしながら，最終ホールで悪いショットを打ち，結局2位に終わった。

> ✅ 選択肢はcame close to ～「もう少しで～するところだった」，made fun of ～「～を馬鹿にした」，made fun of ～「～を自慢した」，found fault with ～「～のあら捜しをした」。第2文で「しかしながら2位に終わった」とあるので，「もう少しで優勝するところだった」とすると文意が通る。正解は**1**。

📖 WORDS&PHRASES

□ **end up doing** — 結局～することになる

(13) グリフィス先生は，もし生徒たちが授業中に話し続けるならば，追加の宿題が出ることになると生徒たちに警告した。彼らが静かにしようとしないので，彼はその脅しを実行した。

> ✅ 選択肢はfollowed through「実行する」，went over ～「～を検査した」，got through ～「～を通り抜けた」，turned over ～「～をひっくり返した」。第2文のthreat「脅し」の内容は第1文の「話し続けるならば，追加の宿題が出る」ということ。生徒たちが静かにしないので，先生は脅しを「実行した」とすれば文意が通る。follow through with ～で「～を実行する」という意味。正解は**1**。

(14) A：今，誰にばったり会ったと思う？大学のときのジーナを覚えてる？
　　 B：ええ，覚えてるわ。私も先日彼女に会ったの。彼女は私たちと同じビルで働いているみたい。

☑ 選択肢はhoped for ～「～を望んだ」, ran into ～「～にばったり会った」, looked over ～「～を見渡した」, complied with ～「～に準拠した」。「ジーナを覚えてる?」と尋ねられたBが「私も彼女に会った」と言っていることから, 空所には「～にばったり会った」という意味の語句が入る。正解は**2**。

(15) 転職して以来, ニールはさらにいっそうワークライフバランスに満足している。新しい仕事を楽しんでいるが, より多くの時間を家族や友人と過ごせることを喜んでもいる。

☑ 選択肢はseparate from ～「～とは別に」, content with ～「～に満足して」, based on ～「～に基づいて」, equal to ～「～に等しい」。第2文のpositionはここでは会社内の仕事を意味する。仕事を楽しみ, 家族や友人と過ごす時間が多いとあることから, ワークライフバランス (仕事と生活の調和) に「満足している」とするのが適切。正解は**2**。

(16) A：お母さん, 土曜日のバーベキューに友だちを何人か誘ってもいいかな?
B：**もちろんよ**。みんなが食べて飲むには十分すぎる量があるはずよ。

☑ 選択肢はIn any case「いずれにせよ」, At any rate「とにかく」, By all means「もちろん」, On the whole「全体的に」。母親は第2文で「食べて飲むには十分すぎる量がある」と言っていることから, 誘うことを歓迎していると考えられる。空所には「もちろん」という意味のBy all meansが入る。正解は**3**。

(17) アリソンは赤ん坊の弟が彼女の部屋に入るのを嫌がる。彼はいつも彼女の持ち物を散らかし, 彼女は後片付けをしなくてはならない。

☑ 選択肢はmakes an effort「努力する」, makes a mess「散らかす」, takes a chance「やってみる」, takes a rest「休息をとる」。第2文の後半で「後片付けをしなくてはならない」と言っていることから, makes a mess with her things「彼女の持ち物を散らかす」とすると文意が通る。正解は**2**。

📖 WORDS&PHRASES
☐ **baby brother** ── 赤ん坊の弟　　☐ **afterward** ── あとで

(18) プレゼンテーション大会で優勝したあと, ケヴィンはスピーチで, 妻の助けがなければ決して優勝しなかっただろうと語った。

☑ 第2文の後半は「決して優勝しなかっただろう」という仮定法過去完了になっている。空所直後のforと組み合わせてbut for ～とすると「もし～がなければ」と条件を表す意味になり, 文意が通る。正解は**2**。

(19) ショーンは明日の朝早くに重要な会議があるので，今夜は夜更かしをしないほうがよい。

> ☑ 空所直後のbetterに注目する。had betterは「〜したほうがよい」，否定形のhad better notは「〜しないほうがよい」という意味で，翌朝早くに会議があるので夜更かしをしないほうがよい，とすると自然な文になる。正解は**3**。
>
> 📖 WORDS&PHRASES
> □ **stay up late** ── 遅くまで起きている

(20) A：ニッキー，来年は高校卒業だ。どの大学に行きたいか考え始めてもいいころだよ。
B：そうだね，お父さん，でもまだ将来何になりたいかわからないんだ。

> ☑ 選択肢は動詞startのさまざまな形。〈It's time ＋ 仮定法過去〉で「もう〜してもよいころだ」という意味を表すことから，空所には過去形が入る。正解は**1**。〈It's time for ＋ 人 ＋ to *do*〉の形でも同じ意味を表すことができるが，ここではyouの前にforがないので，**4**は不適。

2

[A]

①　ほかの多くの国と同様，インドの人々はプラスチック廃棄物の問題について関心を寄せている。結局のところ，国は年間56億キログラムのプラスチックを生産している。大量のプラスチックは，最終的には陸地やガンジス川のような水路のごみとなるため，プラスチック廃棄物の管理システムの改善が必要となっている。そこで，インド政府は1度しか使用できないプラスチック製品の禁止令導入を計画した。しかし，経済状況や失業率上昇への懸念から，結局政府はこの計画の変更を余儀なくされた。

②　しかし，プラスチックの使用が終わりを迎えた状況が1つある。インドの鉄道の7,000駅すべてが，プラスチック製のティーカップをクルハドと呼ばれる茶色い素焼き粘土のティーカップに取り替えた。インドではプラスチック製のティーカップが使用されるずっと以前から，人々はこの伝統的なカップでお茶を楽しんでいた。インドの鉄道大臣が，クルハドでのみお茶を販売するよう鉄道駅に命じたのだ。そうすることで，彼は国がプラスチック廃棄物をなくすための重要な一歩を踏み出すことを望んでいる。

③　クルハドがプラスチックのティーカップより優れている理由はいくつかある。第1に，廃棄されたあと，すぐに環境に害を与えない物質に分解される。第2に，クルハドの原料である土は実際にお茶の風味をよくする。最後に，クルハドを使用することが雇用を創出する。プラスチック製のカップは機械で作られるが，クルハドは手作業で作られる。インド政府は，この変化によって，数十万人の人々が新しい仕事を得られると見積もっている。

ℐℐ WORDS&PHRASES

□ be concerned about ～ ── ～に関心を寄せる		□ plastic waste ── プラスチック廃棄物
□ after all ── 結局	□ produce ── ～を生産する	□ manage ── ～を管理する
□ improvement ── 改善	□ end up ～ ── 結局～になる	□ trash ── ごみ
□ waterway ── 水路	□ in response ── これに応じて	□ introduce ── ～を導入する
□ ban ── 禁止令	□ be forced to *do* ── ～することを余儀なくされる	
□ worry ── 懸念	□ unemployment ── 失業率	□ nevertheless ── しかしながら
□ come to an end ── 終わる	□ replace A with B ── AをBに取り替える	
□ clay ── 土，粘土	□ traditional ── 伝統的な	□ minister ── 大臣
□ throw away ～ ── ～を捨てる	□ substance ── 物質	□ harm ── ～に害を及ぼす
□ environment ── 環境	□ actually ── 実際に	□ improve ── ～を改善する
□ flavor ── 風味	□ estimate ── ～と見積もる	□ extra ── 追加の

(21) 選択肢は「結局」「さらに」「1つには」「全体として」。空所の前の文はインド政府がプラスチック製品禁止の導入を計画したという内容。空所を含む文は, 副詞 though「しかし」を含んでいるため, 前の文と反対の内容が述べられていると考えられる。経済状況や失業率上昇を懸念して, 当初の計画を変更せざるを得なかったということなので, 空所に「結局は」を入れると自然につながる。正解は**1**。

(22) 選択肢は「〜のためのごみ箱を提供する」「〜でプラスチック使用量を減らす」「〜でのみお茶を販売する」「〜の料金を高くする」。第2段落では, インドでプラスチック製品の使用を終了させた一例が述べられている。第2文に「鉄道の駅すべてが, プラスチック製のティーカップをクルハドに取り替えた」とあるので, 鉄道大臣の命令はクルハドでのみお茶を販売することだと推測できる。正解は**3**。

(23) 選択肢は「雇用を創出する」「お金がよりかからない」「人々の健康によりよい」「ほんの始まりである」。第3段落ではクルハドを使用することのメリットが3つ述べられている。空所のあとの第5〜6文に「クルハドは手作業で作られる」「数十万人の人々が新しい仕事を得られる」とあり, 雇用が創出されていることがわかるので, 正解は**1**。

[B]

本 文 の 意 味　　ただかわいいだけの鳥ではない

① オウムは賢く, 時にはとてもカラフルな鳥だ。ペットとして人気があり, 動物園でよく見かける。残念ながら, 野生のオウムの約3分の1の種類は絶滅の危機に瀕している。ヒヤシンスコンゴウインコやコスミレコンゴウインコなどがその例だ。毎年, これらの鳥の一部が捕獲され, ペットとして違法に販売されている。さらに悪いことに, 農地を作ったり, 木材を得たりするために, それらの生息する森が伐採されることで, 多くが命を落としているのだ。そのため, 巣を作ったり, 餌を集めたりできる場所が少なくなってきている。

② 『ダイバーシティ』誌に発表された研究は, ヒヤシンスコンゴウインコとコスミレコンゴウインコが森林で重要な役割を果たしていることを明らかにした。ブラジルとボリビアでこれらのオウムを調査する研究者たちは, オウムたちが18種類の木の種をまき散らしていることを発見した。彼らは, 鳥が木から果実や木の実を採り, それらを遠くまで運んでいるのを観察した。鳥は果実や木の実をあとで食べることができるよう, そうするのだ。しかし, それらを落としてしまうこともある。人間が開墾した地域でこれが起こると, 果実の中の種や木の実が木に成長し, 森林の回復を助ける。

③ 現在では, ヒヤシンスコンゴウインコやコスミレコンゴウインコを保護するために, 保護団体が懸命に活動している。ひとつ難しいのは, これらのオウムは多くの赤ちゃんを失うことだ。その主な理由は, 彼らの卵がよくほかの鳥たちに食べられることだ。これを防ぐため, 科学者によってコンゴウインコの

卵が巣から取り除かれ，ニワトリの卵と置き換えられることがある。科学者たちは，その卵を安全に保管する。コンゴウインコのヒナは，卵から出たあと，親元に戻される。

WORDS&PHRASES

□ **parrot** — オウム   □ **unfortunately** — 残念なことに   □ **species** — 種

□ **(the) wild** — 野生   □ **danger** — 危険   □ **die out** — 死に絶える

□ **hyacinth macaw** — ヒヤシンスコンゴウインコ

□ **Lear's macaw** — コスミレコンゴウインコ   □ **illegally** — 違法に

□ **clear** — 〜を開墾する   □ **farmland** — 農地   □ **nest** — 巣   □ **study** — 研究

□ **reveal** — 〜を明らかにする   □ **play a role** — 役割を果たす

□ **spread** — 〜をまき散らす   □ **seed** — 種   □ **observe** — 〜を観察する

□ **distance** — 距離   □ **recover** — 回復する   □ **conservation** — 保護，保存

□ **protect** — 〜を守る   □ **difficulty** — 困難，難しさ   □ **prevent** — 〜を防ぐ

□ **remove** — 〜を取り除く   □ **chick** — ヒナ

意味と解説

(24) 選択肢は「反対に」「この場合」「さらに悪いことには」「以前と同様に」。第1段落第5文に，オウムが絶滅の危機にある理由の1つは「捕獲され，ペットとして違法に販売されている」ことだとある。続く第6文は「農地を作ったり，木材を得たりするために，生息する森が伐採されることで，多くが命を落としている」という内容。捕獲に加えて，森林伐採による生息地の減少という別の理由が述べられているので，これらの文をつなぐ空所にはWhat is worse「さらに悪いことに」を入れるのが適切。正解は **3**。

(25) 選択肢は「より多くを求めて戻ることが多い」「それらを時々落とすことがある」「葉や花も食べる」「それらを巣に持って行く」。第2段落第1文で「ヒヤシンスコンゴウインコとコスミレコンゴウインコが森林で重要な役割を果たしている」とあるが，その役割とは同段落最終文にある「森林の回復を助ける」こと。鳥が果実や木の実を遠くまで運ぶ途中でそれらを落としてしまうと，人間が開墾した地域で木に成長し森林が回復する，という流れになっている。正解は **2**。

(26) 選択肢は「巣を作らない」「捕まえにくい」「耳が悪い」「多くの赤ちゃんを失う」。第3段落第3文のreason for thisのthisは，空所を含む文を受けている。「彼らの卵がよくほかの鳥たちに食べられる」ことが原因として起こることは「多くの赤ちゃんを失う」ことと考えられる。正解は **4**。

[A]

送信者：ノエル・ランダー <noel@coffeeshopsupplies.com>
宛先：ゲイリー・シュタイン <thedaydreamcoffeeshop@goodmail.com>
日付：6月5日
件名：ご注文

シュタイン様,

1 (27)今朝は，弊社営業部のジェナ・マークスにお電話で注文をいただきありがとうございます。ご注文は御社のカフェの名前とロゴマークが印刷された Mサイズの黒の紙カップ500個でした。注文に関するジェナのメモによりますと，カップは土曜日までに御社に配達される必要があるとのことです。

2 (28)申し訳ないのですが，ただいま Mサイズの黒のコーヒーカップの在庫がございません。さらには，コーヒーカップの製造機が現在稼働しておりません。故障している部品は先日修理に出しましたが，金曜日にならないと当社の工場に戻ってきません。そのため，いくつかの代替案をご提示させていただきたく，ご連絡しております。

3 もし，どうしても黒のカップが必要ということでしたら，SサイズとLサイズがございます。しかしながら，色よりもサイズがより重要になるのだと拝察いたします。(29)Mサイズの白のコーヒーカップがございますので，代わりにこれらにロゴマークを印刷することができます。また，Mサイズの茶色のカップもございます。この問題につきましては，大変申し訳なく思っております。これらの選択肢のいずれが最適かご連絡いただければ，無料で追加の50カップを送らせていただきます。土曜日までに御社に到着するためには，水曜日までに注文品を発送する必要があると配送業者が言っております。できるだけ早く御社の決定をお知らせください。

よろしくお願いします。

ノエル・ランダー
カスタマーサポート
コーヒーショップサプライズ

□ **place an order** ── 注文する　　□ **medium-sized** ── Mサイズの　　□ **logo** ── ロゴマーク

□ **what is more** ── さらには　　□ **currently** ── 現在　　□ **repair** ── 修理

□ **suggest** ── ～を提案する　　□ **alternative** ── 代替案　　□ **guess** ── ～だと思う

□ **instead** ── 代わりに　　□ **option** ── 選択肢

(27) 今朝，ジェナ・マークスは

1 シュタインさんの注文書に間違った名前を書き留めた。

2 顧客に間違った配送日を伝えた。

3 電話で営業部に連絡を取った。

4 シュタインさんのカフェ用のカップの注文を受けた。

☑ 第1段落第1〜2文に「今朝は，弊社営業部のジェナ・マークスにお電話で注文をいただきありがとうございます」「ご注文は…Mサイズの黒の紙カップ500個でした」とある。このメールの宛先はシュタインさんなので，正解は4。1，2，3についての記述はないので不適切。

(28) ノエル・ランダーによると，注文の問題とは何か？

1 彼の会社にはシュタインさんの欲しいカップがない。

2 彼の会社の機械がシュタインさんのロゴマークを印刷することができない。

3 カップはシュタインさんに金曜日まで配達できない。

4 先日，配送業者によってカップが紛失した。

☑ 第1段落第2文よりシュタインさんの注文品は「Mサイズの黒の紙カップ500個」とわかる。また，第2段落第1文に「Mサイズの黒のコーヒーカップの在庫がない」とあることから，正解は1。「ロゴマークを印刷できない」や「カップの紛失」についての記述はないので2と4は不適切。第2段落第3文より，金曜日までに戻らないのは修理中の機械の部品なので3も不適切。

(29) ノエル・ランダーはシュタインさんに何を提案しているか？

1 次回は50以上のカップを注文すること。

2 白か茶色のカップを使用すること。

3 顧客に無料のコーヒーを提供すること。

4 他社からカップを購入すること。

☑ 第2段落最終文に「いくつかの代替案をご提示」とあり，第3段落ではMサイズの黒のカップに代わるものを提案している。第3〜4文に「Mサイズの白のコーヒーカップがございます」「Mサイズの茶色のカップもございます」とあることから，正解は2。注文数の提案はしていないので，1は不適切。「無料のコーヒー」や「他社からの購入」についても記述はないので，3と4も不適切。

［B］

1　ツイードとは，スコットランドとアイルランドの農民によって最初に開発された，厚手の布の一種につけられた名前だ。長い羊毛がさまざまな色に染められ，つむぎ合わされて柄のある布となっている。(30)スコットランドやアイルランドの気候は寒くて雨が多いので，この暖かくて防水性のある素材は畑で働く農民たちに非常に人気だった。

2　ツイードが農村以外でよく知られるようになったのは19世紀になってからである。当時，裕福なイングランド人はスコットランドに広大な土地を購入していた。それらは領地として知られており，所有者が狩猟や釣りに利用していた。ツイードは主に茶色，緑色，灰色で，野生動物はこの素材でできた服を身につけた人間を見つけにくいため，狩人たちはツイードに興味を持つようになった。裕福なイングランド人の所有者たちは，自分たちの領地のためにツイードの柄を作らせ始めた。(31)ヴィクトリア女王の夫であるアルバート公がスコットランドにある王室の領地の人々のために独自の柄を作らせると，その生地は英国じゅうで有名になった。

3　ツイードで作られた服は，富裕層が田舎で着る標準的な品となった。男性は，街や都市で商売をするときは青や黒のスーツを着用し，自らの領地へくつろぎに行くときはツイードのスーツを着た。(32)一般庶民は，ゴルフやサイクリングなどのアウトドアの趣味のためにツイードを着用して，それらを真似し始めた。ツイードを着用するファッションは，アメリカやヨーロッパのほかの国々にも広がり，多くの有名ファッションデザイナーが自分の衣服にツイードを用いた20世紀には，ツイードはさらに人気を博した。

4　ツイードの流行は長年続いたが，21世紀の初頭までにその人気は落ちた。しかし，今，ツイードは再度人気になり始めている。(33)その理由の1つは，環境にほとんど害を及ぼさないからだ。自然由来の羊毛から作られているということに加え，非常に長もちするくらい丈夫なので，人々は頻繁に新しい服を購入する必要がない。実際，英国の富裕層には，今でも祖父母のツイード製スーツを着用する人もいる。

WORDS&PHRASES

□ **tweed** — ツイード　　□ **thick** — 厚い　　□ **develop** — 〜を開発する

□ **wool** — ウール，羊毛　　□ **dye** — 〜を染める　　□ **pattern** — 柄

□ **waterproof** — 防水性のある　　■ **material** — 素材　　□ **field** — 畑

□ **century** — 世紀　　□ **wealthy** — 裕福な　　□ **estate** — 領地，広大な私有地

□ **hunting** — 狩猟　　□ **hunter** — 狩人　　□ **mainly** — 主に　　□ **unique** — 独自の

□ **royal** — 王室の　　□ **throughout** — 〜のすみからすみまで　　□ **standard** — 標準的な

□ **countryside** — 田舎　　□ **relax** — くつろぐ　　□ **ordinary** — 一般の

□ **imitate** — 〜を真似する　　□ **outdoor hobby** — アウトドアの趣味　　□ **rest** — 残り

□ **various** — さまざまな　　□ **remain** — 〜のままでいる　　□ **popularity** — 人気

□ **harm** — 害　　□ **in addition to 〜** — 〜に加えて　　□ **last** — 続く　　□ **indeed** — 実際に

(30) ツイードがスコットランドとアイルランドの農民に人気だった理由は

1　屋外にいる間，暖かく乾燥した状態に保つのに役立ったから。

2　自由な時間にお金を稼ぐのに役立ったから。

3　彼らが生産した余分な羊毛を使用することができたから。

4　彼らの文化を若い人たちに教えることができたから。

☑　第1段落第3文に「スコットランドやアイルランドの気候は寒くて雨が多いので，この暖かくて防水性のある素材は畑で働く農民たちに非常に人気があった」とあることから，正解は**1**。2，3，4のような記述はない。

(31) アルバート公はツイードを有名にするためにどのように貢献したか？

1　スコットランドの農民が所有する土地によく狩猟に行った。

2　ツイードの工場があるスコットランドに領地を購入した。

3　スコットランドを旅行中にそれを着ているところを見られた。

4　スコットランドにある領地のために特別なツイード柄を注文した。

☑　アルバート公についての記述は第2段落第6文に登場する。「アルバート公がスコットランドにある王室の領地の人々のために独自の柄を作らせると，その生地は英国じゅうで有名になった」とあることから，正解は**4**。

(32) 一般庶民は…ときにツイードを着た。

1　街や都市で商売をしている

2　アメリカやヨーロッパを訪問している

3　彼らが農民であることを示そうとしている

4　屋外でレジャー活動を楽しんでいる

☑　第3段落第3文に「一般庶民は，ゴルフやサイクリングなどのアウトドアの趣味のためにツイードを着用して，それらを真似し始めた」とあることから，正解は**4**。1は，第2文の「男性は，街や都市で商売をするときは青や黒のスーツを着用し」に矛盾するので不適切。2，3のような記述はない。

(33) ツイードが環境にほとんど害を及ぼさない理由の1つは何か？

1　燃やしたときに有害な煙を出さない。

2　汚れにくく，ほとんど洗濯の必要がない。

3　丈夫で人々は長年着用することができる。

4　家族経営の小さな工場で手作業により作られている。

☑　第4段落第3文に「環境にほとんど害を及ぼさない」とあり，次の第4文がその理由を説明している。第4文では「自然由来の羊毛から作られているということに加え，非常に長もちするくらい丈夫なので，人々は頻繁に新しい服

を購入する必要がない」と述べている。したがって，正解は **3**。1，2，4のような記述はない。

[C]

本文の意味　遠い過去からの手がかり

1　農耕が発達するより前に生きた人類は，多くの石器を残した。(34)これらはたいてい道具や武器の一部で，彼らがどのように食料を入手していたかを我々に示してくれる。しかし，彼らの文化のほかの部分についてはあまり知られていない。我々が持つこの時代のもう1つの情報源は，洞窟内の壁画だ。それらはほとんどが狩猟の場面なので，初期の人類が集団生活をしていたことを示してはいるが，宗教儀式などのほかの社会的活動に参加していたことは示していない。

2　証拠不足のため，多くの歴史家は，人類が農場を作り村に住み始めるまで宗教は発達しなかったと信じるようになった。しかし，最近の発見は，宗教的信仰がこの時期より前に存在していた可能性を示唆している。(35)シギルの偶像は顔とシンボルが彫られた背の高い木製の像である。専門家によれば，これらのシンボルは彼らが崇拝していた神々への宗教的信仰を表現している可能性が高いということだ。

3　(38)実は，シギルの偶像は1890年にロシアで発見された。長い間，人々はそれがどのくらい古いものかわからなかったが，(36)ここ数年の木材の分析で，それはおよそ1万2500年前，その地域の人類が農耕を始めるずっと以前に作られたものだと判明した。その像は，所有者が移動するときには取り外して，別の場所で再度設置することができるように，いくつかのパーツで作られていた。残念ながら，20世紀初頭にそのいくつかのパーツが失われ，図面のみが残っている。

4　(37)歴史のある時点で，シギルの偶像は泥のようなものの中に落ち，その泥が何千年もの間，偶像を安全に保ったのだ。それが発見された状況は非常に稀である。実際，同時代の木製の像でほかに発見されたものはない。シギルの偶像の品質から判断して，初期の人類は木で物を作ることに長けていた。しかし，残っている木製品はほとんどない。それにもかかわらず，初期の人類はかつて考えられていたよりも高度な文化を持ち，また宗教を持っていたかもしれないということを，シギルの偶像は歴史家たちに示している。

📖 WORDS&PHRASES

☐ **clue**——手がかり，ヒント　　☐ **development**——発達　　☐ **farming**——農耕

☐ **stone object**——石器，石製品　　☐ **leave ～ behind**——～を残す　　☐ **tool**——道具

☐ **weapon**——武器　　☐ **obtain**——～を手に入れる　　☐ **source**——源

☐ **period**——時代　　☐ **cave**——洞窟　　☐ **scene**——光景，場面

☐ **participate in ～**——～に参加する　　☐ **religious**——宗教の　　☐ **ceremony**——儀式

☐ **lack**——不足　　☐ **evidence**——証拠　　☐ **religion**——宗教　　☐ **suggest**——～を示唆する

□ belief ── 信仰，信じること　　□ exist ── 存在する　　□ the Shigir Idol ── シギルの偶像
□ idol ── 偶像　　□ statue ── 像　　□ carve ── 〜を彫る　　□ worship ── 〜を崇拝する
□ analysis ── 分析　　□ reveal ── 〜を明らかにする　　□ drawing ── 図画
□ remain ── 残る　　□ mud ── 泥　　□ condition ── 状態　　□ rare ── 珍しい，稀な
□ indeed ── 実際　　□ judging from 〜 ── 〜から判断すると
□ be skilled at 〜 ── 〜に長けている　　□ survive ── 生き残る
□ despite ── 〜にもかかわらず　　□ advanced ── 高度な　　□ probably ── おそらく

意味と解説

(34) 初期の人類が残した石器から何がわかるか？

1　彼らが洞窟内で生活していたかどうか。
2　彼らはどのようにして食べるものを手に入れることができたか。
3　彼らの集団はもともとどこから来たのか。
4　どんな種類の動物を彼らは狩っていたか。

> 第1段落第2文の主語These objectsは第1文の「石器」を指す。「これら（＝石器）はたいてい道具や武器の一部で，彼らがどのように食料を入手していたかを我々に示してくれる」とあることから，正解は**2**。1，3，4のような記述はない。

(35) シギルの偶像は木製の像で

1　有名な歴史的指導者の顔が彫られている。
2　初期の人類が神々の存在を信じていたことを示す可能性がある。
3　初期の人類にとって農耕の重要性を示すシンボルである。
4　おそらく，人類最初の村の1つの中心にあった。

> 第2段落第3文に，「シギルの偶像は顔とシンボルが彫られた背の高い木製の像」との説明があり，続く第4文に「これらのシンボルは彼らが崇拝していた神々への宗教的信仰を表現している可能性が高い」とあるので，正解は**2**。同じく第4文から，農耕の重要性を示すシンボルではないので，3は不適切。1と4のような記述はない。

(36) シギルの偶像について最近発見されたことの1つは何か？

1　これを所有していた人は設置の仕方を示す図面を描いていた。
2　その像を構成するいくつかのパーツは発見されたことがない。
3　その像はさまざまな方法で組み立てることができる。
4　それは，まだ食物の栽培を始めていない人々によって作られた。

> 第3段落第2文に「ここ数年の木材の分析で，それはおよそ1万2500年前，その地域の人類が農耕を始めるずっと以前に作られたものだと判明した」とあることから，正解は**4**。設置方法を示す図面についての記述はないので1は

不適切。第3段落最終文の「20世紀初頭にそのいくつかのパーツが失われ」
から，一度発見されたものが紛失したと判断できるので，2も不適切。組み
立て方法が複数あるかについては言及がないので，3も不適切。

(37) シギルの偶像の発見はなぜ特別な出来事である可能性が高いのか？

1 それが発見された地域の泥の種類は掘削を困難にするから。

2 初期の人類はほかの集団によって作られた宗教的な像をしばしば破壊したから。

3 初期の人々はシギルの偶像のようなものを作る技術をほとんど持っていなかったから。

4 **木材は非常に特殊な条件のもとでしか，数千年も残存しないから。**

✓ シギルの偶像が発見された状況が第4段落第1〜3文に述べられている。第
1文の「泥が何千年もの間，偶像を安全に保った」，第2文の「発見された状況
は非常に稀」，第3文の「実際，同時代の木製の像でほかに発見されたものは
ない」などから，正解は4。1の「掘削が困難」や，2の「像をしばしば破壊し
た」などの記述はない。第4文の「シギルの偶像の品質から判断して，初期の
人類は木で物を作ることに長けていた」に矛盾するので，3も不適切。

(38) 次のうち本文の内容に一致するものはどれか？

1 シギルの偶像は初期の人類の集団間で文化交流があったことを示している。

2 洞窟内の絵は初期の人類が宗教的儀式に参加していたことを示している。

3 歴史家たちは，人類はいつも宗教を持っていたと長い間信じている。

4 **シギルの偶像の年代はそれが発見されてから長い間謎であった。**

✓ 第3段落第1〜2文に「実は，シギルの偶像は1890年にロシアで発見された。
長い間，それがどのくらい古いものかわからなかった」とあるので，4が正
解。1のような文化交流に関する記述はない。2は第1段落最終文の「(洞窟
内の壁画は)宗教儀式などのほかの社会的活動に参加していたことは示して
いない」に矛盾するので不適切。3は第2段落第1文の「証拠不足のため，多
くの歴史家は，人類が農場を作り村に住み始めるまで宗教は発達しなかった
と信じるようになった」に矛盾するので不適切。

ライティング 意味と解答例

4

問 題 の 意 味

トピック

歴史をよりよく理解するためには重要な史跡に行くことが必要だと言う人々がいます。
あなたはこの意見に同意しますか？

ポイント

・経験　　・動機づけ　　・技術

解 答 例 1

I agree with the opinion that it is necessary for people to go to important historical
sites in order to understand history better. I have two reasons. First, reading history
books only gives us academic knowledge. By visiting historical sites and seeing
them with our own eyes, we can experience their actual colors and size. Second,
these experiences at real historical sites make a stronger impression than photos
seen in books or on the Internet do. Firsthand experience can become a motivation
to look more deeply into the historical event, which would lead to a better
understanding of history.（99語）

解 答 例 1 の 意 味

歴史をよりよく理解するためには重要な史跡に行くことが必要であるという意見に同意します。
理由は2つあります。まず，歴史の本を読んでも，学術的知識しか得られません。史跡を訪れ，
自分の目で見ることで，実際の色や大きさを味わうことができます。2つ目は，実際の史跡での
これらの体験は本やインターネットで見られる写真よりもっと強烈な印象を与えます。直接の体
験は，歴史的な出来事をもっと深く調べようとする動機となり，歴史への理解を深めることに
つながるでしょう。したがって，私はこの意見に同意します。

　　初めに「歴史をよりよく理解するためには重要な史跡に行くことが必要であると
いう意見に私は同意します」と自分の立場をはっきり述べ，次に理由を2つ挙げて
いる。最後にもう一度結論を繰り返して締めくくるのが普通の形だが，語数が超過
しそうな場合は結論部分を省いてもよい。
　　理由を述べる際にはFirst「まず」，Second「2つ目は」という表現を使って，わかり
やすく整理している。その2つの理由には「実際の色や大きさを実感する」と「深く

22
年
度

第
1
回

筆
記

調べようとする動機となる」を挙げている。最初の理由は与えられている POINTS 中の Experience に，2つ目の理由は Motivation に関連している。

　なお，同意する場合は「実際の史跡に立ち，昔の人と同じ風景を見ることで，そうでなければ気づかなかったであろうことを知ることができる（By standing in the actual historical sites and seeing the same scenery as people in the past, you can learn things that you would not have noticed otherwise.）」などの理由も考えられる。

解答例 2

I do not agree with the opinion that it is necessary for people to go to important historical sites in order to understand history better. There are two reasons for this. First, modern technologies such as drones are making virtual travels possible. Even if you don't visit a historical site, you can understand its history as deeply as if you were there. Next, it takes much time and money to go to historical sites around the world. It would be wiser to spend that time and money acquiring and reading valuable history books.（93語）

解答例 2 の 意 味

歴史をよりよく理解するためには重要な史跡に行くことが必要だという意見に私は同意しません。その理由は2つあります。第1に，ドローンなどの現代技術によって，バーチャルな旅行が可能になってきています。史跡に行かなくても，まるでその場にいるかのように深く歴史を理解することができるのです。次に，世界中の史跡に行くには，多くの時間とお金がかかります。その時間とお金は，貴重な歴史書を入手して読むことに費やすほうが賢明でしょう。

　初めに「歴史をよりよく理解するためには重要な史跡に行くことが必要だという意見に私は同意しません」と自分の立場を明確に述べ，次に理由を2つ挙げている。

　理由を挙げる際，1つ目の理由を First「第1に」，2つ目の理由を Next「次に」で始めて整理して書いている。その2つの理由には「現代技術によってバーチャルな旅行が可能になっている」と「時間と費用がかかる」ということを挙げている。1つ目の理由は POINTS 中の Technology に関連している。

　なお，同意しない場合は，「史跡の中には平城京跡のように，見るべきものがほとんど残っていない場所もある。そのような場所を訪れても歴史を深く理解できるとは思わない（Some historic sites, like the Heijokyo Ruins, have little left to see. I do not think that visiting such places would give you a deep understanding of history.）」などと理由を述べることもできる。

リスニングテスト

No. 1

A：Livingstone Hotel.

B：This is Ben Bryson in Room 707. I'll be meeting some clients for dinner near City Station, and I'd like to take the train back here afterwards. <u>Do you know what time the last train leaves?</u>

A：I can check for you. Let's see. The last train from City Station is at 12:15.

B：Excellent. Thanks a lot.

> Question　What does the man want to know?

A：リビングストンホテルです。

B：707号室のベン・ブライソンです。シティ駅近くで顧客と会って夕食をとるつもりなのですが，そのあと電車でここに戻りたいと思っています。<u>終電は何時に出発するか知っていますか？</u>

A：お調べいたします。そうですね。シティ駅からの最終電車は12時15分です。

B：すばらしい。どうもありがとう。

❓ **男性は何を知りたいか？**

1　終電は何時か。

2　シティ駅までの行き方。

3　部屋を変えることができるかどうか。

4　彼の顧客は何号室にいるか。

✅ 男性 (B) が最初の発言でDo you know what time the last train leaves?「終電は何時に出発するか知っていますか」と尋ねているのに対し，女性 (A) がThe last train from City Station is at 12:15.「シティ駅からの最終電車は12時15分です」と答えていることから，正解は**1**。

No. 2

A：Bernard, how did you get that scar on your knee?

B：Haven't you noticed it before, Cathy? <u>I've had it for most of my life. I fell off my bicycle when I was a kid.</u>

A：Really? That must have hurt.

B：Yeah, it did. My knee was bleeding a lot, and my mother had to take me to the hospital.

> Question　What was Bernard doing when he got hurt?

A：バーナード，ひざのその傷あとはどうしたの？

B：前から気づいてなかったの，キャシー？ これはずっとあるんだよ。子どものころ自転車で転んだんだ。

A：そうなの？ 痛かったでしょうね。

B：うん，痛かったよ。ひざからたくさん出血して，母は僕を病院に連れて行かなければならなかったよ。

❓ バーナードはけがをしたとき，何をしていたか？

1　友だちとスポーツをしていた。

2　母親とドライブしていた。

3　自転車に乗っていた。

4　キャシーと話をしていた。

✓　キャシー（A）からひざの傷あとについて聞かれたバーナード（B）は最初の発言でI've had it for most of my life. I fell off my bicycle when I was a kid.「これはずっとあるんだよ。子どものころ自転車で転んだんだ」と応答していることから，正解は**3**。

No.3

🔊 A：What's the matter, Doris? You look very tired.

B：My cat ran away last night, and I went looking for her. I didn't go to bed until after 3 a.m.

A：I'm sorry to hear that. Did you find her and bring her home?

B：No, but when I woke up this morning, she was waiting outside. I have no idea where she went last night.

Question　Why is the woman tired?

A：どうしたの，ドリス？ すごく疲れているように見えるけど。

B：昨夜，ネコが逃げて，探しに行ったのよ。午前3時すぎまでずっと眠れなかったの。

A：それは大変だったね。見つけて家に連れて帰ったのかい？

B：いいえ，でも今朝起きたら，外で待ってたのよ。昨夜はどこに行ったのか見当もつかないわ。

❓ 女性はなぜ疲れているか？

1　彼女はネコを病院に連れて行った。

2　彼女は今朝，職場までずっと走って行った。

3　彼女は台所を掃除するために早起きした。

4　彼女は昨夜，ネコを探さなくてはならなかった。

✓　男性（A）からYou look very tired.「すごく疲れているように見える」と言われた女性（B）はMy cat ran away last night, and I went looking for her. I didn't go to bed until after 3 a.m.「昨夜，ネコが逃げて，探しに行ったのよ。午前3時すぎまでずっと眠れなかった」と応答していることから，正解は**4**。

No. 4

A : Is that a new pencil case, David? I thought you liked your old one with the shark on it.

B : I still do. My dad bought that one at the aquarium, but I needed to get a bigger one because I need to take a lot of colored pencils to art class.

A : Have you drawn any pictures yet?

B : Yeah, lots. I'll show them to you sometime.

Question　Why did the boy get a new pencil case?

A : あれは新しい筆箱なの，デイヴィッド？ あなたはサメの絵が付いてるあの古いのが気に入ってると思ってたわ。

B : 今でも気に入ってるよ。お父さんが水族館であれを買ってくれたけど，美術の授業に色鉛筆をたくさん持って行かないといけないから，もっと大きいのが必要だったんだ。

A : もう何か絵は描いたの？

B : うん，たくさん。いつか見せてあげるね。

❷ **少年はなぜ新しい筆箱を手に入れたのか？**

1　彼は古いのをクラスの友だちにあげた。

2　彼は古いのを水族館でなくした。

3　彼は美術の授業用にもっと大きなものが必要だった。

4　彼は違う絵の付いたものが欲しかった。

✓　少年（A）が最初の発言でI needed to get a bigger one because I need to take a lot of colored pencils to art class.「美術の授業に色鉛筆をたくさん持って行かないといけないから，もっと大きいのが必要だった」と言っていることから，正解は**3**。your old one, that one, a bigger oneのoneは代名詞で，いずれもpencil caseを指している。

No. 5

A : George, could I have a tissue?

B : Sure, here you go. Do you have a cold?

A : I don't think so. The air conditioners in my apartment are very old, and I think they need to be cleaned. The air in my room makes my nose run. I'm going to call the building manager later today.

B : Good idea. Air conditioners need to be cleaned often.

Question　How does the woman plan to solve her problem?

A : ジョージ，ティッシュペーパーをもらえるかしら？

B : もちろん，はいどうぞ。風邪をひいてるの？

A : そうじゃないと思う。アパートのエアコンがとても古くて，掃除が必要なんだと思う

わ。部屋の空気のせいで鼻水が出るの。今日，あとでビルの管理人に電話をしてみるつもり。

B：それがいいね。エアコンは頻繁に掃除が必要だよ。

❓ 女性は彼女の問題をどのように解決するつもりか？

1　彼女の部屋の掃除をすることによって。

2　ティッシュペーパーをもっと買うことによって。

3　ビルの管理人と話すことによって。

4　友人に助けを求めることによって。

📝　女性（A）が2度目の発言でエアコンの問題を述べたあと I'm going to call the building manager later today.「今日，あとでビルの管理人に電話をしてみるつもり」と言っている。したがって，正解は **3**。

No. 6

🔊　A：Good morning. I'm looking for a new desk for my room.

B：Would you like a metal one or a wooden one?

A：Well, the rest of the furniture in my room is wooden, so I'd like to find a matching desk.

B：I think we may have just the thing you're looking for. There's a sale on all of our desks, chairs, and shelves today.

> Question　What is the customer looking for?

A：おはようございます。部屋に置く新しい机を探しているんですが。

B：お求めなのは金属製ですか，それとも木製ですか？

A：そうですね，部屋にあるほかの家具が木製なので，それに合う机を見つけたいです。

B：あなたがお探しのものがちょうどあると思います。本日は当店の机，いす，棚がすべてセールになっております。

❓ 客は何を探しているか？

1　彼女の机に合ういす。

2　彼女の部屋に置く新しい机。

3　本を収納する木製の棚。

4　彼女の部屋に置く金属製の家具。

📝　男性（B）が家具店の店員で，女性（A）がその客。女性が最初の発言でI'm looking for a new desk for my room.「部屋に置く新しい机を探している」と言っていることから，**2**が正解。

No. 7

🔊　A：Excuse me. I got this postcard in my mailbox yesterday. It says I have a package to pick up at this post office.

B：Yes, sir. May I see an ID card, please?

A：Of course. Here's my driver's license.

B：Thank you. Now, just sign your name on this line.

Question　What is the man doing at the post office?

A：すみません。昨日，郵便受けにこのはがきが入っていました。この郵便局で受け取る荷物があると書いてあります。

B：その通りです，お客様。身分証明書を見せていただけますか？

A：もちろんです。これが私の運転免許証です。

B：ありがとうございます。それでは，この線の上にサインだけしてください。

❓ 男性は郵便局で何をしているか？

1　郵便物を配達している。

2　郵便受けをチェックしている。

3　彼の新しい免許証を受け取っている。

4　荷物を受け取っている。

📋 男性（A）は最初の発言でI got this postcard in my mailbox yesterday. It says I have a package to pick up at this post office.「昨日，郵便受けにこのはがきが入っていました。この郵便局で受け取る荷物があると書いてあります」と言っているので，この会話の場所が郵便局であることと，受け取る荷物があることがわかる。それに対し女性（B）が Yes, sir.「その通りです」と言い，男性に身分証明書を見せるよう促していることから，正解は**4**。

No. 8

🔊 A：So, how are the wedding preparations going, Gordon? Have you and your fiancée finished planning everything?

B：We've done a lot, but there's still so much left to do.

A：Well, you still have six weeks left. Have you decided where to go on your honeymoon?

B：Actually, we've both been so busy that we haven't had time to think about it yet.

Question　What is one thing the man says?

A：それで，結婚式の準備はどんなふうに進んでいるの，ゴードン？ あなたと婚約者はすべての計画を立て終わったの？

B：だいぶ済んだけど，まだやるべきことはたくさんあるんだよ。

A：そうね，まだ6週間残ってるわね。新婚旅行はどこに行くか決めたの？

B：実は僕たち2人とも忙しくて，それについて考える時間がまだなかったんだよ。

❓ 男性が言っていることの1つは何か？

1　結婚式の時間が変更になった。

2　結婚式の計画はまだ終わっていない。

3 新婚旅行は楽しくなかった。

4 新婚旅行の計画は6週間前に立てられた。

> 女性（A）が結婚式について「あなたと婚約者はすべての計画を立て終わったの?」と尋ね，男性（B）は We've done a lot, but there's still so much left to do.「だいぶ済んだけど，まだやるべきことはたくさんあるんだよ」と答えているので，正解は **2**。

No.9

A : Honey, we haven't seen Gloria at our town meetings recently. I guess she must be busy.

B : Actually, I forgot to tell you—I ran into her on the street last week. She said she's started going to a business class in the evening.

A : Really? I hope I can get a chance to see her again soon.

B : Well, she said she'd definitely be at the next meeting.

Question　What is one thing the man says about Gloria?

A : ねえ，最近，町民会議でグロリアに会ってないわね。きっと忙しいんでしょうね。

B : 実は，君に言うのを忘れてたけど，先週道でばったり彼女に会ったよ。彼女は夜間のビジネス講座に通い始めたって言っていたよ。

A : そうなの? 近いうちにまた彼女に会う機会があるといいな。

B : ああ，彼女は次の会議には絶対に参加するって言っていたよ。

❓ **グロリアについて男性が言っていることの1つは何か?**

1 彼女は講座を受けている。

2 彼女は自分のビジネスを始めた。

3 彼女はその女性に電話をする。

4 彼女は違う通りに引っ越した。

> 女性（A）の最初の発言に we haven't seen Gloria at our town meetings recently「最近町民会議でグロリアに会ってない」とあり，男性（B）は最初の発言で She said she's started going to a business class in the evening.「彼女は夜間のビジネス講座に通い始めたって言っていたよ」と言っていることから，正解は **1**。

No.10

A : Working overtime again tonight, Debbie?

B : I think so, Bob. I'm still working on this presentation for Mr. Donaldson.

A : You've been working on it all week. Let me know if you need help with anything.

B : OK, thanks. I will be done with it soon, though. After that, my work schedule should go back to normal.

Question　What is one thing the woman says?

A：今夜もまた残業なの，デビー？

B：そうだと思うわ，ボブ。<u>ドナルドソン氏のためのこのプレゼンテーションにまだ取り組んでるのよ。</u>

A：1週間ずっとそれに取り組んでるよね。何か手伝いが必要なら僕に知らせてよ。

B：わかったわ，ありがとう。<u>でも，もうじき終わるの。</u>そのあとは，私の仕事のスケジュールは通常に戻るはずだわ。

❓ 女性が言っていることの1つは何か？

1　彼女は来月まで残業を続ける予定だ。

2　彼女はドナルドソン氏と話をするつもりがない。

3　彼女はこれまでプレゼンテーションをしたことがない。

4　彼女はプレゼンテーションをほとんど書き終えている。

☑　男性から「今夜もまた残業なの?」と尋ねられた女性 (B) は最初の発言でI'm still working on this presentation for Mr. Donaldson.「ドナルドソン氏のためのこのプレゼンテーションにまだ取り組んでるのよ」, 2度目の発言でI will be done with it soon, though.「でも, もうじき終わるの」と言っていることから, 正解は **4**。be done with ～で「～を終える」という意味。

No.11

🔊 A：Hello.

B：Hi, this is Stefan calling. Is Lorie there?

A：She's just gone to the store to get something for dinner. She shouldn't be too long. I'll have her call you when she gets home.

B：That's OK. <u>I'm going out with my parents, so I'll call her when I get back.</u>

　| Question |　What will Stefan do when he gets back?

A：もしもし。

B：こんにちは，ステファンです。ローリーはいますか？

A：彼女は夕食の買い物にお店に出かけたところなの。そんなに長くかからないはずよ。彼女が家に戻ったら，あなたに電話させるわね。

B：大丈夫です。<u>僕は両親と外出するところなので，帰ったら彼女に電話します。</u>

❓ ステファンは帰ったら何をするか？

1　ローリーが電話をかけてくるのを待つ。

2　ローリーにもう一度電話をする。

3　家で夕食を食べる。

4　彼の両親と外出する。

☑　ステファン (B) がローリーに電話をかけている場面。ステファンは2度目の発言でI'm going out with my parents, so I'll call her when I get back.「僕は両親と外出するところなので, 帰ったら彼女に電話します」と言っていることから, 正解は **2**。

No. 12

🔊 A：Excuse me. Where can I find the special exhibition of modern art?

B：It's on the third floor, next to the museum shop. But you'd better hurry. The museum is closing in half an hour.

A：All right. Do I have to pay extra to go in?

B：Yes. Special exhibition tickets are five dollars. It's our most popular event this year.

Question　Why does the man say the woman should hurry?

A：すみません。現代美術の特別展はどこでしょうか？

B：3階の，ミュージアムショップの隣です。でも，お急ぎになったほうがいいですよ。美術館はあと30分で閉館します。

A：わかりました。中に入るには追加料金が必要でしょうか？

B：はい。特別展のチケットは5ドルです。それは今年一番人気のイベントです。

❓ **男性はなぜ女性が急ぐべきだと言っているのか？**

1　きょうが展覧会の最終日だ。

2　もうすぐ閉館時刻である。

3　展覧会のチケットはすぐに売り切れるだろう。

4　ミュージアムショップは特別セールをしている。

☑ 特別展の場所を聞かれた男性（B）は最初の発言で場所を伝えたあと，But you'd better hurry. The museum is closing in half an hour.「でも，お急ぎになったほうがいいですよ。美術館はあと30分で閉館します」と言っているので，正解は**2**。

No. 13

🔊 A：Hey, Anne. I've got two tickets to the Fire Queens concert in Highdale Park this Friday night. Do you want to go? It starts at 6 p.m.

B：Well, I love the Fire Queens, but I promised to look after my sister's baby that night. My sister has to work late.

A：I see. That's too bad.

B：I wish I could go. Maybe next time, I guess.

Question　Why will the woman not go to the concert?

A：ねえ，アン。今週の金曜日の夜にハイデールパークで行われるファイアクイーンズのコンサートのチケットを2枚手に入れたんだ。行きたいかい？ 午後6時開演だよ。

B：そうね，ファイアクイーンズは大好きなんだけど，その夜は姉の赤ちゃんの世話をする約束があるの。姉は遅くまで働かなきゃならないのよ。

A：そうなんだ。それは残念だな。

B：行けたらいいんだけど。また今度ね。

❓ **女性はなぜコンサートに行かないのか？**

1 彼女はその夜は夕食を作らなければならない。

2 彼女は赤ちゃんの世話をしなければならない。

3 彼女は姉と外出する予定だ。

4 彼女は遅くまで働く予定だ。

☑ 男性 (A) からコンサートに誘われた女性 (B) は最初の発言で I promised to look after my sister's baby that night「その夜は姉の赤ちゃんの世話をする約束がある」, 2度目の発言で I wish I could go.「行けたらいいんだけど」と言っているので, 正解は **2**。I wish I could go. は仮定法過去で, かなえられそうもない願望を表し, ここでは「行けたらいいんだけど行けない」という意味になる。

No. 14

A : Donnie, I'm happy you did well on your science test this time, but you failed your math test again.

B : I know, Mom. I find it hard to concentrate in Ms. Wilson's class.

A : Well, if you don't get a better score next time, maybe you should start seeing a tutor after school.

B : No, please don't make me do that. I'll do my best to study harder.

Question　What does the boy say he will do?

A : ドニー, 今回は理科のテストでいい成績を取ったのはうれしいけど, 数学のテストはまた落第しちゃったわね。

B : わかってるよ, お母さん。ウィルソン先生のクラスは集中するのが難しいんだ。

A : そうね, 次回もっといい点数が取れなかったら, 放課後に家庭教師の先生にみてもらうようにしたほうがいいかもしれないわ。

B : いや, そんなことはさせないでよ。もっと一生懸命勉強するように最善を尽くすよ。

❷ 少年は何をすると言っているか？

1 理科の授業でもっと注意を払う。

2 放課後ウィルソン先生に会う。

3 数学の授業でもっと一生懸命勉強する。

4 新しい数学の家庭教師を見つけようと試みる。

☑ ドニーの母親 (A) の最初の発言 you failed your math test again「数学のテストはまた落第しちゃったわね」から, 成績が悪かったのは数学だとわかる。ドニー (B) は2度目の発言で I'll do my best to study harder.「もっと一生懸命勉強するように最善を尽くす」と言っていることから, 正解は **3**。

No. 15

A : Excuse me, sir. Do you live in this neighborhood?

B : I do. Do you need some help finding something?

A：Yes, if you don't mind. I'm looking for a good place for lunch. Do you have any recommendations?

B：Hmm. Well, there's a nice German restaurant up on the hill. It's called Heidi's.

Question What does the woman want to do?

- -

A：すみません。この近くにお住まいですか？

B：ええ，そうです。何かを見つけるのに助けが必要ですか？

A：はい，差し支えなければ。昼食を食べるのによい場所を探しているんです。お薦めはありますか？

B：うーん。そうですね，丘の上にすてきなドイツ料理店がありますよ。ハイディーズという名前です。

❓ **女性は何がしたいか？**

1　ドイツに引っ越す。

2　男性と一緒に昼食を食べる。

3　男性がどこに行くのか突き止める。

4　よいレストランで昼食を食べる。

- -

☑ 女性 (A) は最初の発言で Do you live in this neighborhood?「この近くにお住まいですか？」と初対面の男性 (B) に話しかけ，2度目の発言で I'm looking for a good place for lunch.「昼食を食べるのによい場所を探しているんです」と言っていることから，正解は **4**。

第 2 部

No. 16

🔊 　　Sandra hurt her left foot playing soccer. She could not play for a long time, so she joined a fitness center to stay active. The instructor there was very friendly and showed her how to use the training machines. However, after a few months, Sandra stopped going because the fitness center became very crowded. She is looking forward to playing soccer again soon.

Question Why did Sandra stop going to the fitness center?

- -

　　サンドラはサッカーをしていて左足を痛めた。長い間プレーすることができなかったので，活動的でいるために彼女はフィットネスセンターに入会した。そこのインストラクターはとても親切で彼女にトレーニングマシーンの使い方を教えてくれた。しかし数か月後，フィットネスセンターがとても混んできたのでサンドラは通うのをやめた。彼女はまたすぐにサッカーをすることを楽しみにしている。

❓ **サンドラはなぜフィットネスセンターに行くことをやめたか？**

1　彼女は活動的だと感じていなかった。

2　彼女の足がよくならなかった。

3 そこには人が多すぎた。

4 そこのインストラクターが厳しすぎた。

■ 終盤で after a few months, Sandra stopped going because the fitness center became very crowded「フィットネスセンターがとても混んできたのでサンドラは通うのをやめた」と言っていることから，正解は**3**。

No.17

🔊 Robert's work schedule will change at the beginning of next month. He will still work from home twice a week, but his boss said that weekly reports will be due on Fridays—not on Wednesdays as before. In addition, the staff meeting will be on Mondays instead of Tuesdays. What Robert is most happy about is that he will have more time to make and check his weekly report during the week.

Question   What is one way in which Robert's schedule will change?

ロバートの仕事のスケジュールは来月の初めに変更となる。週2回は在宅勤務のままだが，週間報告書の締切は以前のように水曜日ではなく金曜日になると彼の上司は言った。加えて，スタッフ会議は火曜日ではなく月曜日になる。ロバートにとって一番うれしいのは，平日に週間報告書を作成しチェックする時間がもっと取れるということだ。

❓ **ロバートのスケジュールの変更の1つは何か?**

1 彼は報告書を金曜日に提出する。

2 彼は在宅勤務をやめる。

3 報告書を作成する時間が減る。

4 スタッフ会議が水曜日に変わる。

■ 中盤で weekly reports will be due on Fridays—not on Wednesdays as before「週間報告書の締切は以前のように水曜日ではなく金曜日になる」と言っていることから，正解は**1**。

No.18

🔊 Most puddings around the world are sweet. However, in England, there is a pudding made from things that are not sweet, such as animal blood and fat. It is called black pudding, or blood pudding, and it looks like a black sausage. It was first made long ago because people did not want to waste any parts of the animals that they cooked. Today, some types of black pudding are very expensive.

Question   Why did people start making black pudding long ago?

世界中のほとんどのプリンは甘い。しかし，イングランドには，動物の血や脂肪などの甘くないものから作られるプリンがある。これはブラックプディングやブラッドプディングと呼ばれ，見た目は黒いソーセージのようだ。最初に作られたのは大昔で，人々は調理する動物のすべての部位を無駄にしたくなかったのだ。現在，ブラックプディングの

中には非常に高価なものもある。

❓ 大昔，人々はなぜブラックプディングを作り始めたか？

1 彼らはそれを動物たちに食べさせたかった。

2 彼らには何か甘い食べ物が必要だった。

3 彼らは十分なソーセージを見つけることができなかった。

4 彼らは動物の部位を無駄にしたくなかった。

- -

📝 中盤に It was first made long ago because people did not want to waste any parts of the animals that they cooked. 「最初に作られたのは大昔で，人々は調理する動物のすべての部位を無駄にしたくなかったのだ」とあることから，正解は **4**。

No. 19

🔊 Trevor went camping with two friends. The campsite was very crowded, so they had to put up their tents a long way from the bathroom. <u>During the night, Trevor had to get up to go to the bathroom.</u> It took him a long time to find it in the dark, and then <u>he could not find his tent again.</u> <u>He had to call one of his friends on his smartphone to ask for help.</u>

> Question | What happened to Trevor while he was camping?

- -

トレヴァーは友人2人とキャンプに行った。キャンプ場は非常に混んでいて，彼らはトイレから遠く離れてテントを張らなければならなかった。夜間，トレヴァーは起きてトイレに行かなくてはならなかった。暗闇の中でそれを探すのに長い時間がかかり，そのあと彼のテントを見つけることができなかった。彼は友人のひとりにスマートフォンで電話をして助けを求めなければならなかった。

❓ キャンプ中，トレヴァーに何が起こったか？

1 彼は自分のスマートフォンを壊した。

2 彼は夜間に迷子になった。

3 彼にはテントを張る場所がなかった。

4 彼は彼の友人を助けることができなかった。

- -

📝 中盤から終盤にかけて During the night, Trevor had to get up to go to the bathroom. 「夜間，トレヴァーは起きてトイレに行かなくてはならなかった」，he could not find his tent again 「彼のテントを見つけることができなかった」，He had to call one of his friends on his smartphone to ask for help. 「彼は友人のひとりにスマートフォンで電話をして助けを求めなければならなかった」などと言っていることから，**2** が正解。get lost で「迷子になる」という意味。

No. 20

🔊 In Panama and other warm countries, people often wear hats to keep cool. In fact, a famous light-colored hat called the Panama hat was named after this country.

However, Panama hats do not originally come from Panama. They were first made in Ecuador, in the town of Montecristi. The finest hats from Montecristi cost a lot of money because it takes skilled craftspeople several months to make each one.

| Question | Why are fine Panama hats from Montecristi expensive?

パナマやほかの暖かい国では，涼しくいられるように人々はよく帽子をかぶる。実は，パナマ帽と呼ばれる有名な，明るい色の帽子はこの国にちなんで名づけられた。しかし，パナマ帽はもともとはパナマ産ではない。それらは最初，エクアドルのモンテクリスティという町で作られた。最高級のモンテクリスティ産の帽子は，熟練した職人が1つ1つを作るのに数か月もかかるため，とても高価である。

❓ モンテクリスティ産の高級パナマ帽はなぜ高価なのか？

1 パナマ出身の人々は彼らの国をそれらにちなんで名づけた。
2 冬の間，それらは人々の頭を暖かく保つことができる。
3 それを1つ1つ作るのに長い時間と特別な技術を要する。
4 選択できる多くの色がある。

☑ 終盤で The finest hats from Montecristi cost a lot of money because it takes skilled craftspeople several months to make each one.「最高級のモンテクリスティ産の帽子は，熟練した職人が1つ1つを作るのに数か月もかかるため，とても高価である」と言っていることから，正解は3。

No. 21

🔊 Natalie goes to college and works part time at a bakery. Her final exams are starting soon, so she needs more time to study. She does not want to quit her job, so she talked to her manager about it. He recommended that she continue to work on weekends but stop working during the week. Natalie thought it was a good idea and took his advice.

| Question | How did Natalie solve her problem?

ナタリーは大学に通い，パン屋でアルバイトをしている。期末試験がもうすぐ始まるので，彼女には勉強する時間がもっと必要だ。彼女は仕事を辞めたくないので，そのことについて経営者に相談した。彼は，彼女が週末に仕事を続け，平日には働かないことを勧めた。ナタリーは，それはいい考えだと思い，彼の助言に従った。

❓ ナタリーはどのように彼女の問題を解決したか？

1 ほかの仕事を探すことによって。
2 週末の仕事を減らすことによって。
3 購入するパンの量を減らすことによって。
4 経営者に相談することによって。

☑ 序盤で she needs more time to study. She does not want to quit her job, so she talked to her manager about it. 「彼女には勉強する時間がもっと必要だ。彼女は仕事を辞めたくないので，そのことについて経営者に相談した」と言っている。また終盤で経営者からのアドバイスについて Natalie thought it was a good idea and took his advice. 「ナタリーは，それはいい考えだと思い，彼の助言に従った」と言っていることからも，正解は **4**。

No. 22

🔊 Mr. Ogawa has a two-year-old daughter called Shiho. His wife had stayed home to take care of Shiho, but last month, she started working again. She wanted to buy a car to take Shiho to day care. However, <u>Mr. Ogawa suggested buying an electric bicycle instead because it would be easier to take care of and would take up less space than a car.</u>

> **Question** What is one reason Mr. Ogawa recommended buying an electric bicycle?

オガワさんにはシホという名前の2歳の娘がいる。彼の妻はシホの世話をするために家にいたが，先月仕事を再開した。彼女はシホを託児所に連れていくために車を買いたかった。しかし，オガワさんは車より手入れが簡単で場所を取らないという理由で，代わりに電動自転車を買うことを提案した。

❓ **オガワさんが電動自転車を購入することを勧めた理由の 1 つは何か？**

1 それは車より売却しやすいだろう。
2 それは車より場所を取らないだろう。
3 彼の妻が車の中に置いておきたいと思った。
4 彼の娘が車よりそれが好きだった。

☑ 終盤で Mr. Ogawa suggested buying an electric bicycle instead because it would be easier to take care of and would take up less space than a car「オガワさんは車より手入れが簡単で場所を取らないという理由で，代わりに電動自転車を買うことを提案した」と言っていることから，正解は **2**。

No. 23

🔊 Welcome to Silverton Books. There are some new computers in our Internet café on the third floor. Please feel free to come and try them out. <u>Remember that every Silverton member who introduces a new member gets a $5 discount ticket.</u> Also, we would like to remind you that the store now opens early on Saturdays, at 7:30 a.m., and closes at 5 p.m.

> **Question** How can Silverton Books members get a discount?

シルヴァートン・ブックスへようこそ。3階のインターネットカフェには新しいコンピュータが何台か入っています。お気軽にお試しください。<u>新しい会員をご紹介くださっ</u>

たシルヴァートン会員の方は全員5ドルの割引チケットをお受け取りになれますことをお忘れなく。また，現在当店は，土曜日は早く午前7時30分に開店し，午後5時に閉店となっていることにご注意ください。

❓ シルヴァートン・ブックスの会員はどのようにして割引を得ることができるか？

1 早く来店することによって。

2 新規会員を紹介することによって。

3 新しいコンピュータを使用することによって。

4 コーヒーを購入することによって。

🔲 中盤で Remember that every Silverton member who introduces a new member gets a $5 discount ticket.「新しい会員をご紹介くださったシルヴァートン会員の方は全員5ドルの割引チケットをお受け取りになれますことをお忘れなく」と言っていることから，正解は**2**。

No. 24

🔊 　　Patricia is a busy lawyer with little free time. She feels stressed at work, and she is looking for a way to relax. She read an article about a woman who does yoga before work. Patricia thought she would have time to exercise for about 15 minutes every morning, so she ordered a yoga mat online to get started.

| Question | Why does Patricia want to do yoga?

　パトリシアは自由時間のほとんどない忙しい弁護士だ。仕事でストレスを感じ，リラックスする方法を探している。彼女は，仕事の前にヨガをしている女性についての記事を読んだ。パトリシアは毎朝約15分間は運動する時間がつくれると考え，始めるためにオンラインでヨガマットを注文した。

❓ パトリシアはなぜヨガをしたいのか？

1 彼女はある弁護士からアドバイスをもらった。

2 彼女は友人からヨガマットをもらった。

3 彼女はストレスで苦しんでいる。

4 彼女はそれについての記事を書くつもりだ。

🔲 序盤で She feels stressed at work, and she is looking for a way to relax. She read an article about a woman who does yoga before work.「仕事でストレスを感じ，リラックスする方法を探している。彼女は，仕事の前にヨガをしている女性についての記事を読んだ」と言っていることから，正解は**3**。

No. 25

🔊 　　In 1943, after the United States entered World War II, there were fights in Los Angeles, California, between soldiers and other young men. The fights started because the young men wore zoot suits. Zoot suits were like business suits, but they were loose and were made from a lot of cloth. The military needed cloth for uniforms, so the soldiers thought that zoot suits were a waste of material.

| Question | Why were there fights in Los Angeles?

　1943 年，アメリカが第 2 次世界大戦に参戦したあと，カリフォルニア州ロサンゼルスで，兵士とほかの若者の間で喧嘩が起きた。この喧嘩は，若者たちがズートスーツを着ていたのが原因だった。ズートスーツはビジネススーツに似ていたが，ゆったりとしていて大量の布地で作られていた。軍は制服用に布地を必要としていたため，兵士たちはズートスーツが材料の無駄遣いだと考えたのだ。

❓ **ロサンゼルスでなぜ喧嘩があったのか？**

1　兵士たちはズートスーツが材料を多く使いすぎると考えた。
2　軍は飛行機で飛行するときにズートスーツを使用した。
3　若者たちはスーツ店で働きたくなかった。
4　ビジネスマンはスーツを着られなくなった。

🔲　中盤で The fights started because the young men wore zoot suits.「この喧嘩は，若者たちがズートスーツを着ていたのが原因だった」や終盤で the soldiers thought that zoot suits were a waste of material「兵士たちはズートスーツが材料の無駄遣いだと考えた」と言っていることから，正解は 1。

No. 26

🔈　Maki is a first-year high school student from Japan and she has decided to study abroad. She saw some online videos of students having a lot of fun in high schools in the United States. Her teacher said it would be better for her to graduate before she goes abroad, but Maki wanted to have the same experience as the ones she saw on the Internet.

| Question | Why did Maki decide to study abroad?

　マキは日本の高校 1 年生で，留学することを決意した。彼女はアメリカの高校で生徒たちがとても楽しくしているオンラインビデオを見た。彼女の先生は海外に行く前に卒業するほうがよいと言ったが，マキはインターネットで見たものと同じ経験をしたいと思った。

❓ **マキはなぜ留学を決心したか？**

1　学校に広告があった。
2　先生が彼女にコースについて話してくれた。
3　彼女は海外の高校生活を体験したかった。
4　彼女のクラスメートがそれは楽しそうだと言った。

🔲　中盤で She saw some online videos of students having a lot of fun in high schools in the United States.「彼女はアメリカの高校で生徒たちがとても楽しくして

いるオンラインビデオを見た」や，終盤でMaki wanted to have the same experience as the ones she saw on the Internet.「マキはインターネットで見たものと同じ経験をしたいと思った」と言っていることから，正解は**3**。

No. 27

In Guam, there is a traditional drink called *tuba*. To get *tuba*, a farmer climbs a coconut tree and then cuts open a part of the tree. After a while, *tuba* comes out. *Tuba* is sometimes called the "water of life" because it is an important part of the culture of Guam. It can also be used to make alcoholic drinks. In fact, *tuba* is a popular drink at parties and festivals in Guam.

Question How do farmers in Guam get *tuba*?

グアムにはチューバと呼ばれる伝統的な飲み物がある。チューバを手に入れるために，農夫はココナツの木に登り，その木の一部を切り開く。しばらくすると，チューバが出てくる。チューバはグアムの文化の重要な部分であるため，「命の水」と呼ばれることもある。それはアルコール飲料を作るためにも使われる。実際，チューバはグアムのパーティや祭りで人気の飲み物だ。

❓ グアムの農夫たちはどのようにチューバを手に入れるか？
1 彼らはアルコール飲料をそれと交換する。
2 彼らは木の一部を切り開く。
3 彼らは街の店でそれを買う。
4 彼らはココナツの葉を水と混ぜ合わせる。

序盤でTo get *tuba*, a farmer climbs a coconut tree and then cuts open a part of the tree.「チューバを手に入れるために，農夫はココナツの木に登り，その木の一部を切り開く」と言っていることから，正解は**2**。

No. 28

Welcome to tonight's performance of *Swan Lake*. The ballet will be in four parts, and the main role will be played by Wakako Takizawa. There will be a 20-minute break after the second part. Flowers can be given to the dancers in the lobby after the performance. Please do not take any food or drinks with you to your seats. We hope you enjoy the performance.

Question What can people do after the performance?

今夜は『白鳥の湖』の公演へようこそ。バレエは4部構成になっていて，主役はタキザワ・ワカコが務めます。第2部のあとに20分間の休憩があります。花束は終演後，ロビーでダンサーへ渡すことができます。座席への飲食物のお持ち込みはご遠慮願います。公演をお楽しみください。

❓ 終演後，人々は何をすることができるか？

1 ロビーでのパーティに参加する。

2 無料の食べ物と飲み物を楽しむ。

3 ダンサーたちに花束を贈る。

4 バレエについての 20 分間の講演を聞く。

🗹 中盤で Flowers can be given to the dancers in the lobby after the performance.「花束は終演後, ロビーでダンサーへ渡すことができます」と言っていることから, 正解は**3**。

No. 29

🔊 Nicole wants to make it easier to cook in her small kitchen. There is a large cabinet next to the fridge. Nicole plans to take it out so that she can have more space to move around in when she cooks. She has asked her brother to help her remove it because he is big and strong enough to carry it.

Question　How does Nicole plan to change her kitchen?

ニコルは狭い台所で料理をしやすくしたいと思っている。冷蔵庫の横に大きな戸棚がある。ニコルはそれを取り去って料理をするときに動き回れるスペースをもっと確保しようと計画している。彼女の兄は, それを運ぶのに十分なくらい大きくて力強いので, 彼女は彼にそれを取り除く手伝いを頼んだ。

❓ ニコルはどのように台所を変える計画か?

1 彼女は壁にペンキを塗る。

2 彼女は戸棚を取り除く。

3 彼女は冷蔵庫を移動させる。

4 彼女はもっと大きなオーブンを手に入れる。

🗹 中盤で Nicole plans to take it out so that she can have more space to move around in when she cooks.「ニコルはそれを取り去って料理をするときに動き回れるスペースをもっと確保しようと計画している」と言っている。take it out の it は直前の There is a large cabinet next to the fridge.「冷蔵庫の横に大きな戸棚がある」の戸棚を指していることから, 正解は**2**。

No. 30

🔊 Your attention, please. One of our staff members has found a bag near Entrance B2. It can be collected at the main office on the first floor. If you have lost a bag, please come to the main office. We would like to remind passengers to keep an eye on their baggage at all times. Please do not leave baggage behind on the platform.

Question　Why is this announcement being made?

ご案内申し上げます。B2 入口近くで職員がかばんを発見しました。1 階のメインオフィスでお受け取りになれます。もし, かばんを紛失した方がおられましたら, メインオ

フィスまでお越しください。乗客の皆様は，常に手荷物から目を離さないようにご注意ください。ホームに荷物を置き忘れないようお願いいたします。

❓ このアナウンスはなぜ行われているか？

1　その駅は新しいホームを開設した。

2　B2入口は修理のために閉鎖されている。

3　かばんが職員に発見された。

4　1階は掃除中だ。

📝　序盤で One of our staff members has found a bag near Entrance B2. 「B2入口近くで職員がかばんを発見しました」と言っていることから，正解は **3**。そのあとも It can be collected at the main office on the first floor. 「1階のメインオフィスでお受け取りになれます」と回収場所を知らせたり，「常に手荷物から目を離さないようにご注意ください。ホームに荷物を置き忘れないようお願いいたします」と，手荷物への注意喚起を促したりしているので，落とし物の案内とわかる。

英検 **2** 級

2022年度・第2回　解答と解説

一次試験・筆記 [P.114 ～ P.131]

1
(1) 1　(2) 1　(3) 3　(4) 3　(5) 1　(6) 2　(7) 3　(8) 4
(9) 2　(10) 3　(11) 2　(12) 3　(13) 3　(14) 4　(15) 1　(16) 1
(17) 2　(18) 1　(19) 2　(20) 2

2A　(21) 2　(22) 3　(23) 1
2B　(24) 2　(25) 3　(26) 4

3A　(27) 2　(28) 1　(29) 2
3B　(30) 4　(31) 4　(32) 1　(33) 1
3C　(34) 2　(35) 2　(36) 1　(37) 1　(38) 4

4　P. 130 ～ P. 131 参照

一次試験・リスニング [P.132 ～ P.149]

第1部　[No. 1] 3　[No. 2] 4　[No. 3] 4　[No. 4] 1　[No. 5] 2
[No. 6] 4　[No. 7] 3　[No. 8] 4　[No. 9] 1　[No. 10] 3
[No. 11] 1　[No. 12] 1　[No. 13] 3　[No. 14] 1　[No. 15] 3

第2部　[No. 16] 4　[No. 17] 1　[No. 18] 4　[No. 19] 2　[No. 20] 3
[No. 21] 1　[No. 22] 1　[No. 23] 1　[No. 24] 2　[No. 25] 2
[No. 26] 2　[No. 27] 4　[No. 28] 2　[No. 29] 2　[No. 30] 2

1

(1) 英語の勉強を始めて6か月しか経っていないことを考えると，ケイコは昨日のコンテストで驚くほどに上手な英語のプレゼンをした。彼女は2等賞を獲得した。

☑ 選択肢は remarkably「著しく」，nervously「神経質に」，suddenly「突然」，carefully「注意深く」。Considering ... は「…を考慮すると」という意味の分詞構文。空所には形容詞 good を修飾する副詞 remarkably を入れると文意が通る。正解は **1**。

(2) A：休暇はいかがでしたか，デール？
B：すばらしかったですよ！ 純粋な楽しみとくつろぎの7日間を過ごしました。

☑ 選択肢は marvelous「すばらしい」，industrial「工業の」，humble「謙虚な」，compact「コンパクトな」。休暇の感想を聞かれたデールは，「純粋な楽しみとくつろぎの7日間」と肯定的な返事をしているので，It was marvelous! とするのが適切。正解は **1**。

(3) その2国間の衝突が戦争を引き起こすのではないかと世界中の人々は恐れている。

☑ 選択肢は patient「患者」，phrase「語句」，conflict「衝突，対立」，courage「勇気」。空所は that 節内の主語。何が戦争の原因になるのかを考える。「2国間の衝突」とすると文意が通る。正解は **3**。

(4) 野球選手のシュウタ・オオムラは2019年に右ひざの手術をしなければならなかったけれども，完治して2020年には再びプレーする準備ができていた。

☑ 選択肢は recognition「認識」，innocence「無邪気」，surgery「手術」，inquiry「問い合わせ」。文の後半に「…けれども，完治して2020年には再びプレーする準備ができていた」とあることから，空所には「手術」を入れるのが適切。正解は **3**。

(5) そのレストランは数回の食中毒事件のあとでよい評判を失い，結局は閉店を余儀なくされた。

☑ 選択肢は reputation「評判」，anticipation「期待」，observation「観察」，examination「検査」。「数回の食中毒事件」や「結局は閉店を余儀なくされた」などから，レストランが失ったものは「評判」とわかる。正解は **1**。

□ **food poisoning** — 食中毒　　□ **eventually** — 最終的に

---

(6) 日光は人々が健康を維持するために重要だ。しかし，肌を日光にさらしすぎるのはよくない。

- -

☑ 選択肢はprotest「〜に抗議する」，expose「〜をさらす」，conduct「〜を行う」，represent「〜を表す」。第1文で日光のよい点が，第2文ではよくない点が述べられている。空所以降にある前置詞toに注目する。expose A to Bで「AをBにさらす」という意味。正解は**2**。

□ **sunlight** — 日光　　□ **stay healthy** — 健康でいる

(7) カイは腕を骨折したあと，完全に治るのに約3か月かかった。今では再び，何の問題もなくテニスをすることができる。

- -

☑ 選択肢はfulfill「〜を成就する」，cheat「不正をする」，heal「治る」，retire「引退する」。第1文に「腕を骨折した」，第2文に「今では再び…テニスをすることができる」とあるので，カイは骨折が「治った」と判断できる。It takes 〜 to ... で「…するのに〜（時間）がかかる」という意味。正解は**3**。

(8) 最近，多くの企業が社員に多くの柔軟性を提供している。例えば，スタッフは時には在宅勤務をしたり，始業と終業の時間を選択したりすることができる。

- -

☑ 選択肢はmajority「大多数」，similarity「類似点」，quantity「量」，flexibility「柔軟性」。第2文の冒頭に「例えば」とあるので，空所の内容が第2文で具体的に説明されているはず。在宅勤務やフレックスタイム制は「柔軟性」の具体例と考えるのが適切。正解は**4**。

□ **offer** — 〜を提供する　　□ **work from home** — 在宅勤務をする

(9) ケビンは車で帰宅中に吹雪で立ち往生した。天気があまりにも悪かったので，彼は自分の車を捨てて，残りの道を歩かなくてはならなかった。

- -

☑ 選択肢はmaintain「〜を維持する」，abandon「〜を捨て去る」，prevent「〜を防ぐ」，supply「〜を供給する」。第2文はso 〜 that ...「あまりに〜なので…」の構文。吹雪の中，立ち往生したケビンは，車を「捨てて」歩いたと考えられる。**2**が正解。

□ **get stuck** — 動けなくなる　　□ **snowstorm** — 吹雪　　□ **the rest of 〜** — 〜の残り

(10) ローラはバドミントンの試合で早々に敗退したことが不満だったが，今では試合中の友人たちを応援している。

> ☑ 選択肢は空所の前のbeingを伴ってcommitted「約束されること」，defended「守られること」，eliminated「排除されること」，imported「輸入されること」。この〈being＋過去分詞〉は受け身の動名詞で，前置詞aboutの目的語になっている。ローラが不満に思っていたのはバドミントンの試合から「排除されたこと（＝敗退したこと）」である。正解は**3**。

(11) サラは脚がもっとよくなるまで，走るのを控えるように言われている。さもないと，彼女はけがを悪化させる可能性がある。

> ☑ 選択肢はread through ～「～を読み通す」，refrain from ～「～を控える」，reflect on ～「～を振り返る」，refer to ～「～を参照する」。be told to *do*で「～するように言われる」という意味。けがを悪化させないために，サラは走ることを「控える」よう言われた，とすると文意が通る。正解は**2**。

(12) A：映画はいかがでしたか？
B：全体として楽しめました。何人かの俳優は最高ではなかったけれど，ストーリーはすばらしく，音楽は美しかったです。

> ☑ 選択肢はOn the move「移動中，活動的で」，In respect「敬意を持って」，As a whole「全体として」，By then「そのときまでには」。映画の感想を聞かれたBは第2文で，よくなかったところとよかったところを挙げている。よって，「全体として」楽しめた，とするのが適切。正解は**3**。

(13) A：どうしたの，エミリー？
B：ジムが友だちの前で私をばかにしたの。彼は私の靴がダサいって言ったの。

> ☑ make a fool of ～で「～をばかにする」という意味。空所のあとの文に「靴がダサいと言われた」とあるので，「友だちの前でばかにされた」という内容にすると文意が通る。正解は**3**。ほかの選択肢はmake a differenceで「差をつける」，make a pointで「主張する」，make a startで「スタートする」という意味。

(14) ジェイソンは母親に，私生活に干渉するのをやめるよう何度も頼んでいる。彼は大人なのに，母親が彼をコントロールしようとしたがることに彼は憤慨している。

> ☑ 選択肢はcounting on ～「～を頼りにすること」，insisting on ～「～を主張すること」，comparing with ～「～と比較すること」，interfering with ～「～に干渉すること」。第2文の内容から，ジェイソンが母親にやめてほしいのは「私生活に干渉すること」だとわかる。正解は**4**。

(15) A：バーベキューを中止しなくてはならなかったのは残念だわ。

B：そうだね，でも雨の中，屋外でバーベキューはできないよ。天気がよければ来週代わりに開催できるよ。

☑ 選択肢は call off ～「～を中止する」，pick on ～「～のあら探しをする」，fall for ～「～にほれ込む」，bring out ～「～を持ち出す」。Bが「雨の中，屋外でバーベキューはできない」，「天気がよければ来週代わりに開催できる」と言っていることから，バーベキューは中止になったとわかる。正解は**1**。

(16) 泥棒ははしごを使って建物に侵入したに違いない。侵入する唯一の経路は2階の窓を通るものだった。

☑ by means of ～で「～を使って」という意味。「はしごを使って侵入した」とすると，第2文の「唯一の経路は2階の窓を通る」という内容と合う。正解は**1**。ほかの選択肢は in charge of ～で「～を担当して」，at times で「時には」，for all of ～で「すべての～のため」。

📖 WORDS&PHRASES

□ **thief** ── 泥棒　　□ **ladder** ── はしご

(17) バーニーは，いくつかの簡単な命令に従うよう飼いネコをしつけようとしたが，努力は無駄だった。伏せるように言うたびに，ネコはただ歩き去った。

☑ 選択肢は of late「最近の」，in vain「無駄に」，for sure「必ず」，by chance「偶然に」。バーニーはネコのしつけをしようとしたが，第2文に「伏せるように言うたびに，ネコはただ歩き去った」とあることから，彼の努力は「無駄だった」とするのが適切。正解は**2**。

(18) 3年間東京に住んでいたので，カサンドラは自分のアパートから東京スカイツリーへの行き方を正確に知っていた。

☑ 「3年間東京に住んでいたので，…行き方を正確に知っていた」という，理由を表す分詞構文。住んでいたのは文の後半にある主節の述語動詞 knew よりも過去のことなので，空所は〈Having ＋過去分詞〉の形にする。正解は**1**。

(19) 誰かがミッシェルの教室の窓の1つを割った。ミッシェルはやっていなかったが，何人かのほかの生徒はまるで彼女がやったかのように彼女を見た。

☑ 〈as if ＋ S ＋ had ＋過去分詞〉で「まるで～したかのように」と過去の事実に反する仮定法過去完了の文になる。she had のあとには過去分詞の done が省略されている。正解は**2**。ほかの選択肢は as to ～「～に関しては」，if only ～「～

さえしていれば」, if not 〜「〜でないにしても」。

(20) A：あなたの両親の家まで車でどのくらいかかるのですか？

B：休暇中の交通量では何とも言えません。30分かかるかもしれないし，2時間かかるかもしれません。

- -

☑ 両親の家まで車でどのくらいかかるか尋ねられたBは，第2文で「30分」や「2時間」と幅を持たせて答えている。there is no telling で「見当がつかない，わからない」という意味を表すので，空所に telling を入れれば文意が通る。正解は2。

2

[A]

本文の意味　海でのトラブル

① プラスチックはさまざまな商品に使用されている。実際，世界中で毎年約4億トンのプラスチックが生産されていると推定される。それらの多くは一度だけ使われて捨てられるよう設計されている。この廃棄物の大半は埋め立て地の地中に埋められる。しかし，大量のものがどこか別の場所に行き着いている。国際自然保護連合によれば，毎年1,400万トン以上のプラスチック廃棄物が海に流れ込んでいる。プラスチックは丈夫で，分解するのに時間がかかる。このため，世界の海は急速にそれで満たされつつある。

② プラスチック廃棄物は海中や海辺に住む野生生物に2つの大きな問題を引き起こす。まず，動物は比較的大きなプラスチックの破片に引っかかり，自由に泳げず死んでしまうことがある。しかし，もう1つの問題はプラスチックのより小さな破片によって引き起こされる。動物たちはこれらを食べ物と見なしてしまうことが多い。最近の研究では，魚種の約3分の2とすべての海鳥の90パーセントが海に浮かぶ小さなプラスチック片を誤って食べてしまっていることがわかった。

③ これに対し，多くの環境保護団体が海中のプラスチックについて政府に何か行動を起こしてもらおうと努力している。例えば，生物多様性センターはプラスチック汚染を抑制する法律を制定するようアメリカ政府に要請している。こうした団体はまたこの問題について一般の人々を啓発しようとしている。それにもかかわらず，人々はプラスチックを捨て続け，海中のプラスチックの量は増え続けている。

22 年度 第 2 回 筆記

📖 WORDS&PHRASES

□ **a wide variety of 〜** ── さまざまな〜　　□ **estimate** ── 〜と推定する

□ **design** ── 〜を設計する　　□ **throw away 〜** ── 〜を捨てる　　□ **waste** ── 廃棄物

□ **bury** ── 〜を埋める　　□ **landfill site** ── 埋立地　　□ **end up** ── 最後には〜に行き着く

□ **break down** ── 分解する　　□ **fill up with 〜** ── 〜で満たされる

□ **cause** ── 〜を引き起こす　　□ **wildlife** ── 野生動物　　□ **get trapped** ── 引っかかる

□ **fish species** ── 魚種　　□ **accidentally** ── 誤って　　□ **in response** ── これに対して

□ **environmental protection organization** ── 環境保護団体

□ **the Center for Biological Diversity** ── 生物多様性センター　　□ **pollution** ── 汚染

□ **the public** ── 一般の人々

(21) 選択肢は「完全に消える」「どこか別の場所に行き着く」「慈善団体に寄付される」「再利用される可能性がある」。空所を含む文の文頭のHoweverに注目する。この副詞のあとは前の文と反対の内容が続く。前文の内容が「廃棄物の大半は埋め立て地の地中に埋められる」なので、「どこか別の場所に行き着く」が適切。正解は**2**。1は第7文の「プラスチックは丈夫で、分解するのに時間がかかる」と合わないので不適切。4も、第3文と矛盾するので不適切。

(22) 選択肢は「大家族で暮らす」「長い旅をしなくてはならない」「これらを食べ物と見なす」「海を離れる」。空所直前の第3文から「プラスチックの小さな破片」が問題となっていることがわかる。また、直後の第5文に「最近の研究では、魚種の約3分の2とすべての海鳥の90パーセントが海に浮かぶ小さなプラスチック片を誤って食べてしまっていることがわかった」とあるので、「これらを食べ物と見なす」という内容を入れると自然につながる。正解は**3**。theseは「プラスチックの小さな破片」を指す。

(23) 選択肢はすべて副詞（句）で「それにもかかわらず」「したがって」「同様に」「特に」。第3段落第1〜3文は、プラスチック汚染抑制の運動について述べられている。空所を含む第4文は「人々はプラスチックを捨て続け、海中のプラスチックの量は増え続けている」という、第1〜3文と反対の内容なので、空所に「それにもかかわらず」を入れるとうまくつながる。正解は**1**。

[B]

　『キャッツ』の上演

① アンドルー・ロイド・ウェバーはミュージカルを作ることで有名で、彼の書いた多くの曲が知られている。過去50年にわたり、ウェバーは『オペラ座の怪人』や『ヨセフ・アンド・ザ・アメージング・テクニカラー・ドリームコート』を含む数多くの人気ミュージカルを制作してきた。これらの作品中の登場人物たちは長年にわたって存在する有名な物語から取られたものだ。ウェバーの最も成功を博したミュージカルの1つが『キャッツ』だ。これは、彼がこれまでに書いた最も人気のある曲、「メモリー」を呼び物としている。しかし、ウェバーのほかのミュージカルと同様、『キャッツ』の登場人物たちは彼によって創作されたものではない。

② 子供のころ、ウェバーのお気に入りの本の1つは、T.S.エリオットの『ポッサムおじさんのネコとつき合う法』だった。これは何匹かのネコの性格を描写する詩集である。例えば、登場人物の1匹は皆の注目の的になるのが好きだ。また別の1匹は昼間怠けているように見えるが、夜になるとネズミや昆虫が問題を起こさないよう密かに一生懸命働く。ウェバーは彼のミュージカルの曲にこれらの詩の言葉を引用し、これらのネコたちが一緒に生きる世界を作り上げた。

③ ウェバーは1977年に『キャッツ』の制作を開始し、1981年にロンドンで初

演された。非常に人気があったため，21年経ってもまだそこで上演されていた。同様に，ニューヨークのブロードウェイでは1982年に初演されたあと，18年間そこで上演された。『キャッツ』は世界中で人気を博している。実際，この公演は15か国語に翻訳され，30か国以上で上演され，7,300万人以上の人々が観ている。

意味と解説

(24) 選択肢は「あまり重要ではない」「彼によって創作されていない」「好きになりづらい」「彼の友人を基にした」。第1段落第3文に「これらの作品中の登場人物たちは長年にわたって存在する有名な物語から取られたもの」とあり，ウェバーは登場人物をほかの物語から引用しているとわかる。空所を含む第6文の冒頭に「ウェバーのほかのミュージカルと同様」とあるので，『キャッツ』の中の登場人物も彼の創作ではなくほかの作品からヒントを得たものであることが示唆されている。**2**が正解。

(25) 選択肢は「ペットとしてのネコの歴史」「ネコの世話のしかた」「何匹かのネコの性格」「ネコの体のしくみ」。空所のあとに「例えば」とあるので，空所の内容が第2段落第3文以降で具体的に挙げられているとわかる。「皆の注目の的になるのが好き」「昼間怠けているように見えるが，夜になると密かに一生懸命働く」と登場人物であるネコの性格が述べられているので，彼の好きだった詩集は「ネコの性格」を描写していると判断できる。正解は**3**。

(26) 選択肢はすべて文を修飾する副詞（句）で「いずれにしても」「残念ながら」「間違えて」「同様に」。空所の前の文では「（ロンドンでは）21年経ってもまだそこで上演されていた」，空所のあとの文では「（ニューヨークでは）18年間そこで上演された」と述べられている。人気を博した『キャッツ』がロンドンと「同様に」ニューヨークでも長期にわたって上演されたという文脈なので，正解は**4**。

3

[A]

送信者：マイケル・グリーン <mikeyg4000@friendlymail.com>
宛先：テレビジョンデポ・カスタマーサービス<service@televisiondepot.com>
日付：10月9日
件名：ZX950 LCD テレビ

カスタマーサービス担当者様

① (27) インターネットでZX950 LCDテレビのすばらしいレビューをいくつか読み，テレビジョンデポのオンラインストアでそれを購入しました。商品到着時は完璧な状態に見え，テレビの取扱説明書に従ってうまく組み立てることができました。しかし，使用を開始すると，問題があることに気づきました。

② (28) リモコンでテレビの音量を調節できなかったのです。ためしにリモコンの電池を交換しましたが，問題は解決しませんでした。取扱説明書に目を通しましたが，解決策を見つけることはできませんでした。テレビのボタンで音量を調節することはできますが，このようなやり方がどんなに不便かはおわかりいただけると思います。

③ 代わりのリモコンをいただくことは可能でしょうか，またはテレビを送り返す必要もあるのでしょうか？ このような大きなテレビを箱に戻すのは大変なので，送り返す必要がないといいのですが。(29) 数日中にこの問題が解決できることを願っています。来週末に始まるサッカーのヨーロッパトーナメントを私の新しいテレビで是非見たいのです。お返事をお待ちしております。

よろしくお願いします。

マイケル・グリーン

WORDS&PHRASES

- □ **representative** ── 代表者
- □ **review** ── レビュー，評価
- □ **purchase** ── 〜を購入する
- □ **item** ── 商品
- □ **instruction manual** ── 取扱説明書
- □ **adjust** ── 〜を調節する
- □ **remote control** ── リモコン
- □ **replace** ── 〜を交換する
- □ **look through 〜** ── 〜に目を通す
- □ **solution** ── 解決策
- □ **inconvenient** ── 不便な
- □ **obtain** ── 〜を入手する
- □ **replacement** ── 交換 (品)

意味と解説

(27) マイケル・グリーンが購入したテレビについて言っていることの1つは何か？

　1　取扱説明書なしで彼に送られてきた。

2 いくつかの肯定的なネット・レビューを得ている。

3 彼は地元のテレビジョンデポの店舗でそれを購入した。

4 最近のセールに含まれていたので彼はそれを選んだ。

📝 第1段落第1文に「インターネットで ZX950 LCD テレビのすばらしいレ
　ビューをいくつか読み，テレビジョンデポのオンラインストアでそれを購入
　しました」とあることから，正解は**2**。同じ文の後半から3は不適切。第2文
　に「テレビの取扱説明書に従ってうまく組み立てることができた」とあり，
　取扱説明書は送られてきていると判断できるので1も不適切。セールについ
　ては言及がないので4も不適切。

(28) マイケル・グリーンはそのテレビにどんな問題があると言っているか？

1 リモコンで音量レベルが変えられない。

2 リモコンがわずか数時間で電池を使い果たしてしまう。

3 テレビのボタンが機能していないようだ。

4 テレビの電源が突然勝手に切れることがある。

📝 第2落第1文に「リモコンでテレビの音量を調節できなかったのです」とある
　ことから，正解は**1**。「リモコンが電池を使い果たしてしまう」や「テレビの
　電源が突然勝手に切れる」などの記述はないので2と4は不適切。第4文に「テ
　レビのボタンで音量を調節することはできる」とあることから3も不適切。

(29) マイケル・グリーンがカスタマーサービスの担当者に望んでいるのは

1 テレビを箱に戻すのを手伝ってくれる人を派遣すること。

2 あるスポーツイベントを観戦するのに間に合うよう問題を解決すること。

3 テレビジョンデポがスポンサーのトーナメントについて彼に教えること。

4 自分自身で問題を解決できるように指示を出すこと。

📝 第3段落第3～4文に「数日中にこの問題が解決できることを願っています。
　来週末に始まるサッカーのヨーロッパトーナメントを私の新しいテレビで是
　非見たいのです」とあることから，正解は**2**。第2文に「大きなテレビを箱に
　戻すのは大変なので，送り返す必要がないといい」とあるが，それを手伝う
　人を派遣してほしいとは述べてないので，1は不適切。3と4のような記述
　はない。

[B]

本文の意味 皇帝夫人の愛した服

① アジアの国バングラデシュは，世界最大の衣料品輸出国の1つだ。低賃金と近代的な技術により，バングラデシュの衣料品工場は安価な衣料品を生産できるようになった。(30)しかし，19世紀までこの国はダッカモスリンと呼ばれる高級な布を生産していた。多くの人がこの布をかつて作られた最高級のものと考えており，最高級の絹の20倍以上の値段だった。これは，phuti karpas と呼ばれる植物の綿花から作られた。この種の綿花は非常に細い糸にすることができ，驚くほど柔らかく軽い布を作るのに使うことができる。

② ダッカモスリンは作るのが難しかったが，富裕層は生産者が要求する高い金額を喜んで支払った。この布の名声はヨーロッパに広まり，フランスのナポレオン皇帝の妻はダッカモスリンで作られたドレスを着ることを愛した。しかしバングラデシュを含む地域が大英帝国の一部となると，(31)イギリスの貿易商たちはダッカモスリンの生産者に，より低価格でより多くの布を生産するよう圧力をかけた。最終的に，すべての生産者は低品質の布を生産するか，やめるかのいずれかに決めた。

③ 2013年，ロンドン在住のバングラデシュ人であるサイフル・イスラムは，ダッカモスリンについての展示会を企画するよう依頼された。イスラムはこの素材の品質の高さに驚いた。彼は，ダッカモスリンを再び生産することができないだろうかと思った。(32)悲しいことに，彼は phuti karpas の植物をバングラデシュで見つけることはできなかった。しかし，博物館にある phuti karpas の乾燥した葉からとった DNA を使い，彼はほとんど同じ種を発見することができた。

④ イスラムはこの種の植物から綿花を収穫したが，彼が作った糸は細すぎて簡単に切れてしまった。彼はこの綿花に，ほかの植物からとった綿花を混ぜなければならなかった。しかし，この混合物から作った糸も，通常のものよりまだかなり細かった。多大な苦労の末，イスラムと彼のチームはダッカモスリンとほぼ同じくらい高い品質の布を作り上げた。彼は生産技術を改善し続けたいと思っている。(33)バングラデシュ政府は，国が世界最高の布の生産国として知られるようになることを願っているので，彼を支援している。

WORDS&PHRASES

□ the Empress — 皇帝夫人，皇后　　□ exporter — 輸出国　　□ wage — 賃金

□ allow A to *do* — Aが〜できるようにする　　□ factory — 工場　　□ luxury — 高級な

□ Dhaka — ダッカ　　□ muslin — モスリン（木綿地の種類）

□ regard A as B — AをBと見なす　　□ phuti karpas — ダッカモスリンの材料となる綿の種

□ thin — 細い　　□ thread — 糸　　□ incredibly — 非常に　　□ wealthy — 裕福な

□ demand — 〜を要求する　　□ fame — 名声　　□ Emperor — 皇帝

□ Empire ── 帝国　　□ trader ── 貿易商, 商人　　□ pressure ── 圧力

□ eventually ── 最終的に　　□ lower-quality ── 低品質の　　□ quit ── やめる

□ organize ── 〜を企画する　　□ exhibition ── 展示会　　□ be amazed by 〜 ── 〜に驚く

□ material ── 素材　　□ species ── (分類の)種　　□ harvest ── 〜を収穫する

□ improve ── 〜を改良する　　□ technique ── 技術　　□ support ── 〜を支援する

□ producer ── 生産者

意味と解説

(30) ダッカモスリンとして知られている布について当てはまるのはどれか？

1　その細い糸は絹の 20 倍以上の強度がある。

2　それはバングラデシュが衣料品の主要な輸出国になることを阻止した。

3　近代的な技術により, 工場で安価にそれを生産することが可能になった。

4　多くの人がそれは今までで最高の種類だと言っている。

✓　第1段落第3〜4文に「この国はダッカモスリンと呼ばれる高級な布を生産していた。多くの人がこの布をかつて作られた最高級のものと考えており」とあることから, 正解は **4**。1は, 第4文後半に「最高級の絹の 20 倍以上の値段だった」とあるが, 強度の話ではないので不適切。3は, 第2文より, 近代的な技術により生産できるようになったのは「安価な衣料品」なので不適切。2のような記述はない。

(31) イギリスの貿易商たちの要求の結果として何が起きたか？

1　ヨーロッパの顧客を引き付けるため, さまざまな色が導入された。

2　ダッカモスリンの価格はヨーロッパで劇的に上昇した。

3　生産者はよりよい布を作るため, イギリスの技術を使い始めた。

4　高品質のダッカモスリンの生産は完全に停止した。

✓　イギリスの貿易商たちの要求とその結果については第2段落第3〜4文に「イギリスの貿易商たちはダッカモスリンの生産者に, より低価格でより多くの布を生産するよう圧力をかけた。最終的に, すべての生産者は低品質の布を生産するか, やめるかのいずれかに決めた」とある。高品質のダッカモスリンは作る人がいなくなったことになるので正解は **4**。1, 2, 3のような記述はない。

(32) サイフル・イスラムが phuti karpas の葉の DNA を使用したのは

1　ダッカモスリンを作るためにかつて用いられていたような植物を見つけるため。

2　ダッカモスリンのサンプルが本物か偽物かを確認するため。

3　ダッカモスリンの進化を展示会で説明するため。

4　ロンドンの研究室で人工のダッカモスリンを作成するため。

☑ 第1段落第5文に「これ（ダッカモスリン）は，phuti karpasと呼ばれる植物の綿花から作られた」とある。また，第3段落第4〜5文に「彼はphuti karpasの植物をバングラデシュで見つけることはできなかった。しかし，phuti karpasの乾燥した葉からとったDNAを使い，ほとんど同じ種を発見することができた」とあることから，**1**が正解。ダッカモスリンのサンプルや進化，人工のダッカモスリンについての記述はないので，**2，3，4**は不適切。

(33) バングラデシュ政府はなぜイスラムの取り組みを支援しているか？

1 国を，高品質の布を生産することで有名にしたいから。

2 彼のプロジェクトがバングラデシュ人に新しい雇用を生み出すと信じているから。

3 追加の資金援助が得られなければ彼はやめてしまうから。

4 彼は安価な衣料品をもっと簡単に生産する方法を発見するかもしれないから。

☑ 第4段落最終文に「バングラデシュ政府は，国が世界最高の布の生産国として知られるようになることを願っているので，彼を支援している」とあることから，正解は**1**。**2，3，4**のような記述はない。

[C]

1 トホノ・オーダム族はソノラ砂漠出身のアメリカ先住民だ。実は，この部族の名前は彼らの言語で「砂漠の民」という意味である。ソノラ砂漠はアメリカとメキシコの国境付近に位置する。(34)伝統的にトホノ・オーダムの人々は村に住み，豆，トウモロコシ，メロンといった作物を栽培していた。彼らは砂漠で見られる野生の植物や動物の一部も食べていた。

2 ソノラ砂漠は高温で乾燥しているが，2,000種以上の植物が生息している。それらのうちの数百の植物は人々が安全に食べられる。(35)ソノラ砂漠にそれほど多くの植物の種が存在する理由は2つある。1つは，さまざまなタイプの土壌が含まれており，それらが多種の植物の成長を支えていることだ。(35)もう1つは，砂漠はほとんど乾燥しているが，冬に一度と夏に一度，毎年2回の降雨があることだ。植物の中にはこの雨で十分生き延びられる種がある。

3 砂漠の植物の1つであるサワロサボテンは，トホノ・オーダム族の人々にとって特に重要である。サワロサボテンは200年以上生き，15メートル以上の高さに成長しうる。(36)年に一度，6月頃に赤い実をつける。この果実，サワロの実は長い間，トホノ・オーダムの人々の好物であり続けてきた。この実が食べ頃になると，家族総出でそれをサボテンから叩き落し，集める。生の果実は甘くて美味しく，また，ソースやワインにして長期保存ができる。

4 トホノ・オーダム族の人々は非常に独立心が強く，長い間彼らの伝統的な生活様式を守るために戦った。しかし，20世紀初頭，(37)アメリカ政府は彼らに生活様式を変えることを強要した。政府はトホノ・オーダムの子どもたちを学校へ送り，英語を勉強させ，自分たちの文化を忘れさせた。多くの人が伝統的な生活様式に従うのをやめた。(38)しかし最近では，一部のトホノ・オーダムの人々は，サワロの実を収集して食べるなどの，消滅の危機にある部族の伝統を復活させ始めている。

📖 WORDS&PHRASES

□ **delight** ── 喜び，楽しみ □ **Native Americans** ── アメリカ先住民 □ **tribe** ── 部族

□ **lie** ── 位置する □ **border** ── 国境 □ **traditionally** ── 伝統的に □ **crop** ── 農作物

□ **contain** ── 〜を含む □ **soil** ── 土 □ **survive** ── 生き延びる □ **cactus** ── サボテン

□ **especially** ── 特に □ **knock down** ── 〜を叩き落す □ **collect** ── 〜を集める

□ **store** ── 〜を保存する □ **period** ── 期間 □ **independent** ── 独立心の強い

□ **force A to** *do* ── Aが〜することを強要する □ **lifestyle** ── 生活様式

□ **endangered** ── 絶滅の危機に瀕している □ **tradition** ── 伝統

(34) 北アメリカのトホノ・オーダムの人々について当てはまるのはどれか？

1 かつてメキシコとアメリカの国境を守っていた。

2 小さな共同体で暮らし，乾燥地域で農場を経営していた。

3 自分たちで食物を栽培する代わりに野生の植物や動物を食べた。

4 故郷を追われ，ソノラ砂漠に住むことを強要された。

> ☑ 第1段落第4文に「伝統的にトホノ・オーダムの人々は村に住み，豆，トウモ
> ロコシ，メロンといった作物を栽培していた」とあることから，正解は**2**。同
> じ文から3は不適切。1と4のような記述はない。

(35) ソノラ砂漠に2,000種以上の植物が生息できる理由の1つは何か？

1 その地域の日光のおかげで実際によく成長できる植物がある。

2 ソノラ砂漠では植物が成長するのに十分な雨が年に2回降る。

3 それらを食べる人間や野生動物がその地域にはほとんど住んでいない。

4 ほとんどどんな植物でも生育できる種類の土壌が砂漠にある。

> ☑ 第2段落第3文に「ソノラ砂漠にそれほど多くの植物の種が存在する理由は2
> つある」とあり，具体的な理由があとに続いている。第5～6文に「冬に一度
> と夏に一度，毎年2回の降雨がある。植物の中にはこの雨で十分生き延びら
> れる種がある」とあることから，正解は**2**。第4文に「さまざまなタイプの土
> 壌が含まれており，それらが多種の植物の成長を支えている」とあるが，ほと
> んどすべての植物が成長できるというわけではないので，4は不適切。1と3
> のような記述はない。

(36) サワロサボテンは

1 地元の人たちに長く楽しまれている果実をつける。

2 約200年前にトホノ・オーダムの人々によって発見された。

3 地下15メートルまで伸びて水に届く根を持つ。

4 伝統的なワインから作った特別なソースとともに食べるのが最高だ。

> ☑ 第3段落でサワロサボテンについて述べられている。第3～4文に「年に一度，
> 6月頃に赤い実をつける。この果実，サワロの実は長い間，トホノ・オーダム
> の人々の好物であり続けてきた」とあることから，正解は**1**。第3段落最終文
> に「生の果実は甘くて美味しく，また，ソースやワインにして長期保存ができ
> る」とあるが，4のような記述はない。2と3のような記述もない。

(37) 多くのトホノ・オーダムの人々はなぜ伝統に従うのをやめたのか？

1 アメリカ政府は彼らがもっとほかのアメリカ市民と同じようにふるまうことを望んだ。

2 アメリカ政府は彼らに海外留学する機会を与えた。

3　自分の子どもたちがよい学校に入学できるよう英語を勉強することを望んだ。

4　20世紀初頭に起こった戦争後，彼らは独立心を失った。

> 第4段落第4文に「多くの人が伝統的な生活様式に従うのをやめた」とある。そうなった経緯は第2～3文に「アメリカ政府は生活様式を変えることを強要した。トホノ・オーダムの子どもたちを学校へ送り，英語を勉強させ，自分たちの文化を忘れさせた」とあることから正解は**1**。2，3，4のような記述はない。

(38) 次のうち本文の内容に一致するものはどれか？

1　サワロの実を収集する方法はその実がなる植物を危険にさらしている。

2　トホノ・オーダム族の名前は彼らが好む食べ物に由来する。

3　ソノラ砂漠の土壌は冬と夏では異なる。

4　トホノ・オーダムの人々は，家族で果実を収集する伝統を持っている。

> 1のような記述はない。2は第1段落第2文の「この部族の名前は彼らの言語で『砂漠の民』という意味である」に矛盾する。3のソノラ砂漠の土壌については第2段落第4文で述べられているが，「冬と夏では異なる」という記述はないので不適切。第4段落最終文で「一部のトホノ・オーダムの人々は，サワロの実を収集して食べるなどの，消滅の危機にある部族の伝統を復活させ始めている」とあり，サワロの実を収集して食べることを部族の伝統としていることがわかる。第3段落第5文に「この実が食べ頃になると，家族総出でそれをサボテンから叩き落し，集める」とあることからも，正解は**4**。

ライティング 意味と解答例

4

問題の意味

トピック

日本は日本で働く人をもっと外国から受け入れるべきだと言う人々がいます。あなたはこの意見に同意しますか?

ポイント

・高齢化社会　　・文化　　・言語

解答例1

I agree with the opinion that Japan should accept more people from other countries to work in Japan. I have two reasons. First, Japan is rapidly moving toward an aging society, and this has resulted in a serious labor shortage, especially in the fields of nursing care and construction. The introduction of foreign workers will solve Japan's labor shortage. Second, foreign workers can make use of their language skills in dealing with visitors from abroad. As the number of inbound visitors continues to increase, foreign workers will surely become important human resources for companies.（94語）

解答例1の意味

私は, 日本が日本で働く人をもっと外国から受け入れるべきであるという意見に同意します。理由は2つあります。まず, 日本は急速に高齢化社会に移行しており, その結果, 特に介護や建設などの分野で深刻な労働力不足が生じています。外国人労働者の受け入れは, 日本の労働力不足を解消してくれるでしょう。次に, 外国人労働者は, 外国人観光客への対応に語学力を生かすことができます。インバウンド訪問者数が増え続けるにつれ, 外国人労働者はきっと企業にとって重要な人材になるはずです。

▨　初めに「日本はもっと外国人労働者を受け入れるべきであるという意見に同意する」という自分の立場をはっきり述べ, 次に理由を2つ挙げている。最後に結論を再度述べてもよいが, 語数が超過しそうであれば省略可能。

　　理由を述べる際にはFirst「1つ目は」, Second「2つ目は」という表現を使って, わかりやすく整理している。ほかにも, besides「そのうえ」, moreover「さらに」といった語を使ってもよいだろう。その2つの理由には「高齢化社会のために労働力不足が

生じている」と「外国人労働者の語学力の活用」を挙げている。最初の理由は与えられている POINTS 中の Aging society に，2つ目の理由は Language に関連している。

　なお，同意する場合，例えば「従業員は外国語や外国人労働者の文化習慣に触れ，企業はよりグローバル化し，活発になる (Employees will be exposed to the foreign languages and cultural practices of foreign workers, and companies will become more globalized and active.)」などの意見も考えられる。

解 答 例 2

I do not agree with the opinion that Japan should accept more people from other countries to work in Japan. First, it is not good for Japan to rely too much on foreign workers. In an emergency situation, such as wars, natural disasters or pandemics, foreign workers might not be able to enter Japan. Next, differences in culture, customs, and religion between foreign workers and the Japanese can cause much more trouble than anyone might expect. This would be a great burden for Japanese employers. For these reasons, I cannot agree that Japan should move in this direction.（98語）

解 答 例 2 の 意 味

私は，日本が日本で働く人をもっと外国から受け入れるべきであるという意見に同意しません。まず，外国人労働者に頼りすぎるのは，日本にとってよくないです。戦争，自然災害，パンデミックなどの緊急事態には，外国人労働者は日本に入国できないかもしれません。次に，外国人労働者と日本人との間の文化，習慣，宗教などの違いから，予想以上に多くのトラブルが発生するかもしれません。これは，日本の雇用主にとって大きな負担となるでしょう。以上の理由から，日本がこの方向に向かうべきだということに私は同意できません。

☑　初めに「日本はもっと外国人労働者を受け入れるべきであるという意見に同意しない」という自分の立場を明確に述べ，次に理由を2つ挙げている。最後にもう一度，結論を短くまとめている。

　　理由を挙げる際には，1つ目の理由を First「まず」，2つ目の理由を Next「次に」で始めて整理している。「労働力を海外に依存するリスク」と「文化，習慣，宗教の違い」という理由のうち，2つ目の理由は POINTS 中の Culture に関連している。

　　なお，同意しない場合は，「日本語を話したり読んだりするのが難しい人たちもいるので，彼らは同僚や雇用主とコミュニケーションをとるのに問題があるかもしれません (It is difficult for some people to speak or read Japanese, so they might have trouble communicating with their colleagues or employers.)」などとすることもできる。

リスニングテスト

第1部

No. 1

A：Excuse me. I'm looking for Cherry Avenue. Is it near here?

B：Actually, it's pretty far away. Is that a map you're looking at?

A：Yes. My friend drew me a map to his new house, but I'm having trouble following it.

B：I can tell he doesn't know this part of town very well. His map is all wrong.

Question　What is the woman's problem?

- -

A：すみません。チェリー通りを探しています。この近くでしょうか?

B：実は,かなり遠いです。あなたが見ているのは地図ですか?

A：はい。友人が彼の新しい家までの地図を描いてくれたんですが,たどるのに苦労しています。

B：彼は町のこの地域のことをあまりよく知らないみたいですね。彼の地図は間違いだらけですよ。

❓ 女性の問題は何か?

1　地図をなくした。

2　疲れすぎてこれ以上歩けない。

3　友人の家を見つけられない。

4　隣人が好きではない。

- -

📝　女性(A)は2度目の発言でMy friend drew me a map to his new house, but I'm having trouble following it.「友人が彼の新しい家までの地図を描いてくれたんですが,たどるのに苦労しています」と言っていることから,正解は**3**。

No. 2

A：Excuse me, sir. I'd like to buy a bottle of red wine for my friend's birthday, but I don't know much about wine. Red is her favorite, though.

B：Well, these over here are red wines from France. They're quite popular with our customers.

A：Hmm. Those are a little too expensive for me. Do you have anything cheaper?

B：Sure. Let me show you some wines that are on sale.

Question　What is one thing the woman says?

- -

A：すみません。友人の誕生日に赤ワインを1本買いたいのですが,ワインについてあまりよく知らないんです。赤が彼女の好みなんですが。

B：そうですね,こちらのものがフランス産の赤ワインです。当店のお客様にとても人気

があります。

A：うーん。私には少し高すぎます。もっと安いものはありますか？

B：もちろんです。セールになっているワインをいくつかご案内しましょう。

❓ **女性が言っていることの1つは何か？**

1　赤ワインが彼女のお気に入りだ。

2　彼女の友人はフランス産ワインが好きではない。

3　彼女はフランスでたくさんワインを飲んだ。

4　彼女はあまり多くのお金を使いたくない。

📋 男性（B）からフランス産ワインを見せられた女性（A）は2度目の発言でThose are a little too expensive for me. Do you have anything cheaper?「私には少し高すぎます。もっと安いものはありますか？」と言っていることから，正解は4。

No. 3

🔊 A：Thank you for calling the Sandwich Company. What can I do for you?

B：Hi. I'd like to order a large tomato sandwich with extra bacon and light mayonnaise on white bread.

A：All right, ma'am. I can have that ready in about 10 minutes. Can I have your name, please?

B：It's Andrea. Thanks! I'll be there soon.

Question　What will the woman do next?

A：サンドイッチ・カンパニーにお電話ありがとうございます。ご用件をどうぞ。

B：こんにちは。ラージサイズのトマトサンドイッチにベーコンとライトマヨネーズを追加して，ホワイトブレッドで注文したいのです。

A：かしこまりました，奥様。約10分でご用意できます。お名前をいただけますか？

B：アンドレアです。ありがとう！すぐにそちらに行きます。

❓ **女性は次に何をするか？**

1　ほかのレストランに電話をする。

2　スーパーマーケットに車で行く。

3　昼食用のサンドイッチを作る。

4　食べ物を受け取りに行く。

📋 女性（B）がサンドイッチの注文をすると，男性が2度目の発言でI can have that ready in about 10 minutes.「約10分でご用意できます」と伝え，続いて女性は最後の発言でI'll be there soon.「すぐにそちらに行きます」と言っていることから，正解は4。thereは男性がいるサンドイッチ店を指している。

No. 4

🔊 A：Hi, Casey. How's your sister doing? I heard she's sick.

B：Yeah, Eddie. She's at home in bed with a bad cold.

A：That doesn't sound good. Has she seen a doctor?

B：No, but my mom gave her some medicine this morning. Hopefully, she'll be all right in a few days.

> Question What do we learn about Casey's sister?

A：やあ, ケイシー。妹さんはどうしてる？ 病気だって聞いたけど。

B：そうなの, エディー。ひどい風邪をひいて家で寝込んでいるわ。

A：それはよくないね。彼女はお医者さんに診てもらったの？

B：いいえ, でもお母さんが今朝彼女に薬を飲ませたの。うまくいけば, 数日で大丈夫になると思うわ。

❓ **ケイシーの妹についてわかることは何か？**

1　病気で自宅で寝込んでいる。

2　エディーに風邪をうつした。

3　数日中に退院するだろう。

4　医者から薬をもらった。

🔖 男性 (A) の Hi, Casey. How's your sister doing? 「やあ, ケイシー。妹さんはどうしてる？」という発言から女性 (B) がケイシーとわかる。女性は聞かれた妹について She's at home in bed with a bad cold. 「ひどい風邪をひいて家で寝込んでいるわ」と言っていることから, 正解は **1**。

No. 5

🔊 A：Hey, John. Are you going to Lucy's party this weekend? All of our friends will be there.

B：I really want to, but I'm scheduled to work Saturday night.

A：That's too bad. Lucy really wanted you to come.

B：I know. I'll be sure to go to the next party she invites me to.

> Question Why will John not go to the party?

A：ねえ, ジョン。今週末のルーシーのパーティには行くの？ 私たちの友だちは全員行くわよ。

B：本当に行きたいんだけど, 土曜の夜は仕事の予定が入ってるんだ。

A：それは残念だわ。ルーシーは本当にあなたに来てほしがってたわ。

B：知ってる。彼女が誘ってくれる次のパーティには必ず行くつもりだよ。

❓ **ジョンはなぜパーティに行かないのか？**

1　ほかの友人を訪ねる予定だ。

2　土曜日の夜に仕事をしなくてはならない。

3　気分がよくない。

4　招待されていない。

女性（A）から週末のパーティに行くかどうか聞かれたジョン（B）はI really want to, but I'm scheduled to work Saturday night.「本当に行きたいんだけど，土曜の夜は仕事の予定が入ってるんだ」と答えていることから，正解は**2**。I really want to, but「本当に行きたいんだけど」の部分で行けないことを示唆している。

No.6

A：Hey, Laura, do you have plans for Sunday? We're going to go bowling at three, and you should come, too!

B：Oh, bowling is so much fun. But I'm busy on Sunday afternoons.

A：That's too bad. What do you do then?

B：I go horseback riding. My cousin and I have been taking lessons together.

Question What does the girl do on Sunday afternoons?

A：やあ，ローラ，日曜日は予定がある？ 3時にボーリングに行くつもりなんだけど，君も来なよ！

B：あら，ボーリングはすごく楽しいわよね。でも，毎週日曜日の午後は忙しいの。

A：それは残念。その時間，君は何をしているの？

B：乗馬に行ってるの。いとこと私は一緒にレッスンを受けているのよ。

❓ 少女は毎週日曜日の午後に何をするか？

1　音楽のレッスンを受ける。

2　友だちとボーリングに行く。

3　いとこの宿題を手伝う。

4　乗馬を習う。

ローラ（B）は最初の発言で「毎週日曜日の午後は忙しいの」と言っている。続いて男性（A）から，その時間何をしているのかを聞かれ，2度目の発言でI go horseback riding. ... I have been taking lessons「乗馬に行ってるの。…レッスンを受けているのよ」と答えていることから，正解は**4**。

No.7

A：I'm looking for a gift for my four-year-old son. He really likes teddy bears.

B：Well, we have many different colors and sizes. What are you looking for?

A：Actually, a really big one would be great. He likes to hug one while he sleeps.

B：We should have some that are as big as large pillows. Let me check if we have what you're looking for.

Question What does the woman want to buy?

A：4歳の息子へのプレゼントを探しているんです。彼はテディベアがとても好きなんです。

B：そうですか，いろいろな色やサイズがあります。どんなものをお探しですか？

A：実は，すごく大きいのがいいんです。寝ている間に抱きつくのが好きなので。

B：大きな枕と同じくらいの大きさのものがいくつかあるはずです。お探しのものがあるかどうか，確認させてください。

❓ 女性は何を購入したいか？

1　クマの柄の付いたシャツ。

2　柔らかい枕。

3　大きなテディベア。

4　彼女の息子のためのベッド。

📝　女性 (A) は最初の発言でI'm looking for a gift for my four-year-old son. He really likes teddy bears.「4歳の息子へのプレゼントを探しているんです。彼はテディベアがとても好きなんです」と言っている。店員の男性 (B) から，いろいろな色とサイズがあると言われ，女性は2度目の発言でa really big one would be great「すごく大きいのがいいんです」と言っていることから，正解は**3**。

No. 8

🔊　A：My plant looks a little yellow. Do you think I used the wrong kind of soil?

B：The soil looks too wet to me. How often have you been watering it?

A：Every two days. I recently put it in a bigger pot and moved it closer to the window, too.

B：Don't water it too much. Leaves can turn yellow when a plant gets too much water.

| Question | What does the woman suggest doing about the plant?

A：うちの植物が少し黄色く見えるんです。間違った種類の土を使ったんでしょうか？

B：私には土が湿りすぎているように見えます。どのくらいの頻度で水やりをしていますか？

A：2日ごとです。最近大きな鉢に植え替えて，窓の近くに移動もしました。

B：水をやりすぎてはいけませんよ。植物が水を取りすぎると葉が黄色になることがあるんです。

❓ 女性は植物について何をすることを提案しているか？

1　土を変える。

2　大きな鉢に植える。

3　もっと光を当てる。

4　あげる水を少なくする。

📝　男性 (A) が植物の葉が黄色くなった原因を知りたがっている。女性 (B) は2度目の発言でDon't water it too much.「水をやりすぎてはいけませんよ」と言っていることから，正解は**4**。

No.9

A：James, did you buy the meat for the barbecue?

B：Oh, no. I forgot! I'll get it tomorrow on my way home from work.

A：OK. Please don't forget. Everybody is coming at six.

B：Can you call me at work tomorrow to remind me? You know how bad my memory is.

> Question　What did James forget to do?

A：ジェームス，バーベキューの肉は買ったの？

B：あっ，いや。忘れてた！明日の仕事の帰り道に買ってくる。

A：わかった。忘れないでちょうだいね。みんな6時に来るからね。

B：明日職場に電話して僕に思い出させてくれないかな？僕の記憶力がどれだけ悪いか知ってるでしょ。

❓ ジェームスは何をするのを忘れたか。

1　肉を買う。

2　友人に電話する。

3　パーティに行く。

4　早く帰宅する。

✅ 女性（A）からJames, did you buy the meat for the barbecue?「ジェームス，バーベキューの肉は買ったの？」と聞かれたジェームス（B）はOh, no. I forgot!「あっ，いや。忘れてた！」と答えていることから，正解は**1**。

No.10

A：Welcome to Jessie's Comic Books. How can I help you?

B：I'd like to buy some old copies of a comic I used to read when I was a kid. It's called *Wild Cowboys*.

A：Oh, I used to read that comic book when I was young, too. Unfortunately, you'll have trouble finding it at most stores. You should look for used copies online.

B：OK. I'll try that.

> Question　How will the man try to find a copy of the comic book *Wild Cowboys*?

A：ジェシー漫画店へいらっしゃいませ。ご用件をうかがいましょうか？

B：子どもの頃によく読んだ古い漫画本を買いたいんです。『ワイルド・カウボーイ』っていうんです。

A：あら，私も若い頃にその漫画本を読んでいましたよ。残念ながら，ほとんどの店でなかなか見つからないでしょうね。オンラインで中古の本を探すべきです。

B：わかりました。そうしてみます。

❓ 男性はどのようにして『ワイルド・カウボーイ』という漫画本を探そうとするか？

1　出版社に手紙を書く。

2　ほかの店に行く。

3　インターネットを使う。

4　自分の家の地下室を探す。

📝　女性 (A) は2度目の発言で You should look for used copies online.「オンラインで中古の本を探すべきです」と言っている。男性 (B) はそれに対し, OK. I'll try that.「わかりました。そうしてみます」と答えているので, 正解は **3**。

No. 11

🔊　A：Honey, you were running for longer than usual. What took you so long?

B：Well, I was running on Forest Avenue when I saw a big, brown dog. It didn't look very friendly.

A：Did it try to bite you?

B：No, but it was scary. I turned around and went the other way for a while. I ended up taking a longer way home, just in case.

　Question 　What do we learn about the woman?

A：君, いつもより長く走っていたね。なぜそんなに長くかかったの?

B：ええと, フォレスト通りを走っていたら, 大きな茶色の犬が見えたの。あんまり人懐っこい感じに見えなかったの。

A：君にかみつこうとしたの?

B：いいえ, でも怖かった。向きを変えてしばらくもう1つの道を行ったのよ。結局帰り道が長くなっちゃったの, 何かあったらいけないからね。

❓ **女性についてわかることは何か?**

1　犬におびえていた。

2　走っている最中に脚を痛めた。

3　彼女の犬を長時間散歩させた。

4　あまり頻繁に走りに行かない。

📝　女性 (B) は最初の発言で I saw a big, brown dog. It didn't look very friendly.「フォレスト通りを走っていたら, 大きな茶色の犬が見えたの。あんまり人懐っこい感じに見えなかったの」, 2度目の発言で it was scary「怖かった」と言っているので, 正解は **1**。

No. 12

🔊　A：Hello?

B：Hi, Liz. It's John. Can I talk to you about your boyfriend?

A：Sure. What is it?

B：You know I'm doing a history report with him, right? Well, I feel like I'm doing all the work.

A：I see. Well, he's not lazy, but he's the kind of person that waits to be told what to do. I'll try talking to him for you.

| Question | What is one thing the girl says about her boyfriend?

A：もしもし？

B：やあ，リズ。ジョンだよ。君のボーイフレンドのことで話してもいいかな？

A：いいわよ。何かしら？

B：僕が彼と一緒に歴史のレポートをやっているのは，君も知ってるよね？ それがね，僕が全ての作業をやっているような感じなんだ。

A：そうなのね。まあ，彼は怠け者じゃないんだけど，何をすべきか言われるのを待っているタイプの人間なのよ。私が彼に話してみるわ。

❷ 少女がボーイフレンドについて言っていることの 1 つは何か？

1　何をすべきか言われるのを待つ。

2　歴史の優等生だ。

3　1 人でレポートをやりたがっている。

4　怠け者になることがある。

✅ 少女（A）は 3 度目の発言で he's not lazy, but he's the kind of person that waits to be told what to do「彼は怠け者じゃないんだけど，何をすべきか言われるのを待っているタイプの人間なのよ」と言っていることから，正解は **1**。

No. 13

🔈 A：No! The other team scored again. That's the second time this inning.

B：Yeah. The Gray Sox aren't playing very well. Their defense is so bad.

A：They've been bad all season. I can't believe the newspapers were picking them to win the championship at the beginning of the season!

B：I know. Well, I hope they fire the manager soon. The team needs someone who can show these players how to win.

| Question | Why are the man and woman upset with the Gray Sox?

A：うわあ！　相手チームがまた点を入れた。このイニングで 2 回目だよ。

B：そうね。グレイソックスはあまりいいプレーをしてないわね。守備が悪すぎるわ。

A：シーズン中，ずっと悪いよ。シーズン初めに，新聞が彼らを優勝候補に挙げていたのが信じられないよ！

B：そうね。まあ，早く監督をくびにすればいいわ。チームには勝ち方を選手たちに教えてくれる誰かが必要だわ。

❷ 男性と女性はなぜグレイソックスに腹を立てているか？

1　優勝パレードが中止になった。

2　監督がチームを変えている。

3　いいプレーをしていない。

4　いい球場を持っていない。

☑ 女性 (B) が最初の発言で The Gray Sox aren't playing very well.「グレイソックス
はあまりいいプレーをしてないわね」, 男性 (A) も 2 度目の発言で They've been bad
all season.「シーズン中, ずっと悪いよ」と言っていることから, 正解は **3**。

No. 14

🔊 A : Ken, are you going anywhere for vacation?

B : Maybe. I'm still planning. I'd like to go somewhere quiet—maybe camping in
the mountains ... or an Alaskan fishing trip, something like that.

A : Wow. I didn't know you liked that kind of thing.

B : Well, I went to a crowded resort in Mexico last year, and before that I went to
Europe. I'd like to try something different.

Question   Where does the man want to go on his vacation?

A : ケン, 休暇にはどこかへ行くの?

B : たぶんね。まだ計画中だよ。どこか静かな場所に行きたいな, たぶん山でキャンプ
か, アラスカで釣り旅行, みたいな感じ。

A : あら。あなたがそういうものが好きだとは知らなかったわ。

B : そうだね, 去年はメキシコの混雑したリゾート地に行ったし, その前はヨーロッパに
行ったよ。何か違ったものを試してみたいんだ。

❓ **男性は休暇にどこに行きたいか?**

1   人がほとんどいない場所。

2   自宅の近く。

3   ヨーロッパのいくつかの都市。

4   メキシコのビーチリゾート。

☑ 女性 (A) から休暇にどこかに行くのか尋ねられたケン (B) は最初の発言で I'd like
to go somewhere quiet「どこか静かな場所に行きたいな」と言っていることから, 正
解は **1**。

No. 15

🔊 A : Dan, the town hall meeting is tonight.

B : Oh no. Tonight? The baseball game's on TV, and those meetings are always so
boring. I don't think I'm going.

A : But honey, I think you should come with me. We're voting on whether to build a
new park for the kids. I think we should go.

B : Oh, well, maybe you are right. The neighborhood kids do need somewhere to
play.

Question   What does the woman tell her husband?

A : ダン, タウンホール・ミーティングは今夜よ。

B：ええっ。今夜だっけ？　野球の試合がテレビであるし，そういう集会はいつもすごく退屈だよ。僕は行かないと思う。

A：でもあなた，私と一緒に行くべきよ。子どもたちのための新しい公園を建てるかどうか投票するのよ。私たちは行くべきだと思うな。

B：ああ，そうだね，君の言う通りかもね。確かに近所の子どもたちには遊ぶ場所が必要だ。

❓ 女性は夫に何と言っているか。

1　今夜，野球の試合がテレビで放映される。

2　町は新しい庁舎を建設予定だ。

3　彼は彼女と一緒にミーティングに行くべきだ。

4　彼は子どもたちを公園に連れて行くべきだ。

- - - - - - - -

🗹　男性 (B) からミーティングには行かないつもりと言われた女性 (A) は 2 度目の発言でI think you should come with me.「私と一緒に行くべきよ」，I think we should go.「私たちは行くべきだと思うな」と言っていることから，正解は 3。

第 2 部

No. 16

🔊　Vivian is thinking of selling her old car. It still works well and does not use a lot of gasoline, but it only has two doors. Vivian wants a bigger car with four doors so that her three children can get in and out more easily.

> Question　Why is Vivian thinking of selling her old car?

ヴィヴィアンは彼女の古い車を売ろうと思っている。まだちゃんと動くし，ガソリンもそれほど食わないが，ドアが 2 つしかない。彼女の 3 人の子どもたちが乗り降りしやすいように，ドアが 4 つあるもっと大きな車が欲しいと思っている。

❓ ヴィヴィアンはなぜ彼女の古い車を売ろうと思っているのか？

1　彼女には大きすぎる。

2　ガソリンを使いすぎる。

3　彼女はもっと運転しやすい車が必要だ。

4　彼女はもっとドアの多い車が欲しい。

🗹　中盤でit only has two doors. Vivian wants a bigger car with four doors「ドアが 2 つしかない。彼女はドアが 4 つあるもっと大きな車が欲しいと思っている」と言っていることから，正解は 4。

No. 17

🔊　For many years, women have been wearing special clothes called corsets to make their bodies look thinner. Many people think that corsets were only worn by women. However, in the 18th century in England, men also wore corsets to look thin. In addition, today corsets are used to help men and women who have pain in their backs.

Question | What is one thing we learn about corsets?

　長い間，女性は自分の身体をより細く見せるため，コルセットと呼ばれる特殊な衣服を身に着けてきた。多くの人々がコルセットは女性のみが着用するものだと思っている。しかし，18世紀のイングランドでは，男性も痩せて見えるようコルセットを着用していた。また，今日では，腰痛のある男性と女性を助けるためにコルセットが使用されている。

❷ コルセットについてわかることの1つは何か？
1　痩せて見えるようにそれを着用する男性がいた。
2　イングランドでは着用することができなかった。
3　女性は公の場では着用できなかった。
4　それを着用すると腰痛の原因になった。

✓ 中盤で in the 18th century in England, men also wore corsets to look thin「18世紀のイングランドでは，男性も痩せて見えるようコルセットを着用していた」と言っていることから，正解は1。

No. 18

🔊　Kana is a part-time waitress, and she usually works until late at night. This weekend, however, the café where she works will be closed because the kitchen is being cleaned. She thinks it is a good chance to get some rest, so she plans to stay home, read comic books, and eat snacks all day.

Question | What does Kana plan to do this weekend?

　カナはアルバイトのウエイトレスで，たいてい夜遅くまで働く。しかし今週末は，キッチンの清掃のために彼女の働くカフェは休業する予定だ。休息を取るいい機会だと彼女は考え，一日中家にいて，漫画を読み，スナック菓子を食べる予定だ。

❷ カナは今週末何をする予定か？
1　カフェで漫画を読む。
2　彼女の台所を掃除する。
3　アルバイトをする。
4　家でくつろぐ。

✓ 中盤から終盤にかけて This weekend, however, the café where she works will be closed「しかし今週末は，彼女の働くカフェは休業する予定だ」, She thinks it is a good chance to get some rest, so she plans to stay home, read comic books, and eat snacks all day.「休息を取るいい機会だと彼女は考え，一日中家にいて，漫画を

読み、スナック菓子を食べる予定だ」と言っていることから、正解は4。

No.19

Yumi bought a new video game yesterday after her friend had recommended it to her several times. At first, it was difficult, and the story was hard to understand. However, after a while, Yumi started to enjoy it because there were flying horses in it. She loves animals, and in the game, she had to catch horses and care for them.

Question Why did Yumi start to like her new video game?

ユミは友だちから何度か薦められ、昨日新しいテレビゲームを買った。最初はとても難しく、ストーリーを理解するのも大変だった。しかし、しばらくすると、空飛ぶ馬が登場したので、ゲームを楽しみ始めた。彼女は動物が大好きで、ゲームの中では馬を捕まえて世話をしなければならなかった。

❷ ユミは彼女の新しいテレビゲームをなぜ好きになり始めたか？
1 最初は簡単にプレーできた。
2 空を飛べる馬が登場した。
3 友だちと一緒にプレーできた。
4 何度もプレーできた。

🖊 中盤でYumi started to enjoy it because there were flying horses in it「空飛ぶ馬が登場したので、ゲームを楽しみ始めた」と言っていることから、正解は2。

No.20

Michael usually rides his bicycle to work. This morning, he came across a car accident on the way. Luckily, no one had been hurt, but Michael ran over some broken glass from one of the cars. All the air went out of his tire, so he took his bicycle to a parking space near a station. After that, Michael had to run to his office with his backpack to be in time for work.

Question Why did Michael have to run to his office this morning?

マイケルはふだん自転車で通勤している。今朝、通勤中に彼は自動車事故に遭遇した。幸い、誰にもけがはなかったが、マイケルは車のガラスの破片をひいてしまった。タイヤの空気が完全に抜けたので、彼は自転車を駅の近くの駐輪スペースに引いて行った。そのあと、仕事に間に合うよう、リュックを背負ってオフィスまで走らなければならなかった。

❷ マイケルは今朝、なぜオフィスまで走らなければならなかったか？
1 事故に関する情報を提供しなければならなかった。
2 寝坊して電車に間に合わなかった。
3 自転車に問題があった。
4 駐車スペースで自分の自転車を見つけられなかった。

マイケルは自転車通勤をしている。中盤から終盤にかけて All the air went out of his tire, so he took his bicycle to a parking space near a station. After that, Michael had to run to his office「タイヤの空気が完全に抜けたので, 彼は自転車を駅の近くの駐輪スペースに引いて行った。そのあと, オフィスまで走らなければならなかった」と言っていることから, 正解は**3**。

No. 21

Many people decorate their homes with carpets. Some Persian carpets are very expensive and are given as gifts from parents to children. As a result, these carpets stay in one family for many years. In Siberia, a carpet has been found that is more than 2,500 years old. It is special because it was put into the ground with a prince after he died. Experts still do not know where it was made.

Question Why was the carpet found in Siberia special?

多くの人々が家をじゅうたんで飾っている。ペルシャじゅうたんの中には非常に高価で両親から子どもに贈りものとして贈られるものもある。その結果, これらのじゅうたんは何年もの間, 1つの家族のもとに留まる。シベリアで2,500年以上前のじゅうたんが発見されている。これは, ある王子が亡くなったあと, 彼とともに地中に埋められたため特別なものだ。専門家たちは, それがどこで作られたのかまだわかっていない。

❓ **シベリアで発見されたじゅうたんはなぜ特別だったのか?**

1 王子と一緒に埋葬されていた。

2 シベリアの花飾りがついていた。

3 ペルシャのある家族によって作られた。

4 長い間, 1つの家族のもとにあった。

終盤で It is special because it was put into the ground with a prince after he died.「これは, ある王子が亡くなったあと, 彼とともに地中に埋められたため特別なものだ」と言っていることから, 正解は**1**。

No. 22

On Sunday morning, Robert went to his grandmother's house. She wanted to put some things, such as her old computer, dishes, and cooking tools, into boxes and move them from her kitchen to a closet. However, the boxes were too heavy for her to lift, so she wanted Robert to carry them for her.

Question Why did Robert go to his grandmother's house?

日曜の朝, ロバートは祖母の家に行った。彼女は古いコンピュータ, 食器, 調理器具など, いくつかの物を箱に入れて台所から納戸に運びたかった。しかし, 箱が重すぎて彼女には持ちあげられなかったので, 彼女はロバートにそれらを運んでもらいたかったのだ。

❓ ロバートはなぜ祖母の家に行ったか？

1 古いものを移動させるため。

2 彼女の台所の窓を掃除するため。

3 コンピュータの使い方を彼女に教えるため。

4 彼女の料理を手伝うため。

📝 最後に she wanted Robert to carry them for her「彼女はロバートにそれらを運んでもらいたかった」と言っていることから，正解は **1**。them は古いコンピュータなどが入った箱を指す。

No. 23

🔊 Takeshi is a computer programmer. He spends all day sitting down, so sometimes his back hurts. The other day, he and his boss took a train to go to a meeting with a client. <u>When he arrived at the client's office, he was surprised to see people working at high desks and standing instead of sitting. Takeshi was interested in the desks</u> because he thought they would be good for his back.

Question How did Takeshi become interested in high desks?

タケシはコンピュータプログラマーだ。彼は一日中座って過ごすので，時々腰が痛くなる。先日，上司と電車に乗って顧客との打ち合わせに出かけた。顧客の会社に着いたとき，人々がハイデスクで働き，座らないで立っているのを見て驚いた。タケシは彼の腰によいだろうと思ったので，そのデスクに興味を持った。

❓ タケシはどのようにしてハイデスクに興味を持つようになったか？

1 それらがある会社で使用されているのを見た。

2 電車でそれらの広告を見た。

3 雑誌でそれについて読んだ。

4 上司からそれについて聞いた。

📝 中盤で When he arrived at the client's office, he was surprised to see people working at high desks and standing instead of sitting. Takeshi was interested in the desks「顧客の会社に着いたとき，人々がハイデスクで働き，座らないで立っているのを見て驚いた。タケシはそのデスクに興味を持った」と言っていることから，正解は **1**。

No. 24

🔊 In recent years, the terms "cookies" and "biscuits" have sometimes been used to mean the same baked snacks. However, they were originally very different. <u>Bakers used to make cookies to test the temperatures of ovens</u> before baking cakes, and biscuits were originally eaten as food by sailors on very long trips.

Question In what way were the first cookies and biscuits different?

最近では「クッキー」と「ビスケット」という言葉は，時々同じ焼き菓子を意味するのに使われている。しかし，それらは本来，全く違うものだった。かつてパン屋はケーキを焼く前にオーブンの温度をテストするためにクッキーを作っていたし，ビスケットは本来，長旅に出ている船員が食料として食べるものだった。

❓ 最初のクッキーとビスケットはどのように異なっていたか？

1　異なる色で飾られていた。

2　異なる目的のために作られた。

3　異なる行事で売られていた。

4　異なる食事とともに提供された。

☑ 終盤に Bakers used to make cookies to test the temperatures of ovens「かつてパン屋はオーブンの温度をテストするためにクッキーを作っていた」, biscuits were originally eaten as food by sailors on very long trips「ビスケットは本来，長旅に出ている船員が食料として食べるものだった」とあることから，正解は **2**。

No. 25

🔊 Welcome to Bobby's Electronics Store. We sell everything from cameras and computers to washing machines. Need a new vacuum cleaner? Then, try out the new Super Max. Staff by the stairs on the second floor are demonstrating this incredible new device now. Also, be sure to pick up our free magazine with new special deals at the exit when you are ready to leave.

Question　Where can customers see the new vacuum cleaner?

ボビー電器店へようこそ。当店ではカメラやコンピュータから洗濯機に至るまで何でも売っています。新しい掃除機が必要ですか？　それでは新しいスーパーマックスをお試しください。2階の階段付近でスタッフが，この信じられないほどすばらしい新しい機器を実演中です。また，お帰りの際は，新着特別割引情報の入ったフリーマガジンを出口のところでお持ちになるのもお忘れなく。

❓ 顧客は新しい掃除機をどこで見ることができるか？

1　1階の出口付近。

2　2階の階段付近。

3　3階のコンピュータの横。

4　4階のカメラの横。

☑ 中盤で Need a new vacuum cleaner? ... Staff by the stairs on the second floor are demonstrating this incredible new device now.「新しい掃除機が必要ですか？ … 2階の階段付近でスタッフが，この信じられないほどすばらしい新しい機器を実演中です」と言っていることから，正解は **2**。

No. 26

Long ago, <u>some Roman women believed that taking a bath in the milk of donkeys was good for their skin</u>. However, not all women could take care of their skin in this way. Donkey milk was very expensive, so <u>only the richest women could wash in it</u>. Some very rich women kept many donkeys to get milk every day.

Question How did some Roman women take care of their skin?

昔，ローマの女性の中には，<u>ロバの乳の風呂に入ることが肌によいと信じている人がいた</u>。しかし，すべての女性がこのやり方で肌を手入れできたわけではない。ロバの乳は非常に高価だったので，<u>最も裕福な女性のみがその中で洗うことができた</u>。毎日，乳を確保するためにたくさんのロバを飼っている非常に裕福な女性たちもいた。

❓ **一部のローマの女性はどのように肌の手入れをしたか？**

1 毎日たくさんのロバの乳を飲むことによって。

2 ロバの乳で身体を洗うことによって。

3 若いロバの肉を食べることによって。

4 ロバの世話に時間を費やすことによって。

🔖 序盤に some Roman women believed that taking a bath in the milk of donkeys was good for their skin「ローマの女性の中には，ロバの乳の風呂に入ることが肌によいと信じている人がいた」，中盤に only the richest women could wash in it「最も裕福な女性のみがその中で洗うことができた」とあることから，正解は**2**。

No. 27

Olivia is planning a birthday party for her grandfather. She searched online for restaurants with no stairs because her grandfather will be 90 years old and cannot walk well. She found one in her area, and <u>her mother suggested that Olivia go to see it before the party</u>. That way, she could make sure that the restaurant would be nice for her grandfather.

Question What did Olivia's mother suggest she do?

オリヴィアは祖父のために誕生パーティを計画している。祖父は90歳になるところで，うまく歩けないため，彼女はネットで階段のないレストランを探した。彼女は自分の住んでいる地域に1軒見つけ，<u>彼女の母はオリヴィアがパーティの前にそこに行って見てくることを提案した</u>。そうすれば，彼女はそのレストランが祖父にとってよいものであることを確認できるだろう。

❓ **オリヴィアの母はオリヴィアが何をすることを提案したか？**

1 お気に入りのレストランについて人々に尋ねる。

2 ネットでレストランを探す。

3 彼女の住んでいる地域にレストランを開店する。

4 レストランに行って見てくる。

中盤に her mother suggested that Olivia go to see it before the party「彼女の母は
オリヴィアがパーティの前にそこに行って見てくることを提案した」とあり，この it は祖
父の誕生パーティを開こうと計画しているレストランのこと。したがって，正解は **4**。

No. 28

We hope you are enjoying the facilities here at Fitness Life Center, including our new exercise machines. To help you build muscle, we are giving away protein bars for the next hour. Please come to the entrance and help yourself. Each member can take two. We hope you enjoy your day.

Question   Why is this announcement being made?

新しいエクササイズマシンをはじめとする，当フィットネスライフセンターの設備をお楽しみいただけていれば幸いです。筋肉を鍛える助けになるよう，これから1時間，プロテインバーをお配りいたします。入口までお越しいただき，ご自由にお取りください。会員の方は1人2本お取りいただけます。すてきな一日をお過ごしください。

この案内がなされているのはなぜか？

1   新しい会員を迎えるためにスタッフが採用される。

2   会員は無料のプロテインバーをもらえる。

3   新しいエクササイズマシンが間もなく導入される。

4   フィットネスセンターは1時間後に閉店する。

中盤に we are giving away protein bars for the next hour. Please come to the entrance and help yourself.「これから1時間，プロテインバーをお配りいたします。入口までお越しいただき，ご自由にお取りください」とあることから，正解は **2**。

No. 29

When Mr. Jenson came home last night, his daughter's pet cat was in the kitchen. It looked hungry, so Mr. Jenson asked his daughter if she had fed it. She said that she had spent all afternoon at the shopping mall with her friends and had forgotten about her cat. Mr. Jenson was very upset with his daughter.

Question   Why was Mr. Jenson upset with his daughter?

ジェンソンさんが昨夜帰宅したとき，娘のペットのネコが台所にいた。お腹がすいているように見えたので，ジェンソンさんはネコにえさをやったのかどうか娘に尋ねた。彼女は午後はずっと友だちとショッピングモールで過ごし，ネコのことを忘れてしまっていたと言った。ジェンソンさんは娘にとても腹を立てた。

ジェンソンさんはなぜ娘に腹を立てたか？

1   彼女は約束した時刻より遅く帰宅した。

2   彼女はペットにえさをやるのを忘れていた。

3   彼女は台所を掃除していなかった。

4 彼女は宿題をしていなかった。

中盤から終盤にかけて Mr. Jenson asked his daughter if she had fed it. She said that she had spent all afternoon at the shopping mall with her friends and had forgotten about her cat. Mr. Jenson was very upset with his daughter.「ジェンソンさんはネコにえさをやったのかどうか娘に尋ねた。彼女は午後はずっと友だちとショッピングモールで過ごし、ネコのことを忘れてしまっていたと言った。ジェンソンさんは娘にとても腹を立てた」と言っていることから、正解は**2**。

No. 30

Thank you for shopping at Fresh Best Supermarket. We would like to remind drivers to be careful when driving in the parking lot. Last week, a woman and her dog were injured by a car while crossing the parking lot. Please keep your speed below 5 kilometers per hour to make sure our customers stay safe.

Question Who is this announcement mainly made for?

フレッシュベストスーパーマーケットでお買い物いただき、ありがとうございます。ドライバーの皆様には、駐車場での運転にお気をつけくださるようあらためてお願いします。先週、1人の女性と彼女の犬が、駐車場を横断中に車によってけがをしました。お客様方の安全を確保するため、時速5キロ以下の速度をお守りください。

この案内は主に誰に向けてなされているか?

1 ペットを連れて店に来る人。
2 運転をしてスーパーマーケットに来る人。
3 たくさんの買い物袋を持っている客。
4 5キロ圏内に住む客。

序盤に We would like to remind drivers to be careful「ドライバーの皆様には…お気をつけくださるようあらためてお願いします」や、終盤に Please keep your speed below 5 kilometers per hour「時速5キロ以下の速度をお守りください」とあることから、正解は**2**。

英検 **2** 級

一次試験・筆記 [P.152〜P.167]

1　(1) 3　(2) 1　(3) 3　(4) 1　(5) 1　(6) 4　(7) 4　(8) 3
　　(9) 2　(10) 2　(11) 1　(12) 2　(13) 3　(14) 1　(15) 1　(16) 4
　　(17) 3　(18) 1　(19) 3　(20) 3

2A　(21) 3　(22) 4　(23) 2
2B　(24) 3　(25) 1　(26) 3

3A　(27) 1　(28) 1　(29) 3
3B　(30) 4　(31) 1　(32) 2　(33) 4
3C　(34) 1　(35) 3　(36) 1　(37) 3　(38) 2

4　P.166〜P.167参照

一次試験・リスニング [P.168〜P.186]

第**1**部　[No. 1] 2　[No. 2] 4　[No. 3] 2　[No. 4] 2　[No. 5] 3
　　　　[No. 6] 1　[No. 7] 2　[No. 8] 1　[No. 9] 2　[No. 10] 1
　　　　[No. 11] 4　[No. 12] 3　[No. 13] 2　[No. 14] 3　[No. 15] 4

第**2**部　[No. 16] 4　[No. 17] 1　[No. 18] 2　[No. 19] 3　[No. 20] 4
　　　　[No. 21] 1　[No. 22] 4　[No. 23] 1　[No. 24] 2　[No. 25] 1
　　　　[No. 26] 3　[No. 27] 1　[No. 28] 4　[No. 29] 2　[No. 30] 2

1

(1) ジュンは娘に牛乳と生クリーム，砂糖とメープルシロップでアイスクリームを家で簡単に作る**方法**を教えた。

☑ 選択肢はcure「治療」，register「記録」，method「方法」，slice「部分」。空所の後ろはof making ice creamと続くので，「アイスクリームを作る～」という意味になる語を選ぶ。正解は**3**。

(2) 最近，企業は**信じられない**ほど小さなカメラを作っている。中にはシャツのボタンより小さなものさえある。

☑ 選択肢はすべて副詞で，incredibly「信じられないほど」，partially「部分的に」，eagerly「しきりに」，consequently「その結果として」。第2文で，シャツのボタンより小さいと述べているので，「信じられないほど」小さい，とするのが自然。正解は**1**。

(3) シルバーシティーの北部には家がほとんどない。工場や倉庫ばかりの**工業地域**だ。

☑ 選択肢はemergency「緊急」，instant「即時の」，industrial「工業の」，environmental「環境の」。家がほとんどなくて，工場や倉庫ばかりがある地域は「工業地域」と考えられる。正解は**3**。

> 📖 WORDS&PHRASES
> □ **warehouse** ── 倉庫

(4) A：テツヤ，明日は雨が降ると思う？
B：**降らない**と思うよ。梅雨は終わったし，1週間ずっと晴れているしね。

☑ 選択肢はdoubt「～を疑う」，blame「～を非難する」，pardon「～を許す」，affect「～に影響を与える」。Bは第2文で「梅雨が終わって，1週間晴れている」と雨が降らないと思う根拠を述べているので，第1文は「降るとは思わない」という意味の発言にすると自然な会話になる。正解は**1**。

(5) A：最近オフィスがすごく静かなのはどうして？
B：エイミーとベンが口論して以来，2人の間にかなり**緊張**があるんです。

☑ 選択肢はtension「緊張」，survival「生存」，privacy「プライバシー」，justice「正

義」。オフィスが静かな理由を聞かれての答え。口論した2人の間にあるのは
何かを考えると、「緊張」があるため静かだとするのが自然。正解は **1**。

(6) ジュリーの先生は生徒全員に新しい教科書を配布するように彼女に頼んだ。彼女
は教室内の各机に1冊ずつ置かなければならなかった。

📝 選択肢は respond「答える」，negotiate「交渉する」，collapse「崩れる」，
distribute「〜を配布する」。第2文にある「各机に教科書を1冊ずつ置く」とい
う行為は「配布する」の言い換えだとわかる。よって，正解は **4**。

(7) A：先生はあなたの科学プロジェクトのアイデアを承認したの？
B：いや。危険な化学薬品を必要とすることは何であれ許されないって言ってい
るよ。だから何か別のことを考えないと。

📝 選択肢は confine「〜を制限する」，compare「〜を比較する」，abandon「〜を
捨てる」，approve「〜を承認する」。B は He says that I'm not allowed to 〜「許
されないと言っている」と答えていることから，A は先生がアイデアを「承認
したか」を聞いているとすると会話が成り立つ。したがって，正解は **4**。

(8) A：それはさっきあなたが探していた資料なの？
B：そう。僕のデスクの書類の山の下に埋もれていたんだよ。もっときちんと整
理しなくちゃ。

📝 選択肢は直前の was と結びついて，dyed「染められた」，peeled「むかれた」，
buried「埋もれた」，honored「栄誉を授けられた」。A の問いかけから，B は書
類を探していたこと，さらに B の最後の言葉からデスクが整理されてない状
態だということがわかる。したがって，探し物は書類の山に「埋もれていた」
とするのが適切。正解は **3**。

(9) 多くのSF作家が光の速度で移動するという考えについて書いている。テクノロ
ジーの将来の発展があれば，この考えは現実になるかもしれない。

📝 選択肢は edition「版」，notion「概念，考え」，contact「接触」，instinct「本能」。
空所部分を第2文では this idea と言い換えていると考えられるので，idea の
同義語を探せばよい。正解は **2**。

📖 WORDS&PHRASES
□ **science-fiction** ── 空想科学小説, SF   □ **reality** ── 現実のこと

(10) 先祖について調査をしたとき, ヘイリーは曽祖父の1人がロンドンの有名な劇場で働いていたことを発見した。

> 🖊 選択肢はそれぞれangel「天使」, ancestor「先祖」, employee「従業員」, enemy「敵」の複数形。何かについて調査をして, その結果わかったのは曽祖父が働いていたところなので, 「先祖」について調べていたとすると文脈に合う。正解は**2**。

📖 WORDS&PHRASES
□ **great-grandfather** ── 曽祖父

(11) 巨大台風は市内の多くの家々に多くの被害をもたらした。すべての被害を補償するのにかかる費用は7000万ドル以上に達した。

> 🖊 選択肢はamounted to ～「～に達した」, aimed at ～「～を狙った」, calmed down ～「～を静めた」, checked with ～「～に相談した」。空所のある文の主語はthe cost「費用」で, 空所の後ろには金額があるので, 正解は**1**。

📖 WORDS&PHRASES
□ **damage** ── 被害, 損害   □ **million** ── 100万

(12) A：ティナ, ヘレンの結婚式に着ていく服をもう選んだ？
B：ええ。素敵なドレスはたくさん持っているんだけど, 新年のセールで買ったピンクのを着るつもりよ。

> 🖊 選択肢はcalled up ～「～に電話をかけた」, picked out ～「～を選び出した」, occurred to ～「～に思い当たった」, disposed of ～「～を捨てた」。話題はヘレンの結婚式に着ていく服。Bが質問に答えて, ピンクのドレスを着るつもりだと言っていることから, Aは「もう選んだか」と尋ねていると考えられる。正解は**2**。

📖 WORDS&PHRASES
□ **quite a few** ── かなりたくさんの

(13) バクスターズ・ボクシィズの現在の社長はマイク・バクスターだ。彼の会社は15年前に引退した父のピーターから引き継いだものだ。

> 🖊 選択肢は直前のwasと結びついて, balanced on ～「～でバランスがとられた」, opposed to ～「～に反対した」, inherited from ～「～から引き継がれた」, prohibited by ～「～によって禁止された」。第2文に, 先代の社長は父で15年前に引退したとあるので, 「父から引き継がれた」とすると文脈に合う。正解は**3**。

□ **retire** ── 退職する，引退する

(14) ニールは仕事をプライベートな生活と**切り離そう**としている。それらをごちゃまぜにするのは嫌いなので，仕事を家に持ち帰ることや，同僚に家族のことを話すことは決してない。

> ✅ 選択肢は separate from ～「～と分けて」，familiar with ～「～をよく知っていて」，anxious for ～「～を切望して」，equal to ～「～に等しい」。第2文から，ニールは仕事とプライベートをきっちり分けていることが読み取れる。つまり仕事と個人生活を「切り離そうとしている」と考えられる。したがって正解は**1**。

📖 WORDS&PHRASES

□ **colleague** ── 同僚

(15) 激しい雨の中で，船の乗組員たちは天候に**翻弄されて**いた。エンジンを安全に始動するには，嵐が過ぎるのを待たなければならなかった。

> ✅ 選択肢は at the mercy（of ～）「～に翻弄されて」，on the point（of ～）「今にも～しそうで」，in the hope（of ～）「～することを願って」，off the record「非公式の」。激しい雨が降っているので，エンジンを切って嵐が過ぎるのを待っている状態。したがって，「天候のなすがまま，天候に翻弄されて」とするのが適切。正解は**1**。

📖 WORDS&PHRASES

□ **crew member** ── 乗組員

(16) イギリスのテレビドラマ『コロネーション・ストリート』は1960年に初めて**放送された**。それ以来ずっと人気を保ち，2020年には第10,000話が放送された。

> ✅ 選択肢は in a bit「すぐに」，for a change「気分転換に」，at the rate「（～の）割合で」，on the air「放送されて」。テレビドラマが1960年以来ずっと人気を保っており，2020年に第10,000話が「放送された」とあるので，空所にも同じ意味の語を入れれば文脈に合う。正解は**4**。

📖 WORDS&PHRASES

□ **episode** ──（第～）話　□ **broadcast** ── ～を放送する

(17) A：すみません。キッチン用に電気ヒーターを探しているんですが。
B：こちらをお勧めします。小型ですが，熱量はかなり**出ます**。ほんの数分でキッチンを温めますよ。

> ✅ 選択肢は drops out「脱落する」，runs out「使いつくす」，gives off ～「～を出す，放出する」，keeps off ～「～を離しておく」。最後の文に「ほんの数分でキッ

チンが温まる」とあるので，「熱量が出る」とするのが自然。正解は**3**。

📖 WORDS&PHRASES

□ **recommend** ── 〜を推薦する

(18) A：このピーナツを食べるのをやめられないよ。すごくおいしい！

B：そうなの。食べ始めたら，どうにも止まらないの。

- -

✅ 選択肢は動詞 eat のさまざまな形。BがAの言ったことに同意して，「食べ始めたら止まらない」と言っているので，「食べるのをやめられない」という文にすれば，会話が成立する。can't help *do*ing で「〜しないではいられない」という意味になる。正解は**1**。

(19) A：動物の形のこのカップ，どう思う？

B：とてもかわいいわ！　妹の誕生日プレゼントを買わなきゃならないんだけど，これらのカップの1つが**まさに**それだわ。

- -

✅ 選択肢は ever「今までに」，much「多い」，very「まさに」，so「とても」。the very thing で「まさにそれ」という意味になる。正解は**3**。

(20) ロックハンマーのバンドメンバーたちは新加入のギタリストと演奏するのを楽しみにしていた。ところが，彼女はコンサートが終わる**まで**到着しなかった。

- -

✅ 選択肢はすべて接続詞で unless「〜でない限り」，whether「〜かどうか」，until「〜するときまで」，yet「けれども〜」。第2文が逆接を示す However で始まっているので，バンドメンバーが楽しみにしていたギタリストは来なかった，と考えられる。「〜まで」という意味の until が適切。正解は**3**。

[A]

本文の意味 ジョニー・アップルシード

① ジョニー・アップルシードの物語はアメリカの伝説だ。物語によれば，アップルシードの夢はみんながたくさん食べられるよう十分なリンゴを育てることだった。彼は，途中でリンゴの木を植えながら，アメリカ中を旅した。この物語のほとんどはフィクションだ。だがジョニー・アップルシードは実在の人物に基づいている。これは，1774年にマサチューセッツ州の北東部で生まれたジョン・チャップマンと呼ばれる男だった。

② 当時，アメリカ東部の多くの人々が，安い土地を求めて西部に移住していた。これをチャップマンはこれをお金を稼ぐチャンスと見た。彼はリンゴから作られるアルコール飲料シードルの製造者から袋に入ったリンゴの種を無料でもらった。旅をして回りながら，土地を買い，町になりそうな場所にリンゴの木を植えた。のちに，そうした土地に戻り，リンゴの木を調べてはそれらを売っていた。時には，定住したいという人々に土地を売りもした。

③ チャップマンは旅で訪ねた人々の間で人気になった。遠くからのニュースを持っていき，自分の面白い人生の話を語って聞かせた。それに，彼は親切な人間だったようだ。リンゴの木の代金を服で払った人がいれば，彼は自分より服を必要としている人々にそれを与えた。古い布袋から作った上着を喜んで着て，冬でさえめったに靴を履かなかった。ジョニー・アップルシードの物語は，大部分は伝説だ。だが，チャップマンの人生からとった真実の種が，少なくとも少しは含まれている。

📖 WORDS&PHRASES

□ **legend** ── 伝説　　□ **on the way** ── 途中で　　□ **seed** ── 種　　□ **alcoholic** ── アルコールの

意味と解説

(21) 選択肢は「数本の映画に登場したことがある」「新しいイメージを与えられてきた」「実在の人物に基づいていた」「あるリンゴ農園で作られた」。空所を含む文の文頭のHoweverに注目する。この副詞のあとは前の文と相反する内容が続く。前の第4文が「この物語のほとんどはフィクションだ」というものなので，「実在の人物に基づいている」が適切。正解は**3**。1，2については記述がない。4は，リンゴの木を植えながらアメリカ中を旅した，という内容に矛盾する。

(22) 選択肢は「祝う理由」「正常な反応」「重大なミス」「お金を稼ぐチャンス」。空所の直前の第1文は「アメリカ東部から安い土地を求めて西部へと移住する人が多かった」という内容。第3文以降はチャップマンがお金を得た方法が説明されている

ので、「これを金儲けのチャンスと見た」とすると自然な流れになる。正解は**4**。

(23) 選択肢は「それに応じて」「少なくとも」「平均して」「幸運にも」。空所の前の第6文は「ジョニー・アップルシードの物語は、大部分は伝説だ」という内容で、空所の直後にはthough「だが」という逆接を示すつなぎ言葉が来て、「チャップマンの人生からとった真実の種が少しは含まれている」とある。「少なくとも」を入れると文脈に合う。正解は**2**。

[B]

本文の意味　シー・シャンティ（海のはやし歌）

① 大きな帆船の上での生活は厳しいものだった。船乗りたちは家や家族から何か月も、あるいは何年も離れていることさえあった。食べなければならない食料は乾燥したものや悪くなっているものだった。船上での船乗りのやるべき作業は、たいてい退屈で肉体的に疲れるものだった。さらに悪いことに、海そのものが、特に嵐の間など、非常に危険なところだったし、事故もよく起きた。船乗りたちが陽気でいるために自分たちの歌を作り歌い始めたのも驚くにはあたらない。

② そうした歌は、「シー・シャンティ（海のはやし歌）」と呼ばれ、2種類の形式がある。「キャプスタン・シャンティ」は船の錨を上げるなどの、止まらず一定の速さが求められる作業に使われた。「プリング（けん引）・シャンティ」は船乗りたちが帆を上げるために綱を引くときに使われた。船乗りたちはこうした歌を歌いながら数秒間力を合わせ、息継ぎのために休み、そして再開した。こうしたはやし歌の間、「シャンティマン」として知られる船乗りの一人が、大声で一節を歌う。残りの船乗りたちは、次の一節をみんなで歌うのだ。これがリズムを一定に保つのに役立った。

③ 蒸気船の発明以後、船乗りたちはもうチームで作業しなくてよくなった。船のエンジンがつらい仕事は全部やってくれた。それでも、海のはやし歌の人気は衰えなかった。その理由の1つは、歌詞がおもしろい話に基づいていることが多いからだ。集まってはこうした愉快な歌を歌うグループが世界中にある。中には新しい曲を作る人もいる。過去のシー・シャンティと同様、新しい歌もたいていユーモアがたっぷり含まれている。

◀ WORDS&PHRASES

□ sailing ship — 帆船　　□ physically — 肉体的に　　□ tiring — 退屈な、疲れる

□ cheerful — 陽気な　　□ come in 〜 — 〜の形式がある　　□ anchor — 錨

□ sing out 〜 — 〜を大声で歌う　　□ line — 一節　　□ invention — 発明

□ steamship — 蒸気船　　□ no longer — もはや〜でない

(24) 選択肢は「しばらくして」「引き換えに」「さらに悪いことに」「この理由で」。空所の前の第4文には「船乗りの作業は退屈で肉体的に疲れる」とあり，空所の文の後半は「海そのものが危険で事故も起きやすかった」と海のマイナス点を挙げている。したがって，ここにはマイナス点を追加するつなぎ言葉，To make matters worse を入れると文脈に合う。正解は**3**。

(25) 選択肢は「リズムを一定に保つ」「船の作り方を学ぶ」「お互いを知るようになる」「サメを脅して追い払う」。第2段落はどのような作業の際にシー・シャンティを歌ったかが説明されている。第4文には「歌を歌いながら数秒間力を合わせ，息継ぎのために休み，そして再開した」とあるので，歌で息を合わせて作業していたと考えられる。したがって，「リズムを一定に保つのに役立った」とすると文脈に合う。正解は**1**。

(26) 選択肢は「男性パートと女性パートがある」「人々に航海の仕方を教える」「たいていユーモアがたっぷり含まれている」「めったに1分以上続かない」。第3段落は蒸気船の時代になってもシー・シャンティが歌われていたこと，そしてそれは歌詞がおもしろい話に基づいているからだと述べられている。さらに新しい曲も作られており，「過去と同様」とあるので，「ユーモアがたっぷり含まれている」とすると文脈に合う。正解は**3**。

3

[A]

本 文 の 意 味

送信者：グラベルトン・コミックショー <info@graveltoncomicshow.com>
宛先：アリス・サリバン <alisulli321@friendlymail.com>
日付：1月22日
件名：申し込み登録ありがとうございます

アリスさま，
① 第8回となった毎年恒例のグラベルトン・コミックショーへオンラインでお申し込み登録いただき，ありがとうございます。今年のショーはグラベルトンのコンベンションセンターで2月18日土曜日に開催され，過去最大規模になる見込みです。(27)あなたのお気に入りのコミックのTシャツやポスター，グッズだけでなく，レアアイテムや地元のクリエーターによるコミックを含む数千冊のコミックが売り出されます。それを制作したアーティストや作家に会ったり，話をしたりするチャンスもあります。

② いつも通り，来場者向けのコスチュームコンテストも開催します。12歳以下の子ども向けのコンテストと，そのほか全員が対象のコンテストです。参加を希望するときは，正午までに受付で参加申し込みをしてください。(28)コスチュームは必ず自作でなければならないことにご注意ください。市販のコスチュームを着ている人は，コンテストに出場できません。独創性を発揮すれば，すばらしい賞品を勝ちとれるかもしれません。

③ 来場者の皆さんには，お互いに敬意を払っていただくようお願いします。(29)先に許可を得ないでほかの人のコスチュームに触ったり，写真を撮ったりしないでください。また，コンベンションセンターのメインホールでの飲食は禁止ですので，お忘れなく。コンベンションセンターのカフェテリアに加えて，センターの外の広場には軽食やドリンクを売るフードトラックも出ます。

ショーでお会いするのを楽しみにしています！

グラベルトン・コミックショー　スタッフ

📖 WORDS&PHRASES

□ **sign up for ～** ── ～に申し込み登録する　　□ **rare** ── 珍しい　　□ **participate** ── 参加する

□ **note** ── ～に注意する　　□ **fantastic** ── すばらしい　　□ **permission** ── 許可

□ **food truck** ── フードトラック，キッチンカー

意味と解説

(27) グラベルトン・コミックショーで，アリスは…ことができるだろう。

1　グラベルトン出身の人々が制作したコミックを買う

2　彼女の好きなコミックに基づいた映画を見る

3　自分のコミックの作り方のレッスンを受ける

4　有名なコミックのキャラクターを描いた自分の絵を展示する

☑　第1段落第3文に「レアアイテムや地元のクリエーターによるコミックを含む数千冊のコミックが売り出されます」とあることから，正解は1。そのほかの選択肢については言及がない。

(28) コスチュームコンテストの参加者がしなくてはいけないことは何か？

1　コスチュームを自分で作る。

2　ショーに来る前に申し込みする。

3　受付で参加費を払う。

4　なぜそのコスチュームを選んだかを説明する。

☑　第2段落第4文に「コスチュームは必ず自作でなければならないことにご注意ください」とあることから，1の「コスチュームを自分で作る」が正解。申

し込みは正午までに受付でする，とあるので2は不適切。3と4については言及がない。

(29) グラベルトン・コミックショーの来場者は…していいか聞かなければならない。
1 コンベンションセンターのメインホールで食事
2 センターの外の広場の駐車場を使用
3 ほかの来場者のコスチュームの写真を撮影
4 ショーに自分の軽食やドリンクを持ち込み

📝 第3段落第2文に「先に許可を得ないでほかの人のコスチュームに触ったり，写真を撮ったりしないでください」とある。つまり写真を撮るときは，撮影していいか先に聞く必要があるということ。正解は**3**。「コンベンションセンターのメインホールでの飲食は禁止」とあるので，1は不適切。2と4については言及がない。

[B]

本文の意味 王の小道

1️⃣ 何千年もの間，グアダロルセ川はスペイン南部の山々の間を流れてきた。時がたつにつれ，川は，ところによっては水面から300メートルもある切り立った岩壁を持つ壮観な峡谷を作り出した。20世紀初頭，土木技師たちが，流れの速い川は電気を作り出すのに使えるダムにちょうどよいと判断した。(30)1メートル幅のコンクリートの歩道が，近隣の町からダムに行く人々のために，谷の壁の高い場所に築かれた。

2️⃣ 最初，歩道は発電所の作業員と山の反対側に行きたい地元の人々だけに使われていた。まもなく，そのすばらしい眺めのニュースが広がり，歩道はハイカーに人気になった。土木技師たちは歩道を改善して観光客にとってより魅力的なものにすることを決め，1921年にスペインのアルフォンソ13世によって公式に開通した。(31)式典のあと，王は8キロのルートを歩いたので，歩道はエル・カミニート・デル・レイ，つまり「王の小道」として知られるようになった。

3️⃣ 人気にもかかわらず，歩道はあまりきちんと手入れされなかった。コンクリートが損傷したところに穴が開いた。当初は人が落ちないように歩道の片側に金属の柵があったが，これは壊れて谷底に落下してしまった。エル・カミニート・デル・レイは世界で最も危険なハイキング道として有名になり，そこを歩く興奮を求めて多くの国々から人々がやってきた。しかし，(32)2年間に4人が亡くなったため，2001年に政府は歩道を閉鎖することにした。

4️⃣ エル・カミニート・デル・レイへの興味は消えず，木と鋼鉄で歩道を再建するために220万ユーロが費やされた。新しい歩道は2015年に開通し，昔の

道より安全になっているにもかかわらず，まだ怖いと思う人もいる。それでも，壮観な景色は多くの観光客を引き付ける。(33)エル・カミニート・デル・レイをできるだけ長期間よい状態に保つため，ハイカーたちは今では道を通るためにチケットを買わなくてはならないし，チケットは年に30万枚しか売られない。

意味と解説

(30) グアダロルセ川の峡谷の壁の高いところに歩道が作られたのは…

1 川が船で旅するには危険すぎたからだ。

2 突然の洪水で，低い場所の歩道が壊れたからだ。

3 谷には歩くのを困難にする岩があったからだ。

4 新しく作られたダムに行くのに，人々が必要としたからだ。

📝 第1段落第4文に「1メートル幅のコンクリートの歩道が，近隣の町からダムに行く人々のために，谷の壁の高い場所に築かれた」とあることから，正解は4。1，2，3のような記述はない。

(31) 歩道はなぜエル・カミニート・デル・レイと呼ばれたのか。

1 スペイン王が開通させたのちに歩いたため。

2 それを作った土木技師たちが着たユニフォームのため。

3 そこから見えるすばらしい景色のため。

4 観光客にとって魅力的であってほしいと地元民が望んだため。

📝 第2段落第4文に「式典のあと，王は8キロのルートを歩いたので，歩道はエル・カミニート・デル・レイ，つまり『王の小道』として知られるようになった」とある。これを言い換えた1が正解。

(32) 歩道を閉鎖する決定がなされたのは…

1 コンクリートに穴が見つかったあとだった。

2 人々が亡くなった事故のあとだった。

3 金属フェンスが道の上に落ちたあとだった。

4 手入れのコストが増えたあとだった。

📝 第3段落第5文に「2年間に4人が亡くなったため，2001年に政府は歩道を閉

鎖することにした」とある。つまり，死亡事故があったあとに歩道の閉鎖が決まったということなので，正解は**2**。

(33) 新しい歩道が保護されている方法の1つは何か？

1 利用するときには人々は特別なハイキングブーツを履かなくてはならない。
2 雨による被害を防ぐために屋根がつけられた。
3 歩道の表面が新しい素材で作られている。
4 歩道を歩ける人の数が制限されている。

☑ 第4段落第4文に「エル・カミニート・デル・レイをできるだけ長期間よい状態に保つため，ハイカーたちは今では道を通るためにチケットを買わなくてはならないし，チケットは年に30万枚しか売られない」とある。これを言い換えた**4**が正解。

［C］

本文の意味　笑いの進化

① 笑いは何かがおかしいという私たちの感情を表現する方法であるだけではなく，健康にもよいことだ。短期的には筋肉を緩め，血流を改善する助けになるし，長期的には病気と戦えるよう体をよい状態にしてくれる。(34)研究者はほかの動物たちの似たような行動を探すことによって，人間における笑いがどのように進化したかを調査している。カリフォルニア大学ロサンゼルス校で行われた研究は，60以上の種における笑いに似た行動の形跡を明らかにした。

② 人間の笑いとは少し音が異なるが，チンパンジーが笑うことは昔から知られている。ほとんどの人間が笑う際には，息を吐くときにだけ音を立てるが，(35)チンパンジーが笑う際には息を吐くときも吸うときにもどちらも音を立てる。チンパンジーは人間に近似した種なので，彼らやゴリラ，オランウータンが笑うのもそれほど意外なことではない。しかし，こうした動物たちは冗談を言うのに必要な複雑な言語を持っていないので，何が彼らを笑わせるのかを見つけることに研究者は興味を持った。

③ チンパンジーがお互いに乱暴に遊んでいるときにこうした笑い声を立てることを研究者は発見した。(36)笑いは，本当に傷つけようとしているわけではないと相手に知らせるチンパンジーのやり方なのだと研究者は考えている。遊びのおかげでチンパンジーやそのほかの動物たちはけんかや狩猟技術を発達させるとともに，集団のほかの仲間たちとより強い関係を築けるのだ。

④ ほかの動物たちが遊ぶ行動の最中に立てる音を聞くことで，研究者はさまざまな動物たちにおける「笑い」を特定することができた。例えば犬は，遊んでいるときに大きな音を出しながら呼吸するし，イルカは特別なカチカチという音を立てる。(37)ネズミの場合，やさしく触られたときに彼らが立てる笑い声の

ような音は，高すぎて人間の耳には聞こえない。それでも，特別な機器でその音は検出することができる。笑いは他者に対して，自分たちはリラックスして楽しめているということを示す合図として進化し始めた，と研究者たちは結論づけた。もちろん，(38)人間は多種多様な理由で笑うので，研究者にはこの行動の進化の過程についてまだまだ学ぶことが多い。

意味と解説

(34) 人間における笑いの発達を，研究者たちはどのようにして解明しようとしているか？

　1　ほかの種における笑いのような行動を探すことで。

　2　人間がおかしいと思う種類の事柄を分析することで。

　3　生まれたときからの人間の赤ん坊の反応を研究することで。

　4　人間が笑うときに使われる筋肉を調査することで。

> ✔　第1段落第3文に「研究者はほかの動物たちの似たような行動を探すことによって，人間における笑いがどのように進化したかを調査している」とあることから，**1**が正解。

(35) チンパンジーの笑いはほとんどの人間の笑いとどのように異なるか？

　1　チンパンジーは驚いたとき，人間と同じような音を立てる。

　2　チンパンジーは鼻から呼吸するときに音を立てる。

　3　チンパンジーは息を吐くときにだけ音を立てるわけではない。

　4　チンパンジーは笑うときに人間ほどゆっくり呼吸しない。

> ✔　第2段落第2文に「チンパンジーが笑う際には息を吐くときも吸うときにもどちらも音を立てる」とあるので，これを言い換えた**3**が正解。

(36) 研究者たちは，チンパンジーは笑いを…ために使うと考える。

　1　自分たちの行動は真剣なものではないと示す

　2　集団に新しい仲間を受け入れる

　3　狩りに行く前に筋肉を温める

4 ほかのチンパンジーを脅して追い払うことで喧嘩を避ける

☑ 第3段落第2文に「笑いは，本当に傷つけようとしているわけではないと相手に知らせるチンパンジーのやり方なのだと研究者は考えている」とある。これを言い換えた**1**が正解。

(37) 特別な装置は…ために用いる必要がある。
1 笑うときの人間の脳内の信号を測る
2 イルカが立てるさまざまな音を識別する
3 ある種の動物の笑いのような音を観測する
4 ある人間が笑っている正確な理由を特定する

☑ 第4段落第3～4文に「ネズミの場合，やさしく触られたときに彼らが立てる笑い声のような音は，高すぎて人間の耳には聞こえない。それでも，特別な機器でその音は検出することができる」とあることから，正解は**3**。

(38) 次のうち本文の内容に一致するものはどれか？
1 動物の遊びの目的は集団の仲間を笑わせることだ。
2 人間の笑いがどのように発達したか，専門家はまだ学ぶことがある。
3 笑いのメリットの1つは，強い筋肉を発達させるのを助けることだ。
4 チンパンジーが実はお互いに冗談を言い合っているという証拠を研究者は見つけた。

☑ 第4段落第6文に「人間は多種多様な理由で笑うので，研究者にはこの行動の進化の過程についてまだまだ学ぶことが多い」とある。「進化の過程」を「笑いがどのように発達したか」と言い換えた**2**が正解。

ライティング　意味と解答例

4

解答例 1

I agree with the opinion that Japan should use the Internet for people to vote in elections. First, it would be very convenient because people could vote anytime and anywhere if they use the Internet. People wouldn't have to wait in line to vote. Second, the government could save money by reducing the number of staff and voting places. Ballots would not be counted by hand, so the cost and the time would be significantly reduced compared with the old way. For these reasons, I think Japan should use the Internet for people to vote in elections. (97語)

解答例 1 の意味

日本は選挙で投票する人々のためにインターネットを使うべきだという意見に私は同意します。第1に，インターネットを使えば，人々はいつでもどこでも投票できてとても便利です。投票するために並ぶ必要がないのです。第2に，政府はスタッフや投票所の数を減らすことでお金を節約できます。投票用紙は手で数えなくてすむようになるので，従来のやり方に比べて費用と時間が大幅に削減されるでしょう。こうした理由から，私は日本は選挙で投票する人々のためにインターネットを使うべきだと思います。

初めに「日本は選挙で投票する人々のためにインターネットを使うべきだという意見に同意する」という自分の立場をはっきり述べ，次に理由を2つ挙げている。最後に結論として自分の立場を改めて述べて締めくくっている。

理由を述べる際には First「第1に」，Second「第2に」という表現を使って，わかりやすく整理している。ほかにも，besides「そのうえ」，moreover「さらに」といった語を使ってもよいだろう。その2つの理由として，「インターネットを使えばいつでもどこでも投票できる」ということと，「スタッフや投票所を減らすメリット」を挙げ

ている。最初の理由は与えられている POINTS 中の Convenience に，2つ目の理由
は Cost に関連している。

　なお，同意する場合，例えば「インターネットを使い慣れている若い人々がより
投票しやすいと感じるかもしれない（Young people who are used to using the Internet
might find it easier to vote.）」，「投票用紙や文房具も使わずにすむので，環境にやさ
しい（Because there would be no need to use voting paper or stationeries, it would be
eco-friendly.）」なども考えられる。

解 答 例 2

I don't agree with the opinion that Japan should use the Internet for people to vote
in elections. There are two reasons. First, it would be convenient for young people
who are accustomed to the Internet, but elderly people might feel it troublesome
or difficult. It could lower the voting percentage of senior citizens. Next, there
would be the risk of cyberattack. Since the government deals with the vast data
of the voters, a communication failure might produce a serious effect. Therefore I
don't agree with the opinion that Japan should use the Internet for people to vote in
elections. (100語)

解 答 例 2 の 意 味

私は，日本は選挙で投票する人々のためにインターネットを使うべきだという意見に同意しませ
ん。これには2つの理由があります。まず，インターネットに慣れている若い人には便利でしょう
が，高齢者は面倒あるいは難しいと感じるかもしれません。高齢者の投票率を下げることもあり
えます。次に，サイバー攻撃のリスクもあります。政府は投票者の膨大なデータを扱うので，通
信障害は深刻な影響をもたらしかねません。それゆえ私は，日本は選挙で投票する人々のため
にインターネットを使うべきだという意見に同意しません。

☑　　この解答例では「日本は選挙で投票する人々のためにインターネットを使うべき
　　だという意見に同意しない」という立場を明確に述べ，次に2つの理由を挙げてい
　　る。最後にもう一度結論を短くまとめている。
　　　理由を挙げる際には，1つめの理由を First「まず」，2つ目の理由を Next「次に」で
　　始めて整理している。最初の理由は「インターネットに慣れない高齢者は面倒や難
　　しさを感じるかもしれない」こと。2つ目の理由として「サイバー攻撃のリスク」を
　　挙げ，「通信障害は深刻な影響をもたらしかねない」と述べている。1つ目は POINT
　　の Convenience に，2つ目は Security に関連している。
　　　なお，同意しない理由はほかに，「まだ投票する人の本人確認システムが確立され
　　ていない（A voter identification system has not been established yet.）」，「立会人なしで
　　公正かつ公平な投票を実現することは難しい（It would be difficult to achieve just and
　　fair voting without observers.）」などとすることもできる。

リスニングテスト

No. 1

🔊 A : Excuse me. I wanted to order the salmon pasta, but I didn't see it anywhere on the menu.

B : Sorry, but we only serve salmon pasta on Wednesdays. Today's special is clam chowder.

A : That's too bad. My friend recommended that I order the salmon pasta here. I was really hoping to try it.

B : My apologies, sir.

Question Why is the man disappointed?

- - - - - - - - - - - - - - - - - -

A : すみません。サーモンパスタを注文したかったんですが，メニューのどこにも載っていませんね。

B : 申し訳ありませんが，サーモンパスタは水曜日しかお出ししていません。本日のおすすめはクラムチャウダーなんです。

A : それは残念。友人がここでサーモンパスタを頼むようにと勧めてくれたんです。ぜひ食べてみたかったんだけど。

B : 大変，申し訳ありません。

❓ **男性はなぜがっかりしているのか？**

1 友人がランチに来られない。

2 頼みたかったものを注文できない。

3 クラムチャウダーがもうない。

4 サーモンパスタがあまりおいしくない。

- - - - - - - - - - - - - - - - - -

☑ 男性 (A) が「サーモンパスタを注文したかったんですが，メニューのどこにも載っていませんね」と言うと，レストランの従業員 (B) が「サーモンパスタは水曜日しかお出ししていません」と答えている。したがって，正解は **2** 。

No. 2

🔊 A : Dillon, now that your parents are retired, what are they going to do?

B : They want to travel around the world. Actually, they're going to Kenya soon to see African wild animals on safari.

A : That sounds like fun. I'd love to see elephants and zebras in the wild. I hope your parents take lots of photographs.

B : I'm sure they will. I'll ask them to show you some when they get back.

Question What is one thing we learn about the man's parents?

- - - - - - - - - - - - - - - - - -

A：ディロン，ご両親が引退なさったけど，彼らは今後どうなさるの？

B：世界を旅してまわりたいと言っているよ。実はもうすぐ，探検旅行でアフリカの野生動物を見にケニアに行くんだ。

A：楽しそうね。私も野生にいるゾウやシマウマが見たいわ。ご両親がたくさん写真を撮ってきてくださるといいな。

B：きっと撮ってくるよ。戻ってきたら君に見せてくれるよう頼むね。

❓ 男性の両親についてわかることは何か？

1　彼らはよくアフリカに旅行する。

2　彼らはケニアで生まれた。

3　彼らは写真を見るのを楽しむ。

4　彼らはもう働いていない。

📝　女性（A）が最初の発言で，ディロンの引退した両親について尋ねている。男性（B）の答えは両親がアフリカ旅行に行くというもので，そのあとはアフリカの野生動物の写真についての会話になることから，正解は**4**。アフリカ旅行の回数については言及していないので，1は不適切。

No. 3

🔊　A：Hello.

B：Hi, Betty! It's Martin. I'm calling to ask if you've decided what you want to do for your birthday.

A：Actually, I haven't really thought about it. Hmm. What about eating at that fancy new Thai restaurant that opened downtown?

B：Great! Can you tell me the name of the place? I'll make a reservation.

A：It's called Diva's Dish. It's on Beach Avenue.

Question　Why did the man call the woman?

A：もしもし。

B：やあ，ベティ！　マーチンだ。誕生日にしたいことを決めたかなと思って電話したんだ。

A：実はまだちゃんと考えてないの。うーん。繁華街に開店した，しゃれた新しいタイ料理のレストランで食事するのはどう？

B：いいね！　なんていう名前の店？　予約するよ。

A：ディーバズディッシュっていうの。ビーチアベニューにあるわ。

❓ 男性はなぜ女性に電話したか？

1　彼女に新しいレストランについて話すため。

2　彼女の誕生日に何をするか尋ねるため。

3　予約するよう彼女に提案するため。

4　彼女が夕食をどこで食べたか尋ねるため。

　　友人同士の電話での会話。男性 (B) は最初の発言で，I'm calling to ask if you've decided what you want to do for your birthday.「誕生日にしたいことを決めたかなと思って電話した」と言っていることから，正解は **2**。

No.4

A : Welcome to the Ababa Café. We have a variety of coffee drinks, both hot and cold. Can I take your order?

B : Oh, an iced coffee would be fantastic in this weather. It's too hot for a warm drink.

A : Well, we have regular, vanilla, or chocolate iced coffees. Which would you like?

B : Hmm. I'll take a vanilla iced coffee, please.

> Question　Why does the woman order iced coffee?

A : アババカフェにようこそ。当店にはさまざまな種類のコーヒーをホットとコールドの両方ご用意しております。ご注文はお決まりですか？

B : ああ，この天気にはアイスコーヒーがぴったりですね。温かい飲み物を飲むには暑すぎるので。

A : はい，レギュラー，バニラ，チョコレートアイスコーヒーがございます。どれにしましょうか？

B : うーん。バニラアイスコーヒーにします。

❓ **女性はなぜアイスコーヒーを注文しているか？**

1　そのカフェはそれで有名だから。

2　今日は外が暑いから。

3　友人が勧めたから。

4　あまりおなかがすいていないから。

　　カフェでの会話。ウエイター (A) が注文を尋ね，ホットとコールドの両方あると言うと，女性客 (B) は It's too hot for a warm drink.「温かい飲み物を飲むには暑すぎる」と答えている。したがって，アイスコーヒーを注文した理由は **2** とわかる。

No.5

A : Dave, um, I have something to tell you. Do you remember that book that you let me borrow?

B : Sure. *The Young Ones*, by Bryce Chambers. How do you like it?

A : Well, it seemed pretty good. The problem is I can't find it. I must have left it on the train yesterday. Should I buy you a new one?

B : No, don't worry about it. I've read it twice already.

> Question　What is one thing the girl says to the boy?

A：デイヴ，ねえ，話があるの。あなたが貸してくれた本，覚えている？

B：もちろん。ブライス・チェンバースの『若者たち』だね。気に入った？

A：ええ，とても面白そうだった。問題は，それが見つからないことなの。きっと昨日，電車に置き忘れたに違いないわ。新しい本を買ったほうがいいわよね？

B：いいや，気にしないで。僕はもう2回読んだから。

❓ 少女が少年に言っていることは何か？

1 彼女は『若者たち』という本を書いている。

2 彼女は昨日電車を間違えて乗った。

3 彼女は彼の本をなくしたと思っている。

4 彼女は彼に電車の切符を買った。

☑ 少女（A）は少年（B）に話があると切り出し，貸してくれた本を覚えているかと尋ねる。さらに2度目の発言で，The problem is I can't find it. I must have left it on the train yesterday. 「問題は，それが見つからないことなの。きっと昨日，電車に置き忘れたに違いないわ」と言っていることから，正解は 3。

No.6

🔊 A：Thanks for taking me to the Statue of Liberty, Jim. I wish my camera hadn't broken, though.

B：Well, I'll send you the photos I took. Oh, don't you feel tired? We had to stand and wait for a long time to get in.

A：No, not at all. I feel fine, and the view from the top was great.

B：That's good. Well, let's think about what to do next.

| Question | What happened to the man and woman at the Statue of Liberty?

A：自由の女神像に連れてきてくれてありがとう，ジム。私のカメラが壊れてなかったらよかったんだけど。

B：まあ，僕が撮った写真を送るよ。そうだ，疲れてない？　中に入るまで長いこと立ったまま待たなきゃならなかったから。

A：いいえ，ぜんぜん。元気よ，それに一番上からの眺めは最高だったわ。

B：よかった。それじゃ，次に何をするか考えようよ。

❓ 自由の女神像で男性と女性に何が起こったか？

1 長時間待たなければならなかった。

2 とても疲れたと感じ始めた。

3 違う出口から出た。

4 中に入れなかった。

☑ 自由の女神像から降りてきた男女の会話。男性（B）は最初の発言後半で We had to stand and wait for a long time to get in.「中に入るまで長いこと立ったまま待たな

きゃならなかったから」と言っているので，この内容に一致する**1**が正解。疲れてい
ないかという男性の問いに，女性はNo, not at all.「いいえ，ぜんぜん」と答えてい
るので，**2**は不適切。

No. 7

A: Dad, can we go to the mountains this weekend? I want to collect some leaves for a school art project.

B: Why do you need to go to the mountains for that?

A: Most of my classmates are going to get some around town, but I want to find different ones.

B: You're right—there are more kinds of trees in the mountains. OK, let's go on Saturday.

Question Why does the girl want to go to the mountains?

A：パパ，今週末，山に行ける？　学校の美術の課題のために葉っぱを集めたいの。

B：そのためにどうして山に行く必要があるんだい？

A：クラスメイトのほとんどは町で集めるんだけど，私は違うのを見つけたいの。

B：その通りだね，山にはもっと木の種類があるから。わかった，土曜日に行こう。

❓ **少女はなぜ山に行きたいのか？**

1 クラスメイトに会うため。

2 美術の課題用の葉っぱを手に入れるため。

3 木を植えるため。

4 授業用の写真を撮るため。

✅ 父と娘の会話。娘（A）は最初にI want to collect some leaves for a school art project.「学校の美術の課題のために葉っぱを集めたいの」と山に行く目的を話している。したがって，正解は**2**。

No. 8

A: Ann, have you finished writing the presentation for our business trip next week? I'd like to check it before we go.

B: I'm still waiting on some research data from the sales department. I can't finish the presentation without it.

A: I see. Well, I'll go ask them to hurry up. Once you have the data, how long will it take?

B: Probably only an hour or two.

Question What is the problem with the woman's presentation?

A：アン，来週の出張用のプレゼンテーションは書き終わった？　行く前に

チェックしたいんだけど。

B：まだ販売部からの調査データを待ってるところよ。それがないとプレゼンテーションを完成できないの。

A：わかった。それじゃ，急ぐように彼らに頼んでくるよ。データが来たら，どのくらいかかるかな？

B：たぶん１〜２時間しかかからないわ。

❓ **女性のプレゼンテーションの問題は何か?**

1　もっと情報が必要だ。

2　販売部に電話するのを忘れた。

3　その書き方がわからない。

4　それをする時間がない。

☑ オフィスでの会話。男性（A）からプレゼンテーション原稿はできたかと問われ，女性（B）は I'm still waiting on some research data from the sales department.「まだ販売部からの調査データを待ってるところよ」と答えている。さらに，「それがないとプレゼンテーションを完成できないの」と言っているので，データを必要としているとわかる。したがって，これを言い換えた **1** が正解。

No. 9

🔊 A：Hello, sir. I'm with the Silverton Daily News. Would you mind answering a few questions about the Fox Theater?

B：I'd love to. It's my favorite theater in the city.

A：Then you must be upset by the news that it will be shut down next year.

B：Yeah. I think it's a shame. It's one of the most famous buildings in Silverton.

　　Question　What is one thing we learn about the Fox Theater?

A：こんにちは。シルバートン・デイリーニュースのものです。フォックス劇場について，いくつか質問に答えていただけますか？

B：いいですよ。市内のお気に入りの劇場なんです。

A：それでは，来年閉鎖されるという知らせにはきっとがっかりしたでしょうね。

B：ええ。ひどい話だと思います。シルバートンで最も有名な建物の１つなんですから。

❓ **フォックス劇場についてわかることの１つは何か?**

1　最近建てられた。

2　閉鎖される。

3　修理中だ。

4　たくさんの収益を上げている。

☑ 記者と一般人との会話。女性（A）がフォックス劇場についてインタビューしている。2度目の発言で Then you must be upset by the news that it will be shut

173

down next year.「それでは，来年閉鎖されるという知らせにはきっとがっかりしたでしょうね」と言っていることから，**2**が正解。

No.10

A: Ms. Carter, do you think it might be possible for me to transfer to another department?

B: Why, Albert? Don't you like working here in the Sales Department?

A: Of course I do. But I can't work such long hours anymore. <u>I need to get home earlier for my kids.</u>

B: I see. In that case, let's discuss reducing your responsibilities. I'd really like to keep you here.

Question What does the man want to do?

- -

A: カーターさん，私が別の部署に異動することは可能かもしれないと思いますか？

B: どうして，アルバート？ ここの販売部で働くのは好きじゃないの？

A: もちろん好きですよ。でも，もうあまり長時間は働けないんです。<u>子どもたちのために早めに帰宅する必要があって。</u>

B: なるほど。それなら，あなたの責任を減らすことについて話し合いましょう。私はぜひあなたにここにいてほしいのよ。

❓ **男性は何をしたいと思っているか？**

1 家でもっと時間を過ごす。

2 会社を辞める。

3 会社の近くに引っ越す。

4 新しいベビーシッターを見つける。

✓ オフィスでの上司と部下の会話。男性（A）は最初，別の部署に異動することについて尋ね，2度目の発言でI need to get home earlier for my kids.「子どもたちのために早めに帰宅する必要があって」と言っている。これを言い換えた**1**が正解。

No.11

A: Bob, can I ask a favor? My son will be in a play at school next week, and I need to make a costume for him. <u>Could I use your family's sewing machine?</u>

B: Sure, Anna. No problem.

A: Great. Can I pick it up later today?

B: That would be fine. I'll be home in the evening. I have a meeting this afternoon, but I should be home by six.

Question What does the woman want to do?

- -

A: ボブ，お願いがあるんだけど。来週うちの息子が学校の劇に出るから，彼の

ために衣装を作らなくてはならないの。お宅のミシンを貸していただけない？

B：もちろんだよ，アンナ。いいとも。

A：よかった。今日，あとで借りに行ってもいい？

B：大丈夫だよ。夕方にはうちにいるだろうから。今日の午後会議があるけど，6時には帰宅しているはずだ。

? 女性は何をしたいか?

1 今晩劇を見に行く。

2 息子の学校に連絡する。

3 男性の衣装をデザインする。

4 ミシンを借りる。

女性（A）が男性に頼みごとをしている。最初の発言の後半でCould I use your family's sewing machine?「お宅のミシンを貸していただけない？」と尋ねているので，**4**が正解。

No. 12

A: Hello. Orange Computers. How can I help you?

B: My name is Mitch Sibley. May I speak to Ms. Fouts, please?

A: I'm afraid Ms. Fouts is in Boston on business. She won't be back until Thursday.

B: Oh, I see. I'll try again after she gets back.

Question Why wasn't Ms. Fouts able to take the call?

A：もしもし。オレンジ・コンピュータです。ご用件をどうぞ。

B：私の名前はミッチ・シブリーです。ファウツさんをお願いできますか？

A：あいにくファウツは出張でボストンに行っています。木曜日まで戻りません。

B：わかりました。彼女が戻ったらまたお電話します。

? ファウツさんはなぜ電話に出られなかったか?

1 忙しすぎて電話のところまで来られなかった。

2 今は違う会社で働いている。

3 会社にいなかった。

4 昼食のため外出していた。

男性（B）はファウツさんにつないでほしかったが，電話を受けた女性（A）はI'm afraid Ms. Fouts is in Boston on business.「あいにくファウツは出張でボストンに行っています」と答えている。正解はこれを言い換えた**3**。

No. 13

A: Have you read any good science-fiction books lately, Hannah? I can't find any that I like.

B : Yes. I just finished reading one about space travel and a plan to go to Mars. It was so exciting that I stayed up all night reading it.

A : That sounds really interesting. Would you let me borrow it for a few days?

B : Sure. I have it in my bag right here.

Question   What is the boy asking Hannah?

A : 最近面白いSF小説を読んだ，ハナ？　気に入るのが見つからないんだよ。

B : ええ。宇宙旅行と火星探検計画についての小説をちょうど読み終わったところよ。とってもわくわくして，一晩徹夜して読んじゃったわ。

A : それはすごく面白そうだね。2，3日貸してくれる？

B : いいわよ。ちょうど，このかばんの中にあるわ。

❓ 少年はハナに何を聞いているか？

1　火星がどこにあるかを知っているか。

2　いい本を知っているか。

3　宇宙旅行をしたいか。

4　図書館に彼と一緒に行けるか。

📝　友人同士の会話。少年（A）は最初の発言でHave you read any good science-fiction books lately, Hannah? I can't find any that I like.「最近面白いSF小説を読んだ？」と尋ね，「気に入るのが見つからないんだよ」と言っている。いい本があるかどうかを聞きたがっているので，2が正解。

No. 14

🔊 A : Do you want to go to a rock concert with me on Saturday? A new rock band is playing. They're called the Battle Hawks, and they're really, really good.

B : That sounds like fun. Have you seen them play before?

A : No. I've only heard them on the radio. I think they'll be famous soon, though.

B : Well, I can't wait to hear them play.

Question   What did the woman hear on the radio?

A : 土曜日に私と一緒にロックコンサートに行かない？　新しいロックバンドが演奏するの。バトル・ホークスっていって，ものすごくいいのよ。

B : 面白そうだね。演奏するところを前に見たことあるの？

A : いいえ。ラジオで聞いただけ。でもすぐに有名になると思うわ。

B : そりゃ，演奏を聞くのが待ちきれないな。

❓ 女性はラジオで何を聞いたか？

1　有名人についてのニュース。

2　バンドのインタビュー。

3　新しいロックバンドの音楽。

4　音楽店の広告。

No. 15

A : It feels like winter. This weather is really cold for April.

B : Yeah. I heard the temperature might drop below zero tonight.

A : Really? I hope not. I've just put some new plants in my garden. If it gets too cold, they'll freeze and die.

B : Well, let's hope it doesn't get that cold.

Question What is the woman worried about?

A：冬みたい。この気候は4月にしてはすごく寒いわ。

B：まったくだ。今夜は気温が0度以下になるかもしれないそうだ。

A：本当？ そうならないといいわ。庭に新しい植物を植えたばかりなの。あまり寒くなると，凍ってだめになっちゃう。

B：そうだね，あまり寒くならないよう祈ろう。

❓ **女性は何を心配しているか？**

1 雪がひどく降るかもしれない。

2 庭に植物を植えるのは遅すぎるかもしれない。

3 男性のガーデンパーティが中止されるかもしれない。

4 彼女の植物が凍ってしまうかもしれない。

☑ 女性 (A) は2度目の発言で I've just put some new plants in my garden.「庭に新しい植物を植えたばかりなの」と言い，さらに If it gets too cold, they'll freeze and die.「あまり寒くなると，凍ってだめになっちゃう」と心配している。したがって，**4** が正解。

第2部

No. 16

Tommy is going on a trip to Ireland. It is his first time, and he is excited about visiting some of the famous buildings there. He will have to travel on an airplane for a long time, and he is worried about not having enough to do on the plane. Tommy's aunt often flies long distances for work, so he will ask for her advice.

Question What is Tommy worried about?

トミーはアイルランドに旅行に行く予定だ。初めてなので，そこで有名な建造

物を訪れることを楽しみにしている。飛行機で長時間旅をすることになるので，機内ですることが十分にはないことを心配している。トミーの叔母はよく長時間飛行機で出張するので，彼女にアドバイスを求めるつもりだ。

❓ トミーは何を心配しているか。

1 有名な建造物を訪れることができるかどうか。

2 外国で働くこと。

3 叔母の忙しい旅程。

4 長時間のフライトでの時間の過ごし方。

📝 中盤で He will have to travel on an airplane for a long time, and he is worried about not having enough to do on the plane.「飛行機で長時間旅をすることになるので，機内ですることが十分にはないことを心配している」と言っていることから，正解は 4。

No. 17

🔊 Walking is a good way to exercise, and it can also improve a person's mood and reduce stress. There is also a popular Olympic sport called race walking. Some say the sport began long ago in England, when competitions were held to see which servants could walk the fastest. These competitions were very exciting and soon began to attract large crowds.

Question What is one thing we learn about servants in England long ago?

ウォーキングは運動によいし，気分をよくしてストレスを減らしもする。また，よく知られているオリンピックの競技に競歩と呼ばれるものがある。その競技ははるか昔にイングランドで始まり，当時はどの召使いがいちばん速く歩けるかを見るために競技会が開かれたそうだ。そうした競技会がとても面白かったので，間もなく大勢の観客が集まり始めた。

❓ はるか昔のイングランドの召使いについてわかることは何か?

1 特別な競技会で速く歩いた。

2 オリンピックを見ることはできなかった。

3 競歩は彼らの子どもたちに多大なストレスを感じさせた。

4 彼らが参加できるスポーツクラブはなかった。

📝 中盤に when competitions were held to see which servants could walk the fastest「当時はどの召使いがいちばん速く歩けるかを見るために競技会が開かれた」と言っていることから，1 が正解。

No. 18

🔊 Sam's mother loves to go hiking, and she often takes Sam with her. However, Sam prefers to stay home and play video games with his friends. To make exercising more fun for Sam, his mother started asking him about games while they were hiking. She asked Sam to describe his favorite game. Sam had so much fun talking about it that he did not realize he was exercising.

Question | What did Sam's mother do to make exercising more fun for him?

　サムの母親はハイキングに行くのが好きで，よくサムを連れていく。だがサムは家にいて友だちとテレビゲームをしているほうが好きだ。サムに運動をもっと楽しくさせるために，母親はハイキングの最中に息子にゲームについて尋ね始めた。彼女はサムに好きなゲームを説明するように言った。サムはそれについて話すのがとても楽しかったので，運動をしているのに気づかないほどだった。

❓ サムにとって運動がもっと楽しくなるように，サムの母親は何をしたか？
1 ハイキングについてのテレビゲームを買ってやった。
2 好きなゲームについて尋ねた。
3 彼と彼の友だちをジムに連れて行った。
4 ハイキングの最中に遊ぶゲームを作った。

　　中　盤　に To make exercising more fun for Sam, his mother started asking him about games while they were hiking.「サムに運動をもっと楽しくさせるために，母親はハイキングの最中に息子にゲームについて尋ね始めた」とある。さらに She asked Sam to describe his favorite game. とあることから，2 が正解。

No.19

Michael works at a bank. He really enjoys helping his customers, but recently, he realized that many of them do not know how to manage their money. He wants to offer classes to teach customers basic financial planning. Michael thinks the classes will be useful, but he must first get permission from his boss.

Question | Why does Michael want to offer classes to customers?

　マイケルは銀行で働いている。顧客の手助けをすることを心から楽しんでいるが，最近，顧客の多くが自己資金の管理方法を知らないということに気づいた。彼は顧客に基本的なファイナンシャル・プランニング（資金計画）を教える講座を開催したいと思っている。その講座は役立つとマイケルは考えているが，まず上司の許可を得なければならない。

❓ マイケルはなぜ顧客に向けた講座を開催したいと思っているか？
1 上司が文句を言うのを止めるため。
2 自分でもっと稼ぐため。
3 彼らが資金管理を学ぶのを助けるため。
4 彼らに銀行で働くことに興味を持たせるため。

　　序盤でマイケルが銀行で働いていることを述べ，he realized that many of them do

not know how to manage their money「顧客の多くが自己資金の管理方法を知らないということに気づいた」と言っている。さらに，資金計画を教える講座を開催したいと言い，Michael thinks the classes will be useful「その講座は役立つとマイケルは考えている」と言っていることから，正解は 3。

No. 20

Spinach is a dark green vegetable that was first grown in Persia. It is very healthy, so it is often called a superfood. <u>Spinach became a popular vegetable in the United States because of a cartoon character named Popeye.</u> <u>This character eats spinach to become strong.</u> Thanks to this superfood, Popeye can save his girlfriend when she is in dangerous situations.

Question Why did spinach become a popular vegetable in the United States?

- -

　ほうれん草は元々ペルシャで栽培された濃い緑色の野菜である。とても健康によいので，よくスーパーフードと呼ばれる。ほうれん草は，ポパイという名前の漫画のキャラクターのおかげで，アメリカでよく知られる野菜になった。このキャラクターは強くなるためにほうれん草を食べる。このスーパーフードのおかげで，ガールフレンドが窮地に陥っているときにポパイは彼女を助けることができるのだ。

❓ **ほうれん草はなぜアメリカでよく知られる野菜になったか？**

1　ペルシャの男たちがアメリカを旅し始めたから。
2　船乗りたちがそこではほうれん草を安く買えたから。
3　アメリカの若い少女たちが健康によい食べ物を必要としていたから。
4　漫画のキャラクターがほうれん草を食べるのを人々が見たから。

- -

✅　中盤 で Spinach became a popular vegetable in the United States because of a cartoon character named Popeye.「ほうれん草は，ポパイという名前の漫画のキャラクターのおかげで，アメリカでよく知られる野菜になった」と言っている。さらに This character eats spinach to become strong.「このキャラクターは強くなるためにほうれん草を食べる」と言っていることから，4 が正解。

No. 21

Kyle loves playing sports. He plays soccer, basketball, tennis, and baseball. This year, however, he must study for his high school entrance exams, so <u>he only has time to play one sport.</u> <u>He is not sure which one to choose.</u> He asked his mother, and she suggested that he make a list of the things he loves about each sport to help him decide.

Question What does Kyle need to do?

- -

　カイルはスポーツをするのが大好きだ。彼はサッカーやバスケットボール，テ

ニス，野球をする。だが今年，高校入試のために勉強しなくてはならないので，1種類のスポーツをする時間しかない。彼はどれを選べばよいかわからない。母に尋ねたところ，決める手助けになるようにそれぞれのスポーツで好きな点を挙げたリストを作ることを提案してくれた。

❓ カイルは何をする必要があるか?

1 するべきスポーツを選ぶ。

2 もう一度入学試験を受ける。

3 先生に授業日程を尋ねる。

4 母親の家事を手伝う。

☑ 序盤で，カイルがスポーツ好きの少年で，4種類のスポーツをしていることが説明されている。さらに高校受験のため，he only has time to play one sport. He is not sure which one to choose.「1種類のスポーツをする時間しかない。彼はどれを選べばよいかわからない」と言っていることから，正解は**1**。

No. 22

🔊 　　You are listening to Radio Blastline FM. It's time for a message from our sponsors. Are you searching for an exciting adventure for the whole family? Come to Amazing Animals Petting Zoo and touch some of the cutest animals around. Admission for children is half-price on Sundays. You can also watch our new tiger cubs play with their mother, and you can join in our penguin parade. See you at Amazing Animals Petting Zoo.

　　Question 　What is one thing families with children can do at Amazing Animals Petting Zoo on Sundays?

　　お聞きの放送はラジオ・ブラストラインFMです。スポンサーからのお知らせの時間です。ご家族全員のための面白い冒険をお探しですか? アメージングふれあい動物園に来て，あちこちで最高にかわいい動物たちに触れてみてください。お子様の入場料は，毎週日曜日は半額です。さらに生まれたてのトラの子たちが母トラと遊ぶのを見られますし，ペンギンパレードに参加することもできますよ。アメージングふれあい動物園でお会いしましょう。

❓ 子ども連れの家族が毎週日曜日にアメージングふれあい動物園でできることは何か?

1 ペットを半額で買う。

2 有名なラジオパーソナリティに会う。

3 トラの餌やりを手伝う。

4 入場料が安くしてもらう。

☑ ラジオ放送内の動物園のCM。家族向けで動物に触れると説明し，中盤でAdmission for children is half-price on Sundays.「お子様の入場料は，毎週日

No. 23

Madison was very excited when Josh, a boy in her class, asked her to go ice-skating with him. Madison had never been ice-skating before, so <u>she went to an ice rink to practice a week before her date with Josh.</u> She enjoyed it so much that she decided to buy a pair of ice skates. They cost a lot of money, but she plans to go ice-skating often in the future.

> Question What did Madison do before she went ice-skating with Josh?

- -

マディソンは，クラスメイトの少年ジョシュに一緒にアイススケートに行こうと誘われたとき，とてもどきどきした。マディソンは今までアイススケートをしたことがなかったので，ジョシュとのデートの１週間前に練習するためにアイスリンクに行った。とても楽しかったので，彼女はアイススケートの靴を買うことにした。かなり高かったが，これからしばしばアイススケートに行くつもりだ。

❓ **マディソンはジョシュと一緒にアイススケートに行く前に何をしたか?**

1 一人でスケートの練習をした。
2 新しいイヤリングを買った。
3 彼に趣味について尋ねた。
4 ２週間アイススケートのレッスンを受けた。

- -

🔳 中盤で she went to an ice rink to practice a week before her date with Josh. 「ジョシュとのデートの１週間前に練習するためにアイスリンクに行った」と言っていることから，正解は**1**。

No. 24

Melinda could not sleep well last night. <u>She woke up several times because she heard some strange noises.</u> She opened her window and looked outside to find out what was making them. She saw that a branch of a tree was being blown against the wall of her house. Melinda decided to go and sleep in her living room and take a look at the tree branch in the morning.

> Question Why did Melinda have trouble sleeping?

- -

メリンダは昨晩よく眠れなかった。おかしな物音を聞き，何度か目が覚めた。窓を開けて，何の音か確かめようと外を見た。家の壁に木の枝が打ち付けられているのが見えた。メリンダはリビングルームで眠って，木の枝は朝になってから調べることにした。

❓ **メリンダはなぜ眠るのに問題を抱えていたのか?**

1 彼女の部屋は暖かすぎた。
2 外で物音が聞こえた。

3 壁の穴を風が吹き抜けていた。

4 窓から光が差し込んだ。

✅ 序盤で She woke up several times because she heard some strange noises.「おかしな物音を聞き，何度か目が覚めた」と言っている。その後，音の原因は外の木の枝だと説明されているので，**2**が正解。

No. 25

🔈 Too many things in a space are called clutter. By removing clutter from their homes, people can live more relaxed lives. However, it is often hard to decide which things to throw away. There are professionals who can help people to do this. One such professional, Vicky Silverthorn, made a lot of money by telling people how to remove clutter from their homes on the Internet.

| Question | How did Vicky Silverthorn make a lot of money?

ある場所に物が多すぎるとガラクタと呼ばれる。家からガラクタを取り除くことで，人はよりゆとりのある生活を送ることができる。しかし，どれを捨てるかを決めるのはしばしば難しい。人々がこれをするのを手伝ってくれるプロがいる。そうしたプロの1人，ヴィッキー・シルバーソーンは，家からガラクタをなくす方法をインターネットで人々に教えて，たくさん儲けた。

❓ **ヴィッキー・シルバーソーンはどうやってたくさん儲けたか？**

1 物の捨て方を人々に教えた。

2 人々が家を売る手助けをした。

3 プロが抱えるインターネットの問題を解決した。

4 より頑丈な家を建てる方法を教えた。

✅ 終盤で，Vicky Silverthorn, made a lot of money by telling people how to remove clutter from their homes on the Internet.「ヴィッキー・シルバーソーンは，家からガラクタをなくす方法をインターネットで人々に教えて，たくさん儲けた」と言っているので，物の捨て方を教えたとわかる。正解は**1**。

No. 26

🔈 Today is Serena's first day at a new high school. She is nervous because she is shy and has difficulty making new friends. Serena's father told her to introduce herself to the students sitting next to her in her class. After that, he told her she should get to know them by asking them about their interests.

| Question | Why is Serena nervous?

今日は新しい高校でのセレナの初日だ。彼女は内気で新しい友だちを作るのが苦手なので，不安だ。セレナの父は，教室で隣に座った生徒たちに自己紹介をするように言った。そのあと，彼らが興味のあることについて質問して，彼らを知

ればいいと教えてくれた。

? なぜセレナは不安なのか？

1 学校へ歩いていく道を知らない。

2 父のアドバイスを思い出せない。

3 新しい友だちを作るのがうまくない。

4 教室を見つけられないかもしれない。

📝 序盤に She is nervous because she is shy and has difficulty making new friends. 「彼女は内気で新しい友だちを作るのが苦手なので，不安だ」と言っていることから，3 が正解。

No. 27

🔊 Most brides and grooms wear special clothing on their wedding day. The things a bride and groom wear depend on where in the world they live. In Scotland, brides and grooms traditionally gave each other pieces of cloth. These pieces of cloth had their families' historical colors on them. In this way, people could see that the bride was joining her husband's family.

> Question   What is one thing we learn about traditional weddings in Scotland?

　ほとんどの新郎新婦は結婚式の日に特別な服を着る。新郎新婦が身に着ける物は，世界のどこに住んでいるかによる。スコットランドでは伝統的に新郎新婦がお互いに布を贈り合った。これらの布には家族の歴史的な色がついていた。このようにすることで，花嫁が夫の家族に加わったことが周りの人々の目にはっきりと見えたのだ。

? スコットランドの伝統的な結婚式についてわかることは何か？

1 新郎新婦がお互いに布を贈り合った。

2 新婦は新郎がかぶるための色鮮やかな帽子を作らなければならなかった。

3 そこでのウェディングダンスは世界中で有名だった。

4 ほかの国々よりも結婚式にお金がかかった。

📝 中盤 で In Scotland, brides and grooms traditionally gave each other pieces of cloth.「スコットランドでは伝統的に新郎新婦がお互いに布を贈り合った」と言っていることから，正解は 1。

No. 28

🔊 Good evening, ladies and gentlemen. Thank you for choosing Speedy Airlines. The pilot has just turned off the seatbelt sign. Feel free to use the restrooms at the front or at the back of the airplane. During the flight, please keep your seatbelt on while you are in your seat. We will be serving some coffee, tea, and cookies shortly.

> Question   What will probably happen next?

こんばんは，皆様。スピーディー航空をお選びいただきましてありがとうございます。パイロットがただいまシートベルト着用サインを消しました。当機の前方，または後方にありますお手洗いをご自由にお使いください。フライト中，着席なさっている間はシートベルトをご着用ください。まもなくコーヒー，紅茶，クッキーをお出しいたします。

⑦ **おそらく次に何が起こるか？**

1 全員が搭乗し始める。

2 飛行機が離陸する。

3 特別な食べ物が売り出される。

4 乗客が飲み物と軽食を楽しむ。

☑ 飛行機内のアナウンス。お手洗いの場所やシートベルトの着用について説明してから，最後に We will be serving some coffee, tea, and cookies shortly.「まもなくコーヒー，紅茶，クッキーをお出しいたします」と言っている。これらの飲食物を a drink and a snack と言い換えた **4** が正解。

No.29

🔈 Misaki often gets headaches when she works on her computer. She got a brighter light bulb for her desk lamp. She also bought a new chair to support her back better. However, neither of these changes helped. When she told her father about her headaches, he suggested she get her eyes tested. She went to an eye doctor, and he told her that she needed glasses.

Question Why was Misaki often getting headaches?

ミサキはコンピュータで作業しているときによく頭痛になる。彼女はデスクランプ用に，より明るい電球を買った。背中をより気持ちよく支えてくれる新しいいすも買った。しかし，こうした変更はどちらも役に立たなかった。頭痛について父親に話すと，目の検査をしてもらうよう勧められた。眼科に行くと，眼科医は彼女には眼鏡が必要だと言った。

⑦ **ミサキはなぜよく頭痛になっていたのか？**

1 薬を飲むのを忘れてばかりいた。

2 目に問題があった。

3 いすのサイズが彼女に合っていなかった。

4 デスクランプが明るすぎた。

☑ ミサキは頭痛を直そうと，作業環境を改善するために電球を変えたりいすを変えたりしたが，頭痛は治らず，目の検査を父親に勧められた。終盤で She went to an eye doctor, and he told her that she needed glasses.「眼科に行くと，医者は彼女には眼鏡が必要だと言った」と言っていることから，これを言い換えた **2** が正解。

No. 30

Welcome to Beautiful Bay Beach! Come and watch the surfing contest at noon. Many famous surfers will take part. We would like to ask all visitors not to play loud music and to watch children carefully while they are playing in the waves. Please listen to the lifeguards. They will tell you where it is safe to swim. Also, please do not forget to take your trash home with you. Thank you!

Question What will happen at noon today?

ビューティフル・ベイ・ビーチにようこそ！　正午のサーフィンコンテストを見に来てください。大勢の有名サーファーが参加しますよ。来場者の皆さんには，大音量の音楽を控えていただき，お子さんたちが波間で遊んでいる間は注意深く見守っていただくようお願いします。ライフガードの指示に従ってください。安全に泳げる場所を教えてくれますよ。また，ごみは必ずおうちに持ち帰ってくださいね。ありがとう！

❓ 今日の正午に何が起こるか？

1　子ども向けのサーフボードが売り出される。
2　サーフィンの競技会が開かれる。
3　大音量の音楽をかけたダンスパーティが始まる。
4　ごみを何でも集めるトラックが来る。

ビーチでのアナウンス。序盤でCome and watch the surfing contest at noon.「正午のサーフィンコンテストを見に来てください」と言っている。さらに有名サーファーが大勢参加するとも言っている。そのあとはビーチでの注意点が続くので，正午に起こることは**2**。

英検 **2** 級

一次試験・筆記［P.188 ～ P.203］

1　(1) 2　(2) 4　(3) 4　(4) 4　(5) 3　(6) 2　(7) 2　(8) 2
(9) 1　(10) 3　(11) 2　(12) 2　(13) 4　(14) 3　(15) 3　(16) 2
(17) 4

2A　(18) 1　(19) 3　(20) 3
2B　(21) 1　(22) 2　(23) 4

3A　(24) 4　(25) 1　(26) 3
3B　(27) 3　(28) 2　(29) 3　(30) 2　(31) 4

4　P. 200 ～ P. 203 参照

一次試験・リスニング［P.204 ～ P.221］

第**1**部　[No. 1] 3　[No. 2] 1　[No. 3] 2　[No. 4] 2　[No. 5] 1
[No. 6] 3　[No. 7] 4　[No. 8] 4　[No. 9] 1　[No. 10] 2
[No. 11] 4　[No. 12] 2　[No. 13] 4　[No. 14] 2　[No. 15] 1

第**2**部　[No. 16] 2　[No. 17] 1　[No. 18] 3　[No. 19] 2　[No. 20] 3
[No. 21] 4　[No. 22] 3　[No. 23] 2　[No. 24] 2　[No. 25] 1
[No. 26] 4　[No. 27] 2　[No. 28] 1　[No. 29] 3　[No. 30] 4

1

(1) ウィークリーデールのオンライン新聞は, 極端な意見を載せることで有名だ。今週, 記事の1つが, 怒れる大衆から史上最多の苦情を寄せられた。

選択肢は praise「称賛」, complaints「不平, 苦情」, claims「主張, 要求」, appreciation「感謝」。「怒れる大衆」が寄せるものとして適切なのは「苦情」。正解は **2**。

WORDS&PHRASES
□ **publish** —— 〜を出版する, 発表する　　□ **extreme view** —— 極端な意見

(2) ブライアンは夏休み中に家のペンキを塗ろうと決めた。しかし, 6週間たったあとも, ほんの少ししか進展していなかった。

選択肢は project「計画, 事業」, process「過程」, profit「利益」, progress「進展」。家にペンキを塗ろうと決めたが, 6週間たっても少ししか…という流れから, 空所の前にある make と結びついて make progress で「進展する, はかどる」の意味になる **4** が適切。

(3) A : マーク, 就職おめでとう。いつ始めるの？
　　B : うまくいけば秋の終わりまでには。まず僕の身元調査がされなければならないんだ。

選択肢は Faithfully「忠実に」, Regularly「通常, 定期的に」, Doubtfully「疑わしげに」, Hopefully「うまくいけば」。新しい仕事を得て, いつ始めるか聞かれての応答として文意が通るのは Hopefully。正解は **4**。

WORDS&PHRASES
□ **by the end of 〜** —— 〜の終わりまでには　　□ **background check** —— 身元調査

(4) A : 前にも言ったけど…その中華料理店は前ほどおいしくないよ。パーティはフレンチビストロでしたほうがいい。
　　B : わかった, あなたと口論するのはうんざり。さっさとフランス料理店に予約しなさいよ。

選択肢は agreeing「同意すること」, reminding「思い出させること」, managing「運営すること, うまくやること」, arguing「口論すること」。男性は中華料理店をけなし, フレンチビストロにしようと主張している。これに対して, 女性は「わかった。あなたと（　　）にはうんざり」と応じ, 男性が主張するフランス料理店に予約するように言っている。この流れから, 「口論すること」にうんざりしている, とすると会話が成り立つ。正解は **4**。

📖 WORDS&PHRASES

□ **bistro** ── フランス料理の小さなレストラン，ビストロ

□ **be tired of** 〜 ── 〜にうんざりしている　　□ **make a reservation** ── 予約する

(5) 警官が科せる罰金の最高額を引き上げるように自転車法が変わった。来年から，スマートフォンを使いながら自転車に乗っているところを捕まった人は誰でも，280ドル払わなくてはならない。

> ☑ 選択肢は waive「〜を撤回する，差し控える」，penalize「〜を罰する」，impose「〜を科す，負わせる」，sentence「〜に判決を宣告する」。fine「罰金」と結びつくのは，impose で，impose a fine で「罰金を科す」の意味になる。正解は **3**。

📖 WORDS&PHRASES

□ **introduce** ── 〜を導入する，紹介する　　□ **maximum** ── 最大限の

(6) 大陸では気温が35度以上の日が連続8日目に入ったため，何千もの高齢者が病院に運ばれた。

> ☑ 選択肢は optimal「最適の」，consecutive「連続的な」，interrupted「中断された」，scattered「まばらな」。空所前後の eighth と day を手がかりに考えると，気温35度が8日連続した，という内容であると推測できる。したがって，正解は **2**。

📖 WORDS&PHRASES

□ **continent** ── 大陸　　□ **temperature** ── 気温，温度

(7) 雨が降り始めると，人々は野外コンサートをあとにし始めた。暴風雨が事実上コンサートを途中で終わらせることになった。

> ☑ 選択肢は raised「〜を上げた」，caused「〜の原因となった」，formed「〜を形作った」，described「〜を描写した」。「暴風雨がコンサートの終わる原因となった」と考えるのが自然。cause *A* to *do* で「A に〜させる」。正解は **2**。

📖 WORDS&PHRASES

□ **effectively** ── 事実上，実質的に　　□ **halfway through** ── 〜の途中で

(8) ケイティーは親友のためにバースデーケーキを作ることにした。彼女はスーパーマーケットにすべての材料を買いに行ったが，焼き始めるとすぐにオーブンが壊れ，代わりにケーキを買わなければならなかった。

> ☑ 選択肢は mixture「混合物」，ingredients「（料理の）材料」，parts「部品」，material「原料」。ケーキを作るためにスーパーマーケットに買いに行ったのは「（料理の）材料」だと考えられる。正解は **2**。

(9) 求められたときに手荷物検査を実行することを許可しない限り，乗客は飛行機に搭乗することを許されない。

✎ 選択肢は permits「〜を許す」, submits「〜を服従させる, 提出する」, requires「〜を必要とする」, declines「〜を断る」。飛行機に搭乗できる条件として, 手荷物検査を認めるというのが自然。したがって, 正解は **1**。

> **📖 WORDS&PHRASES**
>
> □ **passenger** — 乗客　　□ **board** — (飛行機など) に乗り込む　　□ **aircraft** — 飛行機

(10) 環境に有害なプラスチック容器の使用を減らすために, 今や乳たんぱくから作られた食べられる包装で製品を売っている食品会社もある。

✎ 選択肢は barrels「樽」, sacks「袋, 買い物袋」, containers「容器」, envelopes「封筒」。プラスチックの何かの代わりに「食べられる包装」にする会社があるということから考えると,「容器」を入れるのが自然。正解は **3**。

> **📖 WORDS&PHRASES**
>
> □ **cut down on 〜** — 〜を減らす　　□ **harmful** — 有害な　　□ **edible** — 食べられる
>
> □ **milk protein** — 乳たんぱく

(11) 災害現場に最初に着いて見たものは筆舌に尽くしがたかったので, 私は言葉を失った。

✎ 空所のあとの description と結びつくのは beyond で, beyond description で「筆舌に尽くしがたい, 言い表せない」という意味。その前の way は, ここでは「ずっと, はるかに」という意味。正解は **2**。

> **📖 WORDS&PHRASES**
>
> □ **disaster site** — 災害現場　　□ **rob A of B** — A から B を奪う

(12) そのホテルは最近近代化された。すばらしいビジネス施設もあるし, 便利がよい首都の中心に位置している。

✎ 選択肢は underneath「〜の下に」, in the heart of 〜「〜の中心に」, far from 〜「〜から離れて」, by way of 〜「〜を通って, 〜経由で」。首都に対しどのような位置にあると「便利」かと考えると, 首都の「中心に」あるとするのが適切。したがって, 正解は **2**。

> **📖 WORDS&PHRASES**
>
> □ **modernize** — 〜を近代化する　　□ **facility** — 施設

(13) A：この子たちはあなたのお子さんですか？　あなたにそっくりですね！
B：ええ, 皆さんそうおっしゃいます。私たちは見た目は似ていますが, 性格に関しては彼らは 2 人とも母親似なんですよ。

✎ take と結びついて文脈に合うのは after。take after 〜 で「〜に似ている」の意味になる。正解は **4**。

(14) ベントンズ・ベッド社は創業50年で**廃業する**。終業日は3月31日で，その後は店の5つの店舗はコンビニエンスストアに変わる。

☑ 空所のあとの down と結びついて，文脈に合うのは closing。close down で「廃業する，閉鎖する」の意味になる。正解は **3**。

(15) キーポートユナイテッドの得点王のエンリケ・ゴンザレスは，契約更新の話し合いを**シーズンの終わりまで延期した**。このスター選手はキーポートでの給料と労働条件が不満なのだ。

☑ 選択肢は moved in 〜「〜に移ってきた」, set up 〜「〜を設置した」, put off 〜「〜を延期した」, worked out 〜「〜を何とか解決した」。空所のあとの until the end of the season「シーズンの終わりまで」から考えると「延期した」が最適とわかる。正解は **3**。

(16) ジョシュアは自分のウォークインクローゼットにスペースを空ける必要がある。彼の新年の抱負は過去12か月間着なかった服を**すべて処分する**ことだ。

☑ 選択肢は make up for 〜「〜を償う」, get rid of 〜「〜を除く，処分する」, come down with 〜「（病気など）で倒れる」, give in to 〜「〜に屈する」。目的語は all the clothes なので，「〜を処分する」という意味の get rid of を入れると意味が通る。正解は **2**。

(17) 患者がある薬を服用して副作用を経験するのは珍しいことではない。皮膚に赤くかゆい発疹が**出た**ときは，薬に対するアレルギー反応が出たという印だ。

☑ 選択肢は shows up「現れる」, puts on 〜「〜を着る」, cuts down 〜「〜を減らす」, breaks out「発生する」。break out in 〜で「（皮膚に発疹など）が出る」という意味。正解は **4**。

合格力チェックテスト　筆記

2

[A]

1 読むことは人が情報を集めたり新しい技術を学んだり楽しんだりするのに最もよい方法の1つだ。しかし，世界にはたくさんの情報があり，時間は限られており，そして読むことはしばしば時間がかかる。解決策はないのだろうか。ある。速く読んで，読んだことを理解する技術は，速読と呼ばれる。

2 1950年代に教師イヴリン・ウッドは，ページ上の単語の上で手を動かしていくと，ページに書かれた複数の単語をすばやく追いやすいことを発見した。指やペンなどの物をガイドとして使うこのテクニックはメタガイディングと呼ばれる。もう1つの方法は文章の大部分をざっと読むか，大部分にすばやく目を通して，概要を理解するやり方だ。これは重要な部分や全体の主題をとらえるにはよいが，文章の深い理解には向かない。現代の科学技術と共に現れたテクニックはRSVP（高速逐次視覚提示）である。RSVPではあらかじめ決められた速度で画面に単語が1つずつ現れる。

3 速読の目標は，理解を増すか少なくとも維持しつつ，読むことに費やす時間を短くすることだ。さらに，速読は概要を理解するのによい。しかし，人が毎分400〜500語以上の速いスピードで多くの情報を覚えていられるかどうかは疑問である。毎分数千語読めると主張する人々がいるが，研究者によれば，文章を真に理解する限界は，おそらく毎分500語くらいだそうだ。

WORDS&PHRASES

□ **limited** —— 限られた　　□ **absorb** —— 〜を理解する，吸収する　　□ **multiple** —— 多数の

□ **object** —— 物　　□ **skim** —— 〜をざっと読む　　□ **overall** —— 全体の　　□ **serial** —— 連続の

□ **presentation** —— 提示　　□ **preset** —— 前もってセットした　　□ **comprehension** —— 理解，理解力

□ **questionable** —— 疑問の余地がある　　□ **retain** —— 〜を覚えている，保持する

意味と解説

(18) 選択肢は「しばしば遅い」「いつも易しい」「ゆっくりと注意深く」「声に出して，だが速く」。空所前の「世界にはたくさんの情報があり，時間は限られている」という状況に対して「読むこと」はどうなのかと考える。空所あとの「解決策はないのか」から，解決したい状況が空所に入ると推測できる。読むのは遅い，とするのが適切。正解は **1**。

(19) 選択肢は「〜にしっかり集中すること」「〜を横切るように手をさっと動かすこと」「〜にすばやく目を通すこと」「〜をとらえるためにコンピュータを使うこと」。前文は指や道具を使って単語を追う方法について述べており，空所のある文は「ざっと読むか（　　　）して概要を理解する」という別の方法を説明している。skimming or と類似している quickly looking over が適切。正解は **3**。

(20) 選択肢は「今までのところ」「悲しいことに」「さらに」「もちろん」。最終段落は速読の目標と速度について述べている。「速読の目標は理解を増し，読むことに費やす時間を短くすること」と始め，「速読は概要を理解するのによい」と速読のよさを加えて述べているので，間には「また」「そのうえ」といった同類の内容を述べるときに用いる語が入る。したがって，Furthermore「さらに」が適切。正解は **3**。

[B]

本 文 の 意 味　低炭水化物ダイエット

□ 体重を減らしたがっている人は多い。体重を減らし，体型を保つ最もお勧めの方法は，適度な運動とバランスのとれた食生活の組み合わせだ。バランスのとれた食生活とは，適度な分量でさまざまな食物を食べるということを意味する。体重を減らすための典型的な健康的食事には，たくさんの野菜と脂身の少ない肉か魚，少量の米かパンかパスタが含まれるだろう。しかしながら，体重を減らすには，もっと効果的な食生活があるかもしれない。**それは**ほとんどの炭水化物を減らすこと**を含む**，低炭水化物ダイエットと呼ばれるものだ。

② 体内で，パン，揚げもの，米などの食べ物からできる炭水化物は，エネルギーを供給するために糖に分解される。これは悪いことではない。しかし，問題は，こうした炭水化物が非常にすばやく分解されるということだ。活動して大量のエネルギーを使っているのなら，問題ない。だが，それほど活動的でない場合は，使われないエネルギーはすべて脂肪として蓄えられる。このような速く吸収される炭水化物を避けて，代わりに野菜や豆などのゆっくり吸収される炭水化物をとることで，体は使われない余分な糖を脂肪として蓄える**可能性が少なく**なる。

③ 低炭水化物ダイエットは簡単だ。基本ルールは，ジャガイモ，米，パン，パスタ，牛乳，砂糖を含む，でんぷん質の白い食べ物を避けること。その代わりに魚，肉，豆と一緒にたくさんの野菜を食べるのだ。最初は空腹を感じる人がいるかもしれないので，お腹がすいたときにつまむナッツやニンジンなどの健康的な食べ物を用意しておくことが**お勧めだ**。さらに，1週間に1度チートデーを設けるのもお勧めだ。チートデーには，揚げもの，ケーキ，糖分の入ったソーダでも，食べたいものを何でも食べたり飲んだりしてもいい。

📖 WORDS&PHRASES

□ **carb** ── 炭水化物　　□ **diet** ── 食生活　　□ **stay in shape** ── 体型を保つ

□ **moderate** ── 適度な　　□ **balanced** ── バランスのとれた　　□ **portion** ── 料理の量，1人分

□ **lean** ── 脂肪分の少ない　　□ **cut out 〜** ── 〜を断つ，やめる　　□ **carbohydrate** ── 炭水化物

□ **break down 〜** ── 〜を分解する　　□ **fat** ── 脂肪　　□ **excess** ── 過度の

□ **starchy** ── でんぷんの　　□ **snack on 〜** ── (食べ物)で軽食をとる

□ **cheat day** ── チートデー，ダイエットを休む日

合格力チェックテスト　筆記

193

(21) 選択肢は「それは〜を含む」「それは〜を否定する」「それは〜に対する余裕がある」「これは〜を続ける」で, It や This は前文の a diet that is more effective「もっと効果的な食生活」を指すと考えられる。空所のあとの「ほとんどの炭水化物を減らすこと」と結びついて文意が通るのは It involves。正解は **1**。

(22) 選択肢は「さらなる証拠」「より少ない可能性」「いくらかの論議」「可能性がない」。第2段落では炭水化物が体内で分解されて糖になり, 脂肪として蓄えられることについて述べている。空所のある第6文の前半は,「速く吸収される炭水化物を避けて, 代わりにゆっくり吸収される野菜や豆などの炭水化物をとることは〜を意味する」という内容。そして空所のあとは「体は使われない余分な糖を脂肪として蓄える」という内容なので, 空所の前後を意味が通るようにつなぐには less chance が適切。正解は **2**。

(23) 選択肢は「ほかの人々は〜するのを避ける」「慎重に〜するかどうかを判断する」「友人が〜するのを助ける」「〜することがお勧めだ」。低炭水化物ダイエットの方法について述べている段落。空所のある第4文の前半は「最初は空腹を感じる人がいるかもしれない」という内容。後半は so で始まっていて「だから空腹時につまむ健康的な食べ物を用意する〜」という内容なので, そんなときはどうしたらよいかを説明していると考えられる。したがって,「〜することがお勧めだ」という意味の **4** が適切。

3

[A]

送信者：ドナ・ウィンタース <dwinters@westwood.edu>
宛先：マーク・トムスン <mt387@quickmail.com>
日付：2月6日
件名：才能ある学生のための夏のプログラム

マーク様

① 問い合わせのメールをありがとうございます。あなたの息子さんのイーライが才能ある生徒のための夏の延長学習プログラムに参加する資格があるかどうかというお尋ねでしたね。おめでとうございます。 (24)イーライの成績を検討し，教師たちの意見も聞きまして，彼はプログラムにふさわしいと考えます。さらにあなたのご質問にお答えします。

② (25)まず，イーライは自分のパソコンを持ってくる必要はありません。寛大な寄付のおかげで，プログラムの期間中，各生徒にノートパソコンを提供できます。筆記用具，ノート，その他の必需品に関しては，イーライが持ってくるべき物のリストを添付しました。また，食堂の営業はありませんので，必ずイーライにお昼を持たせてください。

③ コースについては，全生徒が英語のコース，数学，理科，歴史を取る必要があります。理科は生物，化学，物理から選べます。歴史は米国史と世界史から選択できます。最後に，イーライは2つの選択科目コースを選べます。彼からコンピュータに興味があると聞いていますので，プログラミングの授業を勧めます。 (26)また，どんなほかの選択科目コースがあるかをウェブサイトで見ることができます。さらにご質問があれば，ご遠慮なくEメールをお送りください。

敬具
ドナ・ウィンタース
特別プログラムコーディネーター

WORDS & PHRASES

□ **gifted** — 優れた才能のある　　□ **eligible** — ふさわしい，(選ばれる) 資格がある

□ **enroll in ～** — ～に登録する，入学する　　□ **good fit for ～** — ～にぴったりである

□ **generous** — 寛大な　　□ **donation** — 寄付　　□ **duration** — 継続期間

□ **as for ～** — ～に関しては　　□ **necessity** — 必要，必需品　　□ **biology** — 生物学

□ **chemistry** — 化学　　□ **physics** — 物理学　　□ **elective** — 選択の

合格力チェックテスト　筆記

(24) ドナ・ウィンタースはなぜマークにメールを書いているのか？

1 彼の息子がプログラムに参加する前にもっとコースを取る必要がある。

2 コースにはイーライが入れる空きがない。

3 イーライの授業での成績を心配している。

4 イーライが受け入れられたことを彼に知らせたいと思っている。

▶ 第1段落第1文に「問い合わせのメールをありがとうございます」とある。問い合わせの内容は，夏の延長学習プログラムに息子のイーライが参加できるかどうかで，第3文に「彼はプログラムにふさわしいと考えます」とある。正解は **4**。1や2のようなことは述べられていない。また，第3文から3も不適切。

(25) ドナ・ウィンタースによれば，イーライは

1 コンピュータを買う必要も，持っている必要もない。

2 プログラムには若すぎる。

3 まず教師たちと話すべきだ。

4 理科のコースを取る必要がない。

▶ 第2段落第1文に「イーライは自分のパソコンを持ってくる必要はありません」と書かれている。正解は **1**。プログラムの参加が認められているので，2は間違い。4の理科のコースについては第3段落第1文より，取る必要があることがわかる。3については書かれていない。

(26) ほかの選択科目を選ぶためにイーライはどうするべきか？

1 毎晩寝る前に1時間勉強する。

2 同じような興味を持っているクラスメートと話す。

3 インターネットで選択肢のリストを見る。

4 引き続きドナ・ウィンタースへの質問のメールを送る。

▶ other elective course「ほかの選択科目コース」については第3段落に書かれている。第6文に he can see what other elective courses are available on our website「どんなほかの選択科目コースがあるかをウェブサイトで見ることができる」とあることから，正解は **3**。1や2については書かれていない。最終文に「ご質問があれば，ご遠慮なくEメールをお送りください」とあるが，これはイーライではなく，マークに向けて書かれたものなので，4は誤り。

［B］

本文の意味　マグロへの愛のために

① マグロは世界で最も人気のあるシーフードの１つだ。缶詰の形で消費されるのが最も一般的だが，フィッシュステーキや，刺し身や寿司などのように生でも食べられている。(27)世界中への寿司の広がりがマグロの需要を増加させた。しかしながら，これが太平洋クロマグロを含むマグロのすべての種を激減させることにつながっている。(28)科学者たちや環境問題専門家たちはクロマグロを絶滅危惧種に指定することを要求し，それらが完全に消える前に捕獲を制限することを訴えている。

② 近年，太平洋クロマグロのようなマグロの大型種は特に日本で，その脂ののった身の需要が増加の一途をたどっている。これが乱獲を引き起こし，クロマグロをもともとの数から96％以上減少させた。十分に成長した大型のクロマグロは非常に珍しくなってきており，たった1匹が時には100万ドル以上で売られることさえある。実際，世界で最も高価なマグロは，2013年に東京の築地市場でほぼ200万ドルまでいった。

③ もともと太平洋クロマグロはほかのマグロの種よりもよい状況にあった。つい2011年には低危険種の評価を受け，絶滅危惧種や絶滅寸前とは見なされていなかった。(29)しかし，長い距離を移動する魚であるため，正確に数を特定することは難しい。最新の研究ではクロマグロは乱獲されつつあり，非常に危険な状況にあると判断された。2014年以来，国際自然保護連合によって危急種（大変な危険にある）と指定されている。

④ 問題の1つは，太平洋クロマグロが成魚になるのに5年かかるということだ。(31)マグロの多くは十分に成長し，繁殖する機会を得る前に捕獲されてしまう。クロマグロが絶滅するのを見るのは残念だ。人間にとって大切な食料資源であるばかりでなく，海で最も成功した動物の1つでもあり，捕食動物として，健全な生態系を維持するのに重要な役目を果たしてもいるからだ。(30)最近，クロマグロの捕獲の一時停止が要求された。うまくいけば，このすばらしい生き物が地球上から消える前に，一時停止が実現するだろう。

WORDS&PHRASES

□ **consume** ── ～を消費する　　□ **spread** ── 広がること，普及　　□ **demand** ── 需要

□ **drastic** ── 極端な　　□ **decrease** ── 減少　　□ **Pacific bluefin tuna** ── 太平洋クロマグロ

□ **environmentalist** ── 環境問題専門家　　□ **call for ～** ── ～を要求する，訴える

□ **designate** ── ～を指定する　　□ **endangered** ── 絶滅の危機に瀕した　　□ **restriction** ── 制限

□ **ever-increasing** ── 絶えず増えている　　□ **fatty** ── 脂ののった　　□ **overfishing** ── 魚の乱獲

□ **mature** ── 十分に成長した　　□ **originally** ── もともと（は）　　□ **least concern** ── 低危険種の

□ **rating** ── 格付け，評価　　□ **distance** ── 距離　　□ **accurately** ── 正確に

□ **extreme** ── 極度の　　□ **status** ── ステータス，立場

□ **International Union for Conservation of Nature** ── 国際自然保護連合　　□ **issue** ── 問題

合格力チェックテスト　筆記

197

意味と解説

(27) 世界中で寿司の人気が増していることは…の一因となっている。

1　科学者たちがマグロ捕獲への制限を設けること

2　未成熟のマグロの数の増加

3　クロマグロのようなマグロの種類の乱獲

4　寿司店がマグロの販売量を制限すること

☑　第1段落第3～4文に「世界中への寿司の広がりはマグロの需要を増やしたが，これが太平洋クロマグロなどのマグロの種を激変させることにつながっている」とあることから，正解は **3**。科学者たちは制限を訴えているのであり，制限を設けてはいないので1は不適切。2や4のような記述はない。

WORDS&PHRASES

□ enact ── （法律など）を制定する   □ immature ── 未成熟の

(28) 科学者たちは何を心配しているか？

1　クロマグロの価格が100万ドル以上になること。

2　クロマグロが海から完全に姿を消すこと。

3　クロマグロの体内にある化学物質の量が危険な水準にまで達しつつあること。

4　人々が生魚を好きになっていること。

☑　第1段落最終文に「科学者たちはクロマグロが完全に消える前に捕獲を制限することを訴えている」とあることから，正解は **2**。マグロの価格については第2段落に述べられているが，心配事ではないので1は不適切。3のようなことは述べられていない。4も心配事としては書かれていないので不適切。

WORDS&PHRASES

□ develop a taste for ～ ── ～が好きになる

(29) クロマグロの数を突き止めるのが難しいのは

1　若いマグロが成魚まで成熟するには長い時間がかかるから。

2　漁船は捕獲した数を公表しないから。

3　生活周期において長距離を移動するから。

4　海のある部分でしか見られないから。

☑　第3段落第3文に「長い距離を移動する魚であるため，正確に数を特定することは難しい」とあることから，正解は **3**。第4段落第1文に「成魚になるのに5年かかる」とあるが，数を突き止めることとは関係がないので1は不適切。2や4については述べられていない。

(30) クロマグロを守るどのような手段が奨励されているか？

1 　危急種から絶滅危惧種の位置付けに変えること。

2 　一定期間漁を禁じること。

3 　漁師に罰金を科すこと。

4 　クロマグロの価格を上げること。

✅　第4段落第5文に「最近，クロマグロの捕獲の一時停止が要求された」とあることから，正解は **2**。1，3，4については書かれていないのでどれも不適切。

(31) 次のうち本文の内容と一致するものはどれか？

1 　マグロは狩りで自分たちの生態系を破壊している。

2 　科学者たちは何十年も，クロマグロは危機に瀕していると警告してきた。

3 　クロマグロは太平洋からほかの海へ逃げている。

4 　人々は，マグロが大人になる機会を得る前に捕まえている。

✅　第4段落第2文に「マグロの多くは十分に成長し，繁殖する機会を得る前に捕獲されてしまう」とある。この内容に合致する **4** が正解。第4文から1は不適切。第3段落第2文より，マグロは2011年には低危険種の評価を受けていたことがわかるので，2も誤り。3については述べられていない。

ライティング 意味と解答例

4

[A]

解 答 例 1

I think this situation will increase in the future. First, more women want to work and more fathers want to spend time with their children. Even though the mothers give birth, the fathers also play an important role in raising the children. Furthermore, many families these days are two-income families and many women value their careers as much as men do. Second, the mobile technology has made working more flexible. Many jobs can now be done from home with a computer and an Internet connection. For these reasons, I think that fathers are becoming more involved in childcare. (98語)

解 答 例 1 の 意 味

この状況は将来増えると私は思います。初めに,働きたいと思う女性が増え,子どもたちと一緒に過ごしたいと思う父親が増えています。母親は子どもを産みますが,父親も子育てにおいて重要な役割を果たします。さらに,今日の多くの家族は共稼ぎ家庭で,多くの女性たちは男性と同じようにキャリアを大切にしています。次に,携帯電話技術が,働くことをより柔軟にしています。コンピュータとインターネットの接続があれば,今では多くの仕事を家でこなせます。これらの理由で,私は父親が子育てにより関わるようになっていると思います。

✓　　初めに「この状況は将来増えるだろう」という自分の意見を述べて,次に理由を2つ挙げている。理由を述べる際には,「初めに (First,)」,「次に (Second,)」などの表現で整理して書くとよい。「男女の役割」と「技術の進歩と働き方」という2つの理由の両方が POINTS 中の Work に関連している。また,冒頭で,「次に挙げる理由で (for the following reasons)」などの表現を用いることもできる。Even though ...（…ですが）のように逆接的な表現を挟むのも，内容が単調になることを避けるうえで有効である。However（しかしながら），Nevertheless（それにもかかわらず）などの副詞も効果的に使いたい。また，論理を発展させていくときには Furthermore（さらに），Therefore（それゆえ）など，論理関係を表す副詞をしっかり使いこなそう。

　同意する場合，例えば「男性の育児休暇を認める会社も増えている（More and more companies allow paternity leave.）」や，「父親の育児参加で，母親の気持ちも大きく変わることが知られている（It is now known that the feelings of mothers change greatly with the participation of fathers in childcare.）」なども考えられる。

I don't think this situation will increase in the future. First, the number of working hours is increasing, while wages are not necessarily increasing. Even if fathers want to spend time with their children, they must work to continue supporting their families. Second, the quantity and quality of childcare services are increasing. The Internet and smartphones allows parents to arrange for someone to take care of their children at any time of the day. As the fathers continue to work and it becomes easier for parents to rely on childcare services, fathers will not further involve themselves in childcare.（99語）

解 答 例 2 の 意 味

私はこの状況は将来増えると思いません。初めに，賃金が必ずしも上がらないのに労働時間は増えつつあります。たとえ父親たちが子どもたちと過ごしたいと願っても，家族を支え続けるために働かなくてはなりません。次に，保育サービスの量と質のよさは増しつつあります。インターネットやスマートフォンのおかげで，親たちは 1 日のうちいつでも誰かに子どもの世話をしてもらうよう手配することができます。父親が働き続け，親たちが保育サービスに頼るのが楽になるので，父親たちはこれ以上子育てに関わらなくなるでしょう。

　初めに「この状況は将来増えると思わない」という自分の意見を述べて，次に理由を2つ挙げている。「労働時間」と「保育サービス」という2つの理由のうち，1つ目の理由がPOINTS中の Work に，2つ目の理由が Family に関連している。「初めに（First,）」，「次に（Second,）」などの表現を用いるほかに，「そのうえ（besides）」，「それゆえ（hence）」，「さらに（moreover）」といった語を使って，文章が単純にならないよう気をつけながら論理を組み立てていくことを心がけたい。

　同意しない場合，例えば「職場によっては，子育てに多く関わる父親はあまりよく思われない（In some companies, fathers who are involving themselves in childcare a lot are not so well thought of.）」や，「子育てに参加するのに抵抗を感じる父親もいる（Some fathers feel uncomfortable participating in childcare.）」などもある。

合格力チェックテスト　筆記

［B］

　多くの大人にとって，スマートフォンは，それなしでは生活できない必須のデバイスとなっている。近年では，スマートフォンを持つ小学生が増えている。

　スマートフォンを持つ子どもが増えた理由の１つは，それらがより安くなってきたことである。子どもが複数いる家庭でも，子ども１人１人にスマートフォンを持たせやすくなった。もう１つの理由は，スマートフォンによってコミュニケーションが便利になったことだ。部活や塾の活動で帰宅が遅くなる子どもは多い。スマートフォンがあれば，親子で簡単にメッセージのやり取りや電話ができる。

　一方で，幼い子どもがスマートフォンを持つことを懸念する保護者や専門家もいる。それは，子どもたちが不適切な動画やウェブサイトにアクセスすることを可能にし，そこで彼らは，攻撃的なコメントやショッキングな写真を目にするかもしれないからだ。また，子どもたちがスマートフォンを長時間使用することで，勉強や運動，そのほかのオフラインでの活動に支障が出るかもしれないことも懸念している。

These days, more and more children are carrying smartphones. It is because smartphones have become cheaper, and they make communication between parents and children convenient. However, some people worry because children can see inappropriate videos and sites online, and might have less time for offline activities, such as studying or exercising.（51語）

最近，ますます多くの子どもたちがスマートフォンを持つようになっている。スマートフォンがより安くなり，親子の間のコミュニケーションを便利にしたからだ。しかしながら，子どもたちがネット上で不適切な動画やサイトを見る可能性があることや，勉強や運動などのオフラインでの活動時間が減ってしまうかもしれないことから，心配している人もいる。

☑　　問題の英文は３段落で構成されている。要約には各段落の内容を含める必要があるので，まずは本文全体を読んで，段落ごとの内容を把握する。第１段落では「スマートフォンを持つ小学生が増えている」というトピックが紹介され，第２段落ではその理由やスマートフォンのメリットが述べられている。第３段落では，子どもがスマートフォンを持つことへの懸念やデメリットが挙げられている。第１段落の内容は 10 語程度，第２〜３段落はそれぞれ 20 語程度を目安にまとめるようにするとバランスがよい。

　　解答例では，まず，第１文で第１段落の内容を簡潔に示している。本文第２文の In

recent years「近年では」は, ほぼ同じ意味を表す These days「最近」で言い換えているが, Recently「最近」と1語で言い換えてもよい。また, the number ... is increasing は「数」が主語になっているが, 解答例では more and more children are carrying ... と「ますます多くの子ども」を主語にして言い換えている。このように本文からそのまま抜き出すのではなく, 省略や言い換えを用いて簡潔にまとめることが大切。

　次に, 解答例の第2文では第2段落の内容をまとめている。スマートフォンを持つ子どもが増えた理由として, 第2段落前半では「スマートフォンが安くなったこと」, 同段落後半では「親子間のコミュニケーションが便利になったこと」が挙げられているので, この2つの要素を1～2文程度で簡潔に示すとよい。本文では One reason ～.... Another is that .... と, 理由がそれぞれ挙げられているが, 解答例では It is because ～, and .... と1文でまとめている。

　最後に, 解答例の第3文では第3段落の内容をまとめている。子どもがスマートフォンを持つことを心配する意見として, 第3段落前半では「不適切な動画やサイトにアクセスする可能性」について, 同段落後半では「オフラインでの活動に支障が出ること」について述べられているので, この2つの要素を1～2文程度でまとめるとよい。本文では, 第3段落がOn the other hand「一方」で始まり, 前段落と対比される内容がくることがわかるので, 解答例の However「しかしながら」のような逆接の表現を使うと文の流れがわかりやすい。

リスニングテスト

No. 1

A : Honey, how did my sunglasses get on the table? I've been looking for them everywhere.

B : The neighbor brought them over this morning. She said they were out in front of our house.

A : I bet they fell out of my backpack. The zipper keeps coming open, so when I put it on my shoulders things sometimes fall out.

B : That's a problem. I think you should get a new one.

Question   What does the woman tell the man to do?

A : 君，どうして僕のサングラスがテーブルの上にあるんだい？　あちこち探していたんだよ。

B : 今朝お隣さんが持ってきてくれたのよ。うちの前にあったんですって。

A : きっと僕のリュックサックから落ちたんだな。いつもチャックが開いちゃうから，肩に背負うと，時々物が落ちるんだ。

B : それは問題ね。新しいのを買ったほうがいいと思うわ。

❓ 女性は男性に何をするように言っているか？

1　新しいサングラスを買う。

2　隣人に謝る。

3　新しいリュックサックを買う。

4　新しいチャックを縫い付ける。

📝 女性（B）は2回目の発言の最後に I think you should get a new one.「新しいのを買ったほうがいい」と言っている。この one は前で男性（A）が話している backpack（リュックサック）のこと。正解は **3**。

No. 2

A : Can you help me change my schedule? I went to this class today and realized I was in the wrong section.

B : Ah, this is Intermediate French. Do you need to take the first course?

A : No, quite the opposite. I grew up in Montreal, so I was hoping to take the Advanced level.

B : Oh, all right. Let me see what time that meets.

Question   What do we learn about the woman?

A : スケジュールを変えるのを手伝ってくれますか？　今日このクラスに行って，違うセ

クションだったことに気づいたんです。

B：ああ，これは中級フランス語ですね。初級コースを取る必要がありますか？

A：いいえ，全くその逆です。私はモントリオールで育ったので，上級コースを取りたかったんです。

B：ああ，わかりました。何時がいいか調べてみましょう。

❓ 女性について何がわかるか？

1 彼女はフランス語をよく理解している。

2 彼女はフランス語の勉強をやめたがっている。

3 彼女はモントリオールに旅行する予定だ。

4 彼女はフランス語の教師が好きではない。

📝 女性（A）の2回目の発言の最後に I grew up in Montreal, so I was hoping to take the Advanced level.「私はモントリオールで育ったので，上級コースを取りたかった」とあることから，正解は **1**。

No. 3

🔊 A：Hi. I have a large 3-cheese and medium vegetarian pizza for Ms. Miller.

B：Yes, how much do I owe you?

A：It's 22.95 with your online coupon.

B：Uh-oh. This is supposed to be vegetarian, but it has sausage on it!

A：Oh, I'm sorry. I'll call it in ... and bring you the right one as quickly as possible.

Question What is the woman's problem?

A：こんにちは。ミラーさんにラージサイズのスリーチーズとミディアムのベジタリアンピザをお持ちしました。

B：はい，おいくらですか？

A：オンラインクーポンがあるので，22ドル95セントです。

B：あら。これはベジタリアンのはずですが，ソーセージが載っているわ！

A：ああ，すみません。それは持ち帰って，できるだけ早くちゃんとしたものをお持ちします。

❓ 女性の問題は何か？

1 彼女はクーポンを持っていない。

2 彼女は違うピザを持ってこられた。

3 彼女は注文を間違えた。

4 彼女は十分なお金を持っていない。

📝 女性（B）は2回目の発言で This is supposed to be vegetarian, but it has sausage on it!「これはベジタリアンのはずですが，ソーセージが載っている」と訴えていることから，正解は **2**。

No. 4 ■■

🔊 A：Grace, how's your mother doing?

B：Good. She wanted to be around people her own age, so <u>she moved into a senior apartment building</u>.

A：Oh, I didn't realize she wasn't living with you any longer.

B：The kids were sorry to see her leave, but her new place has all sorts of fun activities, so she's enjoying herself.

Question What do we learn about Grace's mother?

A：グレース，お母さんは元気？

B：元気よ。同年代の人と一緒にいたがったので，<u>高齢者アパートに引っ越したの。</u>

A：へえ，もう君と同居していないとは知らなかった。

B：子どもたちは母がいなくなるので寂しがったけど，彼女の新しい住まいにはいろいろ楽しい活動があるから，母は楽しんでいるわ。

❓ **グレースの母親についてわかることは何か？**

1 彼女は孫たちと一緒にいるのを楽しんでいる。

2 彼女は新しいアパートに引っ越した。

3 彼女はグレースの家にもうじき引っ越してくる。

4 彼女は来週グレースに会いに来る。

📝 女性（B）が最初の発言で she moved into a senior apartment building「彼女は高齢者アパートに引っ越した」と答えていることから，正解は **2**。

No. 5 ■■

🔊 A：What do you want to plant today?

B：Well, I want to start with some herbs. How about basil and mint?

A：Sure. <u>What about parsley?</u>

B：<u>I already did that a few weeks ago.</u> It's better to start parsley while it's still cold outside.

Question What is one thing the man says?

A：今日は何を植えたい？

B：そうだな，まずハーブから始めたいな。バジルとミントはどう？

A：いいわね。パセリは？

B：2，3週間前に植えたよ。パセリはまだ外が寒いうちに始めたほうがいいからね。

❓ **男性が言っていることは何か？**

1 彼は前にパセリを植えた。

2 彼はもっとハーブを買いたい。

3 彼はミントを摘むべきだと思っている。

4 彼はバジルを植えたくない。

✅ 女性（A）が2回目の発言で What about parsley? と尋ね，男性（B）は I already did that a few weeks ago. と答えている。that はパセリを植えたことを指すので，正解は **1**。

No. 6

🔊 A：Honey, have you seen my brown suit?

B：It's in the downstairs closet. What are you still doing here? Aren't you going to be late for your flight?

A：It's been delayed. I'm taking off two hours later than scheduled.

B：Oh, I thought you had a meeting this afternoon.

A：I moved it to early this evening.

Question Why is the man at home?

A：ねえ，僕の茶色のスーツを見たかい？

B：1階のクローゼットにあるわよ。まだここで何をしているの？ 飛行機に遅れるんじゃない？

A：便が遅れているんだ。予定より2時間遅く出発だよ。

B：あら，今日の午後に会議があるんだと思っていたわ。

A：それは今日の夕方早くに移したんだ。

❓ 男性はなぜ家にいるのか？

1　彼は家で人に会う。

2　彼の車が動かない。

3　彼の飛行機の便が遅れている。

4　彼は荷造りのために帰宅した。

✅ 男性（A）は2回目の発言で It's been delayed. と言っており，It はその前に出た flight を指すことから飛行機が遅れていることがわかる。よって，正解は **3**。

No. 7

🔊 A：Hello?

B：Matt, I'm at the station. Did you forget we were going shopping?

A：No. I'm here too. I'm in front of that new café.

B：You're on the east side. I thought we were meeting at the west exit. Stay there. I'll come to you.

Question What does the woman tell the man to do?

A：もしもし？

B：マット，私は駅にいるのよ。買い物に行く予定だったのを忘れたの？

A：いや。僕もここにいるんだけど。僕はあの新しいカフェの前にいるよ。

B：あなたは東側にいるのよ。西口で会うことにしたと思ったけど。そこにいて。私がそっ

ちに行くから。

⑦ 女性は男性にどうするように言っているか?

1　買い物に行くことについては忘れる。

2　もう一方の出口に行く。

3　カフェの中で彼女と会う。

4　今いるところにそのままいる。

☑ 女性 (B) が2回目の発言で Stay there.「そこにいて」と言っていることから, 正解は 4。

No. 8

🔊 A：Sir? You aren't supposed to have any glass near the pool.

　　B：Oh, sorry. So I have to finish my drink somewhere else?

　　A：There are some plastic cups on that table. You can pour it into one of those.

　　B：Ah, good idea. Thank you.

　　Question　What will the man probably do next?

　　A：お客様, プールのそばにグラスをお持ちになるのはご遠慮ください。

　　B：ああ, すみません。では, どこか別のところで飲み物を飲み終えたほうがいいかな?

　　A：あのテーブルにプラスチックのコップがあります。それに注げば大丈夫ですよ。

　　B：ああ, それはいい。ありがとう。

⑦ 男性はおそらく次に何をするか?

1　飲み物をごみ箱に捨てる。

2　どこか別の場所で飲み物を飲み終える。

3　すぐに飲み物を飲む。

4　飲み物をプラスチックのコップに入れる。

☑ 女性 (A) が2回目の発言で, プラスチックのコップを使えばいいと男性 (B) に教えており, 男性も good idea と同意していることから, 正解は 4。

No. 9

🔊 A：Let's go look at the stars this weekend.

　　B：That sounds great. I love stargazing. Where can we go?

　　A：I was thinking of driving up into the mountains. We haven't done that in a long time.

　　B：Good idea. We'll need to make other plans if it looks like rain, though.

　　Question　What is one thing the woman says?

　　A：今週末は星を見にいこう。

　　B：すてき。星を眺めるのは大好きなの。どこに行く?

　　A：車で山の上に行こうかと思っていたんだ。長いことやってないからね。

　　B：いいわね。でも, 雨が降りそうだったら, 別のプランを立てなきゃね。

1 雨が降ったら計画を変更する必要がある。

2 彼女は星を見るのは好きではない。

3 彼女は行くのにいい場所を知っている。

4 彼らは前回山に行った。

☑ 女性(B)は2回目の発言で,We'll need to make other plans if it looks like rain「雨が降りそうだったら,別のプランを立てなきゃ」と言っていることから,正解は **1**。

No.10

🔊 A：I've wanted to come to this farmers' market for months. Look at all these stands!

B：I just wish we didn't have to get up at dawn. I'm still half asleep.

A：Oh, honey ... I know how you love to sleep in, but they say if you don't get here early everything gets sold out.

B：Oh, look at all those different colored tomatoes. I love those.

A：See! Good thing we came early.

| Question | What does the woman tell the man?

A：何か月も,このファーマーズマーケットに来たかったの。このたくさんの売店を見て!

B：僕はただ夜明けに起きなくてすんだならよかったと思うよ。まだ半分眠ってるよ。

A：まあ,あなた…寝るのが大好きなのは知っているけど,早く来なきゃ,全部売り切れちゃうらしいから。

B：おや,あのいろんな色のトマトを見て。僕は大好きなんだ。

A：ね!　早く来てよかったわ。

❓ **女性は男性に何と言っているか?**

1 トマトはすべて売り切れた。

2 早く着いたほうがよい。

3 彼はどこか別のところに行くべきだ。

4 ここは彼らが先月来たところだ。

☑ 女性(A)は最後の発言で Good thing we came early.「早く来てよかった」と言っていることから,正解は **2**。

No.11

🔊 A：Hello?

B：Debbie, I've been calling you all morning.

A：Sorry, Scott, my phone wasn't working. I just got a new battery. What's up?

B：The rehearsal hall canceled on us. We need somewhere for the band to rehearse tonight.

A：Let me ask if we can use a meeting room here at work. I'll call you back.

What will Debbie and Scott probably do tonight?

A：もしもし？

B：デビー，午前中ずっと電話してたんだよ。

A：ごめんなさい，スコット，電話が通じていなかったの。新しく電池を入れたところよ。何かあった？

B：稽古場がキャンセルしてきたんだよ。<u>今夜バンドのリハーサルをするための場所がどこか必要なんだ。</u>

A：会社の会議室を使えるかどうか聞いてみるわ。折り返し電話するわね。

❓ **デビーとスコットは今夜おそらく何をするか？**

1　新しい電話を買いに行く。

2　電話で長くおしゃべりする。

3　仕事の会議に出る。

4　バンドのリハーサルをする。

☑ 　男性（B）が2回目の発言の後半で We need somewhere for the band to rehearse tonight.「今夜バンドのリハーサルをするための場所がどこか必要だ」と言っていることから，正解は **4**。

No. 12

🔊 A：I don't know how to get this stain out of my shirt.

B：What did you spill on it? Was it something oily?

A：Yes, it was salad dressing. This is my favorite shirt.

B：OK, calm down. Let's try rinsing it with dish soap and warm water first.

Question　What is one thing the woman suggests?

A：シャツのこの染みをどうやって取ればいいかわからないよ。

B：何をこぼしたの？　油もの？

A：そう，サラダドレッシングなんだ。これ，お気に入りのシャツなのに。

B：わかったわ，落ち着いて。まず食器洗い洗剤とお湯でゆすいでみましょう。

❓ **女性が提案していることは何か？**

1　男性は洗濯機を使うべきだ。

2　男性はくつろいでいるべきだ。

3　男性はそれに油を塗るべきだ。

4　男性は妻に電話すべきだ。

☑ 　女性（B）は2回目の発言で OK, calm down.「わかったわ，落ち着いて」となだめていることから，正解は **2**。

No. 13

🔊 A：Hey, honey ... I saw that Frost's is having their annual shoe sale this weekend. I could use a new pair.

B：That's at the mall, so <u>why don't we go on Saturday and have lunch beforehand at</u>
<u>that new Thai restaurant near there?</u>

A：Sounds good. I've heard that the yellow curry is good there.

B：I'll bet. Someone told me that everything was delicious.

| Question | What does the woman suggest?

A：ねえ，フロストが今週末，毎年恒例の靴のバーゲンをやるよ。新しい靴にしたいな。

B：ショッピングモールの店ね，それじゃ，<u>土曜日に行って，バーゲンの前にその近く</u>
<u>のあの新しいタイレストランでお昼を食べましょうか？</u>

A：いいね。その店のイエローカレーはおいしいそうだよ。

B：きっとね。何でもおいしいって誰かが言っていたもの。

❓ 女性は何を提案しているか？

1　男性が別の店に行ってみること。

2　今夜の夕食にカレーを食べること。

3　男性が新しい靴を買うこと。

4　レストランでお昼を食べること。

📹　女性 (B) は 1 回目の発言で why don't we ... have lunch beforehand at that new
　　Thai restaurant「その前にあの新しいタイレストランでお昼を食べましょうか」と言っ
　　ている。したがって，正解は **4**。

No.14

🔈 A：I can't believe it. I won two tickets to the movies.

B：Really? Doing what?

A：<u>I entered a contest at the supermarket and the second prize was two theater</u>
<u>tickets that we can use any time.</u>

B：Wow. I can't believe how lucky you are. I never win anything.

| Question | How did the woman get the tickets?

A：信じられない。映画のチケットが 2 枚当たったわ。

B：本当？　何をして？

A：スーパーマーケットのコンテストに応募したの。2 位の商品が，いつでも使える劇
　　場のチケット 2 枚だったのよ。

B：わあ。君はなんて幸運なんだ。僕は何も当たったことがないよ。

❓ 女性はどうやってチケットを手に入れたか？

1　彼女はそれらをスーパーマーケットで買った。

2　彼女はそれらをコンテストで当てた。

3　彼女はそれらをネットで買った。

4　彼女はそれらを友だちからもらった。

No. 15

A：Hey, honey, we got an invitation in the mail. My family's having a big family reunion next month.

B：It's been years since the Thompson Family reunion. Where's it being held?

A：At my brother Jack's lake house. The kids love hanging out at the lake. Let's go.

B：OK. I'll send Jack an e-mail and tell him we'll be there.

> Question Why do they decide to attend the family reunion?

A：ねえ，郵送で招待状が来たんだ。来月うちの家族で大きな集まりをするって。

B：トンプソン家の家族の集まりも久しぶりね。どこで開かれるの？

A：兄のジャックの湖の家で。子どもたちは湖で過ごすのが大好きだよね。行こう。

B：いいわ。ジャックにメールを出して，行くって伝えるわ。

❓ **彼らはなぜ家族の集まりに出席することにしたか？**

1　子どもたちが楽しむから。

2　男性の兄が病気だから。

3　彼らの家で開かれるから。

4　彼らは泳ぎに行くのが大好きだから。

男性（A）の2回目の発言に The kids love hanging out at the lake.「子どもたちは湖で過ごすのが大好きだ」とあり，そのあとに「行こう」と言っているので，正解は**1**。

No.16

Takahiro had a meeting at 2 p.m. He gave himself plenty of time, getting on a 1:15 train. The train stopped suddenly five stops away from his destination. The announcement said the train was going to be delayed at least twenty minutes because of an accident. Takahiro left the train and was lucky enough to get a taxi. He arrived at his customer's office at 1:58.

Question Why did Takahiro take a taxi?

タカヒロは午後2時に会議があった。時間をたっぷり取って，1時15分の電車に乗った。目的地の5つ手前の駅で，電車が突然止まった。アナウンスは，事故のため電車が少なくとも20分遅れると言った。タカヒロは電車を降り，幸運にもタクシーを拾えた。彼は1時58分に顧客のオフィスに到着した。

❓ タカヒロはなぜタクシーに乗ったのか？

1　使えるタクシー券を持っていた。

2　時間通りに着きたかった。

3　歩くには雨がひどすぎた。

4　彼は道をよく知らなかった。

✅　タカヒロは会議の予定があり，早めに電車に乗ったが，中盤で，乗った電車が事故で遅れることがわかった（the train was going to be delayed ... because of an accident）ので，タクシーに乗ったのである。よって，正解は **2**。

No.17

Diane got new glasses last week, but still isn't used to them. She can't read very small print and they hurt her nose. Her mother suggested going back to the store and having them refitted. Diane did this. The optician changed the nose pads and adjusted the glasses to be looser and closer to her eyes. She was then able to read small print and the glasses felt more comfortable.

Question What was wrong with Diane's glasses?

ダイアンは先週新しい眼鏡を買ったが，まだそれに慣れていない。非常に小さい文字は読めないし，鼻が痛くなる。彼女の母親は，もう一度店に行って，合うように再調整してもらうよう提案した。ダイアンはそうした。眼鏡技師は鼻のパッドを取り替え，眼鏡を緩めて目に近づけるよう調整した。それでダイアンは小さな文字が読めるようになり，眼鏡もかけやすくなった。

❓ ダイアンの眼鏡は何が悪かったか？

1　彼女に合っていなかった。

2　傷があった。

3 ねじが緩んでいた。

4 レンズが彼女の目に悪かった。

☑ 序盤で She can't read very small print and they hurt her nose.「非常に小さい文字は読めないし，鼻が痛くなる」と述べられ，後半で眼鏡技師が眼鏡を調整したとあることから，正解は**1**。

No. 18

🔊 　A British man born in 1873, Albert Howard is called "the father of organic farming." Howard went to India in 1905 and observed local farmers. He promoted Indian ideas of composting, putting food and plant waste back into the soil to feed it. He believed pests came from soil imbalances. He therefore began correcting the problem without using pesticides.

| Question | What does the passage say about Albert Howard?

　1873年生まれの英国人アルバート・ハワードは「有機農法の父」と呼ばれている。ハワードは1905年にインドに行き，地元の農家の人々を視察した。彼は堆肥化，つまり栄養を与えるために食べ物や植物の廃棄物を土に戻すというインドの考え方を推進した。彼は，害虫は土壌の不均衡から来ると考えていた。そこで，彼は殺虫剤を使わずに問題を解決し始めたのだ。

❓ **この文はアルバート・ハワードについて何と言っているか?**

1 彼はインド式農業を嫌っていた。

2 彼はインドの田舎で生まれた。

3 彼は有機農法を信じていた。

4 彼はいくつかの農薬を発明した。

☑ 冒頭に，Albert Howard is called "the father of organic farming"「アルバート・ハワードは『有機農法の父』と呼ばれている」とあり，終盤で彼が土壌の不均衡が問題と考えて殺虫剤を使わずに問題解決を始めたと述べられることから，正解は**3**。

No. 19

🔊 　The banana is a very popular tropical fruit that is found in many hot climates. Hawaii grows more than 100 varieties of banana. There are at least 10,000 wild plants around the islands that nobody ever picks. The Polynesians brought in tropical varieties as early as the year 200, but what people think of as the typical banana, the Cavendish, came to Hawaii around 1850.

| Question | What is one thing we learn about bananas in Hawaii?

　バナナは多くの暑い気候の地域で見られる非常に人気の高い熱帯果物だ。ハワイでは100種類以上のバナナが生育している。島中には少なくとも1万本の誰も摘まない野生の木がある。ポリネシア人が200年ごろに熱帯の品種を持ち込んだが，人々が熱

帯のバナナと考えるキャベンディッシュは1850年ごろハワイにやって来た。

❓ ハワイのバナナについてわかることは何か?

1 典型的なバナナはそこでは見られない。

2 そこには多くの種類のバナナがある。

3 野生のバナナは栽培されたものよりおいしい。

4 そこにあるバナナの種類はすべて非常に古くからある。

🔲 序盤に Hawaii grows more than 100 varieties of banana.「ハワイでは100種類以上のバナナが生育している」とあることから,正解は **2**。

No. 20

🔊 Dixon Snack Company is giving away free snacks for a year. In order to win, you need to go to the company's website and click where it says, "Enter Free Snack Contest." Fill in your name, e-mail address and phone number along with one sentence, 15 words or less, saying what you like best about Dixon snacks.

Question How can someone win free snacks?

ディクソン・スナック社は1年分のお菓子を無料で差し上げます。獲得するためには,当社のウェブサイトに行き,「無料スナックコンテストに参加する」と書かれているところをクリックしてください。名前,Eメールアドレス,電話番号を書き入れ,15語以下の文で,ディクソンのお菓子のいちばん好きなところを述べてください。

❓ どうすれば無料のお菓子をもらえるか?

1 会社の最新製品に名前をつける。

2 会社にはがきを送る。

3 ウェブサイトのコンテストに参加する。

4 お菓子の包装のシールを集める。

🔲 序盤に go to the company's website and click where it says, "Enter Free Snack Contest"「会社のウェブサイトに行き,『無料スナックコンテストに参加する』と書かれているところをクリックする」とあることから,正解は **3**。

No. 21

🔊 Daisuke is a doctor at a hospital in Osaka. Next week, he's going to an international conference for Asian heart specialists in Thailand. He is making a presentation about a new procedure used at his hospital. He is not used to speaking in English, so he's a bit nervous. He has been practicing hard for the past two weeks.

Question Why is Daisuke a little worried?

ダイスケは大阪の病院に勤める医師だ。来週,タイで開かれるアジアの心臓専門医の国際会議に行く。彼は自分の病院で使われている新しい手術についてプレゼンテーションを行う予定だ。英語で話すのに慣れていないので,少々緊張している。この2週

間，彼は懸命に練習している。

❓ ダイスケはなぜ少し不安なのか？

1　大阪からの飛行機の便に乗り遅れるかもしれない。

2　タイ語の発音がよくない。

3　タイの病院に泊まらなくてはならない。

4　英語でプレゼンをしなければならない。

🔖　中盤でダイスケがプレゼンを行う予定であると述べられ，終盤に He is not used to speaking in English, so he's a bit nervous.「英語で話すのに慣れていないので，少々緊張している」とあることから，正解は **4**。

No. 22

🔊　Good morning. I would like to remind you that <u>our network is being serviced this afternoon</u>. Between one and three p.m. there will be no Internet service. Of course you can still work on your computers, but <u>you will not be able to send e-mail, use your browsers to get online or save and retrieve files stored on the cloud</u>. Please plan your day around this.

> Question　What is one thing that will be unavailable this afternoon?

おはようございます。当社のネットワークが本日午後，修理されることを再度お知らせします。午後1時から3時まで，インターネットサービスが使えなくなります。もちろん自分のコンピュータでの作業はできますが，Eメールを送ること，ネットに接続するためのブラウザの使用，クラウド上に保管されたファイルの保存や検索はできません。これを考慮して，1日の予定を立ててください。

❓ 今日の午後使えなくなるのは何か？

1　会社のレストランへの出入り。

2　会社のコンピュータへのアクセス。

3　オンラインのコンテンツへのアクセス。

4　会議室への出入り。

🔖　中盤に使えなくなるサービスの説明があり，you will not be able to send e-mail, use your browsers to get online or save and retrieve files stored on the cloud「Eメールを送ること，ネットに接続するためのブラウザの使用，クラウド上に保管されたファイルの保存や検索はできません」と述べていることから，正解は **3**。

No. 23

🔊　The coqui frog is very small, about the size of a ten-yen coin. Common in Puerto Rico, the local people think the call of the frog at night, "ko-keee, ko-keee," sounds like music. To others, it is just an annoying noise. In the 1990s, <u>the frog got to Florida on some plants that were then shipped to Hawaii</u>. With no enemies in

Hawaii, the little frog is now a big problem.

Question How did the frog get to Hawaii?

コキフロッグはとても小さく 10 円玉くらいの大きさだ。プエルトリコでよく見られ，地元の人々は夜のこのカエルの「コーキー，コーキー」という鳴き声は音楽のようだと思っている。ほかの人々にとってはただの騒音にすぎない。1990 年代に，このカエルは植物に付いてフロリダに渡り，植物はそこからハワイに船で運ばれた。ハワイには天敵がいないので，小さなカエルが今や大きな問題になっている。

❓ カエルはどうやってハワイに来たか？

1 ペットを持ち込む個人から。

2 フロリダから送られた植物に付いて。

3 大型ペット店の注文で。

4 プエルトリコの文化交流プロジェクトとして。

✅ 中盤から終盤にかけて the frog got to Florida on some plants that were then shipped to Hawaii「カエルは植物に付いてフロリダに渡り，植物はそこからハワイに船で運ばれた」とあることから，正解は **2**。

No. 24

🔊 Goodwin's Ice Cream Parlor has changed to summer hours. We're open from 10:00 a.m. to 10:00 p.m. Mondays through Thursdays, from 10:00 a.m. to midnight on Fridays and Saturdays, and from 10:00 a.m. to 8:00 p.m. on Sundays. Look for discount coupons online. There are also Junior Specials for kids under 12 and Senior Specials for people 65 and older. We'll keep you cool!

Question What has Goodwin's done?

グッドウィンズ・アイスクリームパーラーは夏時間に変わりました。月曜日から木曜日までは午前 10 時から午後 10 時まで，金曜日と土曜日は午前 10 時から夜中の 12 時まで，日曜日は午前 10 時から午後 8 時まで営業します。オンラインで割引クーポンを探してください。12 歳未満のお子様用のジュニアスペシャル，65 歳以上のお客様用のシニアスペシャルもあります。皆さんを涼しくしますよ！

❓ グッドウィンズは何をしたか？

1 メニューに新しい味を加えた。

2 夏の日程を始めた。

3 若者に職を提供した。

4 高齢者の職を作った。

✅ 冒頭に Goodwin's Ice Cream Parlor has changed to summer hours.「グッドウィンズ・アイスクリームパーラーは夏時間に変わりました」とあることから，正解は **2**。

Juno is a therapy dog. She is a Golden Retriever with a heart of gold. Every week, she goes with her owner, Ken, to visit sick children in the hospital. Although she's a big dog, she's very gentle. <u>Some small children pull on her or bump into her, but she is always kind to them.</u> When children play with Juno, they usually smile and forget that they are in the hospital.

Question　What is one thing the passage says about Juno?

ジュノはセラピー犬だ。彼女は心優しいゴールデンレトリーバーである。毎週，ジュノは飼い主のケンと一緒に入院中の病気の子どもたちを訪ねる。ジュノは大型犬だがとても穏やかだ。小さな子どもたちが引っ張ったりぶつかったりしても，彼女は彼らに対していつも優しい。子どもたちはジュノと遊ぶと，たいてい笑顔になり，病院にいることを忘れてしまう。

❷ ジュノについて文章で述べられていることは何か？

1　子どもたちに優しい。

2　よくいたずらをする。

3　自分のおもちゃが大好きだ。

4　病院が嫌いだ。

中盤に Some small children pull on her or bump into her, but she is always kind to them.「小さな子どもたちが引っ張ったりぶつかったりしても，彼女は彼らに対していつも優しい」とあることから，正解は **1**。

Last week a new community center opened in Groversville. The facility was donated by the Robert T. Sasaki family. At the opening ceremony, Mr. Sasaki cut the ribbon and shook hands with the mayor. Mr. Sasaki said, "Gyms and sports schools are expensive. <u>I want to build a place to bring children and teens together so they can play sports and games for free.</u>"

Question　Why did Mr. Sasaki want to build the community center?

先週，グローバーズビルに新しい公民館がオープンした。施設はロバート T. ササキ一家によって寄贈された。開館式で，ササキ氏はリボンをカットし，市長と握手した。ササキ氏は「ジムやスポーツスクールは金額が高いです。私は子どもたちや10代の若者たちが集まって無料でスポーツやゲームができる場所を作りたかったのです」と語った。

❷ ササキ氏はなぜ公民館を作りたかったのか？

1　プライベートジムを持つため。

2　人々の要望に応えるため。

3　市長選に出馬するのに役立たせるため。

4 若者を集めるため。

✍ ササキ氏のスピーチの最後に I want to build a place to bring children and teens together so they can play sports and games for free. 「子どもたちや 10 代の若者たちが集まって無料でスポーツやゲームができる場所を作りたかった」とあることから, 正解は **4**。

No. 27 ████████████████████████████████

🔊 Jack and his brother David started a food delivery service recently. They hire teenage chefs to help them create inexpensive, yet healthy dinners that can easily be reheated. They make about 50 meals a day. They take reservations until 1 p.m. the same day. They sell out about 80% of the time. They are quite happy with the results and they have had good reviews on social media.

| Question | What do they do every day?

　ジャックと弟のデイヴィッドは最近料理の宅配サービスを始めた。安いが健康的で温め直しやすい夕食を作るのを手伝ってもらうため, 彼らは 10 代のシェフを雇っている。彼らは 1 日に約 50 食作る。同日の午後 1 時まで予約を受け付け, 80% の確率で売り切れる。彼らは結果にかなり満足しており, ソーシャルメディアでも評判がよい。

❓ **彼らは毎日何をしているか?**

1　昼食を 80 食作る。

2　**夕食を 50 食用意する。**

3　顧客にオンラインで広告する。

4　高価な材料を買いに行く。

✍ 序盤に create ... dinners とあり, 中盤に They make about 50 meals a day. 「彼らは 1 日約 50 食作る」とあることから, 正解は **2**。

No. 28 ████████████████████████████████

🔊 Lisa needs to write about her childhood for an essay in English class. She thought and thought and didn't have any ideas about what to write. One of her friends suggested that she look through family photos for some ideas. Lisa looked over her mother's photo albums and remembered a family trip they took when she was in second grade. She decided to write about that.

| Question | Why did Lisa look at her mother's photos?

　リサは英語のクラスの作文のために自分の子ども時代について書く必要がある。彼女は, いくら考えても, 何を書いたらいいか, アイデアが浮かばなかった。友だちの 1 人がアイデアを得るために家族写真に目を通すことを提案した。リサは母親の写真アルバムに目を通して, 2 年生のときに行った家族旅行のことを思い出した。彼女はそれについて書くことにした。

❓ リサはなぜ母親の写真を見たのか？

1 作文の課題に役立たせるため。

2 落ち込んでいる母親を元気づけるため。

3 美術の課題用に写真をスケッチするため。

4 オンラインプロフィール用の写真を見つけるため。

📝 初めにリサが作文を書かなければならないことが述べられ，中盤に One of her friends suggested that she look through family photos for some ideas. 「友だちの1人がアイデアを得るために家族写真に目を通すことを提案した」とあることから，写真を見たのは作文のアイデアを見つけるためだとわかる。正解は **1**。

No. 29

🔊 Rebecca Lee Crumpler was the first African American woman to become a doctor. She got her degree in 1864 and was the only African American woman to graduate from the New England Female Medical College, which closed in 1873. She was very active in her field. In 1883, she published a book on medicine entitled *A Book of Medical Discourses*.

> Question How many African American women were in Crumpler's medical class?

レベッカ・リー・クランプラーは医者になった初めてのアフリカ系アメリカ人女性だ。1864年に学位を取り，1873年に閉鎖されたニューイングランド女子医科大学を卒業した唯一のアフリカ系アメリカ人女性だった。彼女は医学の分野で非常に活動的だった。1883年に『医学論』という題名の医学書を出版した。

❓ クランプラーの医学クラスにはアフリカ系アメリカ人女性は何人いたか？

1 少数。

2 相当数。

3 彼女だけ。

4 1人もいなかった。

📝 中盤に She ... was the only African American woman to graduate from the New England Female Medical College 「彼女は…ニューイングランド女子医科大学を卒業した唯一のアフリカ系アメリカ人女性だった」とあることから，正解は **3**。

No. 30

🔊 Marta is studying to be a Spanish teacher. She has done very well in all of her university classes. Her mother is originally from Colombia, so they sometimes speak Spanish at home. Marta has never been outside of Canada. She would like to travel to a Spanish-speaking country this summer so she can practice the language in real situations before beginning her career.

What does Marta want to do in the future?

マルタはスペイン語の教師になる勉強をしている。大学の授業ではすべて好成績を挙げている。彼女の母親はコロンビア出身なので，彼らは家では時々スペイン語を話す。マルタはカナダの外に出たことがない。仕事を始める前に実際の状況で言葉を練習できるよう，今年の夏はスペイン語圏の国を旅行したいと思っている。

❓ **マルタは将来何をしたがっているか？**

1　カナダを旅行する。

2　コロンビアで英語を教える。

3　スペイン語の翻訳家になる。

4　スペイン語の教師になる。

◢　冒頭の文で Marta is studying to be a Spanish teacher.「マルタはスペイン語の教師になる勉強をしている」と述べていることから，正解は **4**。

合格力診断チャートで実力をチェック!

マークシート裏面に記入した正答数を，下の合格力診断チャートに記入しましょう。チャートの中心から目盛りを数えて正答数のところに印をつけ，線で結びます。

合格ラインに到達できなかった分野については，「分野別弱点克服の方法」を確認しましょう。

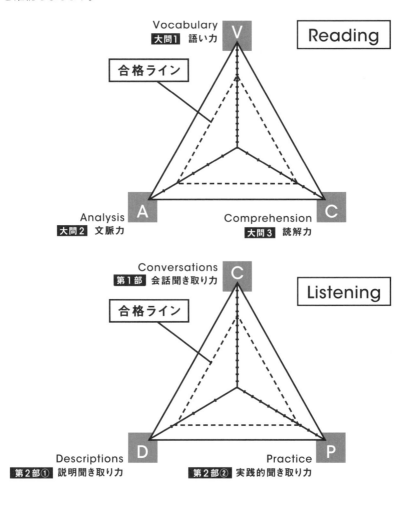

※ 現在は CSEスコア（別冊 P. 009）が採用されており，合格の正答数は公表されておりませんが，過去の試験では，2級は各技能を6割程度の正答率の受験者の多くが合格しています。

分野別弱点克服の方法

英検2級に合格するためには、「読む」「聞く」「書く」「話す」の4技能でバランスよくスコアを獲得する必要があります。ここでは、自己採点がしやすいReadingとListeningの各技能について分析を行い、弱点を克服するためのヒントを提示します。

Reading

1 "語い力" が低かったあなたは…

英語をよりよく理解するには、語い力の向上が必須です。市販の単語帳などを使って、2級で頻出の単語や熟語を集中的にインプットしましょう。音声を聞きながら学習すれば、リスニング力を高めることもできて一石二鳥です。

2 "文脈力" が低かったあなたは…

文と文をつなぐ働きを持つ表現を意識しながら、英文を読みましょう。例えば、「逆接」を表す副詞howeverのあとには、前の文と反対の内容を表す文が続くと予想できます。先の展開を予測しながら英文を読むことで、リーディングの速度もアップします。

3 "読解力" が低かったあなたは…

2級の長文問題は、1つの段落に1つの問題の答えが隠れている場合がほとんどです。段落ごとの要点をおさえつつ読み進めることで、英文全体の理解にも結びつきます。設問文に含まれている人名などのキーワードを探しながら読む「スキャニング」も、正答に至る近道です。

Listening

1 "会話聞き取り力" が低かったあなたは…

会話では、書き言葉とは異なる話し言葉特有の表現がよく用いられます。単語帳などを利用して、会話表現を拡充しましょう。場面や2人の話し手の関係などをイメージしながら聞けば、より具体的に会話の内容を理解することができます。

2 "説明聞き取り力" が低かったあなたは…

説明文のリスニング問題では、情報を整理しながら放送を聞きましょう。聞き取った情報を、「いつ」「どこで」「誰が」「何を」「なぜ」「どのように」のように5W1Hの形でメモにまとめることで、予想外の質問文にも落ち着いて対応することができます。

3 "実践的聞き取り力" が低かったあなたは…

ある人物の日常生活に関するパッセージでは、登場人物の行動やその意図などに注意しながら、全体の内容を把握することが大事です。言い換え表現などにも注意して、正しい選択肢を選びましょう。

カードの意味 中古コンピュータ

今日，中古コンピュータを売る店が増えています。これらのコンピュータは新品のコンピュータよりもずっと安いので，魅力的に見えます。しかしながら，中古コンピュータはきちんと動かないという危険性があります。消費者の中にはこの危険性について心配する人もいて，その結果，中古コンピュータを買うことを避けています。中古品を買う前には慎重に考える必要があります。

No. 1

この文章によると，中古コンピュータを買うことを避ける消費者がいるのはなぜですか?

解答例 Because they are concerned about the danger that used computers will not work properly.

中古コンピュータがきちんと動かないという危険性について心配しているからです。

- -

📝 why ～ ? 「なぜ～か?」と尋ねられているので，Because ～「なぜなら～」で答える。まず質問で問われている内容を探すと，第4文に ..., and as a result they avoid buying used computers とある。as a result「その結果」とあるので，原因を表す箇所が前にあると考える。第4文前半の Some consumers are concerned about this danger がその原因。this danger が指すものをさらにその前の第3文から探すと，the danger that used computers will not work properly とあるので，これらを組み合わせ，主語を they にして文を組み立てる。

No. 2

では，絵を見て状況を説明してください。準備時間は20秒です。カードにある文で始めてください。（絵の上の説明　話はこの文で始めなさい：ある日，タケダ夫妻は買い物に行く相談をしていました。）

解答例 **One day, Mr. and Mrs. Takeda were talking about going shopping.** Mr. Takeda said, "Let's go to the secondhand clothing store." The next day at the store, Mr. Takeda was putting a hat in his shopping basket. Mrs. Takeda was trying on a coat. A few weeks later, they found a hole in the coat Mrs. Takeda bought. Mr. Takeda was thinking he would sew up the hole.

ある日，タケダ夫妻は買い物に行く相談をしていました。タケダ氏は，「古着の店に行こう」と言いました。次の日，店でタケダ氏は帽子を買い物かごに入れていました。タケダ夫人はコートを試着していました。数週間後，彼らはタケダ夫人が買ったコー

トに穴が空いているのを見つけました。タケダ氏は，穴を縫い合わせようと考えていました。

> ☑ 1コマあたり2文程度ずつで説明する。1コマ目は，最初に与えられた文と吹き出しの中の台詞を使って説明できる。台詞は間接話法にして，Mr. Takeda suggested going to the secondhand clothing store. と表してもよい。2コマ目については，Mr. Takeda がかごに入れているものが a hat とわからなければ something と表してもよい。「～を試着する」は try on ～。3コマ目は夫人が買ったコートに穴が空いていたということと，夫が修理しようと考えていることが述べられていればよい。sew up ～は「～を縫い合わせる」だが，mend「～を修理する」などを使ってもよい。

No.3

コンピュータのせいで人々はひとりで過ごす時間が多すぎるという人がいます。あなたはそれについてどう思いますか？

[解答例] I agree. You can forget about time when you are using a computer. People should go out more and associate with other people.
賛成です。コンピュータを使っていると時間を忘れることができます。人はもっと外へ出かけてほかの人と交わるべきです。

[解答例] I disagree. A computer is a good way to spend time. You can forget about all your worries.
反対です。コンピュータは時間を過ごすよい方法です。悩みをすべて忘れることができます。

> ☑ 賛成する場合，一人きりでコンピュータばかり使っているのはよくないということを伝えるために，It is important to talk to others in person. 「直接人と会って話すことは大切だ」や，You should use your voice now and then, or you will lose it. 「時々声を出さなければ，声が出なくなる」などと述べることもできる。反対する場合は，Even when you cannot go out, you can be connected to others on the computer. 「外へ出られないときでもコンピュータでほかの人とつながることができる」や，There are people who don't want to connect with other people. 「ほかの人とつながりたくない人もいる」などが考えられる。

今日，ビタミンやミネラルなどの多様な種類のサプリメントが店で売られています。そのようなサプリメントを飲むのは人々にとってよいことだと思いますか？

（Yes. なら）どうしてそう思うのですか？

（No. なら）どうしてそう思わないのですか？

解答例　Yes.　Many people are too busy to cook and they can't take in proper nutrition.　Supplements can help us maintain our health.

はい。多くの人は忙しくて料理ができないので，適切な栄養をとることができません。サプリメントは私たちが健康を維持するのを助けてくれます。

解答例　No.　It is more important to eat balanced meals than to rely on supplements. And supplements won't necessarily work as expected.

いいえ。サプリメントに頼るよりもバランスのとれた食事をすることのほうが大切です。それに，サプリメントは必ずしも期待するような効き目があるとは限りません。

✓　賛成する場合は，Taking supplements will help improve your skin condition.「サプリメントを飲むことは，肌の調子を良くする助けになります」などが考えられる。反対する場合，It is better to get your nutrition from food.「栄養を食べ物から取るほうが良いです」，Most supplements are too expensive.「ほとんどのサプリメントは高すぎます」なども考えられる。

カードの意味 災害とペット

ペットはたいてい家族の大切な一員と考えられています。しかしながら，自然災害が起こると，人とペットが一緒にいられる場所を見つけるのが難しい場合もあります。地方自治体によってはこのような場所を提供するところもあり，そうすることで人々が緊急時にペットの世話ができるようにしています。そのような場所は将来ますます一般的になりそうです。

No. 1

この文章によると，いくつかの地方自治体はどのようにして緊急時に人々がペットの世話をできるようにしていますか？

解答例 By providing places where people and pets can stay together.
人とペットが一緒にいられる場所を提供することによってです。

- -

☑ how ～? 「どのように～?」と尋ねられているので，By ～ing「～することによってです」の形で答えるとよい。質問の答えを探すと，第3文に ..., and in this way they allow people to look after their pets during emergencies. と出てくる。in this way「こうすることによって」は同文前半の provide these places を指しているが，these places がどのような場所なのかを明らかにしなければならない。these places とはその前の第2文にある places where people and pets can stay together のことなので，By providing places where people and pets can stay together. と答える。

No. 2

では，絵を見て状況を説明してください。準備時間は 20 秒です。カードにある文で始めてください。（絵の上の説明　話はこの文で始めなさい：ある日，モリ夫妻はビーチのそばで休暇を過ごしていました。）

解答例 **One day, Mr. and Mrs. Mori were on vacation near the beach.** Mr. Mori suggested that they should take a boat tour the next day. The next morning on the boat, Mr. Mori was taking pictures of birds. Mrs. Mori was worried that he might drop his camera into the sea. That night at home, Mrs. Mori was sleeping in her bed. Mr. Mori was thinking about turning off the light she had left on.

ある日，モリ夫妻はビーチのそばで休暇を過ごしていました。モリ氏は翌日ボートツアーに行こうと提案しました。翌朝ボートの上でモリ氏は鳥の写真を撮っていました。モリ夫人は彼がカメラを海に落とすのではないかと心配していました。その夜，自宅

で，モリ夫人はベッドで眠っていました。モリ氏は彼女がつけっぱなしにしていた電気を消そうと考えていました。

✏️ 1コマ目は，与えられた文とモリ氏の台詞で説明できる。モリ氏の台詞をそのまま使って，He said, "Let's take ..." としてもよい。また，suggested のあとは taking ... と動名詞にしてもよい。2コマ目は，birds の代わりに seagulls「カモメ」や seabirds「海鳥」を使ってもよい。「〜を落とす」は drop。3コマ目は，in her bed の代わりに in her room などとしてもよい。モリ氏が「電気を消そうと思っている」ということは was thinking that he would turn off ... の形で表すこともできる。

No.3 ▮▮▮▮▮▮▮▮▮▮▮▮▮▮▮▮▮▮▮▮▮▮

将来，動物と遊ぶことのできるペットカフェが増えるという人がいます。あなたはそのことについてどう思いますか？

解答例 I agree. For some people, keeping pets at home is difficult. It is nice for people to be able to play with animals outside their homes.
賛成です。家でペットを飼うことが難しい人もいます。家の外で動物と遊ぶことができるのは人々にとってよいことです。

解答例 I disagree. The animals in such cafés get stressed by being touched by strangers. Many people criticize such cafés.
反対です。そのようなカフェにいる動物たちは知らない人たちに触られてストレスを感じます。そのようなカフェを批判する人が多くいます。

✏️ 賛成する場合は，カフェに行く人にとってのメリットのほか，Some of those cafés adopt abandoned animals. They can help decrease the number of homeless animals.「これらのカフェの中には捨てられた動物を引き取っているところがあります。住む家のない動物を減らすのを助けることができます」などと動物側のメリットを述べてもよい。反対する場合は，Such cafés need a lot of money to keep the animals. It would be too costly.「そのようなカフェは動物を飼うのにお金がたくさん必要です。費用がかかりすぎるでしょう」なども考えられる。

No.4 ▮▮▮▮▮▮▮▮▮▮▮▮▮▮▮▮▮▮▮▮▮▮

今日，多くの人が自分の日常生活についての情報をオンラインで共有しています。あなたは人々が自分の個人情報をインターネットに載せることについて十分気をつけていると思いますか？
（Yes. なら）どうしてそう思うのですか？
（No. なら）どうしてそう思わないのですか？

解答例 Yes. We learn through newspapers or TV news about the dangers of sharing our information online. Also, schools or companies teach people the rules of sharing personal information online.

はい。私たちは自分の情報をオンラインで共有することの危険性について，新聞やテレビのニュースを通して学びます。また，学校や企業は，個人情報をオンラインで共有する時のルールを教えてくれます。

解答例 No. Many people are not aware of the dangers of sharing their personal information online. Some people share pictures on the Internet that reveal where they live.

いいえ。多くの人は自分の個人情報をオンラインで共有することの危険性をわかっていません。住んでいる場所がわかってしまう写真をインターネット上に共有する人もいます。

- -

☑ 賛成する場合は，Even elementary school children learn in school about the dangers of sharing personal information online. 「小学生でさえもオンラインで個人情報を共有することの危険性について学校で学びます」などが考えられる。

反対する場合は，We often hear about crimes resulting from the sharing of personal information online. 「私たちは個人情報をオンラインで共有することで起こる犯罪についてよく聞きます」などが考えられる。

カードの意味 よりよいコミュニケーション

今日，日本人にはしばしば外国人とビジネスをする機会があります。このため，日本人は考え方の違いについて理解することが大切です。いくつかの会社はそのような違いについて社員に学ばせており，このようにして社員が誤解を避けるのを助けています。将来，世界はもっとつながるようになるので，おそらくますます多くの日本人が外国人と一緒に働くようになるでしょう。

No.1

この文章によると，いくつかの会社はどのようにして社員が誤解を避けるのを助けていますか？

解答例 By letting their employees learn about differences in ways of thinking.
考え方の違いについて社員に学ばせることによってです。

- -

✓ 質問にある help their employees avoid misunderstandings という部分は第3文の後半に出てくる。その前に in this way「このようにして」とあるので，その方法を探してさらに前の部分を見ると，let their employees learn about such differences と書かれている。such が何を指すかを明らかにする必要があるので，さらに前の第2文を見ると，differences in ways of thinking とあるので，これを1つの文にまとめて let their employees learn about differences in ways of thinking とする。How ～? の質問の答えなので，By ～ing の形で答えればよい。

No.2

では，絵を見て状況を説明してください。準備時間は20秒です。カードにある文で始めてください。（絵の上の説明　話はこの文で始めなさい：ある午後，ジュンとお母さんはフランスについてのテレビ番組を見ていました。）

解答例 **One afternoon, Jun and his mother were watching a television program about France.** Jun said, "I want to learn more about France before my trip there." The next day at a bookstore, Jun found a book on a high shelf. His mother asked the shop clerk to get the book. On the morning before leaving, Jun looked out of the window and found it was raining hard. His mother was thinking that the flight might be cancelled.

ある午後，ジュンとお母さんはフランスについてのテレビ番組を見ていました。ジュンは，「そこへの旅行の前にもっとフランスのことを学びたい」と言いました。次の日，書店でジュンは高い棚にある本を見つけました。お母さんは店員に本を取ってくれるように

頼みました。出発を控えた朝，ジュンは窓から外を見て雨が激しく降っていることに気づきました。お母さんはフライトがキャンセルされるのではないかと考えていました。

✓ 1コマ目は，与えられた文と，吹き出しにあるジュンの台詞を使って表すことができる。2コマ目ではジュンが本を見つけたことと，母親が店員に本を取ってほしいと頼んだことを述べる。Jun wanted a book on a high shelf.「ジュンは高い棚にある本が欲しかった」としてもよい。「店員」は shop clerk だが，man in the shop などとしてもよいだろう。get「～を取る」の代わりに take down ～「～を下ろす」などとしてもよい。本について説明する際に，that he could not reach「手が届かない」を補うこともできる。3コマ目では雨が降っていることと，母親が飛行機が飛ばないのではないかと心配していることを説明する。キャンセルを心配するほどの天候なので，it was raining hard などと表したほうが伝わりやすい。母親については，was thinking の代わりに worried や was afraid などを使ってもよい。

No. 3

もっと多くの会社で，社員にオンラインのミーティングをすることを許すべきだと言う人がいます。あなたはそれについてどう思いますか？

解答例 I agree. It is easier to arrange times for the meeting online than meeting in person. It is also convenient because you can join the meeting from a remote place.
賛成です。オンラインのミーティングの方が対面のミーティングよりも時間の調整が簡単です。また，離れた場所からでも参加できるので，便利です。

解答例 I disagree. It is hard to read the facial expressions of others through the computer screen. It can cause misunderstandings.
反対です。コンピュータの画面越しにほかの人の表情を読み取るのは難しいです。それが誤解を生むことにつながるかもしれません。

✓ 賛成する場合は，効率の良さや便利さについて述べるとよい。You don't have to spend time traveling to and from the meeting.「ミーティングまで行って帰ってくるのに時間を使わなくてよいです」や，If you join from your working place, you can conveniently get any documents you might need.「もし仕事場から参加した場合は，必要になるかもしれないどんな書類にも手軽に手が届きます」などが考えられる。反対意見の場合は，There might be some problems with the Internet connection.「インターネットの接続に問題が起きるかもしれません」や，Sometimes it is necessary to discuss issues in more detail than can be done online.「時には，オンラインでできるよりもっと詳しく問題について議論する必要があります」などが考えられる。

今日，多くの人が公共の場でスマートフォンを使っています。あなたは，人々がスマートフォンを使うときにマナーについて十分気をつけていると思いますか？

(Yes. なら) どうしてそう思うのですか？

(No. なら) どうしてそう思わないのですか？

解答例 Yes. We learn about rules and manners at school. I rarely see people speaking loudly on the phone inside the trains or the buses.

はい。私たちは学校でルールやマナーについて学びます。私は電車やバスの中で，電話で大きな声で話している人をほとんど見かけません。

解答例 No. Many people look at their smartphones while walking. It is dangerous because they might bump into others.

いいえ。多くの人は歩きながらスマートフォンを見ています。ほかの人にぶつかる可能性があるので危険です。

📝 賛成する場合は，自分が気をつけていることについて話してもよいが，some people や most people を主語にして一般化して答えてもよい。例えば，Some people stop using smartphones when they stand near the priority seats.「優先席の近くに立つとき，スマートフォンを使うのをやめる人もいます」や，Many people turn off their smartphones when they are seated in theaters.「多くの人は，劇場で着席したらスマートフォンの電源を切ります」など。反対する場合，マナーの悪い例を挙げ，それが周りの人にどのような迷惑をかけているかを加えるとわかりやすい。例えば，Talking on a big voice makes other people feel uncomfortable.「大きい声で話すことは，周りの人を不愉快にさせる」などが考えられる。

カードの意味　働く親を助ける

小さい子どものいる親にとって，フルタイムで働くことは容易ではありません。その結果，働いている間に親が子どもを預けられる場所の重要性が増しています。今では，いくつかの会社がそのような場所を提供していて，そうすることで小さい子どものいる社員がもっと働きやすくなる助けとなっています。このような会社は将来ますます一般的になっていくでしょう。

No. 1

文章によると，いくつかの会社はどのようにして小さい子どものいる社員がもっと働きやすくなる助けとなっていますか？

解答例 By offering places where parents can leave their children while working.
彼らが働いている間，子どもを預けられる場所を提供することによってです。

> 質問の help employees with small children work more easily は，第3文に出てくる。in this way「このようにして」とあるので，その前の部分を見ると，some companies offer such places とある。ただ，such では「どのような場所か」がわからないので，さらにその前文を見る。such は第2文の places where parents can leave their children while working を指すとわかるので，これらを組み合わせて By ～ing の形にする。

No. 2

では，絵を見て状況を説明してください。準備時間は 20秒です。カードにある文で始めてください。（絵の上の説明　話はこの文で始めなさい：ある日，コウジとお母さんはリビングルームで話をしていました。）

解答例 **One day, Koji and his mother were talking in their living room.** Koji said, "Let's go hiking this weekend." Later at a shop, Koji was choosing a hat for the hiking. His mother advised him to look in the mirror and choose. That weekend, Koji and his mother were hiking in the mountains. His mother was thinking about where they would eat lunch she had packed.
ある日，コウジとお母さんはリビングルームで話をしていました。コウジは，「今度の週末ハイキングに行こうよ」と言いました。そのあと店で，コウジはハイキングのための帽子を選んでいました。お母さんは鏡を見て選ぶように助言しました。その週末，コウジとお母さんは山でハイキングをしていました。お母さんは，彼女が詰めてきたランチをどこで食べようかと考えていました。

1コマ目は与えられた文と絵の中のコウジの吹き出しの台詞を使って答える。2コマ目と3コマ目も，2文程度ずつで答えること。2コマ目では，コウジが帽子を選んでいること，あるいはKoji didn't know which of the two hats to choose.「コウジは2つのうちどちらの帽子を選んだらよいかわからなかった」や，Koji was looking at two hats that he liked.「コウジは気に入った2つの帽子を見ていた」などでもよい。お母さんは吹き出しの内容をコウジに伝えていると考えられるので，The mother suggested to him that he should try some hats on.「母親は帽子をいくつか試着することをと勧めた」などと表してもよいだろう。3コマ目のコウジの行動については，Koji was stretching his legs for the hiking.「コウジはハイキングのために脚のストレッチをしていた」などと言うこともできる。お母さんの方は吹き出しの内容について，The mother was looking forward to having a boxed lunch.「お母さんはお弁当を食べるのを楽しみにしていた」などと表してもよい。

No. 3

今日の子どもたちはほかの子どもたちと遊ぶのに十分な時間を費やしていない，と言う人がいます。あなたはそれについてどう思いますか？

解答例 I agree. They spend a lot of time playing video games alone. They don't know how to play with other children.

そう思います。彼らは多くの時間，ひとりでビデオゲームをして過ごします。彼らはほかの子どもとどうやって遊べばよいのか知りません。

解答例 I disagree. They spend a lot of time at school playing with other children. The kinds of games they play might have changed, but the time spent is the same.

そうは思いません。彼らは学校で多くの時間をほかの子どもたちと遊んで過ごします。彼らが遊ぶゲームの種類は変わったかもしれませんが，費やす時間は同じです

◤ 賛成する場合は，ほかの子どもたちと十分な時間遊んでいないと思う理由や，ほかの子どもと遊ぶ代わりに何をしているのかなどを述べるとよい。例えば，Children today are busy taking various kinds of lessons and don't have time to play with other children.「今日の子どもはいろいろな習いごとをするのに忙しくて，ほかの子どもと遊ぶ時間がありません」や，The number of children itself has decreased. There aren't many children playing outside these days.「子どもの数そのものが減っています。最近，外で遊んでいる子どもは多くありません」などが考えられる。反対する場合は，Even if they are busy, children spend enough time playing games online with friends.「子どもたちは忙しくても，友だちとオンラインでゲームをするのに十分な時間を費やしています」などが考えられる。

No. 4

今日，ほとんどの町や都市には図書館があります。あなたは将来もっと多くの人々が図書館を使うと思いますか？

（Yes. なら）どうしてそう思うのですか？

（No. なら）どうしてそう思わないのですか？

解答例 Yes. Books are expensive to buy. Many people want to save money, so they will choose to go to the libraries to borrow books.

はい。本は買うには高いです。多くの人はお金を節約したがっているので，本を借りるのに図書館に行くことを選ぶでしょう。

解答例 No. People read fewer and fewer books these days. Many people will be satisfied by reading news and getting information they need online.

いいえ。最近，人はますます本を読まなくなっています。多くの人はオンラインでニュースを読み，必要な情報を手に入れることで満足するでしょう。

☑ 「図書館の利用者が増えると思うか」という質問なので，賛成する場合は今よりも増える根拠を説明する必要がある。本を借りて読む人が増えるということについて述べるほか，本のほかに借りることができるものや，施設の充実度について述べてもよい。例えば，You can also listen to music or watch videos at the library.「図書館では音楽を聞いたりビデオを見たりすることもできます」や，It is good to spend time in a cool library when it is too hot in summer.「夏の暑すぎるときに涼しい図書館で時間を過ごすのはよいことです」なども考えられる。反対する場合は，Older people will keep using libraries, but young people will not, so there will be fewer people using libraries in the future.「高齢の人は図書館を使い続けるが，若い人はそうではないので，図書館を使う人は将来的に減るでしょう」なども考えられる。

カードの意味 食品について学ぶ

近年，食品の安全により注意を向ける人が増えています。このため，日本全国の食品会社は自分たちの商品について顧客にもっと知ってもらおうと努力しています。これらの会社の多くは，どのように食品が作られるかについての情報を提供するのに自社のホームページを使っています。顧客たちはそのような情報を調べ，そうすることで自分たちが購入する食品についてより多くのことを学んでいます。

No. 1

この文章によると，顧客たちはどうやって自分たちが購入する食品についてより多くのことを学びますか?

解答例 By checking information about how food is produced.

どのように食品が作られるかについての情報を調べることによってです。

📝 how ~?「どのように~?」で尋ねられている質問なので，By ~ing「~することによって」で答えるとよい。質問の内容については最終文に ..., and by doing so they learn more about the food products they purchaseとあるので，doing soの内容を明らかにして答える。ここでは直前のcheck such information（= information about how food is produced）を指しているので，By checking information about how food is produced. と答える。

No. 2

では，絵を見て状況を説明してください。準備時間は20秒です。カードにある文で始めてください。（絵の上の説明 話はこの文で始めなさい：ある日，ミキは父親と台所で話をしていました。）

解答例 **One day, Miki was talking to her father in the kitchen.** She said she wanted to get a cookbook about pies. Later at a library, Miki was looking for a cookbook. Her father was thinking about borrowing the book from the library. The next day, Miki made a pie using the cookbook she borrowed from the library. Her father was thinking that he should set the table in preparation for eating the pie.

ある日，ミキは父親と台所で話をしていました。彼女はパイについての料理本が欲しいと言いました。後ほど図書館でミキは料理の本を探していました。父親は図書館からその本を借りようと考えました。翌日，ミキは図書館から借りた料理本を使ってパイを作りました。父親はパイを食べるのに備えてテーブルを準備しなければと考えました。

◪ 1コマ目は最初に与えられている文の内容とミキの台詞の説明でよい。2コマ目は，ミキが本を探していることと，父親がそれを借りようと考えていることを説明する。ミキについては，Miki found a book that she liked.「ミキは好きな本を見つけた」としてもよい。3コマ目では，ミキがパイを作ったことと，父親がテーブルを準備しようと考えていることを説明する。ミキの後ろに図書館の本が置いてあるので，その本を使ったことがわかる。「テーブルの準備をする」は set the table と表せるが，prepare to eat the pie「パイを食べる準備をする」などとしてもよい。

No. 3

人々がインターネットの情報を簡単に信じすぎると言う人がいます。あなたはそれについてどう思いますか？

解答例 I agree. I think they should think more critically about commercials or news. There is a lot of fake information on the Internet. They should always try to cross-check it.

私も同じ意見です。彼らはコマーシャルやニュースについてもっと批判的に考えるべきです。インターネットにはたくさんの偽の情報があります。常にいろいろな情報を照らし合わせて調べるべきです。

解答例 I disagree. Many people are careful about where the information comes from. They already check if the source is reliable before trusting the information.

私は違う考えです。多くの人は情報の出どころに気をつけています。彼らは情報を信じる前に，その情報源が信用できるかどうかをすでに確認しています。

◪ 同意する場合は，その理由や例などを述べるとよい。For example, a lot of commercials try to trick people into buying their products.「例えば，多くのコマーシャルは人々をだまして商品を買わせようとしている」，Some news is given only in order to cause scandals.「スキャンダルを生むためだけに作られているニュースもある」などが考えられる。反対の意見としては，Many people check who is posting the information on the sites they visit.「多くの人は自分が訪れるサイトに誰が情報を投稿しているかを調べる」などと述べることもできる。

今日では，外国にも日本料理店があります。将来これらの料理店は増えると思いますか？

（Yes. なら）どうしてそう思うのですか？

（No. なら）どうしてそう思わないのですか？

解答例 Yes. People know that Japanese food is healthy. I think more people will try to eat healthy food in the future.

はい。人々は日本食が健康的だということを知っています。より多くの人々が将来，健康的な食品を食べようとすると思います。

解答例 No. People tend to eat easy and cheap fast food. There aren't many people who understand the beauty and philosophy of Japanese food.

いいえ。人々は簡単で安いファストフードを食べがちです。日本食の美や哲学を理解する人は多くないと思います。

✔ 外国で日本料理店が今よりも増える理由，増えない理由を答えるが，まずJapanese restaurants の特徴を考えてみると答えやすいだろう。良い面としては，healthy「健康的」，little fat「脂肪が少ない」，beautiful「美しい」など，悪い面としては unfamiliar「よく知られていない」，expensive「高価だ」，small quantity「量が少ない」などが考えられる。同意する場合，More Japanese people are going overseas to work, so there will be more Japanese restaurants for those people.「外国で働く日本人が増えているので，彼らのために日本料理店も増えるだろう」などの意見が考えられる。同意しない場合，Eating at Japanese restaurants usually costs a lot, so people will try to cook Japanese dishes at home.「日本料理店で食べるのはたいてい多額のお金がかかるので，人々は日本料理を家で作ろうとするだろう」などの意見が考えられる。

カードの意味 重要な遺跡を守る

近年，世界遺産に登録される場所が増えています。しかし，世界中で多くの自然災害が起きています。いくつかの世界遺産はそれらによって大きな被害を受けているので，修復するには多くの作業が必要です。地域社会は協力して世界遺産をよい状態に保たなければなりません。そのような遺跡を将来の世代のために管理することは大切です。

No.1

この文章によると，いくつかの世界遺産が修復するのに多くの作業が必要なのはなぜですか?

解答例 Because they have been seriously damaged by natural disasters.
自然災害によって大きい被害を受けているからです。

📝 why ～?「なぜ～?」の質問では，so「だから」などの理由を表す表現が答えの鍵となる。ここではso they require ...に注目すると，soの直前に理由が述べられている。Because some World Heritage sites have been seriously damaged by them. が答えとして考えられるが，質問に出てくるsome World Heritage sitesは，繰り返しを避けるためにtheyに置き換える必要がある。また，文末のthemはさらに前の文のnatural disastersを指しているので，by them ではなく by natural disasters とする。

No.2

では，絵を見て状況を説明してください。準備時間は20秒です。カードにある文で始めてください。（絵の上の説明　話はこの文で始めなさい：ある日，イトウ夫妻は旅行の話をしていました。）

解答例 **One day, Mr. and Mrs. Ito were talking about their trip.** Mr. Ito said, "I'd like to go to see an old castle." On the morning of the trip, Mrs. Ito was making sandwiches. Mr. Ito was thinking about loading their car. Later at the castle, Mr. Ito was looking at a map. Mrs. Ito was asking a man to take their picture.

ある日，イトウ夫妻は旅行の話をしていました。イトウ氏は「ぼくは古いお城を見に行きたい」と言いました。旅行の朝，イトウ夫人はサンドイッチを作っていました。イトウ氏は車に荷物を積もうと考えていました。その後お城でイトウ氏は地図を見ていました。イトウ夫人はある男性に写真を撮ってもらうように頼んでいました。

■ 1コマ目は最初に与えられている文の内容とイトウ氏の台詞の説明でよい。2コマ
目は, イトウ夫人がサンドイッチを作っていることと, イトウ氏が荷物を車に積み込もう
と考えているという2点を説明する。「荷物を車に積む」はload the carでよいが,
put their luggage in the carとしてもよい。3コマ目ではイトウ氏が地図を見ているこ
とと, イトウ夫人が男性に写真を撮ってほしいと頼んでいることを説明する。「写真を
撮ってもらうように頼む」はask someone to take a picture of them でもよい。

No. 3

**自然の中の美しい場所を訪ねる旅行客の数を調整すべきだと言う人がいます。あ
なたはそれについてどう思いますか?**

`解答例` I agree. Some tourists cannot follow the rules and they do harm to nature.
For example, Mt. Fuji used to suffer from the illegal dumping of garbage
and pollution by climbers.

私も同じ意見です。規則を守れない旅行者もいて, 彼らは自然に害を与えています。
例えば, 富士山はかつてごみの不法投棄や登山者による汚染に苦しんでいました。

`解答例` I disagree. Nature belongs to everybody. It should not be limited to just
some people. People should be able to visit the places whenever they want
to.

私は違う考えです。自然はみんなのものです。それは一部の人だけに制限されるべき
ではありません。人々はいつでも行きたいときにそれらの場所に行けるようにすべきで
す。

■ 賛成の場合, 実例を説明するのもよいだろう。人数制限をしていない結果, どのよ
うなことが起こるかを説明し, それを理由に制限すべきだと述べるとよい。ごみの問
題以外に, We cannot enjoy the beauty of nature if there are too many people
around.「周りに人が多すぎると自然の美しさを楽しむことができない」, Too many
people would affect wild animals and plants.「人が多すぎると野生動物や植物
に影響を与える」などが考えられる。反対の場合は, It is a lot of work to manage
reservations.「予約を管理するのは大変な仕事だ」などの意見も考えられる。

No. 4

**今日, 多くの学校で生徒たちにボランティア活動をする時間を与えています。あな
たは学校が生徒たちにボランティア活動をする時間を与えるべきだと思いますか?**
(Yes. なら) どうしてそう思うのですか?
(No. なら) どうしてそう思わないのですか?

`解答例` Yes. Experiencing volunteer work is very important for the students. If
schools don't give them such opportunities, it will be very difficult for them
to gain this valuable experience.

はい。ボランティア活動を経験することは生徒たちにとって非常に大切です。もし学校がそういう機会を与えなければ，彼らがこの貴重な経験を得るのはとても難しくなります。

解答例 No. Volunteering means that the students do something voluntarily and of their own free will. If schools tell the students to do some work, it would not be "volunteer" work.

いいえ。ボランティアとは生徒が自発的に，自分の自由な意志で何かをするという意味です。もし学校が生徒たちに何か仕事をするように言うのなら，それは「ボランティア」の仕事ではなくなります。

✓ 賛成の意見の場合は，学生にとってのプラス面だけでなく，It helps people who are in need.「困っている人たちを助ける」など，ボランティアを受ける側にとってのプラス面を述べることもできる。また，There are a lot of students who want to do some volunteer work, so it would give them chance to do so.「何かボランティア活動をしたいと思っている生徒はたくさんいるので，生徒にそうする機会が与えられるだろう」なども考えられる。反対の意見としては，Students don't even have enough time for study even now, so schools should not ask them for even more time.「生徒たちは今でさえ勉強のための充分な時間がないので，学校は生徒たちにさらに多くの時間を求めるべきではない」などが考えられる。

カードの意味 医師不足

最近，日本では医師の数が十分でない地域があります。多くの医師が都会で働くことを好むと言われていて，これは地方に住んでいる人たちに問題を引き起こしかねません。医師の不足は，これらの人々がよい医療を受けることを妨げるので，重大な問題です。多くの人々は，政府はこの状況についてもっと何かをすべきだと言っています。

No. 1

この文章によると，医師不足はなぜ重大な問題なのですか?

解答例 Because it will prevent people living in rural areas from receiving good medical treatment.

地方に住んでいる人たちがよい医療を受けることを妨げるから。

- -

☑ why ～?「なぜ～か?」と尋ねられている質問なので，Because「なぜなら」で答える。質問にあるa shortage of doctorsとserious issueは第3文に出てくる。so it is a serious issueとあるので，このso「だから」の前の部分に理由があると考えられる。質問に出てくるa shortage of doctorsは代名詞itに置き換える。また，these peopleは第2文のpeople living in rural areasを指しているので，これに置き換えて答える必要がある。

No. 2

では，絵を見て状況を説明してください。準備時間は20秒です。カードにある文で始めてください。（絵の上の説明　話はこの文で始めなさい：ある日，カトウ夫妻は海辺へ行こうと話していました。）

解答例 **One day, Mr. and Mrs. Kato were talking about going to the beach.** She said, "It's windy today, but I think we can go." Mr. Kato agreed. Later at the beach, it was very windy, and Mrs. Kato felt very cold. Mr. Kato suggested that she should have something hot to drink. That night at home, Mrs. Kato was in bed with a high fever. Mr. Kato was thinking about taking her to a doctor.

ある日，カトウ夫妻は海辺へ行こうと話していました。彼女は，「今日は風が強いけれど私たちは行けると思う」といいました。カトウ氏は同意しました。その後，海辺ではとても風が強く，カトウ夫人はとても寒く感じました。カトウ氏は，何か温かい飲み物を飲むように提案しました。その夜，自宅でカトウ夫人は高熱を出してベッドに寝ていました。カトウ氏は，彼女を医者へ連れて行こうと考えていました。

☑　1コマ目は最初の文が与えられているので，カトウ夫人の吹き出しの説明だけでよい。カトウ氏が賛成したことも付け加えておくともっとよいだろう。2コマ目では，風が強く，カトウ夫人がとても寒がっていることと，カトウ氏が温かい飲み物を薦めていることを説明する。「寒がっている」の代わりにMrs. Kato was trembling with cold.「寒さで震えていた」などの表現も使える。カトウ氏の吹き出しの内容はsuggestの代わりにsayを使ってもよい。3コマ目では，カトウ夫人が熱を出していることと，カトウ氏が医者へ連れて行こうと考えていることの2点を説明する。「熱を出す」はhave a feverだが，come down with a feverという表現にしてもよい。

No. 3

今日の若者は高齢者に十分な敬意を表さないと言う人がいます。あなたはそれについてどう思いますか？

解答例　I agree.　A lot of young people have little connection with elderly people because they don't live with their grandparents.　They don't want to know about elderly people.

賛成です。多くの若者は祖父母と一緒に住んでいないので，高齢者とほとんど接点がありません。彼らは高齢者について知りたいと思っていません。

解答例　I disagree.　There are many elderly people in town, and young people have a lot of chances to talk to elderly people.　I think most of them are kind to elderly people.

反対です。街には高齢者がたくさんいて，若者は高齢者と話をする機会がたくさんあります。彼らのほとんどは高齢者に対して親切にしていると思います。

☑　賛成する場合は，敬意を表していない例を示してもよい。Many of them are so busy playing games on their smartphones that they fail to give their seats to elderly people in trains and buses.「彼らの多くはスマホでゲームをするのに忙しくて，電車やバスで高齢者に席を譲れない」や，They are not used to talking to elderly people, so they don't know how to communicate with them.「彼らは高齢者と話をするのに慣れていないので，意思疎通の方法がわからない」なども可。
反対する場合は，実際に敬意を表している場面を説明してもよい。A lot of them are nice to elderly people because they remember their own grandparents.「彼らの多くは自分の祖父母のことを思い出すので，高齢者に親切だ」なども可。

今日，家を借りて一緒に住む若者たちがいます。あなたは，家を他人とシェアすることは若者にとってよい考えだと思いますか？

（Yes. なら）どうしてそう思うのですか？

（No. なら）どうしてそう思わないのですか？

解答例 Yes. First of all, it is cheaper to share a house or room with other people. Also, this is a good way to learn how to get along with other people.

はい。第 1 に，他人と家や部屋をシェアする方が安いです。また，これは他人とうまくやっていく方法を学ぶのによい方法です。

解答例 No. There will be a lot of problems in sharing a house. For example, there can be problems about responsibilities and property loss.

いいえ。家のシェアにはいろいろな問題があります。例えば，責任や盗難などの問題が起こり得ます。

賛成する場合は，You can rent a bigger space for the same rent than renting a property alone.「ひとりで不動産を借りるよりも，同じ家賃でより広い場所が借りられる」や，You don't have to feel lonely when you have somebody else in the same house.「同じ家にだれかほかの人がいれば寂しく感じないですむ」などの理由も可。反対する場合は，If you don't know well about the people who share the house, it might be dangerous.「家をシェアする人のことをよく知らないなら，危険かもしれない」などの理由も考えられる。

カードの意味 新商品の販売促進

今日，品質の高い商品の中にはとても高価なものがあるので，多くの人はそれを買うべきかどうか心配します。今では，人々がさまざまな商品を月極で借りられるシステムが注目を集めています。いくつかの会社はそのようなシステムを提供し，そうすることによって人々が商品を買う前に試してみることを可能にしています。そのようなシステムがあれば，会社は自社の商品をより効果的に販売促進することができます。

No. 1

この文章によると，いくつかの会社はどのようにして人々に，購入前に商品を試してもらっていますか？

解答例 By offering systems that allow people to rent a variety of products monthly.
さまざまな商品を月極で借りられるシステムを提供することによってです。

- -

☑ how 〜?「どのようにして〜?」という質問には By 〜「〜することによって」の形で答えればよい。質問にある let people try items before buying them は第3文にある。by doing so「そうすることによって」とあるので，その前の部分を見ると Some companies offer such systems とある。such systems が指すものは，さらにその前の第2文の systems that allow people to rent a variety of products monthly である。

No. 2

では，絵を見て状況を説明してください。準備時間は20秒です。カードにある文で始めてください。（絵の上の説明　話はこの文で始めなさい：キムラ夫妻は車を借りて湖へキャンプに行こうと話していました。）

解答例 **One evening, Mr. and Mrs. Kimura were talking about renting a car and going camping by a lake.** Mr. Kimura said, "The weather forecast says it will be sunny tomorrow," so they decided to go. At the campsite, Mr. Kimura was setting up a tent. Mrs. Kimura was thinking about taking their things out of the car. A few hours later, Mr. Kimura was playing with their dog. Mrs. Kimura was thinking about going fishing in the lake.

ある夜，キムラ夫妻は車を借りて湖へキャンプに行こうと話していました。キムラ氏が，「天気予報では明日は天気がいいと言っていたよ」と言ったので彼らは行くことにしました。キャンプ場では，キムラ氏はテントを立てていました。キムラ夫人は荷物を車から出そうと考えていました。数時間後，キムラ氏は犬と遊んでいました。キムラ夫人は

湖で釣りをしようと考えていました。

📝　1コマ目は最初の文が与えられているので, キムラ氏の吹き出しの説明だけでよい。「行くことにした」という説明があると, よりわかりやすい。2コマ目では, キムラ氏がテントを立てていることと, キムラ夫人が荷物を車から下ろそうとしていることを説明する。「テントを張る」はput up a tentと表すこともできる。「荷物を下ろす」にunloadという動詞を使う場合は, unload the carとなる。3コマ目はキムラ氏が犬と遊んでいることと, キムラ夫人が釣りに行こうと思っていることを説明する。「犬と遊んでいる」のほかにrunning with their dogなどの表現も可。「釣りに行く」はgo fishingだが, to the lakeではなくin the lakeとすることに注意。

No. 3

電子マネーのおかげで将来人々は現金を持たなくなるだろうと言う人がいます。あなたはそれについてどう思いますか?

解答例　I agree. Paying using electronic money will be very easy. People will be able to travel lightly as they won't need to carry a wallet.
賛成です。電子マネーを使った支払いはとても簡単でしょう。財布を持たなくてすむので, 人々は身軽に移動できるでしょう。

解答例　I disagree. People will at least carry small change with them. Some small stores will probably still accept only cash payment.
反対です。人々は少なくとも小銭は持って歩くでしょう。現金での支払いしか受け付けない小さな店もおそらくまだあるでしょう。

📝　賛成する場合の理由は主に「便利さ」だろう。You won't have to count out small change.「小銭を数えなくてよい」や, You won't have to worry about change.「おつりの心配をしなくてすむ」などの理由が考えられる。また, There will be less chance to lose your wallet.「財布をなくすことが少ない」なども考えられる。反対する場合はIf you use electronic money, it will be easier to lose track of how much money you've spent.「電子マネーを使うと, いくら使ったかがわかりにくくなる」や, If you lose or forget your smartphone, you will have no way to pay for anything.「スマホをなくしたり忘れたりすると何も買えない」などの理由も可。

No.4

発電のために自分の家にソーラーパネルを設置する人々がいます。あなたはこういう人が将来増えると思いますか？

（Yes. なら）どうしてそう思うのですか？

（No. なら）どうしてそう思わないのですか？

解答例 Yes. People are becoming aware that fossil fuels will someday run out. It is important to be able to produce electricity yourself.

はい。人々は化石燃料がいつか底をつくことに気づき始めています。自家発電ができるのは重要です。

解答例 No. It is very expensive to set up solar panels, and they don't produce as much electricity as you will need.

いいえ。ソーラーパネルの設置はとてもお金がかかるし，必要とするだけの量を発電しません。

☑ 賛成する場合は，環境の面と経済の面から考えられる。It is good for the environment not to depend on fossil fuels.「化石燃料に頼らないことは環境によい」や，If you can produce extra electricity, the electric company will buy it, which will save you money.「もし余計に発電できれば，電気会社がそれを買ってくれるだろうから，節約になる」などの理由も可。反対する場合は，設置および維持の費用や，実際にそれに見合った収入が得られるかといった点のほかに，More and more people live in apartments, so it will not be possible to set up solar panels.「マンションなどに住んでいる人がどんどん増えているので，ソーラーパネルは設置できない」などの理由が考えられる。

カードの意味　フェイク・ニュース

写真は人々がニュースの物語をよりよく理解するのを助けるため，メディアによって使われています。しかしながら，今日，現代のテクノロジーによって，嘘の情報を含む写真を簡単に作り出すことができます。そのような写真をインターネットに投稿する人がいて，そうすることでほかの人々に真実でない物語を信じさせようとします。技術は良いようにも悪いようにも使えるということを人はわかっていなければなりません。

No.1

この文章によると，何人かの人はどうやってほかの人に真実でない物語を信じさせようとしますか?

解答例　By putting photographs on the Internet that contain false information.
嘘の情報を含む写真をインターネットに投稿することによってです。

───────────────────────────────

how ～?「どのように～?」と尋ねられているので，By ～ing「～することによってです」の形で答えるとよい。質問の答えを探すと，第3文に ..., and by doing so they try to make others believe untrue storiesとある。この doing so は直前の put such photographs on the Internet を指していて，such photographs は第2文にある photographs that contain false information を指しているので，By putting photographs on the Internet that contain false information. と答える。

No.2

では，絵を見て状況を説明してください。準備時間は20秒です。カードにある文で始めてください。（絵の上の説明　話はこの文で始めなさい：ある日，ケンとサクラは自分の好きな海の生物について話していました。）

解答例　**One day, Ken and Sakura were talking about their favorite sea animals.** Ken suggested going to the aquarium to see the dolphins. Sakura agreed. That weekend at the aquarium, they found a notice that said they were not allowed to take pictures in the aquarium. Sakura told Ken to put his camera in his bag. Later that day, Sakura was enjoying watching a dolphin show. Ken was worried that the dolphins might splash water on them.
ある日，ケンとサクラは自分の好きな海の生物について話していました。ケンはイルカを見に水族館に行こうと誘いました。サクラは同意しました。その週末，水族館で，彼らは写真撮影禁止の掲示を見つけました。サクラはケンに彼のカメラをカバンの中に入れるように言いました。その日しばらくあとに，サクラはイルカショーを見るのを楽

しんでいました。ケンは，イルカが自分たちに水を跳ねかけるかもしれないと心配して
いました。

✓ 各コマについて 2 文程度ずつ説明するとよい。1コマ目については，与えられた
文と，吹き出しの台詞を説明する。吹き出しの台詞をそのまま使って，Ken said,
"Let's go ..." と言ってもよい。2コマ目では，写真を撮ってはいけないという掲示を
見つけたことと，サクラがケンにカメラをカバンに入れるよう伝えていることを説明
する。found の代わりに saw を使ってもよい。写真撮影禁止については，taking
pictures was not allowed や taking pictures was prohibited と表すこともできる。3
コマ目では，サクラがイルカショーを楽しんでいるということと，ケンが心配している
内容について述べる。was enjoying watching は「興奮してショーを見ている」と
考え，was excitedly watching としてもよい。ケンは「水槽に近すぎて濡れるかも
しれない」と心配していると考え，Ken was worried they might get wet because
they were sitting too close to the dolphin tank. などとしてもよい。

No. 3

**ロボットのせいで多くの人が将来仕事を失うだろうと言う人がいます。あなたはそれ
についてどう思いますか？**

解答例 I agree. Robots are progressing day by day and can do most of the work
that humans do. Only a few people will be needed in the future to operate
the robots.
賛成です。ロボットは日に日に進化していて，人間がする仕事のほとんどをすることができ
ます。将来，ほんの一部の人だけがロボットを動かすのに必要とされるようになります。

解答例 I disagree. Robots can do only a part of the work that humans do. Humans
are likely to continue to do many things that are impossible for robots.
反対です。ロボットは人間がする仕事のほんの一部しかできません。人間はロボット
にできないたくさんのことをし続ける可能性が高いです。

✓ 賛成の意見としては，ほかにも Thinking of the cost, it will be cheaper to use
robots than employ humans in the long run. 「コストのことを考えると，長い目で見
れば，人間を雇うよりもロボットを使う方が安いです」，Robots are more powerful
and smarter than human beings, so they can take over most human work. 「ロ
ボットは人間よりも力があり，賢いので，人間の仕事のほとんどを引き受けられます」
などがある。反対の意見としては，Robots cannot think like human beings, so
we should do the most important jobs and use robots only for manual labor or
simple work. 「ロボットは人間のように考えることができないので，主な仕事は人間
がして，肉体労働や単純作業だけにロボットを使うべきです」，When robots break
down, we must repair them. 「彼らが壊れたときには，私たちが修理をしなければ
なりません」などが考えられる。

今日，日本の多くの家族がペットを飼っています。あなたはペットを飼うことが子ど
もにとってよいと思いますか？

（Yes. なら）どうしてそう思うのですか？

（No. なら）どうしてそう思わないのですか？

解答例 Yes. By having pets, children can learn to take care of others that need their love and care. Also, they can learn the importance of life.

はい。ペットを飼うことによって，子どもは彼らの愛情と世話を必要とする他者の世話をすることを学べます。また，命の大切さを学べます。

解答例 No. Keeping pets is a lot of work for parents. Too often children will get tired of taking care of their pets and leave their looking after to their parents.

いいえ。ペットを飼うのは親にとって大変です。子どもたちはペットの世話に飽きて，世話を親に任せてしまうことが多すぎます。

📝 賛成する理由は，主に子どもが学べることや，ペットが子どもに与える効果などについて述べるとよい。学べることとしては，They can learn to be gentle to the weak.「弱いものに優しくすることを学べます」，If they have no brothers or sisters, they can learn to share things with their pets.「兄弟がいなければ，ペットとものを分かち合うことが学べます」などが考えられる。ペットが与えるものとしては，Animals can fill the children's hearts with love.「動物は愛によって子どもの心を満たすことができます」などが考えられる。反対する理由としては，世話の大変さやリスクについて述べるとよい。Animals can sometimes be dangerous. They might hurt children.「動物は時に危険なことがあります。子どもを傷つけるかもしれません」，If the adults are not careful, children can hurt or spoil animals.「大人が気をつけていなければ，子どもが動物を傷つけたり甘やかしたりする可能性があります」などが考えられる。

カードの意味　**動物保護施設**

今日，捨てられたペットの世話をする動物保護施設がたくさんあります。これらの動物はしばしば人間を怖がります。今ではペットが人とうまくつきあうのを助ける訓練が注目を集めています。動物保護施設によってはそのような訓練を提供してくれるところがあり，このようにして捨てられたペットが新しい飼い主を見つけるのをより簡単にしています。動物保護施設は社会で大切な役割を果たし続けるでしょう。

No.1

この文章によると，いくつかの動物保護施設はどうやって捨てられたペットが新しい飼い主を見つけるのをより簡単にしていますか？

解答例　By offering training that helps pets get along with people.
ペットが人とうまくつきあうのを助ける訓練を提供することによってです。

> ✔ how ~?「どのように~?」と尋ねられているので，By ~ing「~することによってです」の形で答えればよい。質問で問われている内容を本文から探すと，第4文に ..., and in this way make it easier for abandoned pets to find new owners とある。この in this way は前半の offer such training を指しているが，such が何を指すかを明らかにしなければならない。さらに前の第3文に，training that helps pets get along with people と訓練の内容が述べられているので，これらを結びつけて，By offering training that helps pets get along with people. と答える。

No.2

では，絵を見て状況を説明してください。準備時間は20秒です。カードにある文で始めてください。（絵の上の説明　話はこの文で始めなさい：ある日，サノ夫妻はタイのホテルで話をしていました。）

解答例　**One day, Mr. and Mrs. Sano were talking at a hotel in Thailand.** Mrs. Sano said, "I want to go to the zoo tomorrow." The next day at the zoo entrance, Mrs. Sano asked a zoo staff member to take their picture. Mr. Sano was buying the tickets to the zoo. An hour later, Mrs. Sano was feeding an elephant. Mr. Sano was thinking about eating dinner at a restaurant.

ある日，サノ夫妻はタイのホテルで話をしていました。サノ夫人は「明日は動物園へ行きたい」と言いました。次の日，動物園の入り口で，サノ夫人は動物園のスタッフに写真を撮ってほしいと頼んでいました。サノ氏は動物園のチケットを買っていました。

1時間後，サノ夫人はゾウにえさを与えていました。サノ氏はレストランで夕食をとることを考えていました。

📝 1コマ目については，与えられた文とサノ夫人の台詞について説明すればよい。サノ夫人の台詞については，間接話法にして，Mrs. Sano said that she wanted to go to the zoo the next day. としてもよい。2コマ目のサノ夫人については，a zoo staff member の代わりに a man と言ってもよい。3コマ目のサノ夫人の行動は，feed「～にえさを与える」を使って表せるが，giving some food [apples] to an elephant と表してもよい。サノ氏については Mr. Sano was thinking that they would eat dinner at a restaurant. とも言える。

No. 3

動物は動物園で飼われるべきではないという人々もいます。あなたはそれについてどう思いますか？

解答例 I agree. Animals should live in the wild. Animals suffer great stress in zoos.

賛成です。動物は自然の中で生きるべきです。動物たちは動物園では大きなストレスで苦しみます。

解答例 I disagree. Some animals are in danger of extinction. They need to be protected.

反対です。絶滅が危惧されている動物もいます。彼らは保護される必要があります。

📝 賛成の意見としては，Cages are usually very small. All they can do is just keep walking back and forth.「おりはたいていとても小さいです。彼らができることは行ったり来たり歩くだけです」や，They are fed on fixed hours. They lose their original habits.「彼らは決まった時間にえさをもらいます。彼らは元々の習慣を失ってしまいます」などが考えられる。反対の意見としては，Children should be able to visit the zoo and see many different animals to learn about them.「子どもは動物について学ぶために動物園を訪れていろいろな動物を見ることができるべきです」などが考えられる。

No. 4

今日，多くの人が現金の代わりにクレジットカードで物を買います。あなたはこれがよい考えだと思いますか？
（Yes. なら）どうしてそう思うのですか？
（No. なら）どうしてそう思わないのですか？

解答例 Yes. Credit cards are very convenient and safe. You don't have to carry a lot of cash.

はい。クレジットカードはとても便利で安全です。現金をたくさん持って歩く必要があ

りません。

解答例 No. If you buy things with a credit card, it is difficult to know how much you are spending. You may have spent more than you think.

いいえ。クレジットカードで買い物をすると，自分がいくら使っているのかわかりづらいです。自分で思っているより多く使ってしまっているかもしれません。

▨ 賛成する場合は，You can keep track of your spending easily. 「簡単に支出の記録をつけることができます」，It is convenient because you can buy things online with a credit card. 「クレジットカードがあればオンラインで買い物ができるので便利です」などが考えられる。反対する場合は，Some criminals steal credit cards and try to buy expensive things. 「クレジットカードを盗み，高額のものを買おうとする犯罪者もいます」や，If you put cash in your wallet, you will know how much money you have left to spend, but with a credit card, you won't. 「もし現金を財布に入れていたら，使えるお金がいくら残っているかわかりますが，クレジットカードだとわかりません」なども考えられる。

MEMO

MEMO